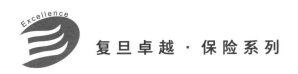

复旦卓越·保险系列

保险法

Insurance Law

郝 晶 ◆ 主 编

复旦大学出版社

◆ 内容提要

本书共分为13章，遵循"保险与保险法概述——保险合同总论——保险合同分论——保险业法"的脉络编写。从保险与保险法的基础理论谈起，对保险法的发展趋势、基本原则进行了阐释，对保险合同的要素、订立、生效、解释、变动、履行进行了详细介绍，同时对保险中介及保险业从业人员的行为规制和保险监督管理制度进行了说明。本书的一大特点是在行文中穿插"案例导读""延伸阅读"等栏目，根据教学重点和难点问题介绍保险司法实务中发生的典型案例，并予以评析，便于读者理解，也便于读者选择性地阅读。

本书适合作为保险专业学生或法学专业学生学习保险法的教材或参考书。

前　言

保险是现代生产、生活风险管理最基本、最重要的手段,是社会"稳定器"和经济"助推器"。保险发挥良好的社会效应需要保险活动有法可依、有法必依。保险法是以保险法律关系为调整对象的法律规范的总称,对规范保险活动、保护保险主体合法权益、加强保险业监管乃至维护社会经济秩序和社会公益有着举足轻重的作用。"保险法"课程作为保险学专业和法学专业学生的必修课或重要的选修课,对培养法学与经济学复合型人才具有十分重要的意义。在长期的教学过程中,本人深感"保险法"课程的教学内容涉及保险学和法学的交叉领域,课程的教授不能仅拘泥于法学理论框架,而应当结合保险学基础理论,只有这样,才能夯实并拓展学生的保险法学知识水平和实践能力。同时,本书编写之际,恰逢《中华人民共和国民法典》通过、颁布与实施,保险法的相关司法解释也有部分内容被修订,银保监会也整合颁布《保险代理人监管规定》等规章,这些最新变动的法律法规均已纳入教材内容之中。

本书在写作体例和内容安排上参考了国内各种同类教材,在考虑实际教学需要的基础上,基本遵循保险法的体系,按照保险与保险法概述、保险合同总论、保险合同分论、保险业法的脉络,对保险法的基本理论、规则和制度进行全面的介绍和阐释。每章正文前设"学习目标",提示本章学习重点与难点;每章后设本章"重要概念""思考题"和"案例习题",启发学生学习思路;部分章节中依教学重点和难点问题设"案例导读"和"延伸阅读",将司法实务中的疑难、经典案例以及保险实务中的最新动态介绍给学生,增强讲授内容的应用性和实践性,力求将保险法学理论与保险法律实践相结合,使学生具备适用现行规范解决现实问题的能力。

本书由郝晶拟订写作大纲、制定编写计划并负责全书的整理、定稿工作。本书编写分工如下:郝晶,第一章第一节、第五章、第六章、第七章、第八章、第九章;周小燕,第一章第二节、第一章第三节、第十三章;周梦懿,第二章、第四章;杨莉,第三章、第十一章、第十二章;粟榆,第十章。

在本书编写过程中,作者广泛参阅了国内外学者的相关著作,书中不能一一列明,在此向他们表示诚挚的感谢!

最后需要说明的是,尽管本书作者都尽了最大的努力,但由于自身认知能力和学术水平有限,本书不可避免地会存在一些错漏,不当之处恳请同行、专家和读者们批评、指正,以期改正与进一步完善。

郝　晶

2021年6月30日

目 录

第一章 保险概述 ……………………………………………………… 001
- 第一节 危险与危险处理 ………………………………………… 001
- 第二节 保险的本质、职能与作用 ……………………………… 005
- 第三节 保险的分类 ……………………………………………… 009

第二章 保险法概述 ……………………………………………………… 016
- 第一节 保险法的概念、特点和调整对象 ……………………… 016
- 第二节 保险法的地位、渊源和内容体系 ……………………… 018
- 第三节 国外保险法的立法概况 ………………………………… 023
- 第四节 我国保险法的立法概况 ………………………………… 026

第三章 保险法的基本原则 ……………………………………………… 033
- 第一节 保险利益原则 …………………………………………… 033
- 第二节 最大诚信原则 …………………………………………… 038
- 第三节 损失补偿原则 …………………………………………… 046
- 第四节 近因原则 ………………………………………………… 052

第四章 保险合同概述 …………………………………………………… 055
- 第一节 保险合同的概念和法律特征 …………………………… 055
- 第二节 保险合同的分类 ………………………………………… 061
- 第三节 保险合同的条款 ………………………………………… 067
- 第四节 保险合同的形式 ………………………………………… 070

第五章 保险合同的主体和客体 ………………………………………… 074
- 第一节 保险合同当事人 ………………………………………… 074
- 第二节 保险合同关系人 ………………………………………… 079
- 第三节 保险合同辅助人 ………………………………………… 089

第四节　保险合同的客体 …………………………………………………………… 109

第六章　保险合同的订立与生效　112
第一节　保险合同的订立 …………………………………………………………… 112
第二节　保险合同的生效 …………………………………………………………… 118
第三节　保险缔约过失责任 ………………………………………………………… 124

第七章　保险合同的效力变动　131
第一节　保险合同的变更 …………………………………………………………… 131
第二节　保险合同的转让 …………………………………………………………… 134
第三节　保险合同的解除 …………………………………………………………… 138
第四节　保险合同的中止与复效 …………………………………………………… 146
第五节　保险合同的终止 …………………………………………………………… 151

第八章　保险合同的履行　153
第一节　投保人义务的履行 ………………………………………………………… 153
第二节　保险人义务的履行 ………………………………………………………… 166
第三节　保险合同的解释 …………………………………………………………… 173
第四节　索赔与理赔 ………………………………………………………………… 177

第九章　人身保险合同　183
第一节　人身保险合同概述 ………………………………………………………… 183
第二节　人身保险合同的特殊条款 ………………………………………………… 186
第三节　人身保险合同的类型 ……………………………………………………… 196

第十章　财产保险合同　206
第一节　财产保险合同概述 ………………………………………………………… 206
第二节　财产保险合同的内容 ……………………………………………………… 209
第三节　财产保险合同的类型 ……………………………………………………… 215

第十一章　保险业法概述　226
第一节　保险业法的概念与意义 …………………………………………………… 226
第二节　保险业法的立法体例与内容体系 ………………………………………… 227

第十二章 保险组织 ·············· 230
第一节 保险组织的基本形式 ·············· 230
第二节 保险公司的设立、变更和终止 ·············· 232
第三节 保险公司的整顿和接管 ·············· 235

第十三章 保险监管 ·············· 239
第一节 保险监管概述 ·············· 239
第二节 保险监管机构 ·············· 242
第三节 保险监管内容 ·············· 245

附 录 ·············· 254
中华人民共和国保险法 ·············· 254
最高人民法院关于适用《中华人民共和国保险法》若干问题的解释（一）
（法释〔2009〕12号） ·············· 275
最高人民法院关于适用《中华人民共和国保险法》若干问题的解释（二）
（法释〔2020〕18号） ·············· 276
最高人民法院关于适用《中华人民共和国保险法》若干问题的解释（三）
（法释〔2020〕18号） ·············· 279
最高人民法院关于适用《中华人民共和国保险法》若干问题的解释（四）
（法释〔2020〕18号） ·············· 282

主要参考文献 ·············· 285

第一章 保险概述

学习目标

1. 了解危险的含义,理解并掌握保险法上的危险处理。
2. 明确保险的概念与性质,把握保险的作用与功能。
3. 重点掌握保险的分类。

第一节 危险与危险处理

一、危险

(一) 危险的概念与特征

保险以危险的存在为必要前提条件,如果人类社会不存在危险,也就不存在保险。因而,学习保险和保险法要从理解何为危险开始。

自从有了人类,危险就如影随形,地震、海啸、火灾、雷暴、洪水和生老病死等各种自然灾害和意外事故都时刻威胁和危害着人类。随着人类社会文明的进步与科学技术的发展,人们应对危险的能力虽逐步增强,但始终无法完全避免和消灭危险的发生。尤其随着当代高新技术的发展与应用,新的危险也接踵而至,如核污染危险、计算机泄密危险等。危险的存在不仅会给社会经济带来重创,更会造成人们的忧惧心理,导致社会经济发展缓慢甚至衰退。因此,认识危险并对其加以控制对人类社会的生存和发展至关重要。

什么是危险?《现代汉语词典(第7版)》对危险的界定是,"有遭到损害或失败的可能"或"遭到损害或失败的可能性"。保险法理论中,危险是指意外事故或者不可抗力所致损失发生的未来不确定的客观状态[①]。一般来说,危险具有以下四个特征。

1. 危险具有客观性

危险是一种客观存在,不以人们的意志而转移。正所谓"人有悲欢离合,月有阴晴圆缺",无论人们如何厌恶危险、提防危险,虽然危险可以部分地受到有效控制,但从时间、空间等总体观念来看,危险的发生是不可避免的。也就是说,世界上不存在永不发生的危险。

2. 危险具有损害性

危险与人类社会如影随形,与人们的利益休戚相关。损害是危险发生的后果,其危害性表

---

① 高宇:《中国保险法》,高等教育出版社2015年版,第3页。

现为两个方面：一是危险的发生会给人们带来财产或人身损失,这是有形的损害;二是危险的存在使人们担心和忧虑,因畏惧危险的发生而放弃进步,阻碍了社会的发展,这是无形的损害。危险的损害性无论表现为何种形式,都会影响人们的正常生活和人类社会的健康发展[1]。

3. 危险具有不确定性

危险的不确定性主要体现在三个方面,即空间上的不确定性、时间上的不确定性和损失上的不确定性。人们无法确定危险将于何时何地,以何种形式发生,并无法确定其所造成的损害规模及程度。有些危险虽然能够确定必然会发生,如人总会死亡,但无法确定何时死、因何而死。正是基于此种不确定性,研究危险以及危险控制有其必要性。

4. 危险具有可测定性

危险的不可确定性说明危险的发生基本是一种随机现象,难以预测,但这是仅针对个别危险而言的。就危险总体而言,在一定时期内,性质相同的危险,其发生具有规律性,是可以测定的。也就是说,在保险学中,对一定时期内特定危险发生的频率和损失,是可以依据概率论原理加以正确测定的,即把不确定性化为确定性。最典型的是生命表,它表明虽然死亡对于个体来说是偶然事件,但是,通过对某一地区人的各年龄死亡率的长期观察统计,就可以准确地得出该地区各年龄段稳定的死亡率[2]。

(二) 危险的种类

人类社会面临的危险是多种多样的,不同的危险有着不同的性质和特点,为了对各类危险进行有效识别、测定和控制,有必要从不同角度出发,对危险作不同分类。

第一,根据危险发生的原因分类,可以划分为自然危险、社会危险、经济危险和政治危险。自然危险是指自然因素、物理现象和其他物质因素所造成的危险。自然危险一般难以为人力所抗拒、控制,如地震、洪水、暴雨、飓风、海啸、死亡等。社会危险是指个人或团体的过失行为、不当行为或故意行为对社会生产及人们生活所造成的危险,如盗窃、抢劫、违章作业、罢工等。经济危险是指在生产经营过程中,由于各种有关的因素,如经营管理不善、市场需求变少、通货膨胀、信息失灵等,造成经济损失的危险。政治危险是指在对外贸易过程中,因种族、宗教、战争、内乱等无法控制的事由,使权利人一方可能受到损失的危险。

需要注意的是,自然危险、社会危险、经济危险和政治危险是相互联系、相互影响的,有时难以明确区分。例如：价格变动引起产品销售不畅,利润减少,这本身是一种经济危险;但价格变动导致某些部门、行业生产不景气,造成社会不安定,于是它又是一种社会危险。另外,社会问题积累可能演变成政治问题,因而社会危险酝酿着政治危险[3]。

第二,根据危险的对象分类,可以划分为财产危险和人身危险。财产危险是指造成法人或其他组织机构、家庭、自然人所有或依法占有、使用、经营的财产毁损、贬值的危险。例如,航空器、船舶、车辆等交通工具发生坠毁、搁浅、碰撞而致损失的危险等。人身危险是指因生老病死、意外事故、自然灾害等而致人身损害的危险。人身危险会造成个人、家庭的收入的减少和支出的增加进而导致其陷入经济困境,影响经济生活。

---

[1] 徐卫东、杨勤活、王剑钊：《保险法》,吉林人民出版社1996年版,第5页。
[2] 魏华林、林宝清：《保险学》,高等教育出版社2011年版,第10页。
[3] 段文军：《保险学概论》,西南财经大学出版社2018年版,第7页。

第三,根据危险发生领域的不同,可以分为静态危险和动态危险。静态危险主要是指客观地存在于自然界因自然力不规则的变动或者人们错误行为而导致的危险。例如,地震或雷雨等自然灾害、个人不诚实的品质或心理因素等造成的经济损失。动态危险是指以社会经济或政治的变动为直接原因的危险,如战争、环境污染、通货膨胀等。通常,静态危险的发生规律性较强,对于个人和社会而言,多为纯粹危险;而动态危险相对于静态危险,其发生的规律性较差,包含纯粹危险和投机危险。如战争时期,社会经济秩序不稳定,商品大量积压,这属于投机危险,同时商品积压遭受各种意外事故所致损失的概率也增大,此为纯粹危险[1]。

第四,根据危险影响范围的不同,可以分为基本危险和特定危险。基本危险是指全社会普遍存在,人们往往难以阻止其发生且造成的影响范围很广的危险。例如,与自然因素有关的地震、海啸、泥石流等灾害属于基本危险。特定危险是指存在于某一特定社会领域,由特定的社会个体所引起,其发生造成的影响范围仅限于某一局部的危险。例如,火灾、爆炸、雷电造成的特定企业、家庭、个人的财产损失属于特定危险。在严格意义上,基本危险和特定危险并没有绝对的界限,二者可以互换。例如,失业在过去被看作特定危险,现代社会则将其视为基本危险[2]。

第五,根据危险结果的不同,可以分为纯粹危险和投机危险。纯粹危险是指其发生只会给人类带来损失而不会有任何收益的危险,如地震、暴雨、洪水、飓风等。投机危险是指其发生极有可能给人们带来损害,但也有可能带来收益的危险。例如,赌博、股票投资、房地产投资等活动,既有损失机会也有获利可能。对于纯粹危险,人们一般会尽量避免其发生;对于投机危险,因其有利可图,人们往往会为求其利益而甘冒风险。

二、危险处理

人们在与危险斗争的历史中,为消除或减少损失,逐步积累总结了一套应对危险的方法,我们可将其称为危险处理。危险处理是指通过采用不同的措施或方式,用最小的成本达到最大的安全保障的行为,主要包括回避、预防、自留、抑制、中和、集合、转移和分散。

(一) 回避危险

回避危险是指为避免某种特定损失的发生而有意识地不作为,或者为免除某种危险的发生而直接从根本上消除特定危险的措施。例如:游泳有溺水的可能性,可以终生不游泳;乘坐飞机有失事的可能,可以改乘其他交通工具;将房屋建造在地势较高的地点,以避免洪水的威胁。回避危险是最简单也最有效的一种危险处理方式,但它的局限性也是明显的。一方面,并非所有的危险都可以避免,如人的生老病死无法回避;另一方面,一味回避躲避,不利于科学技术的进步与生产力的提高,而且社会成本太高。

(二) 预防危险

预防危险是指在危险发生前采取积极措施,消除或者减少可能引发损失的各种因素,从

---

[1] 魏华林、林宝清:《保险学》,高等教育出版社2011年版,第13页。
[2] 徐卫东、杨勤活、王剑钊:《保险法》,吉林人民出版社1996年版,第6页。

而降低危险发生的可能性。例如，为避免或减少交通事故的发生而改善交通设施，为避免或减少生产事故的发生而定期对员工进行职业安全培训和消防教育，等等。预防是一种用较小的代价防止较大损失发生的很好的危险处理方式，但受科技水平的限制，此种预防方式并非每次都会有效。

（三）自留危险

自留危险是指由自我承担危险，即组织机构或自然人自我承担危险损害后果的方法。根据自留人是否有自主保留危险的意思，可以将其划分为主动自留和被动自留。主动自留危险是指虽明知危险的存在而无适当的处理方法，或保留危险与其他处理方式相比更加便捷、经济，进而决定由自己承担危险所致之损失。被动自留危险是指因疏忽等原因而不知危险的存在而承担计划之外的损失。虽然自留危险可减少潜在损失、节省费用支出和取得基金收益，但自留危险有时会因危险单位数量的限制而无法实现其处理危险的功效，一旦发生危险损失，可能导致财务调度上的困难而失去其效用[1]。

（四）抑制危险

抑制危险是指在损失发生时或者损失发生后所采取的各种危险处理办法，其目的是力求降低损害后果。危险抑制是一种积极的危险处理方式，通常在损失程度高且危险又无法回避或转移的情况下使用。例如，对于火灾危险，可以安装自动喷淋和火灾报警器等装置。

（五）中和危险

中和风险是指将危险的损失机会与获利机会予以平均的一种危险处理方式，是投机危险的主要处理对策。例如，某人购进某只股票后，担心股票价格会下跌亏本，又怕抛出股票后股价上涨丧失获利机会，于是将股票卖掉一半，保留一半，此时，虽可避免股价下跌亏本的部分风险，但也同时丧失股价上涨的机会[2]。

（六）集合危险

集合危险是指集合同一性质的危险中的多数单位，使每一单位所承受的损失相对减少的危险处理方式。应当说，集合的危险单位越多，危险就越分散，损失发生的概率也就越有规律性和相对稳定性。

（七）转移危险

转移危险是指一些组织机构或自然人为了避免承担危险损失，有意识地将损失的法律责任或财务后果转移给他人承担的一种危险处理方式。转移危险的方式主要有两种，即保险转移和非保险转移。保险转移是指投保人向保险人交纳一定数额的保险费，由保险人承担危险事故所造成的损失。非保险转移又具体分为两种方式：一是出让转移；二是合同转移。前者一般适用于投机危险。比如，当预测股市行情下跌时，将手中股票抛售，从而转移

---

[1] 魏华林、林宝清：《保险学》，高等教育出版社2011年版，第16页。
[2] 徐卫东、杨勤活、王剑钊：《保险法》，吉林人民出版社1996年版，第8页。

股票跌价损失的危险。后者适用于企业将具有危险的生产经营活动承包给他人,而且在合同中约定由对方承担损失的法律责任。比如,通过承包合同,建设单位可以将建筑、安装工程中的一部分危险转嫁给施工单位[①]。

(八) 分散危险

分散危险是指增加承受危险的单位以减轻总体危险的压力,进而减少损失的危险处理方式。例如,将资产放在股票、债券、不动产等不同的投资项目上,从而把可能发生的资产损失分散。

保险作为转移危险的一种危险处理方式,实际上综合了集合危险、转移危险和分散风险的内容。即同一类危险的各个社会成员向同一个保险人投保,并交纳保险费聚集成保险基金,由保险人执掌,并将他们的危险转移给了保险人,由保险人集中承受。其中的某一个被保险人因保险事故遭受损失时,保险人从保险基金中拿出相应的部分向该被保险人赔付来补偿其损失,进而将实际损失分散于各个加入保险团体的危险单位。

第二节 保险的本质、职能与作用

一、保险的含义

有关保险的定义,各国学者从不同研究角度得出不同结论。总体来看,大致是从"损失说""非损失说"以及"二元说"三个方面进行定义。"损失说"主要基于损失补偿角度来分析保险机制,认为损失是保险存在的前提,保险的主要目的是解决物质损失的补偿问题;"非损失说"不认同"损失说"的保险定义,通过摆脱"损失"这一概念来解释保险,强调保险的数理基础、保险的资金融通功能等;"二元说"则主张人身保险与财产保险具有不同性质,人身保险的主要目的是给付一定金额,财产保险的主要目的是损失补偿。《中华人民共和国保险法》(以下简称《保险法》)中对保险的定义采用了"二元说",《保险法》第2条规定:"本法所称保险,是指投保人根据合同约定,向保险人支付保险费,保险人对于合同约定的可能发生的事故因其发生所造成的财产损失承担赔偿保险金责任,或者当被保险人死亡、伤残、疾病或者达到合同约定的年龄、期限等条件时承担给付保险金责任的商业保险行为。"

二、保险的性质

保险与人们的经济社会生活息息相关,并逐步成为社会制度中不可或缺的组成部分,其在经济、法律以及社会功能等方面体现出不同性质。从经济角度分析,保险因社会对保险存在供给与需求而表现为一种商业行为,也因保险资金融通功能以及业务以货币收支形式进行等表现为一种金融行为。从法律的角度分析,保险是一种合同行为,依法通过合同的形式来体现其存在,须符合《保险法》《中华人民共和国民法典》(以下简称《民法典》)等法律要求。

---

① 魏华林、林宝清:《保险学》,高等教育出版社2011年版,第17页。

合同双方当事人在法律地位平等的基础上经过自愿的要约与承诺，达成合意后订立保险合同，明确双方的权利与义务，即投保人承担向保险人缴纳保险费的义务，保险人承担因合同约定保险事故所发生的财产损失赔偿金以及被保险人死亡、伤残和达到合同约定年龄、期限给付保险金的责任。从社会功能角度分析，保险是一种危险转移机制，投保人通过向保险人交纳一定数额的保险费，由保险人承担危险事故所造成的损失。这种机制有利于社会经济生活的稳定，也是保险被称为"社会稳定器"的重要原因。

三、保险的职能与作用

（一）保险的职能

保险对于社会稳定发展、人民安定生活的重要性不言而喻。2014年印发的《国务院关于加快发展现代保险服务业的若干意见》对保险的定位有明确表述："保险是现代经济的重要产业和风险管理的基本手段，是社会文明水平、经济发达程度、社会治理能力的重要标志。"保险的职能可以理解为保险的社会功能，它是由保险的本质特征所决定的，具体可分为基本职能和派生职能两类。保险的基本职能是保险所固有的，其派生职能则是在基本职能的基础上产生发展的。

1. 保险的基本职能

（1）分散危险职能。分散危险职能是保险的基本职能之一，也是保险本质的最重要体现。为了确保经济生活安定，保险将集中于某一单位或个人因偶发的自然灾害或意外事故导致的经济损失，通过直接摊派或收取保险费的方式平均分摊至所有被保险人，即保险的分散危险职能[1]。保险作为一种危险管理机制，实际上是将一部分人面临的危险分摊给大家，从而在整体上提高了对危险的承受能力。它能够实现空间上对危险的分散，也能够实现时间上对危险的分散。

（2）补偿损失职能。保险将集中收取的保险费用于补偿被保险人因保险合同约定的保险事故或人身事件导致的经济损失，保险所具有的这种补偿作用即为保险的补偿损失功能[2]。补偿损失职能也是保险的基本职能之一，是保险本质特征最重要的体现。分散危险和补偿损失是手段和目标的统一，分散危险是前提条件，补偿损失是分散危险的目的。保险的补偿损失职能主要针对财产和责任保险。由于人的身体或生命价值无法用货币形式来衡量，完全意义上的损失补偿观点并不适用于人身保险。在人身意外伤害保险、健康保险中，当被保险人遭受意外伤害或者疾病时会导致经济上的损失，保险人需要给予被保险人一定经济上的补偿，体现了一定的损失补偿职能；但人寿保险更多的则是被保险人付出一定的保险费来换取经济上的保障。

2. 保险的派生职能

（1）资金融通职能。保险的资金融通职能是指保险公司通过收取保险费的形式建立保险基金，将暂时闲置的保险基金重新投入社会再生产过程，并从中获取投资收益。换言之，资金融通职能即保险公司参与社会资金融通的职能，但这种职能派生于保险的基本职能。

---

[1] 魏华林、林宝清：《保险学》，高等教育出版社2011年版，第28页。
[2] 魏华林、林宝清：《保险学》，高等教育出版社2011年版，第28页。

保险基金必须首先承担经济损失补偿或保险金的给予,同时保险基金的运用也需要坚持安全性、流动性等基本原则。随着保险基金规模的增大,保险公司已成为社会重要的机构投资者,广泛参与各类资产管理和投资活动。

(2) 防灾减损职能。保险的防灾减损职能是指保险公司参与防灾减损活动,提高社会防灾减损能力。防灾减损是风险管理的重要内容,保险作为风险管理的基本手段,一方面可以补偿经济损失,另一方面也能在风险发生之前的预防环节和风险发生后的施救环节提供必要帮助[1]。保险公司的日常经营都围绕风险展开,在长期经营中累积了大量风险管理经验,特别是防灾减损的工作经验。我国《保险法》第51条指出:"被保险人应当遵守国家有关消防、安全、生产操作、劳动保护等方面的规定,维护保险标的的安全。保险人可以按照合同约定对保险标的的安全状况进行检查,及时向投保人、被保险人提出消除不安全因素和隐患的书面建议。投保人、被保险人未按照约定履行其对保险标的的安全应尽责任的,保险人有权要求增加保险费或者解除合同。"保险的防灾减损职能可以体现保险合同双方的共同利益,被保险人重视消除安全隐患,可以减少自身损失,也能降低保险人的赔偿水平。

(二) 保险的作用

保险的作用和保险的职能是两个既有区别又有联系的概念。保险的作用是保险在实现其职能时对社会经济生活所产生的经济效应。保险的微观作用主要体现在保险作为经济单位或个人风险管理的财务手段所产生的对微观主体的经济效应,而保险的宏观作用则是保险职能的发挥对全社会和国民经济总体所产生的经济效应。

1. 保险的微观作用

(1) 有助于及时恢复受灾企业生产。危险是无处不在的,企业在经营过程中自然也会面临多种多样的自然灾害和意外事故。这些危险有些是客观存在的,并具有较大的不确定性,有可能对企业的正常运行造成重大影响,甚至中断企业的经营活动。企业根据自身危险状况购买保险,就可以在受灾之后获得保险人及时的经济补偿,有助于短时间内恢复生产经营,将损失减至较低程度。

(2) 有助于企业加强财务管理。企业通过购买保险,能够将企业面临的不确定的大额损失转变为可确定的保险费支出,同时这种支出可以计入企业的生产成本或流通费用。这样企业购买了相应保险,就能够保持较为稳定的现金流,从而避免出现较大的财务波动[2]。

(3) 有助于提高企业危险管理能力。企业购买相应保险后,保险公司会适时对参保企业进行监督检查。保险公司能够利用其丰富的风险管理经验去帮助企业识别并消除潜在的危险因素,从而有助于提高企业的危险管理能力。

(4) 有助于安定人民的生活。安全需要是人类社会发展的基本需求,保险作为一种风险管理的重要方式,能够降低人们的不确定性。保险不会防止危险的产生,但是可以消除人们对损失发生不确定性的担忧,减少其经济负担。例如,家庭财产保险和人身保险能够满足人们对安全感的追求,能够较好地保障人们维持正常的物质生活水平。

(5) 有助于均衡个人财务收支。一般来说,个人在整个生命周期内的经济收入具有一

---

[1] 丁继锋:《保险学》,西南政法大学出版社2019年版,第34—35页。
[2] 丁继锋:《保险学》,西南财经大学出版社2019年版,第36页。

定波动性,通常也与消费支出的波动不一定同步。保险作为一种金融产品,也是个人理财计划的一个重要组成部分,特别是一些寿险产品具有保险保障、储蓄和投资的多重性质。个人通过定期缴纳保险费这种具有明显计划性和确定性的"储蓄"方式,可以在一定程度上实现不同时期收入和消费的平衡。

(6) 有助于促进民事赔偿责任履行。随着法治化进程的推进,人们在日常生活和社会活动中因民事侵权或其他侵权而导致承担民事赔偿责任或发生民事索赔事件的可能性增加。通过投保相关保险产品,具有民事赔偿责任风险的单位或个人可以将风险转至保险人,从而保障被侵权人的合法权益并顺利获得保险金额内的民事赔偿。当然,政府也会根据经济社会发展需要,采取立法的形式强制实施某些民事赔偿责任保险。我国常见的此类险种有机动车交通事故责任强制保险、环境污染强制责任保险等。

2. 保险的宏观作用

(1) 有助于保障社会再生产的正常进行。社会再生产是一个时间上连续、空间上均衡的过程,它包括生产、分配、交换和消费四个环节。一旦遭遇各类自然灾害或意外事故,这种再生产的过程就有可能被迫中断和失衡,进而影响整体上的均衡发展。同时在现代经济社会中,各经济主体之间存在着密切联系,特别是随着社会分工的进一步细化,经济各部门之间的协作程度越来越高。当某个经济主体特别是关键主体遭遇危险事故导致无法正常运营时就有可能产生"多米诺骨牌"效应,进一步放大损失。保险损失补偿的基本职能可以及时对受灾经济主体提供补偿,帮助其较快恢复生产,从而降低其对其他相关经济主体、相关经济部门的不利影响,保障社会再生产过程的正常进行。

(2) 有助于促进科学技术转化为现实生产力。众所周知,"科学技术是第一生产力",科学技术特别是高科技对一国经济增长具有重大意义。然而,一项新的科学技术研发与应用并不会一蹴而就,甚至会因遇到各类危险事件给研发与应用企业带来巨大损失,这也导致企业在新科学技术投入方面有所顾虑。保险作为危险管理的基本手段,能够为新科学技术的研发、应用以及推广等多个方面提供切实的经济保障,无疑会促进大量新科学技术转化为现实生产力,进而有力推动现代经济增长。例如,科技保险可以为科技企业及其相关产业链提供针对性的危险保障服务。

(3) 有助于平衡财政和信贷收支。财政收支计划和信贷收支计划是国民经济宏观调控的两大资金调控计划。相对资金运动而言,物质资料的生产、流通与消费是第一性的,所以财政和信贷所支配的资金运动的规模与结构首先取决于生产、流通与消费的规模与结构。毫无疑问,自然灾害和意外事故发生的每次破坏,都将或多或少地造成财政收入的减少和银行贷款归流的中断,同时还会增加财政支出和信贷支出,从而给国家宏观经济调控带来困难。在生产单位参加保险的前提下,财产损失得到保险补偿,恢复生产经营就有了资金保证。生产经营一旦恢复正常,就保证了财政收入的基本稳定,银行贷款也能得到及时的清偿或者重新获得物质保证。可见,保险确实对财政和信贷收支的平衡发挥着保障性作用。此外,保险公司积蓄的巨额保险基金还是财政和信贷基金资源的重要支付能力[①]。

(4) 有助于促进国际贸易发展。在现代经济中,国际贸易的地位相当重要,而在国际贸易中,各种各样的危险经常阻碍买卖双方交易的顺利进行。因此,出口商常购买相关保险,

---

① 魏华林、林宝清:《保险学》,高等教育出版社 2011 年版,第 31 页。

如出口信用保险等,以向卖方提供风险损失补偿保障。它既可以帮助出口商获得银行贷款,又可以为创汇提供相应保障。同时,保险作为国际收支中无形贸易的重要组成部分,也能够为国家争取到大量外汇资金,增强国家的国际支付能力。

(5) 有助于完善社会治理体系。2014年印发的《国务院关于加快发展现代保险服务业的若干意见》提及保险是社会治理能力的重要标志。在与公众利益极为相关的环境污染、食品安全、医疗责任、医疗意外、实习安全、校园安全等领域,保险特别是责任保险可以充分发挥其在事前风险预防、事中风险控制、事后理赔服务等方面的功能,化解矛盾纠纷,从而有助于提高政府的社会治理能力,进而完善社会治理体系。

(6) 有助于维护社会稳定。众多的家庭和企业构成了社会,如果家庭成员安定生活,企业亦正常运转,社会的不稳定性就会降低。保险可以对遭遇自然灾害或意外事故的家庭或企业及时补偿经济损失帮助其恢复正常生活或生产,解决其经济后顾之忧,故而能为整个社会的稳定运行提供切实保障。

第三节　保险的分类

一、常见分类方式

(一) 按保险性质划分

按照保险的性质划分,保险可以分为商业保险、社会保险以及政策性保险三类。

1. 商业保险

商业保险是一种合同行为,它以营利为目标,并进行独立经济核算。在商业保险中,投保人愿意投保是因为保费低于未来的损失预期,保险人愿意承保则是因为可以从中获取利润,投保人与保险人通过签订合同来建立双方的法定保险关系。商业保险是市场经济的一个重要组成部分,商业保险公司是一种强调营利的企业组织,其主要经营目的是获取利润。

2. 社会保险

社会保险一般是强制性的,它不以营利为目的,而是国家为了预防和分担年老、失业等社会风险而规定的,同时具有一定的政治意义,如使公民共享发展成果、稳定社会秩序、贯彻社会公平原则等。1953年在维也纳召开的社会保险会议将社会保险定义如下:"社会保险是以法律保证的一种基本社会权利,其职能主要是以劳动为生的人,在暂时或永久丧失劳动能力时,能够利用这种权利来维持劳动者及家属的生活。"[1]国内学者对其定义如下:"社会保险是由国家通过立法形式,为依靠劳动收入生活的工作人员及其家属保持基本生活条件、促进社会安定而举办的保险。"[2]尽管表述不统一,但社会保险具有强制性、互济性、普遍性、公平性等基本特征。《中华人民共和国社会保险法》(以下简称《社会保险法》)第2条规定:"国家建立基本养老保险、基本医疗保险、工伤保险、失业保险、生育保险等社会保险制度,保障公民在年老、疾病、工伤、失业、生育等情况下依法从国家和社会获得物质帮助的权利。"

---

[1] 中国社会保障制度总览编辑委员会:《中国社会保障制度总览》,中国民主法制出版社1995年版,第244页。

[2] 邓大松:《社会保险》,武汉大学出版社1989年版,第2页。

3. 政策性保险

这里的政策性保险主要指经济政策性保险，通常也不以营利为目的。政策性保险是国家基于宏观经济利益，运用普通商业保险技术对某些行业实施保护政策而举办的保险，一般由国家财政直接投资成立的公司或国家委托代办的商业保险公司开办。这类保险所承保的风险一般损失程度较高，但由于特定经济目的所收取的保费却较低，导致商业保险公司承办该类保险的积极性不高。因此，当这类保险业务发生经营亏损，国家财政通常会予以补偿。常见的政策性保险有：为实现农业增产增收政策目的而开办的农业保险；为依法保护存款人合法权益、及时防范和化解金融风险、维护金融稳定目的而开办的存款保险；为促进国际贸易目的而开办的出口信用保险、海外投资保险；为扶持中小企业发展而开办的信用保险；为保障国民经济生活稳定而开办的巨灾保险；等等。中国出口信用保险公司就是一家政策性保险公司。

（二）按实施方式划分

按照保险的实施方式划分，保险可以分为强制保险和自愿保险两大类。

1. 强制保险

强制保险，亦称法定保险，一般是指由国家或政府根据相关法律、法规或行政命令，在投保人和保险人之间强制建立保险关系。它不是一种合同行为，而是产生于国家或政府的法律效力，强制符合要求的单位或个人必须参加。强制保险具有全面性和统一性的特征。全面性是指只要符合强制保险要求的保险对象，无论是否愿意都必须投保；统一性则是指强制保险将按照国家相关法律统一标准执行保险费率和保险金额[1]。

2. 自愿保险

自愿保险，亦称合同保险或任意保险，是投保人和保险人在双方自愿的基础上，通过签订保险合同而实施的保险[2]。在自愿保险中，投保人可以自行决定是否投保、投保何种保险种类、保险金额设置多高、保险期限多长等，而保险人也可以根据保险实际情况自行决定是否承保、承保条件如何、保险费率怎样等。投保人和保险人就双方权利义务达成合意并签订保险合同，自愿保险的保险关系才能成立。我国《保险法》第11条规定："订立保险合同，应当协商一致，遵循公平原则确定各方的权利和义务。除法律、行政法规规定必须保险的外，保险合同自愿订立。"在保险经营中，大多数的商业保险属于自愿保险。

（三）按保险标的划分

按照保险标的划分，商业保险可以分为人身保险和财产保险两大类。

1. 人身保险

我国《保险法》第12条规定："人身保险是以人的身体和生命作为保险标的保险。"根据保障范围的不同，人身保险又可分为人寿保险、意外伤害保险、健康保险。

（1）人寿保险。人寿保险是以人的寿命作为保险标的，以生存或者死亡作为保险金给付条件的一种保险。它是人身保险的重要组成部分，包括死亡保险、生存保险、生死两全险、

---

[1] 丁继锋：《保险学》，西南财经大学出版社2019年版，第40页。
[2] 丁继锋：《保险学》，西南财经大学出版社2019年版，第40页。

投资连结保险、万能寿险等。

（2）意外伤害保险。意外伤害保险是在保险期间内因意外事故导致被保险人死亡或伤残,保险人按保险合同约定给付保险金的一种人身保险。

（3）健康保险。健康保险是以被保险人的身体为保险标的的一种人身保险。健康保险多以一年期的短期合同为主,特别是医疗保险。健康保险的定价也与人寿保险不同,采用的是非寿险精算技术,主要考虑疾病发生率、伤残发生率以及疾病（伤残）持续时间等因素来厘定费率。

2. 财产保险

我国《保险法》第12条规定:"财产保险是以财产及其有关利益为保险标的的保险。"根据保险标的不同,财产保险可分为财产损失保险、责任保险、信用保证保险等。

（1）财产损失保险。财产损失保险是以有形财产为保险标的的财产保险。财产损失保险包括火灾保险、运输工具保险、工程保险、农业保险、货物运输保险等。

（2）责任保险。责任保险是以被保险人对第三者依法应承担的民事损害赔偿责任或经过特别约定的合同责任为保险标的的保险。责任保险的主要作用是保证法律规定的民事赔偿责任能够履行,保障受害者的利益,进而促进经济生活正常运行。

（3）信用保证保险。信用保险和保证保险是指以履约信用风险为保险标的的保险。信用保证保险具有担保性质,根据投保人在信用关系中的身份的不同,又可分为信用保险和保证保险两类。

（四）按承保方式划分

按照承保方式划分,保险可以划分为原保险、再保险、共同保险、重复保险以及复合保险等。

1. 原保险

原保险是投保人与保险人直接签订保险合同确定保险关系的保险。保险公司不能成为原保险的投保人。在原保险中,保险人直接对被保险人因保险标的遭受的保险责任范围内的损失负有赔偿责任。

2. 再保险

再保险又称分保,是保险人将自己承保的部分或全部风险责任向其他保险人进行投保的行为。简而言之,再保险就是对保险人的保险。再保险与原保险既有联系又有区别:从合同关系上分析,再保险是以原保险合同的存在为前提的;但再保险是一项独立业务,再保险合同是一种脱离原保险合同而独立存在的合同,并非原保险合同的从合同。按照险种的不同,再保险可分为人身险再保险和财产险再保险;按照分保合同形式,再保险又可分为临时再保险、合同再保险以及预约再保险;按照责任限制,再保险还可以分为比例再保险和非比例再保险等。

3. 共同保险

共同保险,又称共保,是多个保险人联合共同承保同一保险标的、同一保险利益、同一保险事故,而且保险金额总和不超过保险价值的保险。在保险实务中,通常以某一保险人的名义签发一张保险单,每一保险人对保险合同约定的危险事故所致损失按约定比例承担赔付责任。它与再保险存在一定差异:在共同保险中,每一保险人都与投保人直接发生关系,而且地位一样,危险在各保险人之间横向分摊;而在再保险中,再保险并不与原投保人直接发生关系,而是原保险人与再保险人直接发生关系,危险在各保险人之间纵向分摊。

4. 重复保险

我国《保险法》第 56 条规定:"重复保险是指投保人对同一保险标的、同一保险利益、同一保险事故分别与两个以上的保险人订立保险合同,且保险金额总和超过保险价值的保险。"在重复保险中,被保险人有可能获得超过实际损失的经济补偿,易导致道德风险发生,因此,各国通常以法律形式严加限制重复保险,要求具备一定的条件才能成立,防止发生保险欺诈。它与共同保险存在明显差异:重复保险是投保人与不同的保险人分别订立多个保险合同,同时不同保险合同的有效期间不一定一致;而共同保险则是投保人与多个保险人只订立一个保险合同,多个保险人联合承保。

5. 复合保险

复合保险是投保人以部分或全部保险利益,分别向两个或两个以上的保险人投保相同类型的保险,并且保险金额总和不超过保险价值的一种保险[①]。它与重复保险具有一定相似性,都是投保人分别与两个或两个以上的保险人就同一保险标的、同一保险利益、同一保险事故订立不同的保险合同。它们的主要差异体现在保险金额和保险价值之间的关系,重复保险的保险金额之和超过保险价值,而复合保险的保险金额之和等于或小于保险价值。

二、其他分类方式

(一) 按投保方式划分

保险按投保方式划分,可分为个人保险和团体保险两大类。

1. 个人保险

个人保险是以个人为投保人,以投保人本人、投保人家庭成员或与投保人具有保险利益的其他人为被保险人的一种保险。

2. 团体保险

团体保险是投保人为特定团体成员投保,由保险人以一份保险合同提供保险保障的一种保险。

(二) 按承保危险划分

保险按承保危险划分,可分为单一危险保险、多种危险保险、特定危险保险以及一切危险保险等四大类。

1. 单一危险保险

单一危险保险是保险人只对某一种危险造成的损失承担保险责任的一种保险。例如,地震保险只对地震引致的损失承担赔偿责任。

---

① 丁继锋:《保险学》,西南财经大学出版社 2019 年版,第 43 页。

2. 多种危险保险

多种危险保险是保险人对多种危险造成的损失承担保险责任的一种保险。

3. 特定危险保险

特定危险保险是保险人对特定的某一种或者多种危险造成的损失承担保险责任的一种保险。

4. 一切危险保险

一切危险保险是保险人对保险合同列举的责任免除条款之外的危险造成的所有损失承担保险责任的一种保险。一切危险保险通常会在保险险种的名称中加以体现,将保险合同中没有明示的危险视为保险责任。

(三) 按是否足额投保划分

按是否足额投保划分,保险可分为足额保险、不足额保险以及超额保险三类。

1. 足额保险

足额保险是指保险金额等于保险价值的保险。在足额保险中,若发生保险合同约定的危险事故导致保险标的物全部受损,保险人会将保险金额全部赔偿;若保险标的物部分受损,保险人将以实际损失为准计算其赔偿金额,并且不超过保险金额。

2. 不足额保险

不足额保险,又称部分保险,是指保险金额低于保险价值的保险。不足额保险产生原因通常有以下三种因素:一是投保人由于某些原因仅以部分保险价值投保,使得保险金额小于保险价值;二是由于保险标的的危险较高,保险人只同意部分投保;三是保险合同订立后保险标的的价值升高,使得足额保险变成不足额保险。

3. 超额保险

超额保险是保险金额超过保险价值的保险。

(四) 按是否列明标的物价值划分

按是否列明标的物价值,保险可分为定值保险和不定值保险两类。

1. 定值保险

定值保险是保险合同当事人约定保险标的的保险价值并在保险合同中载明的保险。定值保险中保险标的的保险价值是确定的,不考虑发生危险事故时保险标的的实际价值。它一般适用于海洋运输货物、难以确定价值的珍贵物品作为保险标的的保险。

2. 不定值保险

不定值保险是保险合同当事人在保险合同中未约定保险标的的保险价值的保险。在不定值保险中,通常会载明保险金额作为赔偿的最高限额。若保险标的因保险合同约定的危险事故导致损失,保险人将在保险金额范围内按照实际损失金额和保障程度予以赔偿。

(五) 按是否单独投保划分

按是否可以单独投保,保险可分为主险和附加险两大类。

1. 主险

主险,又称基本险,是指保险条款内容完备且要素齐全,能够进行单独投保的保险产品。主险产品通常保障的是一些较为核心的风险,保障责任较为丰富,同时约定好保障期限。终身寿险、重疾保险、普通家庭财产保险、医疗保险等都可以作为主险。

2. 附加险

附加险是指不能够进行单独投保,只能附加于主险投保的保险。它的主要目的是补充主险的保障范围,保障责任较单一。附加险随同主险一同销售,从而若主险失效,则附加险的保障功能一般随之相应终止。常见的附加险有意外医疗险、住院医疗险等。

(六) 按保险给付方式划分

按保险给付方式划分,保险可分为补偿性保险和给付性保险两大类。

1. 补偿性保险

补偿性保险是指当保险合同约定的保险事故发生后,保险人根据被保险人所遭受的实际损失,以保险金额为限给予补偿的一种保险。大多数的财产保险属于补偿性保险。

2. 给付性保险

给付性保险是指当保险合同约定的保险事故发生后或约定的期限届满时,保险人按照保险合同约定的保险金额给付保险金的一种保险。大多数的人寿保险属于给付性保险。

重要概念

危险　危险处理　商业保险　资金融通职能　防灾减损职能　人身保险　财产保险
人寿保险　人身意外伤害保险　健康保险　原保险　再保险　共同保险　重复保险
复合保险　财产损失保险　责任保险　信用保证保险

思考题

1. 危险的概念是什么? 它有什么特征?
2. 危险的处理方式有几种?
3. 保险的本质是什么?
4. 保险的职能有哪些?
5. 保险的常见分类有哪些?
6. 简述保险的作用。

案例习题

1. 1996 年 4 月上旬,某农村信用社为吸引储蓄,发行大额储蓄存单,存单面额为 1 000 元人民币,存期为 1 年,年利率为 15%。某农村信用社在存单背面的附加条款中约定:在存款期间,存款人因意外伤害和疾病需要住院治疗的,持县级以上人民医院的住院治疗证明,可提前支取,支取本息按存单到期本息全额支付。中国人民银行某省分行在例行工作检查中发现,即以该农村信用社违规经营保险业务为由进行查处。

问:某农村信用社的大额存单附加条款是否构成保险?

2. 某人就一批财产向 A、B 两家保险公司投保,保额分别是 6 万元和 4 万元。假设保险财产发生保险事故,损失 5 万元。

问:这涉及哪种类型的保险?

第二章 保险法概述

学习目标

1. 理解保险法的概念、特点。
2. 熟悉保险法的调整对象和内容体系。
3. 了解保险法的地位、渊源。
4. 了解国外保险法的立法概况。
5. 了解并熟悉我国保险法的立法发展过程。

第一节 保险法的概念、特点和调整对象

一、保险法的概念

保险法是以保险关系为调整对象的法律规范的总称。保险关系是指因保险合同而发生的权利义务关系以及在保险监管过程中发生的各种关系。保险法按照不同的划分标准,可以进行不同的法律界定。

(一) 广义保险法和狭义保险法

根据保险法调整的法律关系范围的不同,可将保险法区分为广义保险法和狭义保险法。广义的保险法是以保险关系为调整对象的一切法律规范的总称,包括保险公法和保险私法。狭义的保险法仅指保险私法。所谓保险公法,是指调整保险关系的公法性质的法律规范,即调整国家对保险业的监督管理关系及社会公共保险关系的法律规范,包括保险业法和社会保险法。所谓保险私法,是指调整保险关系的私法性质的法律规范,即仅调整平等民事主体之间在商业保险活动中所发生的权利义务关系的法律,主要包括保险合同法。本书中所称的保险法是从广义角度而言的,但不包括社会保险法。

(二) 形式意义保险法和实质意义保险法

以法律渊源的载体形式为标准,保险法可分为形式意义上的保险法和实质意义上的保险法。形式意义上的保险法是指以保险法命名的专门性规范文件,如我国现行 2015 年《保险法》。实质意义上的保险法则是指法律体系中一切有关保险的法律规范的总和,除以"保险法"命名的形式意义上的保险法之外,还包括所有行政法规、地方性法规、行政规章、司法解释等涉及保险的相关法律规范,如《机动车交通事故责任强制保险条例》中关于机动车交

通事故责任强制保险的法律规范、《中华人民共和国海商法》(以下简称《海商法》)中关于海上保险的法律规范。

二、保险法的特点

对于保险法的特征,学者们持有不同的见解。有学者认为,保险法的特征如下：保险法是商法,保险法是管理法,保险法是任意法,保险法是技术法[①]。也有学者认为,保险法的特征主要包括广泛的社会性、严格的强制性、至善的伦理性和特定的技术性[②]。本书认为,保险法作为商法的组成部分,既具有商法的一般属性,也具有其自身的独特特征。

(一) 私益性与公益性结合

所谓保险法的私益性,是指保险法所调整的各种保险合同是双方当事人为追求私法上的利益而进行的商事法律行为,投保人与保险人之间基于保险合同而形成的是一种商事法律关系。本质上而言,保险法属于私法的范畴。从投保人和被保险人方面而言,通过与保险人订立人身保险合同或财产保险合同,可以达到预防风险的目的,并使与其有关的人身利益或财产利益有所保障。从保险人方面而言,从事保险经营行为,有助于保险企业实现营利性目标。

保险业由于在社会生活的保险活动中处于最重要的地位,其经营行为与社会公众的切身利益直接相关,因而法律对其的调整也越来越体现出公益性或社会化的特征。比如,责任保险中的公众责任保险在一定程度上体现出公益性或社会化的特点,公共场所的经营者有义务投保公众责任保险,当经营者因其未履行安全保障义务而导致他人遭受人身或财产损失时,保险人对依法应由致害人承担的对受害人的经济赔偿责任进行赔偿。机动车交通事故责任强制保险(即"交强险")为我国首个由法律规定实行的强制保险制度。机动车致人损害事故时有发生,而侵权人未必具有赔偿能力,借助交强险制度可以及时为受害人提供紧急的经济救助,在一定程度上可以起到缓解社会矛盾的作用,体现了公益性的特征。

(二) 任意性与强制性结合

保险法的任意性实质上是合同自由原则在保险法上的具体体现。《保险法》第11条关于"保险合同自愿订立"的规定即表征了保险法的任意性,保险合同双方当事人享有订立保险合同与否的自由。投保人、保险人可在法律允许的范围内,享有设立、变更、解除或者终止保险合同的权利。保险实务中,投保人享有选择投保险种、保险人的自由。保险合同属于商事合同,合同法的一般原理和规则均适用于保险合同,保险合同应当基于双方当事人的合意,以当事人自愿和意思表示真实为保险行为有效的必备要件。总体而言,除国家基于特定的立法目的规定某些强制保险之外,保险法应具有任意性。

保险法的强制性是相对于其任意性而言的,即基于法律的规定而非当事人的主观意愿强制要求单位或个人参加保险,典型的如社会保险、机动车交通事故责任强制保险。保险法规范中之所以有强制性规定的内容,主要是因为保险事业涉及社会公共利益,具有公益性的特征。

---

① 徐卫东：《保险法论》,吉林大学出版社2000年版,第50—54页。
② 樊启荣：《保险法论》,中国法制出版社2001年版,第35—36页。

具备强制性规范性质的保险法规范,与民商法中大量存在的任意性规范不同,其效力不允许当事人作出变更或限制。例如,关于保险人的免责事项,《保险法》第 27 条第 1 款规定:"未发生保险事故,被保险人或者受益人谎称发生了保险事故,向保险人提出赔偿或者给付保险金请求的,保险人有权解除合同,并不退还保险费。"即使当事人有相反约定,其约定也应认定为无效。又如,关于财产保险合同中对超额保险的禁止,《保险法》第 55 条第 3 款规定:"保险金额不得超过保险价值。超过保险价值的,超过部分无效。"但是,对于保险法的强制性,也有学者持否定态度,认为强制性只存在于社会保险法中,而不存在于商业保险法中[①]。

(三)伦理性与技术性结合

保险合同具有射幸性,保险金的赔付或获得取决于约定保险事故的发生与否,在巨额保险金的利益诱惑下,较容易引发道德风险,使得保险法蒙上了一层伦理性色彩,法律为抑制道德风险的发生,确立了保险利益原则,要求保险合同的投保人或者被保险人对保险标的具有保险利益,即在人身保险合同中订约时投保人须对被保险人享有保险利益,而在财产保险合同中则要求在保险事故发生时被保险人对保险标的具有保险利益。此外,根据我国《保险法》第 34 条第 1 款的相关规定,为他人投保死亡保险时,还须征得被保险人的同意并认可保险金额,否则合同无效。也彰显了保险法的伦理性。

保险法的技术性主要指保险法中存有的有关技术性要求的法律规范。例如,基于大数法则和概率论来厘定各种保险的保险费率、承保风险的选择程序、保险事故损失的计算、保险赔款的计算等无不体现出保险法的技术性,这些法律规范一般由保险人在法律规定的范围内制定,而不允许当事人之间任意加以约定。

三、保险法的调整对象

我国《保险法》第 2 条将"保险"明确界定为"商业保险行为",因而保险法的调整对象应该是由商业保险行为以及商业保险业务引发的法律关系。具体而言,可以划分为两类:一类是由保险公法所调整的国家对保险业的监督管理关系,此类关系中双方主体地位不平等,属于管理与被管理关系,主要包括国家与保险人的监督管理关系、国家与保险中介人的监督管理关系、国家与保险消费者的保护与被保护关系。另一类则是由保险私法所调整的平等民事主体在商业保险活动中产生的权利义务关系,也即商业保险合同关系,一般来说包括人身保险合同、财产保险合同、再保险合同等法律关系,这也是保险法的主要调整对象。

第二节 保险法的地位、渊源和内容体系

一、保险法的地位

所谓保险法的地位,是指保险法在一国法律体系中的地位,即保险法在整个法律体系中

---

① 徐卫东:《保险法论》,吉林大学出版社 2000 年版,第 53 页。

作为法律部门的具体层次与具体位阶①。各国对保险法的法律性质在认识上存在差异,进而对保险法地位的界定也不尽相同。总体而言,保险法在一国法律体系中的地位与该国采取的是民商分立还是民商合一的立法体系息息相关。在实行民商分立制度的国家中,保险法或纳入商法典,或在遵循商法典基本原则的前提条件下单独立法,与公司法、票据法、海商法、破产法等一同成为商法的有机组成部分。在采取民商合一制的国家中,保险法被视为民法的特别法,民法的基本原则对保险法具有指导意义,保险法的法律原则和基本规定不得与民法原则和民法规定相违背。在调整具体的保险关系时,除保险法另有特殊规定外,民法的一般规定皆得以适用。

在我国立法中,因不存在民商分立的立法传统,保险法属于广义民法的范畴,处于民事特别法的地位;而在我国学术界,因保险法具有商法属性,保险法学者们通常将保险法纳入商法学科的研究范畴。须注意,尽管保险法具有相对的独立性,但是因其所调整的社会关系具有多样性、交互性的特点,故在司法实务中,保险法的运用需要与其他相关法律制度相结合或以相邻法律制度为依托。例如:在处理保险合同双方当事人之间的争议时,需要适用民事诉讼法的相关制度;在解释保险合同的相关条款时须遵循合同法的相关规则。

二、保险法的渊源

保险法的渊源是指保险法规范的表现形式,即根据保险法的效力来源而划分的保险法的不同形式。就我国现行法而言,法律、行政法规与地方性法规中涉及保险的有关规定均属于保险法渊源。就域外法而言,我国所参加缔结的国际条约也应是我国保险法的渊源。此外,有学者认为:"司法解释、保险规章、保险惯例(习惯)和保险格式条款具有规范的特点,并具有相应的约束力,在我国的保险法治中发挥着非常重要的作用。在这个意义上,司法解释、保险规章、保险惯例(习惯)和保险条款足以应当构成保险法的渊源的组成部分。"②综上,我国保险法的渊源主要包括以下六个方面。

(一)法律

保险法律是指与保险相关的由全国人民代表大会及其常务委员会制定颁布的具有法律效力的规范性文件。在我国法律体系中涉及保险或者具有调节保险关系的法律主要有《保险法》《海商法》《民法典》《道路交通安全法》等。其中,《保险法》为我国的保险基本法,《保险法》自1995年首次颁布与施行以来,历经两次修正与一次修订,2002年10月28日第九届全国人民代表大会常务委员会第三十次会议进行了第一次修正,2009年2月28日第十一届全国人民代表大会常务委员会第七次会议进行了第一次修订,2014年8月31日中华人民共和国第十二届全国人民代表大会常务委员会第十次会议进行了第二次修正,2015年4月24日中华人民共和国第十二届全国人民代表大会常务委员会第十四次会议进行了第三次修正。2015年修订颁布的《保险法》即为我国现行《保险法》,该部法律共有8章185条,主要包括保险合同法律制度、保险组织法律制度和保险业监督管理法律制度等内容。

---

① 范健、王建文、张莉莉:《保险法》,法律出版社2017年版,第36页。
② 常敏:《保险法学》,法律出版社2012年版,第17—18页。

《海商法》为我国调整海上运输关系和船舶关系的商事特别法，该法第十二章对海上保险合同作了特别规定，该章规定与《保险法》构成特别法与一般法的关系。《保险法》第182条规定，海上保险适用《海商法》的有关规定，《海商法》未规定的，适用《保险法》的有关规定。

(二) 行政法规

行政法规是指由国家最高行政机关即国务院制定颁布的具有法律效力的规范性文件。例如，自《保险法》施行以后，国务院先后于2001年与2006年分别颁布了《中华人民共和国外资保险公司管理条例》和《机动车交通事故责任强制保险条例》，此外，涉及调整保险关系的行政法规还有《中华人民共和国道路交通安全法实施条例》，该条例由国务院于2004年制定发布。

(三) 部门规章

作为保险法渊源的部门规章主要是保监会[①]制定的各类规范性文件，该类规范性文件为保险公法，调整国家对保险业的监督管理关系，更多地体现了保险法的社会性特征。例如，《保险保障基金管理办法》《再保险业务管理规定》《健康保险管理办法》《保险公司管理规定》等是保险监督管理机构监管保险业的重要执法依据；调整国家与保险中介人之间关系的部门规章有《保险代理人监管规定》《保险经纪人监管规定》《保险公估人监管规定》等；体现国家对涉外保险监管的主要有《保险资金境外投资管理暂行办法》《外国保险机构驻华代表机构管理办法》；引导保险公司规范开展保险业务活动的有《关于改革完善保险营销员管理体制的意见》等规范性文件。

(四) 司法解释

在我国，最高人民法院的司法解释虽然不是立法，但其对于各级人民法院审理同类案件具有引导甚至约束的作用。在司法实践中，司法解释除具有释法功能外，还在一定程度上具备"造法"的功能，对于法律只作原则性规定的问题，有权进一步明确细化其具体适用规则。最高人民法院发布了四个关于适用《保险法》的司法解释[②]（以下简称"保险法司法解释"）、《最高人民法院关于审理海上保险纠纷案件若干问题的规定》，以及《最高人民法院关于保险金能否作为被保险人遗产的批复》等，无疑应构成我国保险法渊源的重要补充。其中，保险法司法解释（一）主要针对2009年《保险法》修订后新法和旧法的衔接适用等问题进行了规定。保险法司法解释（二）主要涉及投保人的告知义务、保险人的说明义务、保险代位权、格式条款的解释等内容。保险法司法解释（三）则主要针对人身保险合同有关法律适用的若干具体问题进行了规定，旨在更好地维护当事人的合法权益。保险法司法解释（四）主要涉及

[①] 中华人民共和国保险监督管理委员会简称中国保监会，成立于1998年11月18日，是国务院直属正部级事业单位，根据国务院授权履行行政管理职能，依照法律、法规统一监督管理全国保险市场，确立了央行宏观监管和保监会微观监管的新型保险业监管体系。保监会于2018年并入中国银保监会，银保监会成立于2018年，是国务院直属事业单位，其主要职责是依照法律法规统一监督管理银行业和保险业。

[②] 即《最高人民法院关于适用〈中华人民共和国保险法〉若干问题的解释（一）》《最高人民法院关于适用〈中华人民共和国保险法〉若干问题的解释（二）》《最高人民法院关于适用〈中华人民共和国保险法〉若干问题的解释（三）》《最高人民法院关于适用〈中华人民共和国保险法〉若干问题的解释（四）》。

的是财产保险合同部分有关法律适用的问题。

(五) 国际条约与国际惯例

我国缔结或者参加的国际条约和国际惯例,除我国明确声明保留的条款外,均得以在我国适用。因此,涉及保险法律关系的国际条约和国际惯例也是我国保险法的渊源,而且优于国内法适用。

(六) 保险格式条款

一般而言,保险格式条款需要由保险公司向国家保险监督管理机构报请审批或者备案。用于保险合同的保险格式条款具有法律规范的特点,它不仅对于保险合同的双方当事人产生当然的拘束力,而且法院或者仲裁机构可直接援引该条款作为解决双方当事人之间纠纷的依据。但要注意的是,保险合同格式条款的内容由保险人提供,尽管合同的签订是双方当事人意思自治的体现,但合同的内容会不可避免地倾向于保障保险人的利益,因而我国《保险法》第 30 条[①]针对格式条款的解释问题作了有利于被保险人和受益人的规定,旨在平衡双方当事人的权益。

有学者认为,保险合同的格式条款反映保险的社会需求和发展现状,要比保险法的渊源更具有生命力,保险法治的理念和制度的发展无法脱离保险格式条款的使用和创新,格式条款可以说是保险活动的"活法"[②]。在这个意义上,保险合同的格式条款因具有法律规范的特点,在保险活动中适用面广,也理应视为我国保险法渊源的组成部分。但要注意的是,保险合同的保险格式条款与前述五类保险法渊源的关键区别在于,前述法律、行政法规、部门规章、司法解释、国际条约与国际惯例因具有普适性,可称之为保险法的当然法源,而格式条款唯有实际使用于保险合同中,而且具有约束保险合同双方当事人的效力时,方才成为保险法渊源,因而无效的保险合同格式条款不得成为保险法渊源。

三、保险法的内容体系

我国现行《保险法》采取保险合同法与保险业法相结合的统一立法体例,该部法律内容包括 8 章,分别为第一章总则、第二章保险合同、第三章保险公司、第四章保险经营规则、第五章保险代理人和保险经纪人、第六章保险业监督管理、第七章法律责任和第八章附则,共 185 条。

(一) 总则部分

《保险法》总则部分主要为一般规定,共计 9 条。总则内容说明了立法目的,将研究对象限定在商业保险范畴,规定了保险法的适用范围(在中华人民共和国境内从事保险活动的均适用本法)、诚实信用原则,并明确了保险公司须专业经营保险业务、保险业实行分业经营制

---

① 《保险法》第 30 条规定:"采用保险人提供的格式条款订立的保险合同,保险人与投保人、被保险人或者受益人对合同条款有争议的,应当按照通常理解予以解释。对合同条款有两种以上解释的,人民法院或者仲裁机构应当作出有利于被保险人和受益人的解释。"

② 常敏:《保险法学》,法律出版社 2012 年版,第 19 页。

度、国务院保险监督管理机构依法对保险业实施监督管理等。

(二) 保险合同

《保险法》第二章保险合同包括三节内容,分别为一般规定、人身保险合同与财产保险合同,合计 57 条。同样地,按照编排体例,第一节一般规定中的内容应为人身保险合同与财产保险合同的共通性原则或制度,若某一原则或制度仅为人身保险合同或财产保险合同所特有,则不应处于保险合同一般规定的位置。因为再保险合同本质上属于财产性合同,故而有学者提出,应对保险法的制度在立法结构上进行类型化的处理,建议将第二章第一节一般规定中的第 28 条(再保险的定义)和第 29 条(再保险法律关系)相应移到第二章第三节有关财产保险合同的部分①。

(三) 保险公司

《保险法》第三章为保险公司相关内容,共计 28 条。该章节规定的主要内容包括申请设立保险公司的条件与程序、保险公司的分支机构、保险监督管理机构的审批权限范围、担任保险公司的董事、监事、高级管理人员的资格禁止或限制、保险公司解散需遵循的程序和条件,以及有关保险公司破产清算的相关事宜。

(四) 保险经营规则

第四章介绍保险经营规则,共计 22 条。该章内容主要包括保险公司的业务范围、再保险业务、保险公司开展保险和再保险业务活动的基本行为准则、保险公司投资行为的相关规定、保险公司及其工作人员的从业禁止行为等。

(五) 保险代理人和保险经纪人

第五章为保险代理人和保险经纪人的相关内容,共计 16 条。该章对保险合同当事人与保险代理人、保险经纪人之间的权利义务关系作了较为明确的规定,主要涉及保险中介人的法律地位,保险代理机构与保险经纪人的组织形式、设立条件、营业要求,以及保险中介人的业务活动行为准则。

(六) 保险业监督管理

第六章保险业监督管理共计 25 条,分别规定了保险险种的条款和费率的审批和备案、保险公司的业务和财务监督、保险公司的整顿与接管等制度。

(七) 法律责任

第七章法律责任共计 22 条,主要包括保险公司、保险代理人、保险经纪人、保险资产管理公司、投保人、被保险人或者受益人等法律主体违反《保险法》从事保险活动应当承担的行政责任和刑事责任等。

---

① 邹海林:《保险法学的新发展》,中国社会科学出版社 2015 年版,第 14 页。

(八) 附则

第八章附则共计6条，规定了保险行业协会、保险公司以外的保险组织的法律适用、海上保险的法律适用、农业保险的法律适用，以及《保险法》(2015年)的施行日期。

第三节 国外保险法的立法概况

一、保险法的起源与发展

一般认为，商业保险起源于海上保险，现代保险发源于意大利，迄今发现的最早的保险合同是意大利商人在公元14世纪以前所使用的保险单，即由乔治·勒克维伦在1347年10月23日出立的一张承保从热那亚到马乔卡的船舶保险单，但这张保险单并没有订明承保风险，不具有现代保险单的基本形式。据前人考察，最早的保险立法是意大利的《康索拉都海法》。但也有一种观点认为，保险法最早起源于1369年的热那亚法令[①]。

在欧洲文艺复兴时期，意大利得益于其优越的地理位置和宽松的政治环境，商业贸易尤其是海上贸易非常繁荣，由此带动了海上保险业的发展。为满足商业保险活动的需求，当时处于意大利北部地中海沿岸的热那亚、佛罗伦萨以及西班牙的巴塞罗那等地区陆续发布了各种含有海上保险规定的海事法令。例如，1318年颁布的《比萨条例》即包含海上保险的基本制度，1435年西班牙颁布的《巴塞罗那商业条例》对海上保险的承保规则及损害赔偿的程序作了相关规定，被公认为世界上最早的海上保险法典，也是世界上最古老的保险法典。1523年意大利颁布的《佛罗伦萨条例》在《巴塞罗那商业条例》的基础上使保险立法向前迈进了一步。该条例规定了保险单的标准格式、海上保险专门委员会的组成和对保险案件的诉前调查以及保险市场的审理裁判权等。

此后，随着欧洲其他国家的崛起、殖民地的开发乃至新大陆的发现，欧洲的经济重心逐渐转移，英国、法国、德国及北欧一些国家取代了意大利城邦国家的位置，而成为新的经济贸易和保险中心。在此期间，欧洲各国的保险立法也有了新的发展，例如：1566年由西班牙国王颁布了《海上保险条例》；1601年，英国女王颁布了第一部含有海上保险的法律《涉及保险单的立法》，规定在保险商会设立仲裁庭解决海上保险的纠纷；1681年，法国国王路易十四颁布了《海事条例》，其中有一章内容专门规定了海上保险的内容；1731年，德国制定了《保险及海损条例》。至18世纪中叶，丹麦、瑞士等北欧国家也都相继制定了保险条例。

英国1906年颁布了《海上保险法》，该法共计94条，对海上保险的有关事项作了十分详尽的规定，主要内容涉及海上保险合同的定义和构成要件、保险合同条款的解释、保险单的制定和格式、海损和施救费用、全损及部分损失范围的确定等。该部法律在世界保险立法史上具有里程碑的意义，标志着保险立法真正成熟与完善，成为各国海上保险法的蓝本。

近代火灾保险起源于17世纪初德国盛行的互助性质的火灾救灾协会制度。1676年，第一家公营保险公司——汉堡火灾保险局由46个协会合并成立，此乃公营火灾保险的开始。

[①] 《中国大百科全书·法学卷》，中国大百科全书出版社1981年版，第12页。

但真正意义上的火灾保险则是在伦敦大火之后发展起来的,1667 年牙科医生尼古拉斯·巴蓬独资设立了一家专门承保火险的营业所,1680 年他同另外 3 人集资 4 万英镑成立了一家火灾保险合伙组织,后更名为凤凰火灾保险公司。随着社会的需要,火灾保险所承保的风险也得到了扩展,不再仅仅将承保范围局限于失火等事故,火灾保险逐渐分为主险和附加险两大块,主险的责任范围包括任何一个投保人都必须面对的雷电、失火等引起的火灾,以及因施救、抢救而造成的财产损失或支付的合理费用。

人身保险的产生与海上保险密不可分。15 世纪后期,欧洲的奴隶贩子为了减少因奴隶死亡而导致的损失,把运往美洲的非洲奴隶当作货物投保海上保险,后来发展到为旅客支付被海盗绑架而索要的赎金,以及为船长、船员投保人身安全保险。此即人身意外伤害保险最早的雏形。有关人寿保险的法律规定出现的时间更晚,直至 19 世纪末、20 世纪初才在一些国家的海商立法与保险合同法中出现对于人寿保险的规定,而且最初所有的保险业务均由私人经营,破产时常发生,损害广大投保人的利益。为保证保险业的健康有序运行,各国有关保险业监督管理的法律也应运而生。

综上所述,保险法的发展经历了一个相当漫长的过程,从海上保险法的初步诞生到最终形成相对完整的保险法体系,与经济、贸易的发展密不可分。保险法的表现形式也由最初的保险条例、惯例发展到成文保险法。

二、主要英美法系国家的保险立法

(一) 英国的保险立法

英国是保险最早的发源地之一。在 1693 年英国《商业保险人法》出台之前,其商业保险活动主要由习惯法和判例法调整,在该部法律出台之后,人们尤其是商人体会到由成文法律调整保险活动所带来的交易便捷性和稳定性,在保险问题上便开始倾向于制定更多的成文法律来满足日益增长的保险需求。1756—1788 年,当时的首席法官曼斯菲尔德收集了大量海上保险案例并进行编订,为海上保险纠纷的解决提供了参考。加上当时英国的海上贸易非常繁荣,由此产生了大量的海上保险判例和商业习惯,其中的一些经典判决和商业习惯为后续海上保险立法的制定奠定了扎实的基础。1906 年,英国颁布并施行了《海上保险法》,该法对世界各国的海上保险立法产生了深远的影响,其所确定的基本原则和制度被很多其他国家不断借鉴和沿用。

英国虽为典型的判例法国家,但除了海上保险法之外,还颁布了其他不少成文保险立法,其对保险立法的重视程度可见一斑。例如,英国 1774 年颁布了《人寿保险法》,1876 年制定了《保险单法》,1923 年制定了《简易保险法》。此外,英国还于 1958 年颁布了有关保险业监管的法律《保险公司法》,1977 年颁布了与保险中介相关的《保险经纪人法》。近期而言,英国 2015 年制定的《保险法》在获得女王批准后,于 2016 年 8 月正式生效,该法对英国的商业保险合同做出了重大改革。

(二) 美国的保险立法

美国虽与英国同为判例法国家,但美国的保险立法情况与英国还是存有较大差异,这种差异并非体现在两国保险的基本原则或制度方面,而是体现在保险立法体制方面。美国作为一个联邦制国家,各州享有单独的立法权,全国并没有一部统一的保险法律,各州根据其实际情况各自制定保险法。尽管各州的保险立法在篇章结构方面存有差异，但是内容大同小异，主要内容均涉及保险合同当事人权利义务、保险业的监督管理等方面。在美国各州的保险立法中，纽约州 1892 年颁布的保险法被认为是最为完备的一部，该部法律主要包括保险合同行为管理，以及对保险公司和保险中介人（保险代理人、保险经纪人）的监管。

三、主要大陆法系国家的保险立法

（一）法国的保险立法

法国乃现代保险法的起源地，早在 1681 年由法王路易十四颁布的《海事条例》，即可视为现代海上保险立法的雏形，该条例第六章对海上保险做了规定，以后陆续为多国的海上保险立法所移植和沿用。该《海事条例》也为 1807 年拿破仑制定的《商法典》第二编海商法所吸收和采用，成为其编纂基础。该《商法典》第二编海商法主要涉及船舶的性质、船长与船东及雇员的关系、海损规则、船员雇佣、海上保险等内容。

法国除海上保险以外的普通商业保险，最初适用 1804 年《法国民法典》第十二编射幸契约中的相关规定，这是因为保险合同的基本特征与射幸合同的特征相符。1904 年起，法国逐渐开展了《保险合同法》制定工作，该法吸纳了以往的优秀研究成果和实务界积累的丰富经验，如有关保险的商业习惯、司法判例、格式条款、学者学说等，并参照了外国的立法体例，其间经反复修改，直至 1930 年 7 月 13 日，《保险合同法》才得以颁布并施行。该法体系完整，包含了商业保险合同的全部内容。至于保险业法方面，法国于 1905 年颁布了《人寿保险事业监督法》，随后于 1938 年再次通过了有关监督保险企业的专门法律。至此，法国的保险立法暂时呈现出分别立法的状态，即保险合同法与保险业法分别以不同的法律加以规定。

然而，法国的保险立法体例之后又发生了变化。1976 年《保险法典》的出台标志着法国保险立法由分立制走向统一制，该部法典包括所有与保险相关的法律、规定、政令等内容。该法典从体例上划分为法律、规定与政令三部分，每一部分又分为五章，依次为保险合同、强制保险、保险公司、保险特有的机制、一般代理和中间商。

（二）德国的保险立法

德国的保险立法时间相较于法国稍晚，但同样也起源于海上保险立法，其最早的保险立法可追溯至 1731 年颁布的《汉堡海损及保险条例》，此后，在 1900 年颁布并施行的《德国商法典》第四编海商法中对海上保险问题做出了更为具体的规定，进一步丰富了德国海上保险方面的立法规则。除了海上保险立法以外，德国也紧跟着编纂普通商业保险法，1908 年颁布的《保险合同法》又被称为德国的陆上保险法，该法自 1910 年起施行，分为 5 章，共计 193 条。其后，《保险合同法》历经多次修订，最近的一次修订时间为 2008 年。此次修订的背景为欧盟 2002 年颁布的两个与保险业相关的指令，因此，修订的一个重要方面即根据欧盟指令将相关内容转化为德国国内法。

至于保险业法方面，德国于 1901 年制定了第一部关于保险监管的法律——《保险企业监管法》。其后，德国在 1931 年颁布了《再保险监督条例》《民营保险法》《私营保险公司和住房建造储蓄协会监督法》，1951 年施行了《保险机构监督法》。由此可见，德国的保险合同法与保险业监管法采取分别立法模式。

(三) 日本的保险立法

日本的保险立法采取的是保险合同法和保险业法分立的立法体例。有日本学者曾提及，日本长期以来都将保险分为海上保险和陆地保险，又将陆地保险分为保险合同法和保险业法[①]。2008 年以前，日本有关陆上保险和海上保险的立法都规定在其《商法典》中，分别位于第三编第十章与第四编第十章。其中，陆上保险主要涉及财务保险、火灾保险、人寿保险的基本规定，以及关于保险业者破产的规定等，合计 55 条。海上保险立法则主要包括海上保险的范围、海损的补偿、船舶及海运货物的保险金额、航海保险的保险期、海上保险证券的记载事项、保险人和被保险人的责任等，共计 27 条。

日本的保险合同法自被收录于《商法典》起至 2008 年从其中独立出来，经历了大约一个世纪的时间，可谓几经波折。保险合同相关立法最早出现在日本成文法典中的时间可追溯至 1899 年，彼时日本的 1899 年新《商法典》参照德国旧商法的体例，将保险合同作为商事行为编中的商事合同加以整合、收录。在 1911 年再次修正《商法典》时，在保险合同部分增加了对违反告知义务解约权的规定，而且扩展了人寿保险中受益人的范围。此后在很长一段时间里，保险合同法部分未进行过任何实质性的修改，直到 2006 年，法制审议会采纳了法务大臣的建议，对保险合同法部分进行再次审查。历经两年，日本终于在 2008 年以第 56 号令公布了新《保险法》。但需要注意的是，尽管该部法律命名为《保险法》，但实为保险合同法，其中并未涉及任何保险业法方面的内容。新《保险法》共 5 章 112 条，内容依次为总则、损害保险、生命保险、伤害疾病定额保险、杂则。

日本于 1900 年首次颁布了《保险业法》，并于 1939 年对该法进行全面修改。1995 年，日本将原有的《保险业法》《保险展业法》《外国保险公司法》合并、扩充修改为新的《保险业法》，该法于 1996 年 4 月 1 日起正式施行，并且随后于 1996 年 12 月 22 日颁布了《保险业法实施条例》，进一步明确细化了保险业法的实施规则。2003 年，日本对《保险业法》进行了再次修改，主要涉及有关寿险公司下调预定利率的规定。另外，针对保险展业、保险代理人的管理问题，日本也颁布了《保险募集取缔法》及该法的实施细则。至此，日本的保险立法已呈现日臻完善成熟的局面。

第四节　我国保险法的立法概况

一、清朝末期的保险立法

我国的保险立法活动最早可追溯至清朝末期。1903 年，清政府指派伍廷芳律师、大臣载振等人起草《大清商律》，后经日本法学家志田钾太郎进一步修订完善，于 1908 年完成，全称为《大清商律草案》，该法律草案第七章和第八章分别规定了"损害保险营业"和"生命保险营业"，此乃我国近代涉及保险的第一部法律草案。但遗憾的是，该法律草案还未来得及颁布施行，就伴随着清王朝的灭亡而夭折，最终未形成法律。

---

① 日本日生基础研究所主任沙银华研究员于 2009 年 10 月 17 日在北京召开的中日新《保险法》研讨会上的报告《关于中日新保险法的比较》，转引自傅廷中：《保险法学》，清华大学出版社 2015 年版，第 22 页。

清末涉及保险的另外一个立法尝试是宣统二年(1910年)制定的《保险业章程草案》,该草案共7章105条,各章的名称分别为总则、股份公司、相互公会、物产保险、生命保险、罚则和附则。这项法律草案因为辛亥革命的爆发而成为废案[1]。

二、北洋政府和国民政府时期的保险立法

1917年,北洋政府拟订了《保险业法案》,共计42条。用以约束行业行为,明确规定申办保险公司要向农商部门申请颁发营业执照,并缴纳费用。该法案主要涉及保险公司的组织形式、保险公司的注册资本、主管机关对保险业的管理权限及方式、违法行为的处罚、公司的清算、解散与破产程序等内容。

南京国民政府金融管理局自1927年始开展了一系列保险立法的制定工作。例如,1928年拟定了《保险条例(草案)》,共9章29条。1929年颁布的《海商法》中专列了海上保险一章,同年国民政府立法院第68次会议又颁布了我国历史上第一部《保险法》,主要调整保险合同关系。该部法律继续沿袭此前《保险契约法(草案)》的规定,并新增了责任保险的相关条文,"人身保险"一章出现了对伤害保险的法律规定,但此法终因内容粗略而未获得实施。1935年,颁布了《简易人寿保险法》《简易人寿保险章程》《保险业法》。

1937年,国民政府对《保险法》进行了修正,修正后的《保险法》由总则、分则和附则构成,共3章98条。此法出现了对无效保险合同的界定,如规定"运送人或保管人对于运送保管之货物,以其所负责任为限,亦使有保险利益于被保险人,对于保险标的,无保险利益者,保险契约无效;其以赌博或投机为保险标的而订之保险契约亦无效"。这部法律在保险特约条款、复保险、再保险方面也增加了新的规定,并明确划分了人身保险的范围,其中规定"人寿保险、伤害保险均属其范围"。

《保险业法》的起草始于1933年,由立法院商法委员会聘请著有我国第一部保险学专著的王效文先生起草,并请上海市保险业同业公会推举代表出席审查。1937年,该法经修正后公布,由总则、保证金、保险公司、相互合作社、会计、罚款及附则组成,共7章80条。该法填补了既有保险法的空缺,"总则"第一条即对"保险业"给出了明确的定义,即"本法所称保险业谓以损失保险或人身保险为业而设立之团体",明确规定了"产寿险分业经营"的原则,即"同一保险业经营者,不准同时经营人身保险和财产保险,也不能兼营其他事业",还设立了保险企业的审批登记制度和保证金制度。

1937年公布的《保险业法施行法》可以看作《保险业法》的补充立法,共19条。其中较为重要的规定有:"对于保险业法施行前经登记的,如其公司章程有与保险业法抵触者,应于保险业法施行后一年内修正,其资本不及国币20万元者,应于保险业法施行二年内补足之。"

三、新中国的保险立法

(一)保险法的创制

中华人民共和国成立后,因国民政府时期颁布的"六法全书"被废除,该时期颁布的《保

---

[1] 温世扬:《保险法》,法律出版社2016年版,第27页。

险法》和《保险业法》也随之退出了我国保险立法的舞台。与此同时,在完成接收官僚资本保险公司、改造私营保险业和建立中国人民保险公司等一系列事项后,我国开办了财产保险和人身保险业务,虽然客观上存在保险活动,但是在此期间直至1978年,我国学界并没有展开任何实质性的保险法学研究工作。为稳定民生,恢复经济,我国中央政府和相关的立法机关仅仅公布了一些涉及民生的保险法规,属于政策性的强制保险规范范畴。例如,1951年政务院发布了《铁路车辆强制保险条例》《船舶强制保险条例》《轮船旅客意外伤害强制保险条例》《铁路旅客意外伤害强制保险条例》《飞机旅客意外伤害强制保险条例》以及《财产强制保险》。

自1978年我国开始实行改革开放政策以后,我国经济快速发展,保险业也获得了空前的发展,为满足实务的需求,保险立法工作进入快车道,保险法治建设日臻完善。在保险合同方面,1981年全国人民代表大会审议通过了《经济合同法》,其中的第25条对保险合同问题作出了总括性的规定,包括保险合同的形式、保险合同条款的基本内容、投保人的义务以及保险人的代位求偿权。根据《经济合同法》中有关保险合同的规定,国务院于1983年9月公布了《财产保险合同条例》,该条例是中华人民共和国第一部专门调整保险合同关系的立法。条例分为5章23条,包括总则,保险合同的订立、变更和转让,投保方的义务,保险方的赔偿责任,以及附则。随后,国务院又制定了《保险企业管理暂行条例》,旨在加强对保险业的监督管理,该条例体系完备,体例编排为6章,内容主要涉及总则、保险企业的设立、中国人民保险公司、偿付能力和保险准备金、再保险、附则等方面。总体而言,《财产保险合同条例》与《保险企业管理暂行条例》可分别视为我国的保险合同法与保险业法的雏形,并为我国保险法的制定奠定了重要基础和基本框架。

进入20世纪90年代以后,我国保险立法迅速发展和完善,并开启了保险法学研究的征程。1992年11月召开的第七届全国人民代表大会常务委员会第二十八次会议通过了《海商法》,该法于次年施行。《海商法》中专列了"海上保险合同"一章,主要调整海上货物运输保险和船舶保险合同关系。随后,1995年第八届全国人民代表大会常务委员会第十四次会议通过了《保险法》,该法于1995年10月1日起正式施行。《保险法》采取统一立法体例,包括保险合同法和保险业法。该法体例上分为8章,除总则和附则外,内容依次为保险合同、保险公司、保险经营规则、保险业的监督管理、保险代理人和保险经纪人、法律责任。《保险法》的颁布与施行,无论是对于我国保险法学研究抑或是我国保险实务界而言,都可谓意义重大。同时,《保险法》也为我国政府加强对保险业的监督管理提供了行为准则。

除了重视保险实体法的制定以外,在此期间,我国也开始着手进行保险程序立法。例如,在1999年12月25日通过了《海事诉讼特别程序法》,该程序法第八章就海上保险人行使代位请求赔偿权问题做了专门规定。中国保险监督管理委员会(以下简称"保监会")于2001年7月颁布了《中国保险监督管理委员会行政复议办法》,旨在为权利人提供救济途径,纠正保险监管中不合法的行政行为,以实现程序公正。

(二)《保险法》2002年修正(第一次修正)

从1995年颁布《保险法》后至2001年,我国保险业发展迅速,保险业务规模不断扩大,不但国内保险公司之间竞争激烈,而且有外国保险公司也进入我国保险市场参与竞争,市场的年保费收入与日俱增,保险业的内部环境已然发生巨大变化。同时,在我国加入世界贸易组织(World Trade Organization,WTO)后,保险业的外部环境也同样发生了深刻变化,加入WTO后我国须遵守承诺,将我国的保险业进一步对外资保险公司开放。在保险业内外环境双重变化的影响下,保险法存在的问题和不足日益凸显,对其进行修改和完善已经刻不容缓。

2002年10月28日,第九届全国人民代表大会常务委员会第十三次会议通过了《关于修改〈中华人民共和国保险法〉的决定》,修正后的《保险法》于2003年1月1日起施行。此次修正对与加入WTO承诺不相符的条文进行了修改,在企业设立形式、地域限制、业务范围等方面都逐步放开。除《保险法》(1995年)第二章第二节的内容未做任何变动以外,其他所有章节都进行了修改或补充。修改和补充的条文共计38条,重点修改了保险业的监督管理制度。本次修改主要体现在如下五个方面:第一,逐步降低法定再保险的比例直至完全取消;第二,凸显诚实信用原则在保险法中的地位并强调其在保险实务活动中的应用;第三,改革了保险业监管的方式和内容,完善了相关的监管制度;第四,提供了更加科学合理的保险基础性制度;第五,加强了对违法行为的制裁措施。

(三)《保险法》2009年修订(第一次修订)

《保险法》旨在使我国的保险立法符合WTO规则的要求,而且主要修改内容集中在保险业法部分,而对于保险合同法的内容却未作修改。2002年以来,我国保险业得到了迅猛的发展,截至2008年,我国的内、外资保险公司已达100多家,保险业的资产达到3.34万亿元,保险费收入达9700多亿元。保险纠纷也随之增加,而当时保险法漏洞颇多,在应对日益复杂的保险纠纷时显得捉襟见肘。有鉴于此,2002年修正的《保险法》已经无法满足保险业改革发展的客观需求,对现行保险法继续进行修改,已无可避免。"有必要通过修改现行保险法,进一步规范保险公司的经营行为,加强对被保险人利益的保护,加强和改善保险监管机构对保险市场的监管,有效防范和化解保险业风险,促进保险业持续稳定快速健康发展。"[①]

在保险业理论界与实务界的强烈呼吁下,2009年2月28日,第十一届全国人大常委会第七次会议通过了新修订的《保险法》,并于同年10月1日起施行。此次修订是对《保险法》的全面修改,条文数量由修订前的158条增至187条,修改幅度较大,涉及所有章节大部分条文。此次修改的具体内容包括以下三个方面。

1. 修改保险合同的相关规定

2009年修订的《保险法》为切实加强对被保险人权益的保护、明确保险合同当事人的权利和义务、增强保险合同规范的可操作性,对诸多保险合同法律制度进行了修改或完善。

(1) 新增了保险合同附条件、附期限的规定。

(2) 修改了保险利益制度,实行人身保险和财产保险区分的保险利益制度,客观上达到了扩大人身保险的保险利益范围的效果。

(3) 修改了保险合同格式条款的解释规则。当保险合同当事人对于格式条款的理解存有争议时,应按照通常理解予以解释,"有利于被保险人和受益人"的解释规则只在合同条款

[①] 吴定富:《关于〈中华人民共和国保险法(修订草案)〉的说明》,2008年8月25日在第十一届全国人民代表大会常务委员会第四次会议上。

存有两种及以上解释时适用。

(4) 进一步强化了保险人的说明义务,规范保险公司的经营行为。扩大了保险人对于免责条款的说明义务的范围,明确了保险人提示格式条款的时间和方式。例如,详细地规定了保险公司应书面提示投保人注意格式条款中免责条款的内容,在投保单、保险单或其他保险凭证上提示,而且必须引起投保人的注意。

(5) 明确保险合同当事人的权利义务随保险标的的转让而转移继受。在财产保险合同中,保险标的转让的,保险标的的受让人承继被保险人的权利和义务。

(6) 加强对被保险人权益的保护。将受益人故意造成被保险人死亡或伤残的情况排除于保险人不承担保险责任的法定事由之外,以保护被保险人的保险合同利益。

(7) 加强对责任保险的第三人的保护。明确责任保险的保险人有保护第三人的利益的义务,第三人有条件地取得对保险人的直接请求权;被保险人尚未对第三人的损害作出赔偿的,保险人不得向被保险人给付保险赔偿金①。

2. 修改保险业相关法律规范

(1) 修改关于保险公司的相关规定。例如,取消对保险公司组织形式的限制,进一步明确保险公司的设立条件,规范保险公司董事、监事和高级管理人员的任职资格条件等。

(2) 对保险经营规则予以修改。例如,适当放松对保险公司分业经营的严格限制,进一步放宽保险公司运用资金的限制,对保险公司的关联交易进行严格规范,增设保险公司的信息披露义务,明确保险公司及其工作人员从业禁止行为。

(3) 修改关于保险中介的规定。具体包括:要求保险专业代理机构、保险经纪人采取实缴资本制,规定保险专业代理机构、保险经纪人高级管理人员的任职资格,明确保险代理人、保险经纪人及其从业人员在保险业务活动中的禁止行为,规定保险中介从业人员的任职资格等。

(4) 强化对违法行为进行管理监督的措施。例如,将保险公司保险条款和保险费率的合法性作为重点审查对象,加强对偿付能力不足的保险公司的监管,明确保险监督管理机构的执法权限和措施。

(5) 首次明确保险行业协会的地位和作用。保险行业协会作为一个团体自治组织,在保险业监管、自律方面起着重要作用,可作为政府监管模式的一个补充,是我国保险业监管的一个中坚力量。

3.《保险法》篇章结构编排的变化

2009 年修订的《保险法》与 2002 年的《保险法》相比,在篇章结构方面有所调整,例如,将原保险法第二章保险合同第二节财产保险合同与第三节人身保险合同的顺序互换,人身财产保险合同的内容被前置到了 2009 年《保险法》的第二章第二节,以凸显人身保险在保险业实务中的地位和强调对人身利益的保护。另外,此次保险法的修订不仅对保险合同法部分进行了较为全面的修改,对保险业法也同样作出了实质性的修正,所涉及的法律条文范围和内容是较为全面的。我国保险法的此次修订共涉及 2002 年《保险法》的 145 个条文,并新增加 48 个条文,删除 19 个条文,修改 126 个条文②。

---

① 常敏:《保险法学》,法律出版社 2012 年版,第 27—28 页。
② 王小平:《新〈保险法〉修改内容的分析和评价》,《海南金融》2009 年第 10 期,第 52 页。

(四)《保险法》2014年修正(第二次修正)

2014年8月31日,中华人民共和国第十二届全国人民代表大会常务委员会第十次会议《全国人民代表大会常务委员会关于修改〈中华人民共和国保险法〉等五部法律的决定》对我国保险法进行了第二次修正,此次修改的内容包括以下两个方面。

(1) 将第82条中的"有《中华人民共和国公司法》第一百四十七条规定的情形"修改为"有《中华人民共和国公司法》第一百四十六条规定的情形"。

(2) 将第85条修改为:"保险公司应当聘用专业人员,建立精算报告制度和合规报告制度。"

(五)《保险法》2015年修正(第三次修正)

2015年4月24日,中华人民共和国第十二届全国人民代表大会常务委员会第十四次会议通过并公布了对《保险法》的第三次修正,此次修正删除了7个条文,修改了6个条文。此次《保险法》修正案的重点集中在取消保险销售从业人员、保险代理、保险经纪人等从业人员的资格核准等行政审批事项上,与此同时,对机构主体的工商行政管理也有诸多放宽。

原《保险法》第119条第2款、第3款被删除,尤其是"保险兼业代理机构凭保险监督管理机构颁发的许可证,向工商行政管理机关办理变更登记"这一规定的删除,打破了保险公司分业经营的局限性,使得保险公司的交叉销售变得相对容易。

(六)《保险法》司法解释的颁布

2009年修订的《保险法》颁布施行后,为正确审理保险合同纠纷案件、切实维护当事人的合法权益,最高人民法院先后于2009年、2013年、2015年、2018年陆续发布了关于适用《保险法》的司法解释。这些司法解释的颁布,细化与明确了保险法中的相关规定,增强了保险法的适用性与可操作性,为司法实务中解决保险纠纷带来了便利。随着《民法典》的发布与实施,2020年12月29日,最高人民法院公布了《最高人民法院关于修改〈最高人民法院关于破产企业国有划拨土地使用权应否列入破产财产等问题的批复〉等二十九件商事类司法解释的决定》,该决定自2021年1月1日起施行,其中涉及保险法司法解释(二)(三)(四)的条文修正。

保险法司法解释(一)共计6个条文,主要就新、旧《保险法》的衔接适用问题做出了较为细致的规定。根据其规定可知,保险法施行后成立的保险合同发生的纠纷,适用保险法的规定。保险法施行前成立的保险合同发生的纠纷,除该解释另有规定外,适用当时的法律规定,当时的法律没有规定的,参照适用保险法的有关规定。关于认定保险合同是否成立,适用合同订立时的法律。对于新保险法施行前成立的保险合同,适用当时的法律认定无效而适用新保险法认定有效的,适用新保险法的规定。保险合同成立于保险法施行前,而保险标的转让、保险事故、理赔、代位求偿等行为或事件,发生于保险法施行后的,适用保险法的规定[①]。

保险法司法解释(二)共计21个条文,主要对保险实务中若干重要问题做了规定,包括

---

① 保险法司法解释(一)第1、2、3条。

财产保险合同与人身保险合同中保险利益的认定规则、投保人如实告知义务的内容、保险人的合同解除权的行使、保险人免责条款的范围和界定、保险金给付与损害赔偿请求权之间的关系等内容。

保险法司法解释(三)共计 26 个条文,主要就《保险法》保险合同一章中有关人身保险部分的法律适用问题作了相关规定。主要包括以下内容：被保险人认可死亡给付保险合同的界定标准、保险合同的复效、未成年人死亡保险的法律规制、保险受益人指定不明的处理规则、医疗险理赔的法律适用、被保险人自杀时举证责任的承担主体等。

保险法司法解释(四)共计 21 个条文,重点解决财产保险合同法律适用问题,主要包括四个方面的内容。一是明确保险标的转让的相关问题：对保险标的已交付未登记时的权利行使主体予以明确;规定保险人已向投保人履行了保险法规定的提示和明确说明义务,保险标的受让人以保险标的转让后保险人未向其提示或者明确说明为由,主张免除保险人责任的条款不成为合同内容的,不予支持;明确被保险人死亡,继承保险标的的当事人承继被保险人的权利和义务;明确保险标的转让空当期的保险责任承担问题。二是明确保险合同主体的权利义务,列举了与危险增加相关的常见因素,为法官提供裁判指引。三是明确保险代位求偿权的相关问题。四是明确责任保险的相关问题：对"被保险人怠于请求"的情形作出规定;对责任保险的被保险人因共同侵权依法承担连带责任的问题作出回应;明确被保险人对第三者所负的赔偿责任已经生效判决确认并已进入执行程序后,保险人的保险责任问题。

重要概念

保险法　保险法的法律渊源　保险法的调整对象　保险合同关系

思考题

1. 试分析我国保险法的立法体例。
2. 简述保险法在我国法律体系中的地位。
3. 新旧保险法在适用上如何衔接？

第三章 保险法的基本原则

学习目标

1. 掌握人身保险与财产保险的保险利益之异同。
2. 掌握最大诚信原则中的告知、保证、弃权和禁止反言。
3. 掌握损失补偿原则中的代位求偿权的适用。
4. 掌握近因原则的认定标准。

第一节 保险利益原则

一、保险利益原则的源起与概念

1746年《英国海上保险法》开创了保险利益立法的先河。一般认为,该法的颁布标志着保险利益原则作为一个法律规则的诞生[①]。保险利益是一种合法的经济利益,它反映了投保人或者被保险人和保险标的以及承保危险之间的一种经济上的利害关系,是一种合法的可以投保的法定的权利[②]。我国《保险法》第12条第6款规定:"保险利益是指投保人或者被保险人对保险标的具有的法律上承认的利益。"

二、保险利益原则的特征与功能

(一)保险利益原则的特征

保险利益具有以下三个方面的特征。

1. 合法性

所谓合法性,是指保险利益必须符合法律的规定,并被法律所确认和保护。非法利益不能作为保险利益。若投保人或被保险人以非法利益投保,则保险合同无效[③]。

2. 确定性

保险利益是法律所承认的已经确定或者可以确定的利害关系。已经确定的利益或者利害关系为现有利益;尚未确定但是可以确定的利益或者利害关系为期待利益。但是,以被保

---

① [美]约翰·F.道宾:《美国保险法》,梁鹏译,法律出版社2008年版,第48页。
② 陈欣:《保险法》,北京大学出版社2010年版,第43页。
③ 范健、王建文、张莉莉:《保险法》,法律出版社2017年版,第73—74页。

险人的寿命或者身体作为保险标的的,投保人所具有的保险利益必须为现有利益,即投保人和被保险人之间在订立保险合同时已经确定的既存利害关系[1]。

3. 公益性

保险利益的公益性是指不得订立没有保险利益的保险合同[2]。我国《保险法》第12条第1款、第2款规定:"人身保险的投保人在保险合同订立时,对被保险人应当具有保险利益。财产保险的被保险人在保险事故发生时,对保险标的应当具有保险利益。"《保险法》第48条规定:"保险事故发生时,被保险人对保险标的不具有保险利益的,不得向保险人请求赔偿保险金。"

(二)保险利益原则的功能

保险利益原则具有以下四个方面的功能。

1. 避免以保险之名行赌博之实

保险和赌博均属射幸行为,风险是二者的共同本质[3]。保险合同缺乏保险利益,与赌博无异。

2. 防止道德危险

确立保险利益原则可以防止道德危险,维护社会的安定和善良风俗。如果在保险法中不规定保险利益原则,一些投保人就可能为了牟取不法利益而人为地造成财产损失,甚至谋害他人的性命[4]。

3. 限制赔偿程度,防止不当得利

损失补偿性保险中,保险的目的在于补偿被保险人因保险事故发生而遭受的经济损失,以恢复物质损失状况为目的,保险金请求权人不得借此获取不当得利[5]。

4. 一定范围内决定保险合同的效力

我国《保险法》第48条规定:"保险事故发生时,被保险人对保险标的不具有保险利益的,不得向保险人请求赔偿保险金。"由此可见,保险事故发生时,如果被保险人对保险标的不具有保险利益,被保险人丧失保险金赔付请求权[6]。

三、人身保险的保险利益

(一)人身保险的保险利益的范围

我国《保险法》第31条规定:"投保人对下列人员具有保险利益:(一)本人;(二)配偶、子女、父母;(三)前项以外与投保人有抚养、赡养或者扶养关系的家庭其他成员、近亲属;(四)与投保人有劳动关系的劳动者。除前款规定外,被保险人同意投保人为其订立合同的,视为投保人对被保险人具有保险利益。订立合同时,投保人对被保险人不具有保险利益

---

[1] 樊启荣:《保险法》,北京大学出版社2011年版,第51—52页。
[2] 邹海林:《保险法》,社会科学文献出版社2017年版,第147页。
[3] [美]所罗门·许布纳等:《财产与责任保险》,陈欣等译,中国人民大学出版社2002年版,第48页。
[4] 范健、王建文、张莉莉:《保险法》,法律出版社2017年版,第77页。
[5] 李玉泉:《保险法》,法律出版社2019年版,第79页。
[6] 韩长印、韩永强:《保险法新论》,中国政法大学出版社2010年版,第41—42页。

的,合同无效。"

1. 本人

本人是指投保人自己。投保人对自己的生命具有完全、无限的保险利益,这是各国立法的通例。

2. 配偶、子女、父母

投保人可以其配偶、子女、父母的身体或寿命为保险标的订立保险合同。其中,父母包括生父母、养父母和有抚养关系的继父母,子女包括婚生子女、非婚生子女、养子女和有抚养关系的继子女①。

3. 其他家庭成员、近亲属

投保人对其他家庭成员、近亲属有保险利益,必须以投保人和其他家庭成员、近亲属之间存在抚养关系、赡养关系或者扶养关系为前提。如果投保人和其他家庭成员、近亲属之间没有抚养关系、赡养关系或者扶养关系,投保人对其没有保险利益②。

4. 雇佣人与受雇人

雇佣人与受雇人之间的经济关系决定他们之间具有保险利益。单位常以其员工为被保险人投保团体意外伤害保险作为企业优待员工的福利③。

5. 同意他人投保的被保险人

如果说前述基于特定身份或利益关系而具有保险利益,是以法律推定方式来确定保险利益,那么以被保险人同意方式来确定保险利益,则无须投保人与被保险人之间另存利益关系。因为只要被保险人同意以其寿命或身体为保险标的,就可防范道德危险,投保人是否对之具有利益关系并无实质意义④。以人寿保险为例,"人寿保险的目的不是除去每个特定合同中的投机性,而是限制公众以他人的生命为对象从事买卖保险单的投机生意,该目的可通过两项限制投保人范围的保护措施达到:(1)他们与标的生命的人必须有紧密的家庭关系或经济联系;(2)投保必须征得标的生命的人的同意。"⑤

(二)人身保险的保险利益的规范时点

我国《保险法》第 12 条第 1 款规定:"人身保险的投保人在保险合同订立时,对被保险人应当具有保险利益。"第 31 条第 3 款又规定:"订立合同时,投保人对被保险人不具有保险利益的,合同无效。"由此可知,在人身保险中,投保人的保险利益必须在合同订立时存在,投保人没有保险利益的,合同自始无效。至于保险事故发生时或保险金给付期限届满时是否仍有保险利益存在,无关紧要。

如果要求投保人在保险事故发生时仍然对被保险人具有保险利益,那么,"保险合同就会完全改变其约定和后果。它将不再是一个死亡发生时支付一笔与订立合同时的利益价值相当的固定金额,而成为一个随着死亡时存在的保险利益价值的变动而支付不特定金额的合同。然而,投保人付出的代价或者保险费却是依据签订合同的原始价值计算的,因此也是

---

① 范健、王建文、张莉莉:《保险法》,法律出版社 2017 年版,第 80 页。
② 黎建飞:《保险法新论》,北京大学出版社 2014 年版,第 56 页。
③ 高宇:《中国保险法》,高等教育出版社 2015 年版,第 87 页。
④ 李玉泉:《保险法》,法律出版社 2019 年版,第 84 页。
⑤ [英]克拉克:《保险合同法》(中译本),何美欢、吴志攀译,北京大学出版社 2002 年版,第 92 页。

固定不变的,这样,投保人将有义务每年支付一笔固定的依据其取得保单时的利益的价值计算出的保险费,却换回一项收回不确定金额的权利,该金额就是死亡发生时存在的利益的价值。因此,尽管他为此做出了约定并支付了固定的保险费,却不一定得到那笔固定金额,它可能比原定的少得多,或者根本没有。这在我们看来是如此违背正义、公平和通常的诚实观念,因此我们认为不能做这样的解释。"①

四、财产保险的保险利益

(一) 财产保险的保险利益的范围

通过前述可知,我国对于人身保险的保险利益的范围,采取了列举主义,通过《保险法》第 31 条的规定列举了人身保险保险利益的具体范围。对于财产保险的保险利益的范围,则并未采取列举主义,而是采取概括主义。

财产保险的保险利益可以概括为财产权利、合同权利和法律责任。其中:财产权利包括基于财产权利而享有的财产利益,主要有所有权利益、占有利益等;合同权利为依照合同产生的债权请求权;法律责任则是因为侵权行为、违约行为或者法律规定而产生的责任②。

(二) 财产保险的保险利益的规范时点

我国《保险法》第 12 条第 2 款规定:"财产保险的被保险人在保险事故发生时,对保险标的应当具有保险利益。"第 48 条规定:"保险事故发生时,被保险人对保险标的不具有保险利益的,不得向保险人请求赔偿保险金。"由此可知,在财产保险中,保险事故发生时,被保险人必须对保险标的具有保险利益,否则保险合同将失去效力;至于在保险合同订立时是否有保险利益,则在所不问。

财产保险的保险利益的规范时点之所以如此规定,是出于"商业经营"和"对财产的充分保障"两个方面的考虑:第一,商人们需要在利益成熟以前安排保险;第二,财产保险合同是损失补偿合同,它应该着眼于损失发生的时刻③。"只要被保险人在损失时具有保险利益,补偿原则的目的就能完全实现。要求被保险人在投保时就具有保险利益,就可能排除了在投保以后获得财产的保险。"④

五、保险利益的转移和灭失

(一) 保险利益的转移的含义

保险利益的转移也称保险利益的变动,是指在保险合同生效后、保险事故发生前,因保

---

① [英]克拉克:《保险合同法》(中译本),何美欢、吴志攀译,北京大学出版社 2002 年版,第 88 页。
② 黎建飞:《保险法新论》,北京大学出版社 2014 年版,第 51 页。
③ 樊启荣:《保险法》,北京大学出版社 2011 年版,第 62 页。
④ [美]约道·F.道宾:《美国保险法》,梁鹏译,法律出版社 2008 年版,第 58 页。

险标的之移转而产生保险利益之变动,即由新的主体继受保险标的之保险利益①。因保险利益之让与而生之保险利益移转,称为约定移转;因被保险人死亡或受破产宣告而生之保险利益移转,称为法定移转。

(二) 保险利益转移的情形

1. 让与

让与型保险利益移转,是指投保人或被保险人将保险标的物的所有权以买卖、赠与或互易的方式转移于他人,由他人取得标的物的保险利益,成为新的保险利益享有人的情形②。

我国《保险法》第49条规定:"保险标的转让的,保险标的的受让人承继被保险人的权利和义务。"此处的"保险标的转让"有两点值得注意:① 在保险法上,"保险标的"与"保险标的物"并非同一概念,前者乃特定的财产权利或者利益,其虽可谓有体物但亦可指无体物(如权利)③,后者仅指有体物。② "保险标的转让"并非指所保之物所有权转移,而是强调所保之物的危险负担发生转移,即财产保险利益的转移。标的物之危险负担和标的物之所有权并非一定同步转移④。

人身保险合同的保险标的是自然人的生命或身体,因而其保险利益一般不能让与。

2. 继承

保险标的物作为遗产时,其所有权于继承发生(被保险人死亡)时移转于继承人,继承人亦得继受保险合同的权利义务。① 由继承法观之,被保险人所享有的财产保险合同债权属其遗产范畴,得由其继承人继承;② 由保险法观之,遗产继承乃保险标的物所有权即保险利益的法定转移⑤。

3. 破产

在财产保险中,投保人破产,其保险利益转移给破产财产的管理人和债权人,保险合同仍为破产债权人而存在。投保人的破产对人身保险合同没有影响。被保险人破产,对人身保险也不产生保险利益转移的问题⑥。

(三) 保险利益的灭失

保险利益的灭失是指投保人或者被保险人失去保险利益⑦。在财产保险中,保险标的灭失,保险利益即归消灭。在人身保险中,投保人与被保险人之间丧失构成保险利益的各种利害关系时,原则上保险利益也随之消失。

---

① 梁宇贤:《保险法新论(修订新版)》,中国人民大学出版社2004年版,第80页。
② 梁宇贤:《保险法新论(修订新版)》,中国人民大学出版社2004年版,第80页。
③ 江朝国:《保险法基础理论》,瑞兴图书股份有限公司2010年版,第215页。
④ 樊启荣:《保险法》,北京大学出版社2011年版,第64页。
⑤ 温世扬:《保险法》,法律出版社2016年版,第67页。
⑥ 范健、王建文、张莉莉:《保险法》,法律出版社2017年版,第88页。
⑦ 范健、王建文、张莉莉:《保险法》,法律出版社2017年版,第88页。

第二节 最大诚信原则

一、最大诚信原则概述

(一) 最大诚信原则之缘起

最大诚信原则最早可以追溯到海上保险。在海上保险初期,当时的通信工具极为落后,在商订保险合同时,承保人远离保险标的,被保险的船只和货物往往远在千里之外,保险人承保与否仅凭投保人提供的资料,如果当事人一方以欺诈、隐瞒手段订立合同,将使对方当事人深受其害,所以特别要求保险合同的双方当事人订立合同之时必须诚实守信①。英国 1906 年的《海上保险法》首次确立了最大诚信原则,该法第 17 条规定:"海上保险合同是建立在最大诚信原则基础上的合同,如果一方当事人不遵守最大诚信原则,则对方当事人可以宣告保险合同无效。"②

(二) 最大诚信原则的概念

最大诚信原则是保险合同法的基本原则,我国《保险法》第 5 条规定:"保险活动当事人行使权利、履行义务应当遵循诚实信用原则。"我国《保险法》独条规定最大诚信原则,足见最大诚信原则在保险法上所具有的重要意义,最大诚信原则在保险法上全面支配着保险合同及其条款的效力、保险条款内容的解释以及当事人之间的利益衡平③。此外,保险法律关系具有明显的偶然性特点,因而对诚实信用的要求很高,保险合同的双方当事人必须遵守最大诚信原则。保险法上的最大诚信原则是指保险合同的双方当事人在保险合同的订立和履行过程中,必须报以最大的诚意履行各自的义务,恪守保险合同的约定,不得互相欺骗和隐瞒,否则会影响合同的成立以及合同效力的存续④。由此可知,最大诚信原则的意义在于保险合同的任何一方当事人有责任向另一方当事人透露重要事实⑤。

二、告知义务

(一) 告知义务的概念

保险法上所谓"告知",是指订立保险合同时,投保人就保险标的的危险状况向保险人所作的口头或者书面的陈述⑥。告知义务是指投保人在订立保险合同时,应当将有关保险标的

---

① 温世扬:《保险法》,法律出版社 2007 年版,第 36 页。
② A contract of marine insurance is a contract based upon the utmost good faith and, if the utmost good faith be not observed by either party, the contract may be avoided by the other party.
③ 邹海林:《保险法》,社会科学文献出版社 2017 年版,第 39 页。
④ 韩长印、韩永强:《保险法新论》,中国政法大学出版社 2010 年版,第 51 页。
⑤ 杨桢:《英美契约法论》,北京大学出版社 1997 年版,第 225 页。
⑥ 樊启荣:《保险法》,北京大学出版社 2011 年版,第 69 页。

的信息向保险人做出如实陈述、说明的义务①。我国《保险法》第 16 条第 1 款规定:"订立保险合同,保险人就保险标的或者被保险人的有关情况提出询问的,投保人应当如实告知。"

(二) 告知义务的性质

1. 法定性

从告知义务产生的依据来看,我国《保险法》第 16 条第 1 款规定了投保人的告知义务。由此可知,告知义务并非合同义务而是法定义务,是保险法基于最大诚信原则而强加给投保人的义务②。

2. 先合同义务

"被保险人于订立契约时,负有先契约义务,将重要事实告知于保险人。如违反时,契约将归于无效。"③由此可知,告知义务存在于合同的订立阶段,其不是合同义务,而是先合同义务。

(三) 告知的方式

对于告知的方式,国际上一般有两种立法模式,询问告知主义和无限告知主义。前者是指只有在保险人询问的情况下,投保人才有义务如实告知。后者是指不经过保险人的询问,投保人将与保险人决定是否承保有关以及影响费率高低的重要情况主动告知保险人④。我国学者都承认,投保人并不负担无限告知义务⑤。换言之,投保人仅对保险人询问的事项承担如实告知的义务,对于保险人没有询问的事项,投保人无告知义务。

(四) 告知的主体

当投保人与被保险人为同一人时,由投保人承担如实告知的义务,此无疑义。但是,当投保人和被保险人不是同一主体时,此时,被保险人是否应当承当如实告知义务,各国的保险立法并不完全相同。例如,德国、意大利等规定告知义务人为投保人,而韩国、瑞士等规定投保人和被保险人为告知义务人⑥。我国也有学者提出,在保险合同的投保人和被保险人不是同一个主体的情况下,应当将承担告知义务的义务人扩大到被保险人⑦。

一般而言,告知的主体仅限于与保险人订立保险合同的相对人,即投保人。但是,与保险合同承保的标的有直接利害关系的被保险人是否应当承担相应的义务呢?我国保险法理论的通说认为,告知义务人包括投保人和被保险人,将被保险人作为告知义务人,是扩大解释负有告知义务的投保人的结果⑧。《最高人民法院关于适用〈中华人民共和国保险法〉若干问题的解释(二)》第 5 条规定:"保险合同订立时,投保人明知的与保险标的或者被保险人有关的情况,属于保险法第十六条第一款规定的投保人'应当如实告知'的内容。"

---

① 温世扬:《保险法》,法律出版社 2007 年版,第 36 页。
② 韩长印、韩永强:《保险法新论》,中国政法大学出版社 2010 年版,第 54 页。
③ 王文宇等:《商事法》,中国人民大学出版社 2008 年版,第 403 页。
④ 黎建飞:《保险法新论》,北京大学出版社 2014 年版,第 36 页。
⑤ 邹海林:《保险法学的新发展》,中国社会科学出版社 2015 年版,第 210 页。
⑥ 徐卫东:《商法基本问题研究》,法律出版社 2002 年版,第 437 页。
⑦ 尹田:《中国保险市场的法律调控》,社会科学文献出版社 2000 年版,第 122 页。
⑧ 邹海林:《保险法》,社会科学文献出版社 2017 年版,第 126 页。

(五) 告知的范围

投保人以保险人提出的询问范围为限,应当如实告知,此无疑义。但是,将保险标的的所有情况都进行告知,既不可能也无必要。因此,这就涉及投保人告知事项的范围。

英国 1906 年《海上保险法》第 18 条第 1 款规定:"在合同订立之前,被保险人必须将其所知道各种重要情况告知保险人。"其第 2 款规定:"所有影响一个谨慎的保险人确定保险费或者决定是否承担某项风险的情况均为重要事实。"英国 1906 年《海上保险法》所确立的"重要事实"的范畴与规则为其他国家保险立法所效仿。我国《保险法》第 16 条第 2 款规定:"投保人故意或者因重大过失未履行前款规定的如实告知义务,足以影响保险人决定是否同意承保或者提高保险费率的,保险人有权解除合同。"我国《保险法》虽未明确规定"重要事实"的范畴与概念,但《保险法》第 16 条第 2 款中"足以影响保险人决定是否同意承保或者提高保险费率"的规定,解释上应当视为"重要事实"之界定,即告知义务的对象仅限于"重要事实"[①]。"在保险人询问的事项中,凡属于估计危险的事实,均为重要事实;与之相对应,保险人未询问的事项,不论该事项是否为估计危险的事实,均被排除于重要事实之外。因此,重要事实是保险人询问的估计危险的事实。订立保险合同时,投保人对于保险人询问以外的事项未如实告知,即使该事实在性质上构成估计危险的事实,保险人亦不得以投保人未如实告知为由,对保险合同的有效性提出争议。"[②]因此,投保人应当如实告知的事项范围仅限于重要事实。

(六) 告知义务的履行时点

根据《保险法》第 16 条第 1 款的规定,告知义务的履行时点应当是"订立保险合同"之时。但是,何谓"订立保险合同之时",是投保人提出投保申请之时,还是保险人作出承保意思表示之前?如果投保人在订立保险合同时,根据保险人的询问,将影响保险人决定是否同意承保或者提高保险费率的重要事实如实告知了保险人,就不存在故意或过失不履行如实告知义务的情形。如果在保险人审核承保之前才发现有重要事实没有告知保险人,在这种情况下,是否可以认定投保人没有履行如实告知义务?针对此种情况,有学者指出,即使在订立保险合同时,投保人或者被保险人已经根据保险人的询问,对影响保险人决定是否同意承保或者提高保险费率的重要事实进行了如实告知,但"在保险合同成立之前,如果发生了重要变化,投保人或者被保险人应当追加告知"[③]。据此,"订立保险合同时"是指投保人进行投保申请时起,讫保险合同成立时止[④]。

(七) 违反如实告知义务的成立要件及后果

1. 违反如实告知义务的成立要件

根据我国《保险法》第 16 条第 2 款的规定可知,违反如实告知义务的成立要件有客观要件和主观要件。客观要件是指告知义务人没有对影响保险人决定是否同意承保或者提高保

[①] 樊启荣:《保险法》,北京大学出版社 2011 年版,第 70 页。
[②] 常敏:《保险合同可争议制度研究》,《环球法律评论》2012 年第 2 期,第 83 页。
[③] 许崇苗、李利:《中国保险法原理与适用》,法律出版社 2006 年版,第 73 页。
[④] Sidney Preston and Raoul P. Colinvaux, *The Law of Insurance*, 2nd edition (London: Sweet & Maxwell Ltd, 1961), p.84.

险费率的重要事实进行如实告知。主观要件是指告知义务人对"重要事实"的不实告知,在主观上存在故意或者重大过失。所谓故意,是指投保人故意隐瞒,不履行如实告知义务。所谓重大过失,是指投保人知道某种事实的存在但疏于投保人最为基本的注意义务而作出了不真实陈述①。"重大过失应当是一种有认识的过失,但同时须在客观上制造了巨大的危险。它是一种偏主观的、行为人很大程度上可以避免的过错,是一种具有较强道德可责难性的过错。它是介于故意与普通过失之间、更接近于故意的一种独立过错类型。"②

2. 违反如实告知义务的后果

我国《保险法》第 16 条第 4 款、第 5 款分别规定:"投保人故意不履行如实告知义务的,保险人对于合同解除前发生的保险事故,不承担赔偿或者给付保险金的责任,并不退还保险费。投保人因重大过失未履行如实告知义务,对保险事故的发生有严重影响的,保险人对于合同解除前发生的保险事故,不承担赔偿或者给付保险金的责任,但应当退还保险费。"

保险人有权在投保人未履行如实告知义务的前提下解除保险合同③

案情

2012 年 11 月,李某向甲保险公司投保人生终身寿险(万能型),包括人生主险、重疾、人生 A 等附加险。其中,人生主险的保额为 20 万元,保险期间为终身,被保险人为李某,身故保险金受益人为其子李某某。附加人生住院费用医疗保险(A)中约定:保险人在约定范围内按被保险人住院支出的合理医疗费用的 80%给付保险金。

2014 年 7 月 24 日—7 月 28 日,李某于市人民医院住院治疗,入院记录中记载,患者 12 年前因排尿困难等在某医院行膀胱手术。2014 年 8 月 13 日,李某以乙市军区总医院的住院记录及金额计 38 145.40 元的收费票据一张向甲保险公司申请理赔,获得保险金 9 000 元。之后李某又以 2014 年 9 月就医的材料再次申请理赔。甲保险公司发现李某涉嫌保险欺诈,遂于 2014 年 11 月 18 日作出解除保险合同并不退还保险费的决定。2015 年 7 月 20 日,李某死亡,其子李某某再次向甲保险公司申请理赔 20 万元身故保险金遭拒,诉至法院要求甲保险公司给付身故保险金 20 万元。诉讼中,李某某承认第一次理赔材料即乙市军区总医院的住院记录及发票均系在医院门口购买的伪造材料。法院另查明,李某在投保时未如实告知常年患肾病的事实。

裁判结果

上海市第二中级人民法院于 2016 年 11 月 30 日作出(2016)沪 02 民终 7261 号终审判决:驳回李某某要求甲保险公司给付身故保险金 200 000 元的诉讼请求。

评析

投保人的如实告知义务是最大诚信原则在保险合同订立过程中的直接体现。本案判决结果是对投保人不诚信行为的有力警示。人身保险业务中,保险人是否作出承保的决定依赖于投保人对于保险标的(被保险人的健康状况)的真实陈述。投保人如存在故意隐瞒既往病史、使用假医疗单据骗取保险金等严重有违诚信原则的行为,保险人不承担保险责任,并不退还保险费。

---

① 常敏:《保险法学》,法律出版社 2012 年版,第 69 页。
② 叶名怡:《重大过失理论的构建》,《法学研究》2009 年第 6 期,第 77 页。
③ 参见上海市第二中级人民法院(2016)沪 02 民终 7261 号民事判决书。

三、说明义务

保险合同是附和合同,而且保险合同的条款具有较强的专业性。加上保险合同的条款通常由保险人单方面拟定,投保人缺乏与保险人之间就合同条款进行协商的权利,投保人通常只能表示同意或者拒绝。保险费率、赔偿方式等主要取决于保险人。为了平衡保险合同双方当事人之间的利益,保险人对保险合同的条款负有说明义务①。

(一)保险人说明义务的概念及性质

我国《保险法》第17条第1款规定:"订立保险合同,采用保险人提供的格式条款的,保险人向投保人提供的投保单应当附格式条款,保险人应当向投保人说明合同的内容。"由此可见,保险人的订约说明义务是法定义务,不允许保险人以格式条款等方式予以限制或免除。除此以外,保险人的说明义务不仅是法定的,还应当是主动的,其不以投保人的询问为条件,而是应当主动履行②。

(二)说明义务的内容

根据《保险法》第17条的规定:"订立保险合同,采用保险人提供的格式条款的,保险人向投保人提供的投保单应当附格式条款,保险人应当向投保人说明合同的内容。对保险合同中免除保险人责任的条款,保险人在订立合同时应当在投保单、保险单或者其他保险凭证上作出足以引起投保人注意的提示,并对该条款的内容以书面或者口头形式向投保人作出明确说明;未作提示或者明确说明的,该条款不产生效力。"由此可知,保险人可以针对不同保险条款的性质,对不同条款采取不同的说明方式③。保险人的说明义务一般包括以下两个方面。

1. 一般条款的说明义务

根据《保险法》第17条第1款的规定,保险人一般条款的说明义务并无特别的限定,除《保险法》第17条第2款规定的免责条款以外,其他内容都应进行说明。

2. 免责条款的明确说明义务

《保险法》第17条第2款中规定:"对保险合同中免除保险人责任的条款,保险人在订立合同时应当在投保单、保险单或者其他保险凭证上作出足以引起投保人注意的提示,并对该条款的内容以书面或者口头形式向投保人作出明确说明;未作提示或者明确说明的,该条款不产生效力。"那么,何为"免责条款"?何为作出"足以引起投保人注意的提示"?何为"明确说明"?

(1)何为"免责条款"?

所谓免责条款,有学者认为,免责条款是指包括除外条款、免赔额条款、被保险人违反该条款保险人可以免除或者减轻保险责任的条款,以及其他免除或者减轻保险人责任的条款④。也有学者认为,免责条款是一切免除保险人责任、减轻保险人责任,对投保人或被保险人施加

---

① 叶林:《商法学原理与案例教程》,中国人民大学出版社2006年版,第518页。
② 温世扬:《保险人订约说明义务之我见》,《法学杂志》2001年第2期,第16页。
③ 曹兴权:《反差与调适:保险人说明义务的履行》,《求索》2005年第2期,第77页。
④ 邢海宝:《中国保险合同法立法建议及说明》,中国法制出版社2009年版,第156页。

特别义务的条款①。保险法司法解释(二)第9条第1款规定:"保险人提供的格式合同文本中的责任免除条款、免赔额、免赔率、比例赔付或者给付等免除或者减轻保险人责任的条款,可以认定为保险法第十七条第二款规定的'免除保险人责任的条款'。"

(2) 何为作出"足以引起投保人注意的提示"?

有学者认为,"足以"的程度应当是充分合理的。所谓充分合理,是指保险人就保险条款中免除或者限制保险人责任的条款,向投保人或者被保险人作出的提示注意水平应当达到充分合理的基准②。

《保险法司法解释(二)》第11条第1款规定:"保险合同订立时,保险人在投保单或者保险单等其他保险凭证上,对保险合同中免除保险人责任的条款,以足以引起投保人注意的文字、字体、符号或者其他明显标志作出提示的,人民法院应当认定其履行了保险法第十七条第二款规定的提示义务。"因此,也有学者认为,"足以引起投保人注意的提示",不以投保人订立合同时已经注意到免除保险人责任的条款为必要,仅以保险人客观上采取了提请投保人注意的措施为必要③。

(3) 何为"明确说明"?

保险人的提示对投保人对免责条款的理解并无帮助,投保人即使注意到免责条款的内容,也可能对免责条款的真实含义和后果并不理解。保险人仅履行提示义务,是不符合"明确说明"的要求的④。因此,对于免责条款,除了作出足以引起投保人注意的提示,还应当对免责条件进行明确说明。所谓明确说明,是指保险人对保险合同中免除保险人责任的条款,在保险单或者其他凭证上作出充分合理的注意提示,并对有关免责条款作出阐释和解说,以使投保人或被保险人充分了解该条款的真实含义和法律后果⑤。除此以外,在面对智力残障人、文盲或者半文盲等特殊情况时,保险人就须以更高的提示注意与勤勉说明来履行说明义务⑥。

(三) 保险人违反说明义务的法律后果

根据《保险法》第17条第2款的规定,保险人不履行免责条款的明确说明义务,法定后果就是免责条款不产生效力。

四、保证

(一) 保证的含义

保证是指投保人或者被保险人向保险人作出许诺,在保险期间内对某些特定事项的作为或者不作为。

保证和告知有很大的区别:① 保证是保险合同的重要组成部分,而告知并不是保险合同的组成部分。② 保证的作用在于控制危险,而告知的作用在于使得保险人可以正确地评估其

---

① 曹兴权:《保险缔约信息义务研究》,中国检察出版社2004年版,第225页。
② 于海纯:《保险人说明义务程度标准研究》,《保险研究》2008年第1期,第80页。
③ 常敏:《保险法学》,法律出版社2012年版,第65页。
④ 胡夏:《保险人对免责条款的明确说明义务》,《人民司法·案例》2009年第14期,第92—93页。
⑤ 于海纯:《保险人说明义务之涵义与规范属性辨析》,《保险研究》2009年第11期,第119页。
⑥ 于海纯:《保险人说明义务程度标准研究》,《保险研究》2008年第1期,第82页。

所承担的风险。③ 保证必须严格遵守,如果投保人或者被保险人违反了保证义务,保险人可以解除保险合同而无须证明保证事项的重要性;而投保人或者被保险人违反告知义务需要承担的后果的前提是,保险人能够证明投保人或者被保险人未如实告知事项的重要性。

（二）保证的形式

保证通常可以分为明示保证和默示保证。明示保证是指在合同中明确记载,成为合同组成部分的保证条款或其他保证事项。默示保证是指投保人或者被保险人对于某些特定事项的担保没有明确记载于保险合同之中,但是可以依社会习惯判定是投保人或者被保险人必须保证的事项。

（三）违反保证义务的法律后果

只要投保人或者被保险人违反保证义务,不论其是否存在过错,也不论保险事故是否属于保险责任范围,保险人均不负赔偿责任[①],而且保险人有权解除保险合同[②]。

五、弃权和禁止反言

（一）弃权和禁止反言的概念

弃权即自愿放弃某种已知的权利[③]。弃权是指当事人以言词或者行为,故意抛弃其解约权及抗辩权[④]。详言之,弃权是指保险合同的一方当事人明知对方违约,却依然放弃其在保险合同中可以主张的权利,如保险人对于投保人或者被保险人的不实告知,放弃了本来享有的保险合同解除权[⑤]。保险弃权制度只能适用于保险人,是法律对保险人履行保险合同的行为或者行使权利所施加的负担[⑥]。

禁止反言是指保险人放弃自己的权利后,不得反悔再行主张已经放弃的权利[⑦]。显然,弃权和禁止反言是相互对应的两个概念,弃权是禁止反言的前提,禁止反言是弃权的法律结果[⑧]。禁止反言的允诺不能作为起诉的原因而只能作为辩护理由,其作用在于防御而非攻击[⑨]。

（二）弃权和禁止反言的适用要件

1. 弃权的适用要件

弃权的适用要件包括:① 投保人存在违反义务的行为[⑩];② 保险人知道投保人有违背

---

① 温世扬:《保险法》,法律出版社 2003 年版,第 41—42 页。
② 黎建飞:《保险法新论》,北京大学出版社 2014 年版,第 39 页。
③ [美] 肯尼斯·S.亚伯拉罕:《美国保险法原理与实务》,韩长印等译,中国政法大学出版社 2012 年版,第 68 页。
④ 徐卫东:《商法基本问题研究》,法律出版社 2002 年版,第 312 页。
⑤ 黎建飞:《保险法新论》,北京大学出版社 2014 年版,第 44 页;范健、王建文、张莉莉:《保险法》,法律出版社 2017 年版,第 67 页。
⑥ 邹海林:《保险法学的新发展》,中国社会科学出版社 2015 年版,第 65 页。
⑦ 徐康平、董彪、徐冉:《保险法学》,中国财富出版社 2015 年版,第 84 页。
⑧ 贾林青:《保险法》,中国人民大学出版社 2014 年版,第 73 页。
⑨ 杨桢:《英美契约法论》,北京大学出版社 2003 年版,第 89 页。
⑩ 贾林青:《保险法》,中国人民大学出版社 2014 年版,第 73 页。

约定义务的情况,并由此享有保险合同的解除权或者抗辩权;③ 保险人有弃权的意思表示,保险人弃权的意思表示既可以采取明示方式,也可以采取默示方式①;④ 保险人弃权的意思表示必须是向保险合同的对方当事人(投保人、被保险人、受益人)作出并且到达,才发生弃权的法律后果。

2. 禁止反言的适用要件

禁止反言的适用要件包括:① 保险人曾就订立保险合同的有关重要事项,向投保人做出了虚假的陈述或者行为②;② 保险人做出这种虚假的陈述或者行为的目的是让投保人或者被保险人信赖该陈述或者行为,或者投保人、被保险人信赖该陈述或者行为并不违背保险人的意愿③;③ 投保人或者被保险人曾以善意信赖此陈述或者行为④;④ 投保人或者被保险人因信赖而做出某种行为,并因此而导致自己受损害⑤。

(三) 弃权和禁止反言的法律后果

我国《保险法》第16条规定:"订立保险合同,保险人就保险标的或者被保险人的有关情况提出询问的,投保人应当如实告知。投保人故意或者因重大过失未履行前款规定的如实告知义务,足以影响保险人决定是否同意承保或者提高保险费率的,保险人有权解除合同。"

1. 弃权的法律后果

上述合同解除权,自保险人知道有解除事由之日起,超过30日不行使而消灭。自合同成立之日起超过两年的,保险人不得解除合同;发生保险事故的,保险人应当承担赔偿或者给付保险金的责任。

2. 禁止反言的法律后果

保险人在合同订立时已经知道投保人未如实告知的情况的,保险人不得解除合同;发生保险事故的,保险人应当承担赔偿或者给付保险金的责任。保险事故是指保险合同约定的保险责任范围内的事故。

六、不可抗辩规则

(一) 不可抗辩规则的概念

我国于2009年修订《保险法》第16条第3款时,引入了不可抗辩条款。我国《保险法》第16条规定:"投保人故意或者因重大过失未履行前款规定的如实告知义务,足以影响保险人决定是否同意承保或者提高保险费率的,保险人有权解除合同。前款规定的合同解除权,自保险人知道有解除事由之日起,超过三十日不行使而消灭。自合同成立之日起超过二年的,保险人不得解除合同;发生保险事故的,保险人应当承担赔偿或者给付保险金的责任。"引入不可抗辩规则,旨在保护保险消费者的合法权益,防止保险人利用自身的专业优势地

---

① 温世扬:《保险法》,法律出版社2007年版,第40页。
② 范健、王建文、张莉莉:《保险法》,法律出版社2017年版,第68页。
③ 温世扬:《保险法》,法律出版社2007年版,第41页。
④ 徐康平、董彪、徐冉:《保险法学》,中国财富出版社2015年版,第85页。
⑤ 王保树:《商法》,当代世界出版社2003年版,第399页。

位,损害投保人的合法权益。不可抗辩条款是对保险人解除权行使的限制[①]。

不可抗辩规则是指保险合同自生效之日起,经过法定期间(一般为2年)就成为不可争议的文件,保险人即便知道保险合同的对方当事人在投保时没有履行如实告知义务,也不得主张合同无效并拒绝赔付。

(二)不可抗辩规则适用的险种范围

我国《保险法》并没有明确规定不可抗辩规则的适用范围。我国的商业保险主要分为人身保险和财产保险。关于不可抗辩规则的险种适用范围的争议主要在于财产保险是否可以适用不可抗辩条款。有学者认为,由于财产保险多为短期保险,其保险期限通常为一年,与不可抗辩规则两年的期限不符,因此,财产保险不能适用不可抗辩规则。但是,也有超过两年的家庭财产保险及企业财产保险,仅认为财产保险合同一定短于两年期间而无法适用不可抗辩规则的想法难免有主观臆断之嫌。进言之,如果财产保险的缴费期限超过两年,保险人亦应当保护投保人、被保险人和受益人的合理期待[②]。此外,不可抗辩规则适用于财产保险,可以有效督促保险人严格核保,规范经营[③]。所以,本书认为,不可抗辩规则的适用范围应当及于财产保险。

(三)不可抗辩规则的起算时间

根据《保险法》第16条第3款的规定:"合同解除权自保险人知道有解除事由之日起,超过30日不行使而消灭。自合同成立之日起超过两年的,保险人不得解除合同;发生保险事故的,保险人应当承担赔偿或者给付保险金的责任。"

(四)不可抗辩条款适用的例外情况

恶意投保欺诈,如投保人在投保时,对被保险人没有保险利益,或投保前已经患病,投保时没有如实告知,谎称没有疾病等情况,不得适用不可抗辩规则[④]。

第三节 损失补偿原则

一、损失补偿原则的概念与功能

(一)损失补偿原则的概念

损失补偿原则是指对于保险标的因保险事故造成的损害,保险人应当在保险责任的范围内对被保险人遭受的实际损失进行补偿的原则。

---

① 严明敏:《论保险人解除权的行使限制——以〈保险法〉第16条第3款的解释为视角》,《河北广播电视大学学报》2019年第1期,第61页。
② 孙宏涛:《我国〈保险法〉中不可抗辩条款完善之研究——以〈保险法〉第16条第3款为中心》,《政治与法律》2015年第7期,第90页。
③ 郭建标:《〈保险法〉中不可抗辩条款若干法律问题之探讨》,《法律适用》2012年第1期,第68页。
④ 李青武:《我国〈保险法〉不可争辩条款制度:问题与对策》,《保险研究》2013年第6期,第104页。

(二) 损失补偿原则的功能

1. 禁止被保险人获得不当利益，防范道德风险的发生

损失补偿原则中，保险人仅在保险责任的范围内对被保险人所遭受的实际损失进行补偿，换言之，被保险人所获得的补偿以实际损失为限，只能小于或者等于实际损失，被保险人无法从中获得额外的利益。因此，损失补偿原则有利于防止被保险人从保险中获利，从而减少道德风险[1]。

2. 确定保险损失补偿的最高限额

被保险人得到的补偿金额，受到保险金额以及保险利益的限制，当保额超过保险利益时，被保险人得到的补偿金额要受到保险利益的限制[2]。

(三) 损失补偿原则的适用范围

关于损失补偿原则的适用范围，其讨论的焦点在于，损失补偿原则是否不仅适用于财产保险，也同样适用于人身保险。传统的保险理论认为，损失补偿原则仅适用于财产保险，并不适用于人身保险。本书认为，损失补偿原则适用的前提应当是，此保险是以填补被保险人的实际损失之险种为前提，而且被保险人的损失得以估计。换言之，人身保险是否能够适用损失补偿原则，关键在于确定其保险合同的目的是否为"费用补偿"。如果是，则为补偿性保险，可以适用损失补偿原则；如果不是，则不适用损失补偿原则[3]。总而言之，损失补偿原则并非绝对不能适用于人身保险，如果某类型的人身保险具有补偿被保险人损失的功能，损失补偿原则亦有其适用的余地[4]。

二、代位求偿

损失补偿原则是保险合同法上诸多制度的基石，保险法上许多规则，如代位求偿权、重复保险等，都是由损失补偿原则派生出来的[5]。代位的主要目的是防止被保险人超额受偿，从而遵守补偿的原则[6]。

(一) 代位求偿权的概念

我国《保险法》第 60 条第 1 款规定："因第三者对保险标的的损害而造成保险事故的，保险人自向被保险人赔偿保险金之日起，在赔偿金额范围内代位行使被保险人对第三者请求赔偿的权利。"保险法司法解释(四)第 7 条规定："保险人依照保险法第六十条的规定，主张代位行使被保险人因第三者侵权或者违约等享有的请求赔偿的权利的，人民法院应予支持。"

---

[1] 任自力：《保险法学》，清华大学出版社 2010 年版，第 59 页。
[2] 韩长印、韩永强：《保险法新论》，中国政法大学出版社 2010 年版，第 208 页。
[3] 江朝国：《保险法基础理论》，中国政法大学出版社 2002 年版，第 82—83 页。
[4] 邹海林：《保险法学的新发展》，中国社会科学出版社 2015 年版，第 78 页。
[5] 樊启荣：《保险法诸问题与新展望》，北京大学出版社 2015 年版，第 144 页。
[6] [英] Malcolm A. Clarke：《保险合同法》，何美欢、吴志攀等译，北京大学出版社 2002 年版，第 842 页。

进言之,代位求偿权是指当保险标的由于第三人的原因遭受保险责任事故而造成损失,保险人依据法律规定或者保险合同约定就被保险人遭受的损失支付保险金后,保险人自支付保险金之日起,在支付金额范围内,取得代替被保险人向负有责任的第三人进行追偿的权利。

(二) 代位求偿的要件

1. 损害赔偿的标的具有一致性

如果存在第三人侵权的标的和被保险人获赔保险金的标的不一致的情况,则不能适用代位求偿。换言之,引起赔偿请求权的损害要与保险人所承担的危险相一致,才可以适用代位求偿权[1]。

2. 被保险人对第三人享有赔偿请求权

若被保险人对第三人无赔偿请求权,则代位求偿权无以成立。被保险人对第三人享有的赔偿请求权是代位求偿权产生的必要条件。

3. 保险人已向被保险人给付保险金

我国《保险法》第60条第1款规定:"因第三者对保险标的的损害而造成保险事故的,保险人自向被保险人赔偿保险金之日起,在赔偿金额范围内代位行使被保险人对第三者请求赔偿的权利。"由此可知,在保险人向被保险人给付保险金之前,被保险人享有的向第三人的赔偿请求权仍未转移给保险人,只有在保险人给付保险金之后,才能取得代位求偿权。

(三) 代位求偿的功能

1. 避免第三人脱责

若不规定将被保险人对第三人的损害赔偿请求权依法转移于保险人,则有可能出现被保险人对第三人有请求权但却因禁止双重得利而不得行使,保险人因没有被保险人损害赔偿请求权的转移而缺乏对第三人行使代位权的基础,而致损第三方却无须负责的僵局[2]。致损第三人如果因为被保险人通过保险获得了保险金,而无须对其致损行为承担相应责任,对于被保险人和保险人都是不公平的。因此,致损第三人最终应当在经济上有所负担[3]。

2. 防止被保险人获得不当得利

若被保险人由于同一标的受损,而同时获得损害赔偿请求权和保险赔偿请求权,将使得被保险人获得双重赔偿。所以,代位求偿的功能之一就是防止被保险人因为行使双倍请求权而获得不当得利[4]。

(四) 代位求偿权的适用范围

代位求偿权是仅仅适用于财产保险,还是亦适用于人身保险? 一般认为,代位求偿权仅适用于财产保险,不适用于人身保险。但是,人身保险又分为人寿保险、健康保险、人身意外

---

[1] 江朝国:《保险法基础理论》,瑞兴图书股份有限公司2009年版,第477页。
[2] 刘宗荣:《新保险法:保险契约的理论与实务》,中国人民大学出版社2009年版,第247页。
[3] 邹海林:《保险法》,社会科学文献出版社2017年版,第366页。
[4] 江朝国:《保险法论文集(二)》,瑞兴图书股份有限公司1997年版,第396页。

伤害保险等,根据保险给付基础及其性质,有的属于定额给付,有的属于损害填补。因此,对于代位求偿权是否适用于以填补实际损失为承保范围的人身保险,争议迭出①。进言之,人身保险能否适用代位求偿权应当由险种本身的性质来决定,不能一概论之。人寿保险是定额给付保险,必然不可适用代位求偿权。但是,在涉及医疗费用的险种中,医疗费用的支出是可以确定的数额,该类人身保险合同具有补偿性,可以适用代位求偿原则②。

(五) 代位求偿权行使的限制

我国《保险法》第62条规定:"除被保险人的家庭成员或者其组成人员故意造成本法第六十条第一款规定的保险事故外,保险人不得对被保险人的家庭成员或者其组成人员行使代位请求赔偿的权利。"由此可知,保险人行使代位求偿权的相对人是被保险人本人以外的第三人,但不包括非故意造成被保险人损害的被保险人的家庭成员或其组成人员③。由于被保险人和其家庭成员或组成人员之间存在抚养、赡养、扶养或其他利害关系,被保险人实质上仍然承担了危险所导致的损失,如果保险人向被保险人给付保险金后,再向其家庭成员或组成成员行使代位求偿权,对被保险人而言,无异于左手进、右手出④。换言之,当被保险人的家庭成员造成保险事故,保险人向其家庭成员代位求偿就会使保险赔偿失去意义。⑤

(六) 行使代位求偿权时被保险人的义务

我国《保险法》第61条规定:"保险事故发生后,保险人未赔偿保险金之前,被保险人放弃对第三者请求赔偿的权利的,保险人不承担赔偿保险金的责任。保险人向被保险人赔偿保险金后,被保险人未经保险人同意放弃对第三者请求赔偿的权利的,该行为无效。被保险人故意或者因重大过失致使保险人不能行使代位请求赔偿的权利的,保险人可以扣减或者要求返还相应的保险金。"由此可知,当被保险人放弃对第三者的请求赔偿权时,保险人不享有代位求偿权。当被保险人不要求第三者赔偿时,保险人也无须承担相应的赔偿责任。

同时,保险法司法解释(四)第9条规定:"在保险人以第三者为被告提起的代位求偿权之诉中,第三者以被保险人在保险合同订立前已放弃对其请求赔偿的权利为由进行抗辩,人民法院认定上述放弃行为合法有效,保险人就相应部分主张行使代位求偿权的,人民法院不予支持。保险合同订立时,保险人就是否存在上述放弃情形提出询问,投保人未如实告知,导致保险人不能代位行使请求赔偿的权利,保险人请求返还相应保险金的,人民法院应予支持,但保险人知道或者应当知道上述情形仍同意承保的除外。"

除此以外,我国《保险法》第63条规定:"保险人向第三者行使代位请求赔偿的权利时,被保险人应当向保险人提供必要的文件和所知道的有关情况。"由此可知,当保险人行使代位求偿权时,被保险人应当提供必要的协助。

---

① 樊启荣:《"人身保险无保险代位规范适用"质疑——我国〈保险法〉第68条规定之妥当性评析》,《法学》2008年第1期,第19页。
② 王晓华:《关于我国〈保险法〉代位追偿权适用范围的探讨》,《财经界(学术版)》2012年第1期,第142页。
③ 邹海林:《保险法教程(修订第二版)》,首都经济贸易大学出版社2004年版,第125页。
④ 高宇:《中国保险法》,高等教育出版社2015年版,第226页。
⑤ 黎建飞:《保险法新论》,北京大学出版社2014年版,第67页。

保险人有权向有偿代驾人行使车辆损失保险的代位求偿权[①]

案情

丁某为其所有的车辆向甲保险公司投保家庭自用汽车损失保险。某日,丁某之父驾驶投保车辆外出就餐,因饮酒遂联系丙代驾公司代驾。丙代驾公司指派司机乙某代驾,途中发生交通事故。交警部门认定乙某对事故负全责。丁某为修理投保车辆花费2万余元后,向甲保险公司理赔。甲保险公司在向丁某赔付保险金2万余元后,对乙某和丙代驾公司提起了保险代位求偿权诉讼,要求其承担上述交通事故应当承担的赔偿责任。乙某和丙代驾公司辩称:代驾司机乙某属于被保险人允许的合法驾驶人,具有被保险人的法律地位,甲保险公司无权向其进行追偿,且《代驾服务协议》也明确约定代驾公司只负责保险责任之外的赔付责任,因而甲保险公司无权要求其承担责任。

裁判

丙代驾公司赔偿甲保险公司保险金损失2万余元。

评析

丙代驾公司的乙某在驾驶过程中存在重大过失,造成交通事故,应当对丁某的车辆财产损失承担赔偿责任。甲保险公司作为保险人,在承担保险责任后,依法取得保险代位求偿权,也就有权代替丁某向本应承担事故赔偿责任之人追偿。虽然车损险合同约定,车主、被保险人允许的合法驾驶人发生事故造成车辆损失属于保险赔偿范围,但该条约定并不是指被保险人允许的驾驶员可以成为车损险合同的被保险人。换言之,乙某虽然不是保险合同约定的被保险人,保险公司仍需要对其驾驶车辆导致车辆损毁承担赔偿责任,但有权取得保险赔偿金的不是实际驾驶员乙某,也不是丙代驾公司或丁父,而是因交通事故导致实际财产损失的丁某。丙代驾公司不属于车损险中所指的被保险人,所以保险人有权向其行使保险代位求偿权。

三、重复保险

(一) 重复保险的概念

我国《保险法》第56条第4款规定:"重复保险是指投保人对同一保险标的、同一保险利益、同一保险事故分别与两个以上保险人订立保险合同,且保险金额总和超过保险价值的保险。"

(二) 重复保险的构成要件

1. 同一投保人

在重复保险中,必须是同一投保人向多个保险人投保。同一投保人与单个保险人订立多个保险合同,或者同一投保人与多个保险人订立一个保险合同,都不能构成重复保险。

2. 同一保险标的、同一保险利益、同一保险事故

只有投保人对同一保险标的、同一保险利益、同一保险事故分别与两个以上的保险人订

[①] 参见上海市第一中级人民法院(2016)沪01民终5966号判决书。

立保险合同,才构成重复保险。

3. 同一保险期间

就同一保险标的、同一保险利益、同一保险事故均约定有相同的保险期间或者其所约定的期间重合,才能成立重复保险[1]。但是,同一保险期间并非仅指始期与终期必须完全重合,只需要多个保险期间有重合且能产生共同利害即可[2]。

(三) 重复保险的功能

1. 防止被保险人获得不当得利

重复保险的情况下,可能产生同一损失多重补偿的情形,即受领的保险金可能超过保险标的的实际价值,从而发生不当得利[3]。因此,我国《保险法》第56条第2款规定:"重复保险的各保险人赔偿保险金的总和不得超过保险价值。"

2. 分散保险理赔中的风险

当重复保险中的某些保险人破产或者无力给付保险金时,其他保险人依然能够提供保障。

(四) 重复保险的适用范围

我国《保险法》没有将重复保险的相关规定放在总则中,而是放在财产保险合同中,从体系定位来看,重复保险仅适用于财产保险,而不能适用于人身保险[4]。由此来看,重复保险为财产保险的专有制度是没有疑问的。进言之,只有在保险是填补损失的情况下,才有重复保险适用的余地,定额给付保险是不能适用重复保险的。但是,并非所有的人身保险都属于定额给付保险,也有部分属于损失填补保险。换言之,除了财产保险之外,部分人身保险同样适用重复保险[5]。

(五) 重复保险通知义务

我国《保险法》第56条第1款规定:"重复保险的投保人应当将重复保险的有关情况通知各保险人。"重复保险的通知义务不以保险人的主动询问为条件,而且投保人重复保险通知义务的履行时间不仅仅是在订立保险合同时,当保险合同成立后,投保人依然应当履行重复保险通知义务[6]。除此以外,投保人重复保险通知义务的对象,包括承保同一保险标的、同一保险利益、同一保险事故的前后各个保险人[7]。

(六) 重复保险的责任分担

我国《保险法》第56条第2款规定:"重复保险的各保险人赔偿保险金的总和不得超过保

---

[1] 邹海林:《保险法学的新发展》,中国社会科学出版社2015年版,第401页。
[2] 韩长印、韩永强:《保险法新论》,中国政法大学出版社2010年版,第220页。
[3] 康雷闪:《保险法损失补偿原则:法理基础与规则体系——兼论中国〈保险法〉相关条款之完善》,《中国石油大学学报(社会科学版)》2016年第2期,第48页。
[4] 石红伟:《重复保险若干争议问题研究》,《中国保险》2016年第9期,第55页。
[5] 董彪:《论我国重复保险制度的立法完善》,《上海金融》2010年第3期,第73页。
[6] 邹海林:《保险法》,社会科学文献出版社2017年版,第356—357页。
[7] 刘宗荣:《新保险法:保险契约法的理论与实务》,中国人民大学出版社2009年版,第205—206页。

险价值。除合同另有约定外,各保险人按照其保险金额与保险金额总和的比例承担赔偿保险金的责任。"比例分担对保险人较为公平合理,因为保险人按照保险金额来收取保费,采用保险金额的比例方式来分摊各个保险人的赔偿责任,能够实现各保险人之间的权利义务对等①。

第四节 近因原则

一、近因原则的概念

在保险法领域,如果无论什么原因导致的保险事故都需要保险人承担责任,那么保险人将承担无限责任。为了保证保险人仅在保险责任事故范围之内承担责任,也为了防范保险人随意推卸责任,确立了近因原则。

(一) 近因的含义

近因是指一种与某种有害结果最密切联系的因果因素,这一因果因素未必与时间或者空间有关②。因果不是一条链,而是一张网。在每一个节点上,影响、推力、事件都先后或者同时交织在一起,然后又从每一个节点向周边辐射出去,无穷无尽③。我国《最高人民法院关于审理保险纠纷案件若干问题的解释(征求意见稿)》第 19 条规定:"近因是指造成承保损失起决定性、有效性的原因。"

(二) 近因原则的含义

所谓近因原则,是指保险标的损失与保险事故之间存在最直接、最有效、起主导作用的因果关系时,保险人才承担损失补偿的责任。

二、近因原则的认定标准

(一) 单一原因致损的情形

如果保险标的的损失是由单一原因造成的,在这种情况下,并不需要探究近因,这个单一的原因就是近因。只需要确认这个单一原因所引发的保险事故是否在保险人的保险责任范围之内:如果是,保险人就应当承担给付保险金的责任;反之,保险人无须承担责任。

(二) 同时发生多种原因造成损害

如果同时发生的多种原因,每个原因都可以独立导致损失的发生,那么同时发生的每个原因都属于承保风险,保险人需要承担赔偿责任。反之,如果同时发生的多种原因,都不属

---

① 韩长印、韩永强:《保险法新论》,中国政法大学出版社 2010 年版,第 224 页。
② [美]沃克:《牛津法律大辞典》,李双元译,法律出版社 2003 年版,第 917 页。
③ [美]小罗伯特·H.杰瑞、道格拉斯·R.里士满:《美国保险法精解(第四版)》,李之彦译,北京大学出版社 2009 年版,第 234 页。

于承保风险或者属于除外风险,那么,保险人则无须承担赔偿责任。如果在同时发生的多种原因中,有的是承保风险,有的是除外风险,此时,保险人只对承保风险赔付;如果损失结果和致损原因无法对应,则保险人按照一定比例赔付①。

(三) 连续发生多种原因造成的损害

如果连续发生的多种原因均是承保风险,那么这些连续发生的原因都是近因,保险人应当承担赔偿责任;反之,如果连续发生的多种原因均是除外风险,那么这些连续发生的原因都不是近因,保险人无须承担赔偿责任。但是,如果连续发生的多种原因中,既有承保风险,又有除外风险,则要视情况而定:如果前因是承保风险,后因是除外风险,则保险人应当承担赔偿责任;如果前因是除外风险,后因是承保风险,则保险人不承担赔偿责任。当然,也有学者认为,当前因是除外风险,后因是承保风险时,此时后因与损害结果之间成立独立的因果关系,保险人应当承担赔偿责任②。

(四) 间断发生的多种原因造成的损害

多种原因间断发生的情况,实际上是因果关系链断裂,则将后因视为近因③。在这种情况下,新介入的原因即为近因,如果此近因属于承保风险,则保险人需要承担赔偿责任。反之,如果此近因属于除外风险,则保险人无须承担赔偿责任。

重要概念

最大诚信原则　告知　保证　弃权　禁止反言　保险利益原则　损失补偿原则　代位求偿权　近因原则

思考题

1. 保险利益原则的适用意义是什么?
2. 如何理解损失补偿原则的功能?
3. 近因原则的适用标准是什么?

案例习题

自小"青梅竹马"的王某与张某一起离开农村到城里打工,两人在打工生活中萌生爱意。几年后,两人于 2019 年 5 月未经登记便以夫妻名义开始同居生活。2020 年年初,为使两人今后生活获得保障,"丈夫"王某以"妻子"张某为被保险人向某寿险公司买了一份 20 年期的两全保险,保险金额为 10 万元。投保人王某在保险合同中指定受益人为他自己。投保后不

---

① 王爱军:《保险近因原则实证辨析》,《重庆社会科学》2018 年第 3 期,第 72 页。
② 李栗燕、王云霞:《保险法学理指南及疑难案件解析》,国防工业出版社 2007 年版,第 37 页。
③ 陆玉、傅廷中:《保险法近因原则相关问题研究》,《南京社会科学》2016 年第 4 期,第 93 页。

久,灾难降临到这对小"夫妻"头上,张某在外出购物时竟遭遇车祸而意外死亡。事后,悲痛万分的王某以受益人身份向保险公司提出了给付保险金的申请。但是,保险公司以他与被保险人张某的婚姻形式不合法为由拒绝给付。王某索赔不成,便向法院提起诉讼,期望通过法律手段来获得他应享受的合同权利。

问题:

(1)我国《保险法》对家庭成员关系范围内的保险利益是怎样认定的?

(2)投保人王某对被保险人张某是否具有保险利益?他与保险公司订立的人寿保险合同是否有效?

(3)在何种情况下,原告能胜诉?

第四章 保险合同概述

> **学习目标**
>
> 1. 理解保险合同的概念。
> 2. 了解保险合同的法律特征。
> 3. 掌握保险合同的分类标准。
> 4. 了解并熟悉保险合同的主要条款。
> 5. 熟悉保险合同几种常见的形式。

第一节 保险合同的概念和法律特征

一、保险合同的概念

我国《保险法》第 10 条规定："保险合同是投保人与保险人约定保险权利义务关系的协议。"结合《保险法》第 2 条[①]对于保险的界定,具体而言,保险合同的基本内容是双方当事人根据约定的协议,投保人按期向保险人支付保险费,保险人对于约定的保险事故发生造成损失或约定的期限届至时,承担赔偿或给付保险金的责任。

保险合同是投保人和保险人的双方法律行为,依法成立的保险合同,对投保人和保险人具有约束力,当保险合同当事人因保险合同的履行而产生纠纷时,人民法院或者仲裁机构可以此作为裁判的依据。

二、保险合同的法律特征

保险合同是一种特定的合同类型,因而既具有一般合同的共同性特征,又因其调整对象的特殊性而具有与其他类型合同不同的特征。

(一) 双务性

合同以双方当事人是否互负给付义务为标准,可以划分为双务合同和单务合同。一般

---

① 《保险法》第 2 条："本法所称保险,是指投保人根据合同约定,向保险人支付保险费,保险人对于合同约定的可能发生的事故因其发生所造成的财产损失承担赔偿保险金责任,或者当被保险人死亡、伤残、疾病或者达到合同约定的年龄、期限等条件时承担给付保险金责任的商业保险行为。"

而言,单务合同中仅有一方当事人负有给付义务,而另一方却不负任何给付义务或者负有不能与之构成对价的给付义务,如赠与、无偿保管合同等。即使在附条件的赠与合同中,受赠人也只需要按照赠与人的指示将赠与物按照约定用途使用或者履行其他非金钱给付的义务,此义务可认定为受赠人无偿接受赠与而需要负担的附随义务,其与赠与人所承担的义务不能构成对等给付关系。双务合同则截然相反,双务合同中的给付义务与对待给付义务具有牵连性,两者并非独立存在。保险合同即典型的双务合同。在保险合同中,投保人需要按照合同的约定向保险人缴付保险费,保险人则在发生约定的事故造成损失或约定的期限届满时,承担赔偿或给付保险金的责任。保险作为一种风险分担机制,投保人在缴纳保险费后,自承保期间开始之日起,投保人、被保险人即将其承受的风险损失全部或部分转移给保险人。

与一般的双务合同相比,保险合同的双务性较为特殊。特殊之处体现在两个方面。一方面,保险人并非在同一类保险合同中均负有相同的赔付义务。例如,在短期人身意外伤害保险中,即使不同的投保人缴纳相同的保险费,因其各自发生的保险事故不同,所得到的由保险人给付的保险金也不尽相同,而若未发生保险事故,则保险人无须承担任何责任。另一方面,一般双务合同中,守约方可以针对违约方的未履行支付义务行为提起诉讼并请求强制支付,而人寿保险中,保险人对人寿保险的保险费不得用诉讼方式要求投保人支付。

(二)射幸性

所谓合同的射幸性,是指合同的效果在订约时带有不确定性,具体而言,是指合同一方当事人是否履行合同取决于某种机会是否到来或者某种条件是否成就。保险合同具有典型的射幸性,投保人根据保险合同缴付保险费的义务是确定的,而保险人最终是否承担赔偿或给付保险金的责任在订约时是无法预见的,取决于在保险期间内保险事故是否发生以及发生何种类型的保险事故。财产保险合同的射幸性体现得尤为明显,只有当发生约定的保险事故造成财产损失时,保险人才需要承担补偿被保险人损失的责任。射幸性因其"以小博大"的特性,容易滋生道德风险。为了应对道德风险可能造成的危害,法律一般禁止或限制赌博这类目的和手段并非良善的射幸行为[1]。保险合同的射幸性同样也容易引发道德风险,所以英国保险立法最先确定了保险利益原则,防止投保人恶意为他人投保以骗取保险金情况的发生。然而即使在遵循保险利益原则的前提下,保险实务中也难免会发生投保人、被保险人在巨额保险金的诱惑下做出违法或不道德行为的情形,因而《保险法》第 27 条第 2 款规定:投保人、被保险人故意制造保险事故的,保险人有权解除合同,不承担赔偿或者给付保险金的责任。

另外,还要注意的是,保险合同的射幸性只针对单个保险合同而言,对于所有投保人的投保行为与保险人所承保的全部风险并不适用。有学者认为:就社会总体而言,保险行业的收入总量和保险业的支出总量,由于大数法则和平均利润率的作用,大体上是平衡的;从全体被保险人的角度来看,他们支出的总量与获得赔付总量之间应该大体相等,从这个角度上讲,保险是一种等价交换行为[2]。

---

[1] 许德峰:《赌博的法律规制》,《中国社会科学》2016 年第 3 期,第 154 页。
[2] 樊启荣:《保险契约告知义务制度论》,中国政法大学出版社 2004 年版,第 54 页。

（三）附和性

附和合同也称格式合同、标准合同或定式合同，是指由一方当事人拟定合同的主要内容，另一方当事人只能做出接受或拒绝的决定，而不能就合同条款的内容与拟定方进行协商或要求变更。一般常见的附和合同有商品房买卖合同、物业服务合同等。保险合同也属于典型的附和合同，由保险人预先根据承保的风险类型拟定保险合同内容，投保人只能就合同内容整体做出接受与否的意思表示，而没有同保险人进行协商变更合同条款的权利。尽管如此，也并非所有的保险合同均为附和合同，有些特殊险种的合同也采取双方当事人协商的方法来签订。因为在保险实务中，由于保险标的物、保险期间、保险条件不一，格式化条款对保险合同双方当事人来说并不一定是最优选择，所以在法律法规许可的范围内，应尊重当事人意思自治，可另外约定设置特别协商条款。

随着保险业务的蓬勃发展，保险人签发的同一险种或不同险种保单成千上万，若每次缔约均需与投保人进行充分协商，无疑将会增大经营成本和降低效率，为控制和减少交易成本，推行格式合同乃保险行业经营客观所需。格式合同为保险人所制定，毫无疑问将倾向于保护其自身利益，而且保险合同专业性强，其条款内容也容易为保险人一方滥用，从而造成投保人、被保险人一方利益的受损。例如，医疗健康保险合同条款的内容通常含有较多医学术语且较为专业化，一些患者如糖尿病患者无法投保大部分健康险或者医疗险产品，不属于保险公司承保主体范围，若保险人未能履行明确说明义务，投保人就可能会忽视该有关条款的规定而去投保该健康险或者医疗险保险产品，最后却因不符合保险合同的承保条件无法得到保障。目前，为平衡保险合同双方当事人的权益，矫正保险合同的附和性所带来的弊端，我国《保险法》作了如下规定。

(1) 明确规定了保险人须向投保人履行说明义务，保险人未履行该义务时，格式条款无效。订立保险合同，采用保险人提供的格式条款的，保险人向投保人提供的投保单应当附格式条款，保险人应当向投保人说明合同的内容。对保险合同中免除保险人责任的条款，保险人在订立合同时应当在投保单、保险单或者其他保险凭证上作出足以引起投保人注意的提示，并对该条款的内容以书面或者口头形式向投保人作出明确说明；未作提示或者明确说明的，该条款不产生效力[1]。

(2) 保险合同条款内容不得违反强制性、禁止性规定，除此之外也不得对投保人、被保险人造成不合理的不利益。采用保险人提供的格式条款订立的保险合同中的下列条款无效：免除保险人依法应承担的义务或者加重投保人、被保险人责任的；排除投保人、被保险人或者受益人依法享有的权利的[2]。

(3) 一旦保险合同当事人双方就合同条款内容的理解发生争议，应适用特殊解释规则。采用保险人提供的格式条款订立的保险合同，保险人与投保人、被保险人或者受益人对合同条款有争议的，应当按照通常理解予以解释。对合同条款有两种以上解释的，人民法院或者仲裁机构应当作出有利于被保险人和受益人的解释[3]。

---

[1]《保险法》第17条。
[2]《保险法》第19条。
[3]《保险法》第30条。

值得注意的是,我国保险监管部门会依法针对不同类型的保险合同条款分别进行审批或备案,但是这并不改变保险合同的附和性,也不能排除上述保险法律的特别规制。

(四)诚信性

保险合同非常重视诚信性,保险合同有时也被称为信义合同或最大诚信合同。保险合同的诚信性主要体现在保险法的诚实信用原则上。《保险法》第 5 条规定:"保险活动当事人行使权利、履行义务应当遵循诚实信用原则。"强调诚实信用原则在保险法的应用有其特殊性,绝不是将民法中的诚实信用原则进行简单迁移。对此,有学者一针见血地指出:"保险合同的这种特征根源于保险市场的信息不对称,正是由于这种不对称,从法律上保护当事人之间的信赖关系才更加重要。"①的确如此。一方面,投保人对所购买的保险产品的了解显著少于保险人。投保人对险种合适与否、保险费率合理与否以及承保风险的保险人的经济状况如偿付能力如何等等都是无法充分了解的,因而投保人能否正确选择保险产品很大程度上取决于保险人及其代理人是否尽到了充分的说明义务。另一方面,投保人对于自身健康状况或其财物的了解显然多于保险人,容易引发逆选择问题。在保险实务中,保险人在核保阶段只能根据投保人提供的信息来决定是否承保以及确定相应的保险费,因而投保人的如实告知义务显得尤为重要。

应当说,最大诚信原则体现在现行《保险法》中的具体规则是较为全面的,主要包括告知、保证、弃权与禁止反言。其中,告知义务的主体包括保险合同双方当事人,即投保人与保险人均负有如实告知义务,而保证义务的主体为投保人或被保险人,弃权与禁止反言则主要是对保险人的约束。这些规则在保险合同的订立和履行阶段普遍适用。

(五)补偿性

保险最主要的功能即损失补偿功能,由保险合同的补偿性衍生出了"损失补偿原则"。损失补偿原则是指保险合同生效后,当保险标的发生保险责任范围内的损失时,通过保险赔偿,使被保险人恢复到损失发生前的经济状况,但不能因此而获得额外利益。损失补偿原则主要适用于财产保险以及其他补偿性保险合同。在保险实务中,基于保险合同的补偿性特征,保险人在理赔时须遵循三个原则。第一,补偿数额以被保险人的实际损失为限。在补偿性保险合同中,保险标的遭受损失后,保险赔偿以被保险人所遭受的实际损失为限,损失多少则赔偿多少。第二,赔偿的金额以保险金额为限。在保险实务中,若投保人投保的是不足额财产保险,当被保险人遭受的实际经济损失大于保险金额时,也最多按照保险金额进行赔付。第三,保险人的赔偿以被保险人所具有的保险利益为前提条件和最高限额,财产保险中,若被保险人丧失了对保险标的的部分保险利益,那么保险人对被保险人的赔偿仅以仍然存在的那部分保险利益为限。例如,王某以价值 130 万元的房屋作为抵押物向银行贷款 100 万元,银行作为房屋的抵押权人,以该房屋向保险公司投保财产保险。若在保险期间内,王某已经向银行清偿借款 20 万元,则银行的抵押权益由 100 万元变更为 80 万元,若房屋发生保险合同约定的事故导致全损,保险公司也仅需向银行赔付 80 万元。

---

① 汪鹏南:《海上保险合同法详论》,大连海事大学出版社 1996 年版,第 41 页。

（六）有偿性

以当事人取得权益是否必须支付相应代价为标准，合同可划分为有偿合同与无偿合同。有偿合同是指一方当事人为享有合同约定的权益，须向对方当事人支付相应对价的合同，典型的有偿合同如买卖、租赁合同。无偿合同是指当事人一方只享有合同权利，而不必向对方当事人偿付任何代价或者偿付的代价并不能构成法律上的对价的合同，典型的无偿合同如赠与、借用合同。保险合同属于典型的有偿合同。保险合同的有偿性具体表现在，保险人收取保险费的对价是承担相应的保险责任，而被保险人要获得保险保障则必须以投保人交纳保险费作为对价[①]。《保险法》第14条规定："保险合同成立后，投保人按照约定交付保险费，保险人按照约定的时间开始承担保险责任。"这表明保险合同成立后，投保人缴纳保险费是其主要的合同义务。

在法律明确规定支付保险费属于合同义务的情况下，如果保险公司将保险产品赠与投保人，豁免投保人的缴纳保险费义务，也应当被允许。实务中，也存在大量赠送或附赠的短期保险产品[②]。一般而言，保险公司会赠与保险产品给投保人主要是出于广告宣传目的，作为一种营销策略，既可以为自身树立良好的企业形象，更是一种维持支付能力的方式。

（七）诺成性

以合同的成立是否需要交付标的物或完成其他给付为标准，合同分为诺成合同和实践合同。诺成合同是指当事人双方意思表示一致即告成立的合同，如买卖合同。实践合同是指除双方当事人的意思表示一致以外，仍需要交付标的物或完成其他给付才能成立的合同，如仓储合同、保管合同等。对于保险合同究竟是诺成合同还是实践合同，曾经存在争议，也在实务中引发不少纠纷。但如今学界和实务界的通说基本上认为，保险合同是诺成合同。

根据《保险法》第13条第1款和第14条的规定，投保人提出保险要求，经保险人同意承保，保险合同成立。保险合同成立后，投保人按照约定交付保险费，保险人按照约定的时间开始承担保险责任。可知，保险合同的成立只需要经过要约和承诺两个阶段，故为诺成合同，而非实践合同，缴付保险费为合同成立后投保人需要履行的义务。但是对于保险合同的生效，根据《保险法》第13条第3款的规定可知，投保人和保险人可对合同的效力约定附条件或附期限。在保险实践中，人身保险合同尤其是人寿保险合同一般约定合同生效以交付保险费为条件，在医疗健康保险中则通常会对合同的效力附期限，如经过等待期（一般为90天）后保险人才开始按照保险合同的约定承担保险责任。财产保险合同一般成立后即生效，不以交付保险费为合同生效的条件。

（八）非要式性

以合同成立是否必须依照某种特定的形式为标准，合同分为要式合同和非要式合同。要式合同是指依法律规定或依约定必须采取一定形式或者履行一定程序才能成立的合同，非要式合同则是法律不要求特定形式，当事人自由选择一种形式即能成立的合同。保险合

[①] 贾林青：《保险法》，中国人民大学出版社2007年版，第110页。
[②] 郑伟、贾若：《保险法》，中国发展出版社2009年版，第89页。

同是非要式合同,保险公司签发的保险单或者其他保险凭证在法律上并非保险合同本身,而只是保险合同的证明文件。当保险合同当事人意思表示一致时,保险合同即告成立,不以保险单或者其他保险凭证的作成与交付为成立要件。《保险法》第 13 条明确规定了保险合同的非要式性。保险合同的非要式性不仅符合商事交易便捷的要求,而且也有利于保险消费者权益的保护。一方面,这使得被保险人在双方意思表示一致以后到保险单签发之前的这段时间内能够获得保险保障,实现公平;另一方面,还可以有效地预防保险人可能的道德风险,即保险人故意拖延保险单证的签发,一旦出险,则以合同尚未成立为由,拒绝承担保险责任。[①]

(九) 继续性

以时间因素在合同履行中所处的地位和所起的作用为标准,合同分为一时性合同和继续性合同。一时性合同也可称为即时结清合同,是指一次履行即可完成合同内容达到合同双方交易目的的合同,典型的如买卖合同、赠与合同。继续性合同是指债的内容非一次给付可完结,而是继续地实现的合同,其基本特色为时间的因素在债的履行上居于重要地位,总给付内容与给付时间之长度有关。例如,雇佣合同、租赁合同即为继续性合同,在该类合同中,时间因素在合同的履行中居于重要的地位,总给付的内容取决于应为给付时间的长短。保险合同也属于典型的继续性合同,但不同的险种其继续期间存有差异。举例来说,人寿保险合同的期间较长,有的长达 10 年、20 年甚至终身,而短期意外伤害险或者财产保险合同的期间一般比较短。

鉴于保险合同的继续性,情势变更原则得以在保险合同中适用。《保险法》第 52 条规定:"在合同有效期内,保险标的的危险程度显著增加的,被保险人应当按照合同约定及时通知保险人,保险人可以按照合同约定增加保险费或者解除合同。保险人解除合同的,应当将已收取的保险费,按照合同约定扣除自保险责任开始之日起至合同解除之日止应收的部分后,退还投保人。被保险人未履行前款规定的通知义务的,因保险标的的危险程度显著增加而发生的保险事故,保险人不承担赔偿保险金的责任。"第 53 条规定:"有下列情形之一的,除合同另有约定外,保险人应当降低保险费,并按日计算退还相应的保险费:(一)据以确定保险费率的有关情况发生变化,保险标的的危险程度明显减少的;(二)保险标的的保险价值明显减少的。"这就体现了情势变更原则,当保险合同成立的基础即保险标的的危险程度发生变化时,保险人得重新核对保费,并相应增减保费,在一定情形下,保险人甚至有权解除合同。

《保险法》第 36、37 条对人身保险合同的效力中止与复效作出了明确规定,凸显了保险合同继续性的特点。对于分期缴纳保险费的人身保险合同,投保人的缴费义务不是一次完成,而是连续地按期缴纳,如果经过保险人催告后在法定期限内仍然未缴纳,则保险合同的效力中止或者由保险人按照合同约定减轻保险责任。保险合同效力中止的,经保险人与投保人协商并达成协议,在投保人补交保险费后,合同效力恢复。但是,自合同效力中止之日起经过两年宽限期双方未达成协议的,保险人有权解除合同。保险合同的继续性意味着在保险合同存续期间,双方的权利义务随时可能发生变化,直至合同终止。

[①] 温世扬:《保险法》,法律出版社 2016 年版,第 36 页。

第二节 保险合同的分类

依不同的分类标准,可以对保险合同做不同的分类。这里保险合同的分类标准,是指将保险合同进行区分的原因或者依据。保险合同的分类标准很多,保险合同的种类亦无法完全列举,本节主要介绍常见的保险合同分类。

一、财产保险合同与人身保险合同

以保险标的的不同性质为标准,可将保险合同区分为财产保险合同与人身保险合同。这是我国的保险法理论上最常见的一种分类方式。

财产保险合同又称损失保险合同,是指投保人和保险人约定,以财产及其有关利益为保险标的的保险合同。它又可以进一步细分为财产损失保险合同、责任保险合同、信用保险合同和保证保险合同等类别。财产保险合同除了适用保险利益原则外,还须严格遵循损失补偿原则以及损失补偿原则的派生原则(代位原则与分摊原则),对于保险人所承担的保险责任,借助保险金额、保险利益和保险标的的实际价值予以限定,禁止被保险人通过保险制度获取不当利益或者超额利益。

人身保险合同是指投保人和保险人约定,以人的寿命和身体为保险标的的保险合同。传统的人身保险合同仅以人寿保险合同为限,而现代意义上的人身保险合同则几乎涵盖了人的生、老、病、伤、残、死等各种风险。人身保险又可以细分为人寿保险合同、健康保险合同和意外伤害保险合同等。由于人身保险保险标的的人格化,基于生命无价的民法理念,在人身保险合同领域,一般不适用损失补偿原则及其派生原则,一般也不存在超额保险或者重复保险这类问题。

我国保险立法将保险合同区分为财产保险合同与人身保险合同,主要具有以下五个方面的意义。

(1) 保险标的相异。财产保险合同是投保人与保险人针对各种类型的财产及其有关经济利益而缔结的转移风险的合同。财产保险合同的保险标的是财产及其有关利益,而且均可以用金钱价值予以评价。人身保险合同则以人的寿命或身体为保险标的,保险标的具有明显的人格化特性,保险利益为投保人对被保险人的人格利益,无法用金钱价值予以评价。

(2) 保险金给付规则不同。财产保险合同适用损失补偿原则,当保险标的因保险事故而遭受损失时,保险人仅按照被保险人实际所发生的损失承担赔付保险金的责任,损失多少则赔付多少,合同目的旨在补偿被保险人发生的财产损失或经济损失,不容许投保人通过保险获取超额利益或不正当利益。人身保险合同则一般不适用损失补偿原则,保险金的给付属于定额给付类型,这是因为人身利益无法用金钱来准确衡量,不存在保险价值的问题,也就不会发生超额保险的问题。

(3) 保险利益原则的适用不同。尽管财产保险合同和人身保险合同均须遵循保险利益原则,但保险利益原则在这两者中的适用存在显著区别。一方面,在保险利益的构成上,财产保险合同的保险利益具有经济性,体现为被保险人对保险标的所具有的可以用金钱价值衡量的现有利益、期待利益和责任利益。如果被保险人所遭受的不是经济上的损失,而是政治利益上的损失等,则不能构成保险利益。人身保险合同的保险利益的构成,必须要求投保人与被保险人之间具有法定身份关系或者信赖关系。另一方面,在保险利益的存续上,依照我国《保险法》的规定,财产保险合同须于保险事故发生时具有保险利益,否则被保险人不得向保险人请求赔偿保险金。但人身保险合同的保险利益,仅于合同订立之时有其存在必要,保险事故发生或保险期限届满之时,保险利益丧失与否不影响保险合同的效力。

（4）损失补偿原则的适用与否不同。损失补偿原则是指被保险人因保险所得的利益不得超过因保险事故的发生而导致的损失。一般认为,损失补偿原则主要适用于财产保险以及其他补偿性保险合同。财产保险合同以填补被保险人的财产损失为缔约目的,而不在于使被保险人因保险而获取超额利益或者不当利益,故严格适用损失补偿原则。大部分人身保险合同不是损失填补性保险合同,除了少数费用报销型的医疗保险或健康险属于补偿性合同外,人身保险合同大都属于定额给付保险合同,故不适用损失补偿原则。

（5）保险费的交付及返还不同。保险费是投保人获得保险合同保障所应支付的相应对价,也是保险人积累保险基金的来源。投保人应依约履行交付保险费的义务,保险费可以趸交也可以分期缴付,对于财产保险合同,保险费一般须一次性付清,而且若投保人未履行支付保险费的义务,保险人可通过诉讼方式请求支付。人身保险合同的保险费既可以趸交,也可以分期缴纳,且以分期缴纳者居多。根据我国《保险法》第38条的规定,对于人寿保险的保险费,保险人不得通过诉讼方式要求投保人支付。

对于提前终止效力的财产保险合同和人身保险合同,保险人均负有返还保险费的义务,保险合同依法或者依照约定解除或者终止的,保险人应向投保人返还保险费。但是,如果投保人解除已交足2年以上保险费的人身保险合同,保险人则应当退还保险单的现金价值,而非返还保险费。

二、定值保险合同与不定值保险合同

保险价值是指保险标的在某一特定时期内以货币估计的价值总额。以保险价值在订立合同时是否确定为分类标准,可将保险合同分为定值保险合同与不定值保险合同。但需要注意的是,这一分类标准仅适用于财产保险合同,人身保险合同则无法适用,因为人的生命与健康无法估价,自然也就不存在保险价值的问题。

（一）定值保险合同

所谓定值保险合同,亦可称定价保险合同,是指当事人在订立保险合同时即已协商确定保险标的的保险价值,并以条款形式予以明确记载的保险合同。定值保险合同的意义在于简便直接地确定保险标的的价值,以减少当事人之间的纠纷,简化理赔环节和手续。然而,定值保险合同除了具备便捷的优点外,也有明显的缺点。因为被保险人无法完全客观准确地对保险标的价值作出评估,投保人可能利用其自身的信息或专业优势进行保险欺诈,引发道德风险。我国《保险法》第55条第1款规定:"投保人和保险人约定保险标的的保险价值并在合同中载明的,保险标的发生损失时,以约定的保险价值为赔偿计算标准。"这表明在定值保险合同中,一旦发生保险事故,保险人均以保险合同中所记载的保险价值作为计算保险金的基准。换言之,在投保人全额投保的情况下,如果保险事故导致保险标的全部损失,保险人则应按合同所约定的保险金额全额给付保险金,不必对保险标的的价值重新评估,保险标的的实际价值高低如何在所不问。如果保险事故仅造成保险标的部分损失,同样无须对保险标的的价值予以重新估算,而仅须确定损失的比例,该比例与合同预先确定的保险价值相乘,即为保险人应给付的保险金。

定值保险是否违反财产保险损失补偿原则的问题,也引起了我国学界的关注,有学者认为,定值保险是损失补偿原则的例外[①]。保险法对于定值保险的适用规定了诸多限制。一方面,并非所有财产标的都可适用定值保险合同,在保险实务中,定值保险合同主要适用于艺术品、矿石标本、古董、字画等不易确定价值的财产;另一方面,定值保险约定的保险价值也必须受到保险法的限制,即约定的保险价值应客观反映合同订立时保险标的的实际价值,当事人不得以远超出保险标的的实际价值的金额随意约定保险价值。

(二) 不定值保险合同

不定值保险是指投保人和保险人在订立保险合同时对保险标的的价值不予确定,仅约定在保险事故发生后再按照一定的方式估算保险价值以确定具体损失额的保险合同。对于不定值保险,发生保险事故时,保险人以约定的保险金额为限,对被保险人所发生的实际损失承担保险责任[②]。一般财产保险,尤其是火灾保险,多以不定值保险的方式签订保险合同。我国《保险法》第 55 条第 2 款对不定值保险合同作了明文规定:"投保人和保险人未约定保险标的的保险价值的,保险标的发生损失时,以保险事故发生时保险标的的实际价值为赔偿计算标准。"在不定值保险中,当发生保险事故时,由保险人核定保险标的的实际损失价值,将保险标的出险时的实际价值与约定的保险金额进行比较:如果保险标的的实际损失高于保险金额,保险人的保险责任以保险金额为限;如果实际损失低于保险金额,则保险人的保险责任以实际损失为限。

就不定值保险合同而言,出险后保险金数额的核定与定值保险合同迥然不同。在不定值保险合同中,保险标的的损失额以保险事故发生后保险标的的实际价值为计算基准。确定保险标的的实际价值的通常方法是依据保险标的的市场价格,即以保险事故发生时、当地同类财产的价格来计算保险标的的价值。由于市场价格随供求关系等因素而波动,保险标的的实际价值可能高于或者低于订约时保险标的的价值。但是,无论保险标的的市价如何波动,保险人所给付的保险金均不得超过保险合同所约定的保险金额。

三、定额给付保险合同和损失补偿保险合同

以保险金的给付方式或者给付目的为标准,保险可以分为定额给付保险合同和损失补偿保险合同。有学者认为,定额保险是指在发生保险事故时,保险人依照保险合同约定的保险金额全额或者比例额承担给付责任的保险。定额保险又被称为定额给付保险或者非补偿

---

① 任自力:《保险法学》,清华大学出版社 2010 年版,第 60 页。
② 参见邹海林:《保险法教程》,首都经济贸易大学出版社 2002 年版,第 10 页;李玉泉:《保险法(第二版)》,法律出版社 2003 年版,第 100—101 页;王伟:《保险法》,格致出版社 2010 年版,第 43 页。

性保险。补偿保险是指在保险事故发生时,保险人以保险合同约定的保险金额为限,仅承担补偿被保险人所发生的实际损害的给付责任的保险。补偿保险又被称为补偿给付保险或者损害保险,以填补被保险人的实际损害为保险给付的目的[①]。还有学者认为:"通过对保险目的的变迁的认识,以及对财产保险和人身保险的区别性特征的分析,学理上将保险分为定额保险和补偿保险,不仅可以说明保险的给付目的或者性质,而且相当程度上可以合理地解释财产保险和人身保险的分类难以解释的许多问题。定额保险对应于人寿保险或者生命保险;补偿保险对应于财产保险和健康保险与意外伤害保险中的医疗费用给付保险。"[②]

定额给付保险合同又被称为定额保险合同。此类保险合同不以填补被保险人的损害为保险给付的目的,发生当事人约定的保险事故或者被保险人生存到保险合同约定的年龄时,保险人均应当给付保险合同约定的保险金额。定额保险常见于人身保险中的人寿保险;人身意外伤害保险约定的死亡保险金、健康保险约定的疾病保险金也属于定额保险;至于意外伤害保险和健康保险所约定的医疗费用给付保险是否为定额保险,视具体情况而定。若保险合同确定保险金是以每日某一特定额度为赔付标准,再乘以住院的具体天数得出总的保险金赔付数额,而与被保险人实际支出的医疗费用没有关联,应属于定额保险;反之,在费用报销型健康保险中,根据被保险人实际花费的住院医疗费用的具体金额来确定给付被保险人的保险金,则不属于定额保险而属于补偿型保险。

损失补偿保险合同又被称为评价保险合同。补偿保险的特征在于保险人在保险金额限度范围内,依据被保险人的实际损失来确定赔付金额。损失补偿保险合同严格适用损失补偿原则,禁止被保险人通过保险合同获取不当利益或者获取超额利益。换言之,保险人所给付的保险金必须以被保险人的实际损失为限,而且不得超过保险合同所约定的保险金额,同时被保险人所得的赔偿以其对保险标的所享有的保险利益为最高限额。财产保险合同属于典型的损失补偿保险合同,医疗费用"实报实销"型的健康保险合同在性质上亦属于损失补偿保险合同。

四、足额保险合同、不足额保险合同与超额保险合同

以保险金额与保险价值的关系为标准,可将保险合同分为足额保险合同、不足额保险合同与超额保险合同。但要注意的是,此种分类标准也仅适用于财产保险合同领域,而不能适用于人身保险合同中,因为人身保险合同不存在保险价值问题。

足额保险合同又称全额保险合同,是指合同约定的保险金额与保险价值相等的保险合同。当发生保险事故时,若保险标的遭遇全损,则保险人须赔付全部的保险金。若保险事故的发生仅造成保险标的部分损失,则通常情况下保险人按实际损失给付相应的保险金,而不能赔付全部的保险金。我国《海商法》规定的委付制度可视为一种例外,在海上保险中,当保险标的发生推定全损时,被保险人可通过向保险人委付标的物,将保险标的的所有权转移给保险人,而享有请求保险人给付全部保险金的权利。

[①] 邹海林:《保险法教程》,首都经济贸易大学出版社2002年版,第10页;李玉泉:《保险法(第二版)》,法律出版社2003年版,第105—106页。

[②] 常敏:《保险法学》,法律出版社2012年版,第15—16页。

不足额保险合同是指保险金额小于保险价值的保险合同。由于不足额保险合同中约定的保险金额低于保险价值,投保人并未将其差额部分的风险转移给保险人,故而被保险人如遭受保险责任范围内的损失,将很难得到充分的经济补偿。不足额保险合同产生的原因主要如下:① 出于投保人自愿。即在保险合同订立之际,投保人为节约保险费或者由于保险标的的状况良好,发生全部损失的可能性较小,因而购买不足额保险,抑或是投保人以其对保险标的所享有的保险利益为限,仅以保险标的价值的一部分进行投保。例如,银行作为房屋的抵押权人,其对房屋所享有的抵押权范围就是投保的保险利益,该抵押权范围一般来说会低于保险标的即房屋的实际价值。② 基于保险人的规定。由于保险标的出险率高、损失率大、本身状况不良或其他因素,保险人仅接受一部分投保,其余部分风险由被保险人自留,通过风险共担机制来增强被保险人的防范意识,以促使其采取有效措施防范保险事故的发生,或者减少道德风险发生的概率。比如,在我国农业保险中,保险人一般只承保保险标的产量或价值的 60%～80%,而剩余部分须由被保险人自担风险。③ 由于客观因素的影响。即在保险合同订立之后,因保险标的价值上涨,从而使保险标的的实际价值高于保险金额。

一般来说,在不足额保险合同中,保险人的赔偿方式有两种。一种是比例赔偿方式,即按照保险金额与财产实际价值的比例计算赔偿额,其计算公式如下:赔偿金额=损失金额×(保险金额/保险价值)。另一种是第一危险赔偿方式,即不考虑保险金额与保险价值的比例,在保险金额限度内,按照损失多少赔偿多少的原则来进行,而对于超过保险金额的部分,则保险人不负赔偿责任。我国《保险法》第 55 条第 4 款规定:"保险金额低于保险价值的,除合同另有约定外,保险人按照保险金额与保险价值的比例承担赔偿保险金的责任。"即在我国,对于不足额保险合同的赔付,应以比例赔偿方式为原则,当事人特别约定为例外。

超额保险合同是指保险金额超过保险标的价值的保险合同。我国《保险法》第 55 条第 3 款规定:"保险金额不得超过保险价值。超过保险价值的,超过部分无效,保险人应当退还相应的保险费。"我国对于超额保险合同,不区分投保人主观的善意与恶意,一律统一对待,保险金额超过保险价值部分的无效,保险金额在保险价值内的部分仍然有效。由于超额保险合同容易引发道德风险、加大保险公司的经营负担、影响保险行业的健康发展,各国保险立法对超额保险合同均加以严格限制。针对恶意超额投保企图进行保险欺诈的行为,许多国家的保险立法明确规定此类保险合同无效,若由此造成了保险人的损失,投保人还需要承担损害赔偿责任;若投保人基于善意而超额投保,保险金额超过保险价值的部分无效,但多交的保险费可以请求保险人返还。

五、自愿保险合同与强制保险合同

以投保人参加保险的动因为标准,可以将保险划分为自愿保险合同和强制保险合同。

自愿保险合同又称任意保险合同,是指投保人和保险人在自愿、平等、互利的基础上,经协商一致而订立的保险合同。强制保险合同又称法定保险合同,是指依据法律或行政法规的规定而强制实施的保险合同,如机动车交通事故责任强制保险。

自愿保险合同中,对于投保人而言,可以就自己的危险向保险企业投保,也可以不投保,将危险自留;可以向这家保险企业投保,也可以向那家保险企业投保;投保时可以选择投保综合类型的保险产品,也可以就某单一危险进行投保。总之,自愿保险中投保人有充分的选择权,可以决定买不买保险、买多少保险、买什么样的保险。当然,作为保险人一方,也可以充分选择,决定承保与否、承保多少和如何承保,自愿保险合同的订立可谓双向选择的过程。

在强制保险合同中,国家通过法律或法令统一规定保险险种、保险责任范围、除外责任、保险期限、保险金额、保险费率、保险赔偿方式等,不容当事人协商和选择。至于承保机构,则可以做出强制性规定,即要求到指定的保险公司投保,也可以不作统一规定,即允许选择保险公司投保。

六、原保险合同与再保险合同

以保险责任发生的先后次序为标准,保险合同可以划分为原保险合同与再保险合同。原保险合同与再保险合同均为独立的合同,前者保险标的为原保险合同项下的被保险人的财产或者人身,后者保险标的则为原保险合同约定的保险责任,二者性质不同。原保险合同基于保险标的的不同可分为财产保险合同或人身保险合同,而再保险合同因其承保标的为原保险人承担的保险责任,故其本质上应属于财产保险合同。

原保险合同又称第一次保险合同,是指投保人与保险人原始订立的保险合同。原保险合同是最普遍的保险合同类型,在某种意义上,原保险合同是再保险合同存在的前提和基础,再保险的成立依赖于原保险,没有原保险合同,不会存在再保险合同[①]。

再保险合同又称分保合同、第二次保险合同,是指原保险人将其所承保危险的一部分或全部转向其他保险人投保而订立的保险合同。狭义的再保险合同是指仅以原保险的部分保险责任为保险标的而成立的保险合同。我国《保险法》第28条第1款规定:"保险人将其承担的保险业务,以分保形式部分转移给其他保险人的,为再保险。"可见,我国《保险法》认定的再保险为狭义再保险,则我国认可的再保险合同应为狭义的再保险合同。广义的再保险合同是指以原保险的部分或所有保险责任为保险标的而成立的保险合同,包括全部再保险合同和部分再保险合同。广义再保险合同与狭义再保险合同的主要区别在于法律是否允许原保险合同的保险责任的全部分保。

再保险合同的订立以原保险合同的存在为基础,在一定程度上,再保险合同从属和依赖于原保险合同,有学者认为:"原保险合同之无效、解除或终止,再保险合同将因无保险利益而随之失效。"[②]但同时,再保险合同也有其独立性,有学者认为:"再保险合同虽以原保险合同为基础,但再保险合同为独立的保险合同,仅原保险人和再保险人之间产生保险权利义务关系,再保险合同的约定不及于原保险合同的约定,原保险人和被保险人或受益人之间的权利义务关系不因再保险合同的成立而受影响。"[③]即再保险合同自身为独立的合同,原保险合同与再保险合同各当事人的权利义务互相独立。对此,我国《保险法》第29条明确规定:"再保险接受人不得向原保险的投保人要求支付保险费。原保险的被保险人或者受益人不得向再保险接受人提出赔偿或者给付保险金的请求。再保险分出人不得以再保险接受人未履行再保险责任为由,拒绝履行或者迟延履行其原保险责任。"

[①] 任自力:《保险法学》,清华大学出版社2010年版,第282页。
[②] 覃怡、樊启荣:《再保险合同定位的若干问题探讨》,《法商研究》2000年第1期,第94页。
[③] 邹海林:《保险法教程》,首都经济贸易大学出版社2002年版,第204页。

第三节　保险合同的条款

根据保险条款在保险合同中的地位,可将保险条款分为主要条款与特约条款。

一、保险合同的主要条款

保险合同的主要条款是指保险法律明确规定保险合同应记载的事项。保险合同属于格式合同,根据我国《保险法》第18条规定,保险合同主要包括以下九个方面的条款。

(一) 保险合同当事人、关系人的姓名(名称)及住所

保险合同当事人指的是订约双方,即投保人、保险人。保险合同关系人指的是被保险人、受益人。以上主体为保险合同权利义务的享有者或承担者,因而必须明确他们的姓名(名称)及住所:一是为了明确保险合同各方主体的法律地位,以免产生不必要的争议;二是在保险事故发生后,有利于明确各方主体行使权利与履行义务的对象,如保险费的交付、保险标的危险增加或事故发生时的通知、事故查勘理赔、保险金的实际赔付等,都需要明确知晓履行对象的关键信息。

(二) 保险标的

保险标的是保险合同权利义务所指向的对象,是保险合同的客体即保险利益的载体,是确定保险责任的重要依据。财产保险的保险标的是财产及其有关利益,人身保险的保险标的是人的寿命和身体。明确保险标的意义重大:首先,保险标的决定了保险费缴纳的数额并影响保险事故发生后的赔偿问题;其次,为正确适用保险利益原则也需要在保险合同中明确保险标的;最后,保险标的的确定有助于界定保险人的客观承保范围。由此可见,必须在保险合同中明确保险标的。需要注意的是,对于法律禁止作为保险标的的财产,当事人不得将其纳入承保范围。

(三) 保险责任和免责条款

保险责任是指保险人按照保险合同的约定,在保险事故发生时或保险金支付的条件成就时应该承担的保险给付义务。保险责任的确定对于保险合同各方主体均至关重要,它既代表投保人、被保险人所欲转移的危险种类和范围,更是确定保险人对某一事故是否承担给付保险金义务的依据。

免责条款是与保险责任条款相对应的概念,又称除外责任,是指保险合同约定的保险人不承担保险责任的事由。依据《保险法》第17条的规定,对保险合同中免除保险人责任的条款,保险人在订立合同时应当在投保单、保险单或者其他保险凭证上作出足以引起投保人注意的提示,并对该条款的内容以书面或者口头形式向投保人作出明确说明;未作提示或者明确说明的,该条款不产生效力。常见免责条款主要包括以下内容:① 战争、军事行动或暴力行为、敌对行为、政治恐怖活动;② 被保险人及其代表的故意行为或纵容行为;③ 保险标的

本身缺陷、保险标的的自然损耗；④ 在人身保险中，投保人故意造成被保险人死亡、伤残或者疾病的。

（四）保险期间和保险责任开始时间

保险期间又称保险期限或保险起止时间。保险期间的确定对于整个保险合同而言至关重要，关乎保险主体权利的行使和义务的履行，在保险实务中，当事人往往容易因此而产生纠纷。保险事故只要发生在保险期间内，保险人就应承担保险责任。从理论上讲，保险期间应该始于保险合同成立之时。但是根据《保险法》第14条的规定，保险合同成立后，投保人按照约定交付保险费，保险人按照约定的时间开始承担保险责任。也即保险期间可以由合同当事人进行约定，财产保险一般为短期保险，实践中以一年责任期间的情况居多。我国目前的财产保险格式条款中大多订明保险责任自约定起保日的0时起至约定期满日的24时为止；人身保险中的人寿保险责任期间则较长，一般几年、几十年甚至终身，而健康保险或者短期人身意外伤害险保险期间较短，一般以一年居多。

一般而言，保险期间的始期即保险责任开始时间，保险责任开始时间的确立对于保险人、被保险人而言都至关重要。自保险责任开始时间经过之时，保险人就需要依照保险合同的约定承担保险责任，被保险人根据保险合同承保责任范围也可随之获得相应的保障。

（五）保险金额

保险金额是指投保人和保险人在保险合同中约定的，当保险事故发生时保险人予以赔偿或支付保险金的最高数额，也是计算保险费金额的依据。在人身保险中，保险金额的约定主要考虑投保人的主观意愿和经济实力、被保险人或者受益人的实际保障需求、保险人的风险承受能力，有时还需要考虑道德风险问题。例如，《保险法》第33条针对父母为其未成年子女投保以死亡为给付条件的人身保险的情形，对于死亡给付保险金数额做出了限制性规定，保险金总和不得超过国务院保险监督管理机构规定的限额。此外，由于人身保险标的较为特殊，无法用金钱予以衡量，因而不存在超额保险的问题；而在财产保险合同中，由于须遵循损失补偿原则，不允许投保人通过保险获取超额利益或不当利益，保险金额不得超过保险价值，也禁止超额保险。

（六）保险费及支付办法

保险费是指投保人为使保险人承担保险责任而向保险人支付的对价，是投保人的主要合同义务。根据《保险法》第14条的规定，保险合同成立后，投保人按照约定交付保险费。这也意味着保险费无须在保险合同成立时立即缴纳，只需要根据保险合同的规定，在约定时间支付即可。但在海上保险中情况则较为特殊，除合同另有约定外，投保人应在保险合同订立后立即支付保险费，这是由国际海上运输的特点所决定的。

保险费的支付方式可分为趸交与分期缴纳，即保险费可以一次性付清，也可在约定时间内分期支付，采取分期付款方式的，投保人应在合同成立后付清第一期保险费，并依照保险合同的约定按期交纳后续的保险费。保险合同双方当事人还应当约定保险费的支付形式，在一般情况下，保险费必须以现金形式支付而非其他形式支付，若未经保险人同意，投保人采取其他支付手段的，保险人有权拒绝。

(七) 保险金赔偿或给付办法

保险金赔偿或给付办法是指保险人在保险事故发生时，按合同约定给付被保险人或受益人的保险金的程序和方法。保险金的赔偿或给付是保险人最重要的保险义务，保险人应当依照保险合同约定的承担保险责任的条件、金额、时间、地点和方式支付保险金；不依照合同约定赔偿或给付保险金的，保险人应承担违约责任。

(八) 违约责任和争议处理

保险合同除了受《保险法》调整之外，也应同时受《民法典》的调整，因而《民法典》中有关违约责任的规定也适用于保险合同。违约责任是指合同当事人一方不履行合同义务，或者其履行不符合法律规定或合同约定时，应向另一方当事人承担损害赔偿、支付违约金、继续履行等责任。保险合同中常见的违约行为有投保人不按期缴纳保险费、保险人拒绝按照合同约定承担保险责任等。在保险合同中明确合同双方当事人的违约责任，既有利于督促当事人主动履行合同义务进而起到事前防范的作用，同时也有利于在出现纠纷后的争议解决。由于保险合同有其特殊性，《保险法》对于保险合同违约责任的承担有特别规定的，应依照该特别规定，而不适用《民法典》的一般规定。例如，《保险法》第38条规定："保险人对人寿保险的保险费，不得用诉讼方式要求投保人支付。"

保险合同当事人之间因合同的履行而发生争议的，可以采取协商、仲裁或诉讼的方式予以解决。在保险合同中直接约定解决争议的方式，有利于及时处理并解决纷争。

(九) 订约的时间

明确的订约时间对于判断保险合同的成立、保险人承担保险责任的开始时间都有着十分重要的意义。例如，在人身保险合同中，保险法要求投保人在订约时对被保险人具有保险利益，否则保险合同无效。再如，若保险合同没有对合同效力及保险人承担保险责任附条件或附期限，那么，自合同缔结之时保险合同成立，依法成立的保险合同自成立时生效，保险合同生效后，保险人应承担保险责任。

二、保险合同的特约条款

所谓保险合同的特约条款，是指当事人双方根据特殊需要而自愿约定的条款。特约条款主要包括协会条款、保证条款和附加条款三种。

(一) 协会条款

协会条款仅见于海上保险合同中，一般指由伦敦保险人协会根据实际需要，经协商一致而拟定的保险合同条款。协会条款的种类繁多，主要是关于海上货物运输和船舶保险的内容。一旦协会条款被纳入保险合同，将对合同原有内容产生补充、限制或变更等效力。

(二) 保证条款

保证条款是当事人对特定事项予以担保的条款，包括承诺保证与确认保证。承诺保证针对未来发生的事项,即保证为一定行为或不为一定行为;确认保证则针对已发生的事项,保证某事项存在或不存在。例如,在健康保险合同中,投保人向保险人保证,其在合同订立时一年或者两年内未被诊断出患有任何不予承保的疾病类型,如果投保人违反了该确认保证条款的约定,做出虚假的确认保证,保险人可以解除保险合同或拒绝承担保险责任。

(三) 附加条款

所谓附加条款,是指当事人基于特殊需要,为修正保险合同的基本条款而作出的补充约定。当事人约定附加条款的目的可能是变更基本条款的某些约定,也可能是限制或扩展基本条款的内容。因此,当附加条款与基本条款发生冲突时,附加条款的效力优先于基本条款。在保险实务中,当事人一般采取在保险单空白处批注或者在保险单上粘贴批单的方式,使附加条款成为保险合同的内容之一。

特约条款是否有效,本质上取决于保险合同双方当事人是否就该特约条款达成意思表示的一致,形式上看其是否订入保险合同而成为其一部分。特约条款一旦成为保险合同的组成部分,即须严格遵守,具有绝对效力,不得随意违反或废止。

保险实务中常见的保险特约条款主要包括防灾防损条款、危险增加条款、保证条款、退赔条款、无赔偿优惠条款、保险事故通知条款、索赔期限条款、代位求偿条款、保险标的条款、自杀条款、误报年龄条款、年龄限制条款、弱体保险条款等。

第四节 保险合同的形式

我国保险合同为不要式合同,法律对于其采用何种形式不作特别要求,当事人可以采取口头方式,也可以采取书面方式。《保险法》第 13 条规定,保险人应当及时向投保人签发保险单或者其他保险凭证。在我国保险实务中,保险合同依照其订立的程序,大致可以分为以下六种书面形式:

一、投保单

投保单是投保人向保险人申请订立保险合同的书面要约。投保单由保险人准备,通常有统一的格式。投保人依照保险人所列项目逐一填写。不论是出于投保人的主动,还是基于保险人(代理人)的邀请,投保单的填写均不改变其要约性质。

投保单虽然并非正式保险合同的文本,但投保人在投保单中所填写的内容也会影响合同的效力,当投保单上记载了某一事项而保险单中未予记载,其效力与记载在保险单上无异。当投保人在投保单上告知的事项属于虚假内容,而且未在保险单上进行修正时,保险人可以投保人未遵循最大诚信原则为由而在规定的期限内解除该保险合同。

二、保险单

保险单简称保单,是用以确认投保人与保险人之间保险合同关系成立的一种正式书面形式。保险单需要完整地载明保险合同的基本内容,如保险合同各方主体的名称和住所、保险标的、保险责任和免责条款、保险期间和保险责任开始时间、保险金额、保险费以及支付办法、保险金赔偿或者给付办法、违约责任和争议处理、订约时间等,以便明确合同双方当事人的权利与义务。保险单只是保险合同成立的凭证之一,不构成保险合同成立的条件,保险合同成立与否并不取决于保险单的签发,只要投保人与保险人达成合意,保险合同即成立。因此,当保险合同已经成立,而且投保人履行完毕交费义务时,即使保险人未签发保险单,保险人也需要按照约定开始履行保险义务,一旦在保险期间内发生保险事故,保险人应当承担赔偿或给付保险金的责任。保险单一经签发,即产生效力,一般情况下,保险条款的适用或解释均以保险单载明的条款为依据。

三、暂保单

暂保单又称临时保险单,是保险人在正式签发保险单或保险凭证之前为投保人出具的临时保险凭证。暂保单的作用是临时证明,故内容比较简单,只需要载明被保险人的名称、住址、保险标的以及承保的险别等事项,至于保险合同当事人的权利、义务等事项,均以保险单的条款为准。暂保单的法律效力与正式保单完全相同,但期限较短,当正式保单交付后,暂保单即自动失效。暂保单通常适用于以下两种情况:一是保险代理人在争取到保险业务但来不及签发正式保险单时,由保险人先行开出证明;二是在保险人同意承保,并且双方已就保险的主要条件达成了一致意见,但还有一些细节问题需要商讨之时,由保险人出具此种证明(但在双方就保险问题尚未达成基本协议的情况下,不能出具暂保单)。

四、保险凭证

保险凭证俗称小保单,是指保险人向投保人签发的简易保险单,保险凭证的法律效力与保险单相同。保险凭证无论在格式和内容上都被简化处理,上面并不印有保险条款,具体内容以同一险种的保险单条款为准。保险凭证通常适用于以下三种情况:第一种是团体保险,在此种情况下,保险人与投保人统一订立保险合同并签发一张保险单,但为了证明团体中的成员已经参加此种保险,可为每一个成员签发一份保险凭证;第二种是货物运输保险,由于货物运输通常在一段时间内具有连续性,因而可由投保人与保险人订立预约保险合同,预约合同只对承保责任范围和责任期间作出概括性规定,但会对每一宗具体的货物运输保险单独出具保险凭证;第三种也是最常见的一种情况则是在机动车辆第三者责任险中使用保险凭证。

五、批单

在保险合同有效期内,投保人和保险人经协商同意,可以变更保险合同的有关内容。变更保险合同的,应当由保险人在原保险单或者其他保险凭证上批注,或者附贴批单,或者由投保人和保险人订立变更内容的书面协议。批单是保险人应投保人或被保险人的要求出具的变更保险合同有关内容的证明文件。批单通常在以下四种情况下使用：一是扩大或缩小保险责任范围；二是标的的价值发生变化；三是保险标的的种类发生变化；四是保险标的的所有权发生变化。批单一经签发，就自动成为保险单的一个重要组成部分。凡是经过批改的合同内容，均以批单为准；多次批改的，应以最后的批改为准。

六、保险协议书

保险协议书是针对某些特定的保险事项而专门订立的书面保险合同。当保险人承保某种特殊的风险，并且不能用标准保险单的规定加以调整时，即可由双方当事人根据个案情况专门订立保险协议。保险协议书应具备保险合同的全部要素，包括《保险法》第18条所规定的全部内容。

当保险合同的内容超出标准保险单的规定，就需要签发保险协议书，即意味着实际上是增加了新的保险产品。按照《保险法》第135条第1款的规定："关系社会公众利益的保险险种、依法实行强制保险的险种和新开发的人寿保险险种等的保险条款和保险费率，应当报国务院保险监督管理机构批准。国务院保险监督管理机构审批时，应当遵循保护社会公众利益和防止不正当竞争的原则。其他保险险种的保险条款和保险费率，应当报保险监督管理机构备案。"但若某项协议书未经过中国银行保险监督管理委员会（以下简称"银保监会"）的审批或备案而径直由保险人提供给投保人签订，只要协议书的内容不违反法律法规或者强制性规定，同时协议书的内容符合保险合同的基本要求，保险协议书应为有效，而未向行政主管机关备案的行为，则可能导致保险公司承担行政责任。因此，有学者认为，即使是未经备案的保险协议书，在发生保险事故导致投保人或者被保险人的损失时，保险公司不得以未经备案为由拒绝承担保险责任。[①]

重要概念

保险合同　人身保险合同　财产保险合同　保险利益　保险金　保险费

思考题

1. 保险合同的法律特征有哪些？
2. 简述财产保险合同与人身保险合同的异同。
3. 保险合同属于要式合同还是非要式合同？

案例习题

李先生于某日接到某保险公司销售人员的推销电话，称为回馈老客户，该保险公司赠送其一年的医疗疾病保险，若一年后李先生不终止该合同，则会从李先生提供的信用卡账户中

---

① 李玉泉：《保险法（第二版）》，法律出版社2003年版，第162页。

扣除保费,李先生表示同意。其后,李先生收到该保险公司寄送的保单。一年之后,李先生在查询信用卡消费记录时发现保险公司开始扣除保费。后李先生认为其与保险公司并未订立书面保险合同,只是口头承诺接受,保险合同并未成立,遂主张该保险公司返还保费。

请根据上述材料,回答下列问题:
(1) 医疗疾病保险合同属于何种保险合同?
(2) 李先生与保险公司之间的保险合同是否成立?
(3) 本案应如何处理?

第五章 保险合同的主体和客体

> **学习目标**
>
> 1. 掌握保险合同当事人的含义、法律地位及条件。
> 2. 掌握保险合同关系人的含义、法律地位及条件。
> 3. 熟悉保险代理人、保险经纪人和保险公估人的含义、从业方式及执业规则。
> 4. 了解保险合同客体的内涵。

第一节 保险合同当事人

保险合同的当事人是指依法订立保险合同并依照合同条款内容行使约定权利和履行约定义务的自然人、法人和其他社会团体。依据我国保险法的规定,保险合同的当事人是保险人和投保人。作为保险合同的当事人,其法律地位主要体现在以下两个方面:① 他们是具体缔结保险合同的行为人。依据我国《保险法》第 10 条的规定,保险合同由投保人与保险人缔结而成。② 他们是受保险合同效力拘束的人。保险合同的缔结使得投保人与保险人之间形成保险法律关系,而这种法律关系最为突出的表现即无论保险人还是投保人均应按照约定履行保险义务、行使保险权利,任何一方无正当理由都不得违反保险合同的约定。

一、保险人

我国《保险法》第 10 条第 3 款规定:"保险人是指与投保人订立保险合同,并按照合同约定承担赔偿或者给付保险金责任的保险公司。"依照此条规定,保险人的组织形式似乎限定于公司形态,但是结合《保险法》第 6 条和第 181 条的规定,保险公司以外的其他依法设立的保险组织也被允许经营商业保险业务。因此,我们认为保险人,又称承保人,是指与投保人订立保险合同,并按照合同约定承担赔偿或者给付保险金责任的人。

保险人作为保险合同当事人,应当具备以下三个条件。

(1) 保险人应当是国家保险监督管理机构核准的经营保险业务的保险公司或者其他保险组织。商业保险业务专业性很强,需要由具有精通保险专业知识的人才、严密的组织机构、严格的管理制度、雄厚的资金的保险人来经营。由此,我国保险法规定,保险业务由依照《保险法》设立的保险公司以及法律、行政法规规定的其他保险组织经营,禁止其他单位和个人经营保险业务。

(2) 保险人必须在其核准的经营范围内经营业务。我国《保险法》第 95 条规定,保险人不得兼营人身保险业务和财产保险业务。但经国务院保险监督管理机构批准,经营财产保险业务的保险公司可以经营短期健康保险业务和意外伤害保险业务。即同一保险人不得同时兼营财产保险业务和人身保险业务,两大业务必须分开经营。这是因为人身保险业务和财产保险业务各有其特点,二者的承保对象不同,由此,二者在承保手续、保险责任、保费的计算基础、保险金的赔付等诸多方面不同。因此,保险人的分业经营有其必要,保险人不得超范围经营。

(3)保险人应当是承保约定危险并承担给付保险金责任的人。保险人是作出承担保险合同约定危险的意思表示并接受该意思表示拘束的人,同时在发生保险事故时,保险人应当按照保险合同的约定向被保险人或受益人赔偿或给付保险金。

延伸阅读 5-1

我国首批相互保险组织落地一年:各家探索不同发展模式①

相互保险是当今世界保险市场上最主要的形式之一,不以利润为追求目标,重在为会员提供更好的保险保障服务是其最大特点。现在,这个在国外已成熟的保险模式,开始了在我国的尝试和探索,随着时间的推移,我国的相互保险发展模式也正悄然变化着。

相互保险发展历史悠久,起源早于股份制保险,目前在国际保险市场仍占据重要地位,尤其在高风险领域如农业、渔业和中低收入人群风险保障方面应用广泛。所谓相互保险,是指由有相同风险保障需求的投保人,在平等自愿、民主管理的基础上,以互相帮助、共摊风险为目的,为自己办理保险的经济活动。

进行时:零到一的转变 探索不同的风险共担模式

2017 年是相互保险真正在我国落地的一个重要的时间节点。这一年,我国第一批相互保险组织众惠财产相互保险社、信美人寿相互保险社、汇友建工相互保险社(以下分别简称"众惠相互""汇友相互""信美相互")相继获批开业。也是这一年,相互保险在我国的实践探索正式启航。

2018 年的此刻,回首过去一年的变化,信美人寿相互保险社董事长杨帆颇为感慨:"作为国内首家相互制寿险组织,这一年是从零到一的转变,系统搭建到产品设定,每一步都需要抛开传统保险的枷锁,体现相互保险的互助共济特性。"

众惠财产相互保险社的董事长李静也有同样的感受:"相互保险在我国属于新鲜事物,如何从哪个细分领域切入,适合哪些场景是我们一直在思考的问题。不断寻找'会员共有、会员公职、会员共享'适合相互保险核心理念的模式是我们一直在做的。"

的确,每一家相互保险组织都在"摸着石头过河",每一家也都在相互保险互助共济、风险保障程度高的特点上建立属于自己的新模式,使其成为我国保险市场的有益补充。

信美相互作为首家相互制寿险组织,一直以来聚焦养老和健康需求,其所有的保险产品以长期保障为主。据杨帆介绍,为了让会员对组织的经营管理更有参与感,同时也为了让会员和客户的利益能够得到最大化保障,信美相互过去一年创造了理赔"赔审团"机制及"会员爱心救助账户"。

"在信美相互,当会员或客户出险,首先向信美提出理赔申请,若满足理赔条件即可迅速获得理赔,若与信美有争议(非全额给付),则理赔申请人可提请'赔审团'进行理赔审议,并作为最终理赔与否的结论。若会员未能得到理赔或者获得理赔后仍然生活较为困难,即可向信美申请会员爱心救助账户的救助。"杨帆解释道。截至目前,已产生 4 例赔审团案件,1 人获得爱心救助。

信美相互总经理胡晗也表示,相互保险的属性就是"互助共济",但救助并不是目的,信美相互想要做的是在会员和客户间建立起有序、可良性循环的"自助、互助、助人"的完整保障机制。

---

① 张文婷:《我国首批相互保险组织落地一年:各家探索不同发展模式》,人民网 2018 年 6 月 1 日。

此外，在相互保险投保寿险产品也相对实惠很多。据相关专家分析，这是由于相互保险公司的运营成本和运营风险都比传统商业保险公司低，因而其保费率也能做到比传统保险要低一些，而赔付率相对更高。再加上大部分的盈利会以分红、赠送保险等方式返还，所以投保人会受益更多。

众惠相互的发展模式则针对以中小微企业组成的封闭性上下游产业链和个体工商户的融资需求。一直以来，中小微企业普遍面临"融资难、融资贵"等问题，难以从传统金融机构获得贷款，转而试图从网贷平台或是民间渠道融资，但高额的年化利息已经超出中小微企业的可承受范围。

众惠相互副总经理汤宁向记者解释道："众惠相互主要从产业链角度来服务中小微企业，产业链中的上下游企业命运与共，且对产业链中每个业务环节和风险特征都洞若观火，正是这种强关系的存在，使得产业链上的每一个主体都会受到有形契约和无形监督的约束，当良币能够有效驱逐劣币时，产业链整体风险才能有效降低，从而惠及产业链上的中小微企业。例如，小微企业及个体经营者融资保证相互保险计划从现金流角度切入，基于对国际贸易产业的观察，为链条上下游主体普遍存在的资金周转需求提供融资服务。"

汇友相互则比较特殊，主要做的是市面上并不常见的住建及工程领域的责任保险。汇友相互法定代表人阎波介绍，汇友相互专注于为住房及建设工程领域具有同质风险保障需求的单位或个人提供服务，利用保险机制对建筑工程进行全过程风险管控。

遇难关：盈利成三家相互保险社共同问题

虽然，我国的相互保险组织正在一步步走向良性循环，但路上依旧布满荆棘，2017年年报显示，盈利成了三家相互保险社当前面临的最大难题。

根据三家披露的年报显示，2017年信美相互、众惠相互、汇友相互三家相互保险社的保险业务收入分别为4.74亿元、6711.14万元、465.31万元。但在保险业务增长的同时，经营数据却在亏损，亏损金额分别为1.87亿元、6058.54万元、3106.63万元，亏损共计约2.78亿元。

与股份制保险公司不同的是，相互保险组织没有股东，归全体会员共同所有，会员参与管理，共享盈余。正因为如此，市场对其盈余分配问题格外关注。

对于信美相互尚未实现盈利，杨帆坦诚表示，由于开业初期投入较大，目前还无盈利。但关于会员盈余分配的相关办法《信美人寿相互保险社会员所有者权益管理办法》已经制定完毕，明确当公司累计利润高于初始运营资金的本息和之后，即可为会员分配盈余，分配方式包括但不限于增加保额、降低保费或抵扣后续保费等。

众惠相关负责人也表示："一般情况下，新成立的保险机构普遍存在3至5年的盈亏平衡周期，众惠相互成立刚满一年，需要投入资源进行市场拓展、团队搭建、产品研发和模式探索，所以首年业务规模和盈利情况与成熟保险主体的可比性较弱。"

未来时：新技术助推相互保险更快发展

眼下，互联网、大数据和云计算等技术让金融行业焕发活力，这些新科技也是我国相互保险发展的重要助推器。

中央财经大学保险学院院长李晓林曾撰文表示，以往相互保险以同质化风险人群为服务对象，受限于时空距离，传统相互保险机构很难大范围地去发掘同质风险人群。如今无须再回到熟人社会的模式下发展相互保险，互联网天然形成一个渠道，大大缩短人与人之间的距离，减少了时空距离带来的信息不对称，在更大范围内快速聚集有同质风险保障需求的人群，突破传统相互保险的范围和地域限制，为相互保险发展提供更加便捷的条件。

与此同时，传统意义上的相互保险机构一直被人诟病可能存在信息不透明、内部人控制等风险的问题，在移动互联时代将得到很好的解决。借助移动互联网、社交媒体等，相互保险机构可以持续、实时地与会员进行双向沟通，信息披露也可以第一时间让分散在各地的会员获知。会员则可以依靠互联网,方便地行使自身权利,履行相应义务。更进一步的是,新技术的共享精神凸显了相互保险源于"互帮互助"向善力量的公益、聚善属性。

当前,各家相互保险社也正在探索运用移动互联、云计算、大数据、人工智能、区块链等新技术,解决相互保险探索路上遇到的问题。

杨帆表示,目前信美相互正在采用蚂蚁区块链技术将"会员爱心救助账户""理赔档案室""赔审团"等项目落地。尝试通过其算法和分布式技术架构实现去中心化并解决信任问题。无论是爱心救助账户的每一笔资金划转,还是每一例理赔案例,都写在区块链上,用来保证数据透明、不可更改,接受会员的监督。其中,包括会员捐赠明细、支出项目明细、理赔救助案件详情、年度报告等信息也都会向会员同步公开。

二、投保人

投保人,又称"要保人",是指与保险人订立保险合同,并按照合同约定负有支付保险费义务的人。投保人是任何保险合同均不可或缺的当事人之一,既可以是自然人也可以是法人或其他组织。

投保人作为保险合同当事人,应当具备以下两个条件。

(1) 投保人必须具有相应的权利能力和行为能力。当事人缔结保险合同会产生保险权利义务关系,产生相应的法律后果,因此,有必要要求行为人具有预见其行为性质和后果的民事行为能力,这对于保护保险主体合法权益、维护社会经济秩序十分重要。依照我国《民法典》的相关规定,就自然人而言,18 周岁以上的能够辨认自己行为的成年人为完全民事行为能力人,另外,以自己的劳动收入为主要生活来源的 16 周岁以上的未成年人,视为完全民事行为能力人,他们可以独立实施投保行为。8 周岁以上的未成年人或不能完全辨认自己行为的成年人为限制民事行为能力人,不满 8 周岁的未成年人和不能辨认自己行为的成年人为无民事行为能力人,他们不具有投保人资格。就法人和其他社会组织而言,它们只要具有法律认可的独立的法律地位就具有投保人的资格。

(2) 投保人应承担支付保险费的义务。不论投保人是为自己的利益还是为他人利益订立合同,都应当承担支付保险费的义务。此外,人身保险的投保人在保险合同订立时,对被保险人应当具有保险利益。

自助保险卡被转让时投保人的认定①

案情

2010 年 4 月初,原告顾建华为其案外人施必华等多名公司员工购买了"特惠保自助式保险卡",

---

① 邢嘉栋、张琳:《自助保险卡被转让时投保人的认定》,《人民法院报》2011 年 12 月 15 日第 6 版。

并将其中一张交给施必华。后施必华委托他人以自己为被保险人激活了该卡,打印出的电子保单载明:保险责任期间自 2010 年 4 月 4 日起至 2011 年 4 月 3 日;意外伤害最高保险金额 3 万元,保险金额=最高保险金额×职业类别赔付比例;被保险人职业类别与赔付比例对应为:1—3 类 100%,4 类 80%,5 类 40%,6 类 20%,拒保职业 0%;依据被保险人出险时所从事的工作或活动确定其职业类别,并按规定的比例进行相应保险金的给付。

"特惠保自助式保险卡"系由投保人自行在网上激活的自助式保险卡,背面印制的内容有卡号、密码、投保流程。出售时随自助式保险卡一并交付给客户的还有产品说明手册。网上激活过程中,投保人须先阅读保险条款等内容,并在投保声明页面中"1. 本人认可并接受网上投保方式,愿以此种方式与华夏人寿保险股份有限公司签订保险合同;2. 本人已详细阅读投保须知和保险条款,对各项保险责任和除外责任均已了解并同意"的提示内容下方点击"同意"并"确定"后,才能进入后续的激活程序,否则不能激活自助式保险卡,无法形成电子保单。

2010 年 12 月 21 日,施必华在安装维修塔机过程中不慎坠落,经抢救无效死亡。施必华出险时从事的工作对应《团险职业分类表》中的 4 类人员,即建筑公司水电工。顾建华为其垫付医疗费用 29 万元,并向其家属支付 59 万元后,取得其继承人签字的权益转让承诺书,受让其人身意外险所接受理赔款的权益。顾建华据此向被告华夏人寿保险股份有限公司江苏分公司索赔未果,遂诉至法院,请求法院判令被告赔偿保险金 3 万元,并承担本案的诉讼费用。

裁判

江苏省南京市鼓楼区人民法院审理后认为:本案之保险合同合法有效,被保险人施必华在保险责任期间内意外死亡,已构成保险事故,保险人应按约承担赔偿责任。施必华的法定继承人已将保险合同中接受赔偿款之权益转让给原告,其转让行为合法有效,原告有权据此向被告索赔。

本案中,自助式保险卡的购买人是原告,而激活人是施必华。首先,在卡被转让,购卡人与激活人不是同一人的情况下,要确定投保人身份,才能判定保险人是否向其正确履行了保险条款的明确说明义务,从而确定《团险职业分类表》、意外伤害保险金额与职业类别赔付比例的规定之效力,据此确定被保险人的理赔标准。一般情况下,自助式保险卡的购卡人是投保人。但在卡被转让的情况下,应认定原投保人将该卡及其附随的获得相应保险保障的投保权利转让,受让人通过激活或委托他人激活自助式保险卡成为投保人。本案中,原告将其购买的自助式保险卡交给施必华,施必华受让该卡后以自己为被保险人,委托他人激活并生成案涉电子保单,故施必华既是电子保单的投保人,也是被保险人。其次,保险人已经通过其网站上的流程设置,在投保人激活自助式保险卡的过程中,向投保人履行了说明义务及保险人免责条款的明确说明义务,本案电子保单中的《团险职业分类表》以及意外伤害保险金额与职业类别赔付比例的规定等内容,应当认定为保险合同合法有效的组成部分而予以适用。再次,虽然电子保单中施必华的职业被填为"技工",但保险条款规定,依据出险时所从事的工作或活动确定职业类别,并按规定的比例进行相应保险金的给付。施必华出险时所从事的工作,对应《团体职业分类表》中的 4 类人员,即建筑公司水电工。根据意外伤害保险金额与职业类别赔付比例的规定,应按 80%理赔。

据此,南京市鼓楼区人民法院于 2011 年 7 月 15 日判决:① 被告华夏人寿保险股份有限公司江苏分公司于本判决生效后 10 日内一次性支付原告顾建华保险金 24 000 元;② 驳回原告顾建华的其他诉讼请求。

一审宣判后,双方当事人均未提起上诉,一审判决已经发生法律效力。

评析

在卡式电子保单交易中,存在两种情形。一是购卡人在购买自助式保险卡时就有为特定人投保目的,并在购买后以特定对象为被保险人将卡激活。此种情形下,购卡人与激活人重合,即投保人、不会存在难以确定投保人之争议。二是购卡人A在购买自助式保险卡时并不具有为特定人投保之目的,而是为了将卡作为礼品赠送他人,或将卡作为单位福利发放给员工,或因其预定投保的对象不符合该险种被保险人的承保条件(如有的自助式保险卡设定的承保对象为《团险职业分类表》中职业风险较低的1—4类人员,如以从事高风险职业的5—6类人员作为被保险人则保险人拒绝承保)而只得临时改为他人投保,或将卡转让给他人。在此情形下,购卡人A虽然是支付保险费的人,但不一定会成为自助式保险卡的激活人。购卡人A将卡作为有价证券转让或赠与他人B,也就是将投保的权利随卡转让给B,最终激活该卡的受让人B才具有为特定被保险人投保之目的,并实施了激活行为。由此,购卡人购得自助式保险卡时保险合同成立并生效,一般情况下,购卡人是投保人。在卡被转让的情况下,购卡人将该卡及其附随的获得相应保险保障的投保权利转让,受让人通过激活或委托他人激活自助式保险卡成为投保人。

第二节 保险合同关系人

保险合同关系人是指并不直接参与保险合同的订立但对保险合同利益有独立请求权的人,包括被保险人和受益人。

保险合同属于合同的一种,具有合同的一般属性,但也有其特性,其中之一就是作为转嫁危险的一类合同,其常为第三人的利益而存在或涉及第三人的利益,即保险合同利益实际上是为被保险人和受益人利益而存在,投保人并不因为订立保险合同而当然享有合同利益。由此,保险合同的主体被区分为当事人(保险人和投保人)和关系人(被保险人和受益人),他们之间的主要区别在于前者是保险合同的缔约人,而后者并没有参与保险合同的订立,他们只是因法律规定或合同约定而取得了保险合同的权益。

一、被保险人

(一) 被保险人的概念与条件

被保险人是指其财产或者人身受保险合同保障,享有保险金请求权的人。投保人可以为被保险人[①]。被保险人不是直接缔结保险合同的行为人,仅基于投保人订立保险合同的意思表示而获得其财产或人身受保险合同保障的法律效果。在财产保险合同中,被保险人是发生保险事故时,其财产及其有关利益真正受损之人;在人身保险合同中,被保险人是保险事故发生时,其寿命和身体受损或达到合同约定的年龄、期限之人。被保险人必须具备以下两个条件。

(1) 被保险人是受保险合同保障的人,即保险事故发生时遭受损失的人。财产保险合同的被保险人是对保险标的具有保险利益的人,如所有权人、经营管理人、使用权人、抵押权人;人身保险合同的被保险人是对其自身的生命及身体获得保险保障的人。

(2) 被保险人是享有保险金请求权的人。由于被保险人是因保险事故而实际遭受损失

---

① 《保险法》第12条第5款。

的人,保险人自然应当以被保险人为给付保险金的对象。在财产保险中,被保险人可以自己行使保险金请求权,也可以委托他人代为行使。在人身保险中,一般而言,一旦发生保险事故,也是由被保险人自行行使保险金请求权,但在人寿保险中的死亡保险项下,若被保险人已经死亡,则由受益人行使保险金请求权。

(二) 被保险人的资格及其限制

1. 被保险人的资格

被保险人可以是自然人、法人或其他非法人组织。自然人是基于自然规律出生而取得民事主体资格的人,包括本国人、外国人和无国籍人。此外,依据我国《民法典》的相关规定,个体工商户和农村承包经营户也属于自然人范畴。法人是具有民事权利能力和民事行为能力,依法独立享有民事权利和承担民事义务的组织,包括营利性法人①、非营利性法人②和特别法人③。其他非法人组织是不具有法人资格,但是能够依法以自己的名义从事民事活动的组织,包括个人独资企业、合伙企业、不具有法人资格的专业服务机构等。

2. 被保险人资格的限制

(1) 被保险人的资格受到保险利益原则的限制。作为人身保险合同的被保险人,需要投保人订立合同时对其具有保险利益;作为财产保险合同的被保险人,需要其在保险事故发生时对保险标的具有保险利益。

(2) 被保险人资格受特定险种的限制。为保护被保险人的人身安全,防范受益人为图谋保险金而伤害被保险人的道德风险,保险法原则上禁止投保人以无民事行为能力人为被保险人,订立以死亡为给付保险金条件的人身保险合同,保险人也不得承保。这里的无民事行为能力人,依据《民法典》第 20 条、第 24 条的规定,主要包括不满 8 周岁的未成年人及不能辨认自己行为的成年人。父母为其未成年子女投保的人身保险虽不受上述限制,但被保险人死亡所给付的保险金总和不得超过国务院保险监督管理机构规定的限额。另外,依据保险法司法解释(三)第 6 条的规定,除非经未成年人父母同意,未成年人父母之外的其他履行监护职责的人为未成年人订立以死亡为给付保险金条件的合同,该合同无效。需要注意的是,考虑到父母之外的其他监护人与未成年人的关系没有父母那么密切,实践中也存在有些抚养人或者孤儿院虐待未成年人的情形,故司法解释并未允许父母死亡或丧失监护能力的情况下的其他监护人为未成年人订立死亡险,而且司法解释对投保人的身份进行了严格的限制,即使在未成年人父母同意的情况下,也只扩大到未成年人父母之外的其他履行监护职责的人。如果是未成年人的近亲属,但未因法定或受托享有监护权,则不具有为无民事行为能力的未成年人投保死亡保险的资格,其所签保险合同为无效④。

---

① 《民法典》第 76 条:以取得利润并分配给股东等出资人为目的成立的法人,为营利性法人。营利性法人包括有限责任公司、股份有限公司和其他企业法人等。
② 《民法典》第 87 条:为公益目的或者其他非营利目的成立,不向出资人、设立人或者会员分配所得利润的法人,为非营利性法人。非营利性法人包括事业单位、社会团体、基金会、社会服务机构等。
③ 《民法典》第 96 条:本节规定的机关法人、农村集体经济组织法人、城镇农村的合作经济组织法人、基层群众性自治组织法人,为特别法人。
④ 最高人民法院民事审判第二庭:《最高人民法院关于保险法司法解释(三)的理解与适用》,人民法院出版社 2015 年版,第 159 页。

此外,这里的未成年人的父母应如何界定? 我们认为,作为被保险人的未成年人的父母首先应当是法律意义上的父母,而非生理意义上的父母。《民法典》第1111条规定:"自收养关系成立之日起,养父母与养子女间的权利义务关系,适用本法关于父母子女关系的规定;养子女与养父母的近亲属间的权利义务关系,适用本法关于子女与父母的近亲属关系的规定。养子女与生父母以及其他近亲属间的权利义务关系,因收养关系的成立而消除。"因此,未成年人既有生父母又有养父母之时,以其为被保险人而订立的死亡保险合同应当经过养父母的同意,而非生父母的同意。另外,此处未成年人的父母应当具有监护权和监护能力。如果父母自身因为丧失民事行为能力而没有监护权,或因侵害未成年子女而被剥夺了监护权,那么他们将无法行使同意的权利,因为他们或者没有能力对未成年人子女的利益进行合理判断,或者有损害未成年子女利益的道德风险。

案例导读 5-2

经父母同意的未成年人死亡保险合同有效[①]

案情

2010年3月30日,陆惠清作为投保人向保险公司递交"个人保险投保单",与保险公司签订《国寿福禄双喜两全保险(分红型)》人身保险合同一份,即5959号保险合同,被保险人为陆惠清的孙女陆某某,合同生效日期为2010年3月31日,保险金额106 065元,保险期间71年,交费方式为年交,交费日期为每年3月31日,标准保费30 000元,交费期满日为2020年3月30日,投保单最后"声明与授权"一栏第5条第2项内容为"作为被保险人的法定监护人,本人同意投保人陆惠清为被保险人投保贵公司的保险产品及基本保险金额,并同意本投保单中设定的受益人、受益顺序及受益份额",其后授权人签名一栏有陆惠清的儿子即陆某某的父亲陆子牛的签名。投保单最后被保险人(或其法定监护人)签名一栏,有陆子牛的签名。同日,陆惠清交纳保费30 000元。2011年5月9日,由投保人陆惠清、被保险人(或其监护人)陆子牛签字提交了"保险合同变更申请书"要求将5959号保险合同的保费由30 000元减少为10 000元;减少保费后该合同的保险金额为35 355元。同日,保险公司支付陆惠清退保金6 320元。2012年5月18日,陆惠清交纳保费10 000元。2012年9月16日,保险公司向陆惠清寄送了"分红保险红利通知书(累积生息)",该通知书载明,5959号保险合同第二保单年度本期红利92.57元,截至红利实际派发日红利账户本利和为396.36元。2011年1月28日,陆惠清作为投保人与保险公司又签订一份《国寿福禄双喜两全保险(分红型)》人身保险合同,即2637号保险合同;被保险人仍为其孙女陆某某;合同生效日期为2011年1月31日,保险金额92 280元,保险期间70年,交费方式为年交,交费日期为每年1月31日,标准保费80 000元,交费期满日为2014年1月30日,投保单"声明与授权"一栏第5条第2项内容为"作为被保险人的法定监护人,本人同意投保人陆惠清为被保险人投保贵公司的保险产品及基本保险金额,并同意本投保单中设定的受益人、受益顺序及受益份额",其后授权人签名一栏有陆子牛的签名;投保单最后被保险人(或其法定监护人)签名一栏,有陆子牛的签名。同年1月30日,陆惠清交纳保费80 000元。2012年2月28日,陆惠清通过保险费自动转账收费方式交纳保费80 000元;2012年8月21日,保险公司向陆惠清寄送了"分红保险红利通知书(累积生息)",该通知书载明,2637号保险合同第一保单年度本期红利394.13元,截至红利实际派发日红利账户本利和为399.78元。另外,5959号保险合同所生红利396.36元和2637号保险合同所生红利399.78元均在保险公司控制下,陆惠清尚未领取;保险公司已

[①] 参见江苏省无锡市中级人民法院(2014)锡商再提字第00004号民事判决书。

于2013年2月1日将2637号保险合同生存保险金9 228元支付给陆惠清。2012年10月,陆惠清起诉至无锡市滨湖区人民法院称,其作为投保人先后于2010年3月30日和2011年1月30日与保险公司签订两份《国寿福禄双喜两全保险(分红型)》人身保险合同,被保险人为其当时不满十周岁的孙女陆某某,但根据法律规定,保险公司禁止承保此类人身保险,因此上述合同均应当认定无效。故请求法院判令其与保险公司签订的上述两份保险合同无效,判令保险公司退还其已支付保费、支付该合同履行期间的预期损失(生存保险金)。

裁判

无锡市滨湖区人民法院一审认为,陆惠清为其未成年孙女陆某某购买人身保险而与保险公司签订的5959号保险合同,因在合同载明的保险期间,该合同经陆惠清之子即陆某某的父亲陆子牛签字申请变更保险费,故该合同应认为已经未成年被保险人的监护人同意而投保,根据保险法的相关规定,该合同依法有效。陆惠清诉称该合同无效,并基于该合同无效而主张的诉讼请求,无事实与法律依据,该院不予支持。陆惠清作为投保人为陆某某购买人身保险而与保险公司签订的2637号保险合同,因未获得未成年被保险人监护人的授权或同意,依法应认定无效,故对陆惠清2637号保险合同无效的主张,予以支持。因该合同无效,保险公司应返还陆惠清就该合同已交纳的保费,并支付相应利息,陆惠清则应将基于该合同所取得的红利和生存保险金返还保险公司。陆惠清要求保险公司按2637号保险合同生存保险金的约定的10%计算支付预期损失9 228元的诉讼请求,与其主张合同无效的诉讼请求相矛盾,而且与事实不符,亦无法律依据,该院不予支持。

无锡市人民检察院抗诉认为,根据《保险法》第33条的规定,除父母为投保人外,其他一切投保人不得为无民事行为能力人投保以死亡为给付保险金条件的人身保险,保险人也不得承保。本案投保人陆惠清不是被投保的无民事行为能力人陆某某的父母,其为陆某某投保以死亡为给付保险金条件的人身保险的行为及保险公司承保的行为,均为上述法律所禁止,因此双方所签订的两份保险合同均无效。

无锡市中级人民法院再审认为,《保险法》第33条规定:除父母以外的其他投保人不得为无民事行为能力人投保以死亡为给付保险金条件的人身保险,保险人也不得承保。第34条又规定:以死亡为给付保险金条件的合同,未经被保险人同意并认可保险金额的,合同无效。上述立法的本意是为保护未成年人的生命安全。本案中,5959号保险合同的投保人是无民事行为能力人陆某某的祖父陆惠清,但该合同已经过陆某某父亲的同意,因此,投保的道德风险已被防范,符合保险法的立法本意。再者,此保险合同经过被保险人的法定监护人的同意,即可视为经被保险人同意,故应属有效。综上,对无锡市人民检察院及陆惠清提出的该合同因违反《保险法》第33条的规定而无效的理由及主张,不予采纳。对保险公司提出的"此类人身保险,只要征得其父母同意,应当有效"的答辩意见,予以采纳。原审判决认定事实清楚,适用法律正确,应予维持。

评析

我国未成年人死亡保险制度通过对投保主体和保险金额的双重限制来防控道德危险、保护未成年人生命权。父母是未成年人监护人的情形下,由于父母和子女往往感情深厚、血脉相通,道德风险发生的机会极低,而未成年人由于心智和体力的限制,发生意外伤亡等危险概率较高,需要保险保障的需求也较为迫切,所以《保险法》在第33条、第34条规定,父母为未成年子女投保死亡险不受被保险人同意的限制。但即便父母作为投保人,为降低道德风险,也应当遵守保险金额的法定限制。保险实务中,未成年人父母之外的其他人(多为近亲属或其他监护人)为未成年人投保死亡险的情形并不罕见,如留守儿童的祖(外祖)父母、幼儿园或学校都有为未成年人投保的实际需要,《保险法》将允许父母为其未成年子女投保扩展至允许经未成年人的父母同意投保,投保的道德风险已被防范。相反,若将未成年人死亡保险的投保人范围严格限制为未成年人父母,则未成年人的投保需求在保险实务中无法得到完全满足,法院在审判时也只能一律宣告此类死亡保险合同无效,保险公司无须给付保险金,不仅会危害未成年人及其亲属的合理期待利益,更难以实现保险合同的实质公平。

(三) 被保险人的同意权

为保护被保险人在保险关系中的合法权益和防范可能产生的道德风险,法律赋予被保险人在一定情形下的同意权。例如,依据《保险法》第51条第4款的规定,在财产保险合同中,保险人为维护保险标的的安全采取安全预防措施的,需经被保险人同意。

以被保险人死亡为给付保险金条件的人身保险合同,发生造成被保险人死亡的保险事故时,将由受益人领取保险金,这就有可能发生为谋取保险金故意杀害被保险人的危险。虽然在人身保险合同项下,在合同订立之时,投保人对被保险人具有保险利益,即投保人与被保险人之间存在婚姻、亲属、劳动等利害关系,但人与人之间的关系较为复杂、多变,现实生活中,夫妻、父母、兄弟、姐妹之间反目成仇的情况并不罕见,因此,保险法在保险利益原则之外另辟蹊径,设置了被保险人的"同意权"来遏制道德风险的发生,通过此种方式保证被保险人知晓保险合同内容以及相应的可能会发生的危险,并加以防范。我国《保险法》第34条规定:"以死亡为给付保险金条件的合同,未经被保险人同意并认可保险金额的,合同无效。按照以死亡为给付保险金条件的合同所签发的保险单,未经被保险人书面同意,不得转让或者质押。"需要注意的是,根据该条规定,被保险人对订立以死亡为给付保险金条件的合同的同意方式,可以是书面,也可以是口头等其他方式,法律并未加以特别限定;但是该保险合同转让或质押时,被保险人的同意必须以书面方式为之,属于要式行为。

案例导读 5-3

通过网络为他人投保以死亡为给付保险金条件的合同效力的认定[①]

案情

2013年10月13日,张乙通过网上投保方式为张甲向某保险公司投保"e畅无忧"综合意外保险保障计划(计划三):人身意外伤害保险、附加意外伤害医疗保险、附加意外伤害住院津贴医疗保险。保险合同编号8000001383,被保险人为张甲,身故保险受益人为张乙。保险合同生效日为2013年10月14日0时,保险期间为1年,张乙使用中信银行信用卡向某保险公司缴纳当期保险费。《e畅无忧人身意外伤害保险条款》2.4条保险责任规定:"在本合同有效期内,我们承担以下的保险责任,且本合同各项保险金给付的累计金额以本合同的基本保险金额为限。2.4.1 意外身故保险金被保险人因遭遇本合同约定的意外伤害事故且自发生之日起一百八十天内身故者,我们按事故发生时的本合同基本保险金额给付'意外身故保险金'予身故保险金受益人,本合同效力终止。"2013年10月24日,张甲驾驶小型轿车因措施不当驶入路边机井,致张甲当场死亡,车辆受损,造成交通事故。2013年12月5日,张乙向某保险公司提出理赔申请。2014年1月8日,某保险公司向张乙出具理赔决定通知书,认为由于无确凿证据证明被保险人同意投保该保单,且本次意外事故依据不足,故不予理赔。由此,张乙向人民法院提起诉讼。

裁判

一审法院认为:张乙对代其父亲张甲投保本案所涉保险的行为没有异议,某保险公司并不能以此代理行为推断本案的实际投保人为张乙而非张甲,而且某保险公司也无相关证据证实张乙在投保本案所涉保险时未经张甲同意并认可保险金额。本案事故属于保险合同约定的保险责任的范围,某

---

① 参见山东省济南市中级人民法院(2014)济商仲字第690号民事判决书。

保险公司应向受益人张乙支付保险金。

某保险公司不服原审判决提出上诉。

二审法院认为：本案双方当事人争议的焦点问题是本案保险合同是否有效。某保险公司主张根据网上投保记录及张乙与某保险公司的客服的通话记录可以证实本案保险系张乙投保，而非被保险人张甲本人投保，张乙没有证据证实该保险已经张甲认可，故保险合同应依法确认无效。由于本案保险是某保险公司推出的网上投保方式，某保险公司虽然在网页上载明了本保险应由被保险人本人投保，但是张乙代替父亲张甲完成投保手续并经被保险人张甲确认的投保方式并不违反法律规定，某保险公司亦未明确排除该种投保方式。而且网上投保方式并没有投保人与保险公司签订书面保险合同时被保险人本人签字确认的环节，造成如果出现保险事故，受益人申请理赔时面临证实该保险确系被保险人本人同意并认可保险金额的举证困难，而造成这种举证责任困难以及缔约形式上的瑕疵的责任应由设立该种投保方式的保险公司承担。张乙在本案审理中已提交了投保前后其与张甲的通话记录，并申请证人出庭作证，鉴于本案投保方式的特殊性，以及张乙与张甲的父子关系，张乙已经尽到了举证责任，某保险公司并无充分证据证实本案保险未经张甲本人同意及确认保险金额，也无证据证实张乙存在骗保等违法行为，故其认为本案保险合同无效，其不应承担理赔责任的上诉意见不能成立，本院不予支持。

评析

以死亡为给付保险金条件的合同，应经被保险人同意并认可保险金额。当事人通过网络为他人投保以死亡为给付保险金条件的合同，保险公司推出的网上投保方式没有被保险人本人签字确认的环节，但当事人有证据表明投保经被保险人同意并确认金额的，可以认定该保险合同有效。造成举证责任困难以及缔约形式上的瑕疵的责任应由设立该种投保方式的保险公司承担。

二、受益人

（一）受益人的概念及特征

受益人是指由投保人或被保险人在保险合同中指定的，在保险事故发生时享有保险金请求权的人。受益人概念是人身保险合同特有的概念。例如，投保人以被保险人的身体或者生命为保险标的向保险人投保，约定在保险事故发生后，由保险人向被保险人的某位亲属支付保险金，该亲属即为受益人。投保人、被保险人自身可以为受益人。

受益人具有以下法律地位和特征：① 仅人身保险合同中才需要指定受益人，所以受益人是人身保险合同特有的关系人；② 受益人应当由被保险人和投保人在订立合同时指定并记载在保险合同中，所以受益人的法律地位源自被保险人和投保人的指定；③ 受益人是享有保险金请求权的人，若发生保险人不予理赔的纠纷，受益人可以独立行使诉讼权利请求给付；④ 受益人不负交付保险费的义务，保险人也无权向受益人要求支付保险费，即受益人是无偿享有保险金的；⑤ 受益人的受益权是一种期待权，受益人必须在保险事故发生后才能行使受益权。

（二）受益人的资格、确定及变更

1. 受益人的资格

自然人、法人和其他组织均可以成为受益人，胎儿也可以被指定为受益人，但以其出生时是活体为限。在确定某自然人是否具有受益资格时，只考虑其民事权利能力，而不考虑其民事行为能力，即无民事行为能力人和限制民事行为能力人均可为受益人。

2. 受益人的确定

人身保险的受益人由被保险人或者投保人指定，投保人指定受益人时须经被保险人同意，投保人指定受益人未经被保险人同意的，该指定行为无效。这是因为当事人是以使被保险人的身体与生命获得合同保障为目的而订立人身保险合同的，受益人获得保险金请求权，来源于本属于被保险人的保险金请求权的转让。同时，人身保险合同项下保险金的给付以发生了与被保险人的身体或生命有关的保险事故为条件，因而指定受益人时必须考虑的因素之一就是受益人是否会为谋取保险金而加害被保险人，而就投保人和被保险人这两个合同主体而言，被保险人最有资格对受益人进行考察并做出判断。另外，投保人为与其有劳动关系的劳动者投保人身保险，不得指定被保险人及其近亲属以外的人为受益人。被保险人为无民事行为能力人或者限制民事行为能力人的，可以由其监护人指定受益人[①]。

另外，依据保险法司法解释（三）第9条的规定，当事人对保险合同约定的受益人存在争议时，若投保人、被保险人在保险合同之外另有约定，则依约定处理。即投保人或被保险人在保险合同之外存在其他约定，而且根据其他约定能够消除争议，准确确定受益人的，则按照该约定确定受益人。例如，甲在投保时，在投保单受益人相关信息中只填写了"妻子"的字样，并未填写其他有关受益人的信息，而在合同存续期，甲与妻子乙离婚，离婚协议中明确，保单利益归乙，则乙为受益人。依照该司法解释，若投保人、被保险人在保险合同之外没有其他关于受益人的约定，则按照以下三种情形分别处理。

（1）受益人约定为"法定"或者"法定继承人"的，以我国《民法典》规定的法定继承人为受益人。关于法定继承的顺序，《民法典》第1127条规定："遗产按照下列顺序继承：（一）第一顺序：配偶、子女、父母；（二）第二顺序：兄弟姐妹、祖父母、外祖父母。继承开始后，由第一顺序继承人继承，第二顺序继承人不继承；没有第一顺序继承人继承的，由第二顺序继承人继承。"需要注意的是，由于保险合同订立时，被保险人并未死亡，依据《民法典》第1121条"继承从被继承人死亡时开始"的规定，继承人的身份应在被继承人死亡时才能确定。所以此类情况下，受益人的确定应以保险事故发生即被保险人死亡时确定的法定继承人的名单确定。

（2）受益人仅约定为身份关系，投保人与被保险人为同一主体的，根据保险事故发生时与被保险人的身份关系确定受益人。例如，甲为自己投保了一份意外伤害保险，在投保时甲在投保单受益人相关信息中，只填写了"妻子"的字样，并未填写其他有关受益人的信息。后甲与妻子乙离婚，又与现任妻子丙结婚。甲后患病死亡，此时应认定现任妻子丙为受益人。投保人与被保险人为不同主体的，根据保险合同成立时与被保险人的身份关系确定受益人。例如，甲以其配偶乙为被保险人投保，指定"配偶"为受益人，后乙与甲离婚，与丙结婚，此时应认定甲为受益人。

（3）受益人的约定包括姓名和身份关系，保险事故发生时身份关系发生变化的，认定为未指定受益人。如上例中甲以其配偶乙为被保险人投保，指定受益人为"配偶甲"的，后乙与甲离婚，与丙结婚，此时应认定无受益人。

3. 受益人的变更

受益人的指定往往源于投保人或被保险人与受益人之间有较为密切的经济上或感情上

---

① 《保险法》第39条。

的关系,但在人身保险存续过程中,投保人或被保险人与受益人之间的关系难免会发生变化,为保护被保险人的切身利益和其真正的意思表示,此时应允许被保险人或投保人变更受益人。我国《保险法》第41条规定:"被保险人或者投保人可以变更受益人并书面通知保险人。保险人收到变更受益人的书面通知后,应当在保险单或者其他保险凭证上批注或者附贴批单。投保人变更受益人时须经被保险人同意。"可见,被保险人和投保人指定受益人后,可随时变更受益人,无须征得受益人的同意。

被保险人或者投保人变更受益人应书面通知保险人,这是否意味着变更受益人需要征得保险人的同意?答案是否定的。根据合同自由原则,投保人和被保险人可不经保险人同意自行指定受益人,在此逻辑之下,他们变更受益人时亦无须征得保险人的同意,其指定与变更受益人的行为均属于单方法律行为,无须与保险人的合意。但需要注意的是,投保人与被保险人变更受益人虽不需要保险人的同意,但只有通知保险人后才能对抗保险人,此通知具有法律上的对抗效力,这是为了保护保险人的信赖,防止向错误的受益人给付保险金。若投保人和被保险人变更受益人却未通知保险人,保险人向原受益人给付保险金将被视为履行了保险金给付义务,新受益人只能基于不当得利要求原受益人向其返还保险金。我国保险法司法解释(三)第10条对此作出了相应规定,投保人或者被保险人变更受益人,当事人主张变更行为自变更意思表示发出时生效的,人民法院应予支持。投保人或者被保险人变更受益人未通知保险人,保险人主张变更对其不发生效力的,人民法院应予支持。

被保险人或者投保人变更受益人的行为属于单方行为,无须征得受益人的同意,但这并不意味着他们变更受益人的权利不受到任何限制,实际上,此变更权是受到时间限制的。我国保险法司法解释(三)第11条规定:"投保人或者被保险人在保险事故发生后变更受益人,变更后的受益人请求保险人给付保险金的,人民法院不予支持。"即变更应限于保险事故发生之前,主要原因是保险事故发生后,受益人作为享有保险金请求权的人,即时取得既得权利,此时受益人的法律地位与一般债权人的法律地位没有差异,有相当的稳定性,受益人可以如其他普通债权人一样转让、质押债权①。如再允许变更受益人,就会发生受益人业已受领、处分保险赔偿金后,又被剥夺保险金请求权的尴尬。尤其是当受益人将保险金请求权转让、质押给善意第三人时,法律关系会变得极其复杂,易引发司法实践中的纠纷②。

变更受益人应遵循一定法定程序③

案情

王霞与王福来系父女关系,王福来与孙艳系夫妻关系。1999年6月10日,王福来在南票保险公

---

① 参见保险法司法解释(三)第13条:保险事故发生后,受益人将与本次保险事故相对应的全部或者部分保险金请求权转让给第三人,当事人主张该转让行为有效的,人民法院应予支持,但根据合同性质、当事人约定或者法律规定不得转让的除外。

② 最高人民法院民事审判第二庭:《最高人民法院关于保险法司法解释(三)的理解与适用》,人民法院出版社2015年版,第321页。

③ 参见辽宁省葫芦岛市中级人民法院(2014)葫民终字第01234号民事判决书、辽宁省高级人民法院(2015)辽审三民申字第00460号民事裁定书。

司客服中心进行了投保,保险险种为"88鸿利",保险金额为人民币50 000.00元,保险期限为终身,缴费方式为年缴,投保单编号为99880006,未填写受益人,王福来按期进行缴费。2010年1月27日,孙艳携带王福来的身份证件向葫芦岛人寿保险公司提出保险合同变更申请,葫芦岛人寿保险公司将王福来1999年6月10日投保的保险受益人变更指定为孙艳。2012年12月12日,王福来因病去世。2013年1月5日,孙艳作为申请人向葫芦岛人寿保险公司提出理赔申请,葫芦岛人寿保险公司经审核后作出"被保险人肺癌身故,根据保险条款规定给付身故保险金人民币50 000.00元,并无息返还所交保险费人民币69 930.00元,合同终止"的处理意见。现已将上述款项合计人民币119 930.00元支付给保险指定受益人孙艳。原告王霞提起诉讼,认为其为父亲王福来与葫芦岛人寿保险公司所签保险合同的受益人,葫芦岛人寿保险公司在王霞不知情的情况下,将保险理赔金支付给孙艳,违反了保险法的规定,损害了王霞的合法权益。经辽宁九州司法鉴定所鉴定,人寿保险投保单投保人及被保险人王福来签名与提交王福来样本签名笔迹不是同一人所写。经北京明正司法鉴定中心鉴定,人寿保险投保单的黑色墨水手写字迹的形成时间与2010年1月27日《保险合同变更申请书(个人)》上的黑色墨水手写字迹形成时间相当。

裁判

一审法院认为:本案争议焦点为王霞是否能以指定受益人的身份要求葫芦岛人寿保险公司给付保险理赔金。根据谁主张谁举证的原则,应该由王霞负举证责任,但王霞未能提交证据证明其为保险合同的指定受益人。王霞未提出确实充分的证据证明其诉讼主张成立,应承担举证不能的法律后果,王霞的诉讼请求不予支持。

二审法院认为:王福来与葫芦岛人寿保险公司在保险合同中是否明确约定了受益人为王霞,是本案的焦点问题。王霞主张王福来与保险公司签订的人寿保险合同中已明确约定了受益人为王霞,但王霞并未向人民法院提供证据证明其主张,而从葫芦岛人寿保险公司提供的投保单等证据看,受益人处为空白,并未填写受益人,故王霞主张原投保单填写的受益人是王霞,缺乏事实依据,本院不予支持。王霞依据辽宁九州司法鉴定所出具的鉴定意见即"投保单上的投保人及被保险人王福来签名与提交王福来样本签名笔迹不是同一人所写"及北京明正司法鉴定中心的鉴定意见"投保单的黑色墨水手写字迹的形成时间与2010年1月27日《保险合同变更申请书(个人)》上的黑色墨水手写字迹形成时间相当"认为投保单是伪造的,证据不足,本院不予支持。我国《保险法》第41条规定:"被保险人或者投保人可以变更受益人并书面通知保险人。保险人收到变更受益人的书面通知后,应当在保险单或者其他保险凭证上批注或者附贴批单。"2010年1月27日,孙艳持有关证件到保险公司办理变更保险合同,明确约定本案的保险受益人为孙艳,而后保险公司按照变更后的保险合同向孙艳支付保险理赔款并无不当。故王霞主张王福来在与保险公司签订的保险合同中约定了受益人为王霞,请求保险公司向其支付保险理赔款,没有事实依据,本院不予支持。一审判决认定事实清楚,适用法律正确,本院予以维持。

再审法院认为:中国人寿保险股份有限公司葫芦岛分公司提供的投保单,受益人处为空白,并未填写受益人。王霞没有提供证据证明本案保险合同中明确约定了受益人为王霞。2010年1月27日,孙艳到保险公司变更保险合同,明确约定本案保险合同的受益人为孙艳,故原判决驳回王霞的诉讼请求并无不当。王霞的再审申请没有事实及法律依据,本院不予支持。

评析

被保险人和投保人可以变更受益人且法律对此作了较为严格的程序要求。虽然被保险人和投保人变更受益人的行为属于其意思自治的范畴,但为了保留证据,维护自身合法权益,按照法定程序办理变更手续是必要的。

(三) 受益人的受益权

1. 受益权的概念和性质

受益权是受益人基于保险合同享有的保险金给付请求权,是基于保险合同固有的权利,而非继受的权利。受益人基于受益权取得的保险金,不属于被保险人的遗产,被保险人的债权人不得要求参与分配。

受益权是受益人对保险人的保险金请求权,在保险事故发生前,受益权尚未确定,所以受益权在保险事故发生前是一种期待权,在保险事故发生后将转化为既得权。受益权的行使必须以保险事故发生时受益人生存为前提,若受益人在保险事故发生前死亡,又没有其他受益人的,则保险合同恢复到无指定受益人的状态,保险金作为被保险人的遗产由其继承人继承。需要注意的是,受益人与被保险人在同一事件中死亡,而且不能确定死亡先后顺序的,推定受益人死亡在先。

2. 受益权的丧失和放弃

受益人故意造成被保险人死亡、伤残、疾病的,或者故意杀害被保险人未遂的,该受益人丧失受益权。受益人的上述行为是危害被保险人的身体或生命的违法乃至犯罪行为,不仅应当依法受到制裁,而且也应当剥夺其受益权,任何人都不得因其违法行为而得到经济上的利益。但在受益人为数人时,其他未实施上述行为的受益人仍然享有受益权,保险人应当按照合同约定对这些受益人承担给付保险金的责任。投保人和被保险人指定受益人虽无须征得受益人的同意,但受益人有权放弃受益权,自其作出拒绝享有保险金请求权的意思表示之时起产生弃权的法律后果。受益人依法丧失受益权或者放弃受益权,没有其他受益人的,保险金作为被保险人的遗产由其继承人继承。

3. 受益顺序及受益份额

被保险人或者投保人可以指定一人或者数人为受益人。受益人为数人的,被保险人或者投保人可以确定受益顺序和受益份额;未确定受益份额的,受益人按照相等份额享有受益权[①]。受益顺序是指在保险事故发生后,多个受益人获得保险金的先后顺序。受益份额是保险事故发生后,各个受益人可以实际获得的保险金的数额或者占保险金总额之比例。保险合同中明确约定了受益顺序和受益份额的,则应按照约定分配保险金;未确定受益份额的,则各受益人将处于同一受益顺序等额享有受益权。保险法司法解释(三)第12条进一步规定:投保人或者被保险人指定数人为受益人,部分受益人在保险事故发生前死亡、放弃受益权或者依法丧失受益权的,该受益人应得的受益份额按照保险合同的约定处理。保险合同没有约定或者约定不明的,该受益人应得的受益份额按照以下情形分别处理:① 未约定受益顺序和受益份额的,由其他受益人平均享有。② 未约定受益顺序但约定受益份额的,由其他受益人按照相应比例享有。③ 约定受益顺序但未约定受益份额的,由同顺序的其他受益人平均享有;同一顺序没有其他受益人的,由后一顺序的受益人平均享有。④ 约定受益顺序和受益份额的,由同顺序的其他受益人按照相应比例享有;同一顺序没有其他受益人的,由后一顺序的受益人按照相应比例享有。

---

① 《保险法》第40条。

第三节 保险合同辅助人

保险合同作为一种典型的商事合同,在其订立、履行乃至终止的过程中,往往有一些机构或个人辅助保险合同的当事人与关系人为一定行为,目的是促成保险合同的圆满订立或保障保险合同的适当履行。严格讲,保险合同的辅助人本身并不是保险合同关系中权利义务的享有者或承担者,但其客观上具有辅助保险人开展保险业务的作用,部分参与了保险人和投保人之间订立、履行合同的过程,所以本书也将其纳入保险合同主体这部分来论述。保险合同辅助人是指依照保险法的规定,接受保险活动当事人的委托并为其利益办理相关辅助保险业务的机构或个人。《保险法》规定的辅助人主要有三种,即保险代理人、保险经纪人与保险公估人。

一、保险代理人

(一) 保险代理人的含义与特征

1. 保险代理人的含义

从某种角度看,可以说保险业是建立在代理制度上的行业。运用保险代理人拓展保险业务是各国保险业常用的做法,其在保险发达国家已发展得相当成熟。我国自1992年友邦保险公司率先在上海采用保险代理人展业以来,各保险公司纷纷效仿,保险代理人制度得到迅速发展,保险代理人队伍也迅猛扩张。保险代理人作为保险市场中保险人与投保人之间的纽带,有效沟通了保险供给和保险需求,实现了保险资源的优化配置。保险代理是指保险人委托保险代理人在其授权范围内代为保险业务的代理行为,即保险代理属于委托代理行为,保险代理人通过与保险人签订委托合同获得代理权,因此,保险代理人应在保险人的授权范围内与投保人签订保险合同,该保险合同效力约束投保人与保险人。

保险代理人是根据保险人的委托,向保险人收取佣金,并在保险人授权的范围内代为办理保险业务的机构或者个人[①]。显而易见,保险代理人是基于保险人的利益提供辅助服务的,保险代理人是保险人的代理人。保险代理人可以是机构也可以是自然人。保险代理人的代理权来源于保险人的委托授权行为,保险代理的法律性质是委托代理,保险代理人本质上是保险人的委托代理人,保险人的代理人实质上代理保险人进行保险经营活动。保险代理人的代理职责包括代保险人承接保险业务,代理签发保险单或批单,代收保险费,直至代为保险检验和理赔等。如今,保险代理人制度已为世界上绝大多数保险人所采用,其代理范围涉及保险业务的各个环节,成为保险人拓展保险业务的重要手段之一。

2. 保险代理人的特征

保险代理人作为保险人的委托代理人,他们代表保险人进行市场营销活动,为保险人开展业务、营销保单,并从保险人处收取佣金。保险人的权利主要来自代理合同中保险人的授权,保险代理人在保险人授权范围内的行为被视为保险人的行为。具体而言,保险代理人具

---

① 《保险法》第117条。

有以下四个特征。

（1）保险代理人是具有独立法律地位的法律主体。保险代理人基于独立的经营地位和经济利益,独立地从事保险代理经营活动。

（2）保险代理人在代理权限范围内实施保险代理行为。保险代理人是依据保险人的授权从事保险代理活动的,保险人可以通过明示、默示或者习惯性认可等方式授权保险代理人为其开展业务、营销保单,所以保险代理人必须在代理权限范围内从事代理行为。

（3）保险代理人以保险人的名义实施保险代理行为。《民法典》第162条规定,代理人应以被代理人的名义实施民事法律行为。保险代理人所实施的代理行为也受民法的调整,所以保险代理人如果以自己名义从事保险行为,那么该行为就不能被认定为保险代理行为。

（4）保险人对保险代理人行为承担民事责任。保险代理的目的在于保险人通过保险代理人的活动来实现展业,因而保险代理活动所产生的一切法律后果都应由保险人承担。这种后果除了对保险人有利的法律后果以外,还包括由于保险代理人故意或过失所造成的不利后果。只要保险代理人在授权范围内进行了正常的保险代理活动,无论法律后果对保险人是否有利,保险人都要承担。

（二）保险代理人的分类

1. 产险代理人和寿险代理人

按照所销售的险种分类,保险代理人可分为产险代理人和寿险代理人。

（1）产险代理人。产险代理人是指接受保险人的委托,从事财产保险业务销售的保险代理人。由于财产保险的技术性强,如卫星保险、核保险等财产保险对专业技术的要求,这就要求产险代理人必须具备相关的专业知识,才能与投保人进行良好的沟通,促进合同的达成。因此,从理论上讲,产险代理人采用保险代理机构的形式较为适宜。

（2）寿险代理人。寿险代理人是指接受保险人的委托,从事人寿保险业务销售的保险代理人。寿险市场一般比较分散,其业务的对象通常是个人和家庭,这决定了寿险代理人一般以个人代理为主,从而能够为投保人提供更为"个人化"的服务。

2. 承保代理人、理赔代理人和追偿代理人

按照保险业务运作的程序分类,保险代理人可以分为承保代理人、理赔代理人和追偿代理人。

（1）承保代理人。承保代理人是指受保险公司的委托代为办理承保业务的代理人。承保代理人根据委托书的授权,代理所规定的限额以下的各种承保业务。不在委托书规定的范围内的承保业务,均须征得保险人的同意后方可接受。

（2）理赔代理人。理赔代理人是指代替保险公司从事赔款处理的代理人。理赔代理人的条件是具有一定的专业技术水平,可以从事保险事故的检验、索赔计算、追偿和处理损余。

（3）追偿代理人。追偿代理人是指专门从事向第三者责任方或其他责任方追偿的保险代理人。海上保险的追偿有很多是委托代理人代办的。追偿代理人包括保险人委托的国外理赔代理人和保险人临时指定的追偿代理人。

3. 专业保险代理人、兼业保险代理人和个人保险代理人

按照从业性质的不同分类,保险代理人可以分为专业保险代理人、兼业保险代理人和个

人保险代理人。这也是我国《保险法》的保险代理人的分类方式。

(1) 专业保险代理人。专业保险代理人是指专门从事保险代理业务的保险代理机构。专业保险代理机构是指符合保险监督管理机构规定的资格条件,经保险监督管理机构批准取得经营保险代理业务许可证,根据保险人的委托向保险人收取佣金,在保险人授权的范围内专门代为办理保险业务的机构,包括保险专业代理公司及其分支机构。我国的专业保险代理机构可以采取的组织形式为有限责任公司和股份有限公司。

(2) 兼业保险代理人。兼业保险代理人是指经保险监督管理机构核准,利用自身主业与保险的相关便利性接受保险人的委托,在从事自身业务的同时为保险人代办保险业务的机构,包括保险兼业代理法人机构及其分支机构。从事保险兼业代理的机构必须向保险监督管理机构申请保险兼业代理资格,经保险监督管理机构核准取得保险兼业代理许可证才能办理兼业代理业务。常见的兼业代理主要有银行代理、行业代理和单位代理三种。在我国,主要的保险兼业代理机构有银行、邮局、民航、铁路、车管所等。

(3) 个人保险代理人。个人保险代理人是指与保险人签订委托代理合同,向保险人收取代理手续费,并在保险人授权的范围内代为办理保险业务的人员。个人保险代理人是我国保险业特别是寿险业的重要销售渠道。

案例导读 5-5

保险公司的业务人员与保险公司的法律关系[①]

案情

徐某于 1997 年 3 月 20 日到保险公司从事保险代理工作。2005 年 1 月 20 日,保险公司与徐某签订了《个人代理人保险代理合同书》和《收展员保险服务合同书》,其中《个人代理人保险代理合同书》第 2 条约定,在本合同有效期内,甲方(保险公司)委托乙方(徐某)以甲方名义代甲方办理人身保险业务,乙方在甲方授权范围内从事代理活动所产生的法律责任由甲方承担。甲方按本合同约定支付乙方代理手续费(佣金)。本合同及附件的相关内容在任何时候均不直接或间接构成甲、乙双方之间的劳动关系或劳动合同关系。2005 年 3 月 30 日,双方签订了《收展员保密合同》;2006 年 10 月 8 日,双方签订了《保险营销员保险代理合同》,但双方未签订劳动合同。徐某的报酬由服务津贴和佣金组成,保险公司每月 15 日支付徐某上月的服务津贴和上月的提成。保险公司依据国家税收的有关规定替徐某代扣了营业税、城建税、教育税等。2007 年 8 月,徐某没有按考核规定完成新单保险费收取数额,保险公司停发了徐某的服务津贴和提成,该公司提出与徐某解除个人保险代理合同,并于 2007 年 11 月 15 日向徐某发出《收展人员保险代理合同解约通知书》,徐某在该通知书上签了字,同日徐某签订了离司保证书。徐某称在工作期间,其接受保险公司的管理和安排,服从公司的各项规章制度,按月领取工资报酬,与保险公司存在事实劳动关系。保险公司称依据保险法律、法规规章,我公司与徐某是保险代理关系,并非劳动关系。

裁判

一审法院认为:目前我国尚不具备符合法定条件的个人保险代理人。现在从事保险营销及代理业务的保险营销人员,只是保险公司或保险代理机构聘用的保险营销员。这些保险营销员虽然取得了保险代理人的资格,与保险公司签订了代理协议,但是他们还不具备法律和行政法规要求的个

---

① 参见北京市第一中级人民法院(2008)一中民终字第 16479 号民事判决书。

人保险代理人的全部条件,因而不能作为个人保险代理人独立进行经营活动。也就是说,在目前保险营销人员未进行工商登记的情况下,他们与保险公司之间尚不具备建立代理与被代理关系的资格。本案中,保险公司虽然没有与徐某签订劳动合同,但双方所签订的《个人代理人保险代理合同》《保险营销员保险代理合同》《收展员保险服务合同书》《收展员保密合同》规定了双方的权利和义务。徐某在保险公司有具体的工作岗位,保险公司制定的各项规章制度适用于徐某,受保险公司的管理,并且徐某按月获得报酬(服务津贴、佣金)。徐某与保险公司之间在人格上与组织上具有劳动法意义上用人单位与劳动者之间的从属关系,双方的关系符合劳动合同的法律特征。

一审法院判决后,保险公司不服,提起上诉。

二审法院认为:保险公司与徐某争议的焦点是双方之间存在的是劳动关系还是保险代理关系。按照通常的解释,劳动关系是指劳动者和用人单位通过签订劳动合同,明确双方权利义务关系的法律行为;而保险代理关系是指保险代理人根据保险委托合同在授权范围内,以保险人的名义代理保险业务,并向保险人收取报酬,代理行为所产生的后果直接由保险人承担的法律行为。从本案看,保险公司与徐某签订了《个人代理人保险代理合同书》《收展员保险服务合同书》《保险营销员保险代理合同》等,特别是《个人代理人保险代理合同书》第2条明确约定,在本合同有效期内,保险公司委托徐某以该公司的名义代办人身保险业务,徐某在保险公司授权范围内从事代理活动所产生的法律责任由该公司承担。该公司按本合同约定支付徐某代理手续费(佣金)。在实际履行合同过程中,保险公司委托徐某先后从事客户原始记录、投保单的初审、保单的交接、保险费收取及后期服务等;徐某从保险公司领取服务津贴和佣金(包括提成);此外,保险公司依据国家税收的有关规定替徐某代扣了营业税等。以上事实表明,徐某与保险公司在合同中明确约定了双方之间系保险人与保险代理人的关系,在工作中双方亦紧紧围绕委托与代理关系实际履行合同,因而保险公司与徐某之间的关系符合保险代理关系的条件和一般特征,双方之间应为保险代理关系。另外,保险公司依据法律规定对徐某进行管理指导、监督检查和考核是为了确保保险代理业务健康有序地开展,其行为不影响双方基于平等自愿所建立的代理关系,而且双方这种管理关系相对比较宽松,与劳动合同的隶属关系有着显著区别。徐某提交存折和工资卡称,保险公司为其发放了工资,但存折和工资卡是支付报酬的凭证,不是劳动合同中特有的报酬支付形式,在委托合同甚至其他有偿合同中均可能被采用,因而不能直接证明双方存在劳动关系。一审法院认定其为劳动关系不当,本院予以纠正。

评析

随着我国保险行业的发展,越来越多的保险代理人进入保险行业,对保险业务的发展起到了重要作用。随之而来的是,保险代理人与保险公司之间的纠纷亦不断增多,要求确认双方是否存在劳动关系的劳动争议案件即典型代表。《中国保险监督管理委员会关于个人保险代理人法律地位的复函》明确提出:① 根据《保险法》第125条和第128条的规定,个人保险代理人属于保险代理人的一种,其与保险公司之间属于委托代理关系。② 在具体案件中,保险公司的业务人员是否属于个人保险代理人,保险公司与该业务人员之间是否属于委托代理关系,应当依据二者间订立的具体协议的法律性质确定。保险代理人与保险人之间的委托法律关系与用人单位、劳动者间产生的劳动关系存在明显区别。保险实务中,保险公司对个人保险代理人实施考勤管理、培训管理、奖惩管理、考核晋升管理等基于保险公司对保险代理人的培训和管理的法定义务(《保险法》第112条)。在报酬上,保险公司根据代理人所做的业务量支付一定的佣金而不是约定的工资数额,该佣金也不受国家规定的最低工资限制。另外,保险公司不承担保险代理人的社会保险和社会福利责任。

(三)保险代理人的从业资格

在保险市场上能否承保大量的业务,对于保险人而言,是关涉其经营的生死攸关的大事。保险人只有大量承保才能把危险在众多的被保险人之间进行分摊,也才能增强其市场竞争力,扩大市场份额。保险代理人在保险人拓展保险市场的过程中起着举足轻重的作用,他们的行为既影响保险人的利益,也影响广大投保人、被保险人和受益人的利益。由此,保险代理人的从业资格一直受到较为严格的法律规制。

1. 保险专业代理机构的从业资格

依据自 2021 年 1 月 1 日起施行的《保险代理人监管规定》第 6 条的规定,除国务院保险监督管理机构另有规定外,保险专业代理公司应当采取股份有限公司和有限责任公司的组织形式。保险专业代理公司应当符合中国银保监会规定的资格条件,取得经营保险代理业务许可证。另外,还需要在以下方面符合管理规定的要求:① 股东信誉良好,最近 5 年内未受到刑罚或者重大行政处罚,无重大违法记录或其他严重失信不良记录,且出资资金自有、真实、合法,不得用银行贷款及各种形式的非自有资金投资。② 经营区域不限于注册登记地所在省、自治区、直辖市、计划单列市的保险专业代理公司的注册资本最低限额为 5 000 万元。经营区域为注册登记地所在省、自治区、直辖市、计划单列市的保险专业代理公司的注册资本最低限额为 2 000 万元。注册资本必须为实缴货币资本。③ 营业执照记载的经营范围符合有关规定。④ 公司章程符合有关规定。⑤ 公司名称中应当包含"保险代理"字样,其字号不得与现有的保险专业中介机构相同,与其他保险专业中介机构具有同一实际控制人的保险专业代理公司除外。此外,保险专业代理公司应当规范使用机构简称,清晰标识所属行业细分类别,不得混淆保险代理公司与保险公司概念。⑥ 高级管理人员符合任职资格条件。⑦ 有符合国务院保险监督管理机构规定的治理结构和内控制度,商业模式科学合理可行。⑧ 有与业务规模相适应的固定住所。⑨ 有符合国务院保险监督管理机构规定的业务、财务信息管理系统。⑩ 法律、行政法规和国务院保险监督管理机构规定的其他条件。

保险专业代理公司可设立分支机构,包括分公司、营业部。保险专业代理公司设立分支机构应当具备下列条件:① 保险专业代理公司及分支机构最近 1 年内没有受到刑罚或者重大行政处罚;② 保险专业代理公司及分支机构未因涉嫌违法犯罪正接受有关部门调查;③ 保险专业代理公司及分支机构最近 1 年内未发生 30 人以上群访群诉事件或者 100 人以上非正常集中退保事件;④ 最近 2 年内设立的分支机构不存在运营未满 1 年退出市场的情形;⑤ 具备完善的分支机构管理制度;⑥ 新设分支机构有符合要求的营业场所、业务财务信息管理系统,以及与经营业务相匹配的其他设施;⑦ 新设分支机构主要负责人符合法定任职条件;⑧ 国务院保险监督管理机构规定的其他条件。需要注意的是,保险专业代理公司因严重失信行为被国家有关单位确定为失信联合惩戒对象且应当在保险领域受到相应惩戒的,或者最近 5 年内具有其他严重失信不良记录的,不得新设分支机构经营保险代理业务。

另外,保险专业代理机构高级管理人员应当在任职前取得保险监督管理机构核准的任职资格。保险专业代理机构高级管理人员是指保险专业代理公司的总经理、副总经理、省级分公司主要负责人或者在公司经营管理中行使重要职权的其他人员。保险专业代理机构高级管理人员应当具备下列条件:① 大学专科以上学历;② 从事金融工作 3 年以上或者从事经济工作5年以上;③ 具有履行职责所需的经营管理能力,熟悉保险法律、行政法规及国务院保险监督管理机构的相关规定;④ 诚实守信,品行良好。从事金融工作10年以上的人员,学历要求可以不受限制。保险专业代理机构任用的省级分公司以外分支机构主要负责人也应当具备前述条件。同时,保险专业代理机构高级管理人员、省级分公司以外分支机构主要负责人至多兼任2家分支机构的主要负责人。保险专业代理机构高级管理人员和省级分公司以外分支机构主要负责人兼任其他经营管理职务的,应当具有必要的时间履行职务。

2. 保险兼业代理机构的从业资格

依据《保险代理人监管规定》第12条的规定,申请保险兼业代理资格应具备下列条件:① 有市场监督管理部门核发的营业执照,其主营业务依法须经批准的,应取得相关部门的业务许可;② 主业经营情况良好,最近2年内无重大行政处罚记录;③ 有同主业相关的保险代理业务来源;④ 有便民服务的营业场所或者销售渠道;⑤ 具备必要的软硬件设施,保险业务信息系统与保险公司对接,业务、财务数据可独立于主营业务单独查询统计;⑥ 有完善的保险代理业务管理制度和机制;⑦ 保险代理业务责任人应当品行良好,熟悉保险法律、行政法规,具有履行职责所需的经营管理能力;⑧ 法律、行政法规和国务院保险监督管理机构规定的其他条件。另外,保险兼业代理机构因严重失信行为被国家有关单位确定为失信联合惩戒对象且应当在保险领域受到相应惩戒的,或者最近5年内具有其他严重失信不良记录的,不得经营保险代理业务。

3. 个人保险代理人的从业资格

2015年8月3日,中国保监会下发了《中国保监会关于保险中介从业人员管理有关问题的通知》,该通知明确了资格证书不再作为个人保险代理人执业登记管理的必要条件。根据我国《保险法》第111条、第112条及相关法律法规的规定,个人成为保险代理人需要符合以下三个条件:① 具有完全民事行为能力;② 品行良好,具有保险销售所需的专业技能;③ 与保险人订立保险代理合同。《保险代理人监管规定》第36条及第37条再次强调,保险公司应当委托品行良好的个人保险代理人,而且个人保险代理人应当具有从事保险代理业务所需的专业能力。

另外,随着《保险代理人监管规定》的施行,保险行业期盼已久的独立个人保险代理人制度终于"破冰",依据该规定第39条,国务院保险监督管理机构对个人保险代理人实施分类管理,加快建立独立个人保险代理人制度。2020年12月23日,《中国银保监会办公厅关于发展独立个人保险代理人有关事项的通知》发布,其作为《保险代理人监管规定》的配套性文件,进一步细化了独立个人保险代理人的市场定位、基本条件、基本业务规范、保险公司的甄选及管理责任、监管部门的监督管理等问题。独立个人保险代理人是指与保险公司直接签订委托代理合同,自主独立开展保险销售的保险销售从业人员。依据《中国银保监会办公厅关于发展独立个人保险代理人有关事项的通知》的相关规定,独立个人保险代理人应符合以下基本条件:① 应具备大专以上学历,通过保险基本理论和保险产品知识专门培训及测试,从事保险工作5年以上者可放宽至高中学历;② 应诚实守信,品行良好,未曾因贪污、受贿、侵占财产、挪用财产或者破坏社会主义市场秩序被判处刑罚,未曾因严重失信行为被国家有关单位确定为失信联合惩戒对象,最近3年内未曾被金融监管机构行政处罚;③ 应具有承担经营风险的意识,有较强的业务拓展能力和创业意愿。

延伸阅读 5-2

完善独立个人保险代理人制度尚需时日[①]

个人保险代理人队伍长期存在大进大出、素质参差不齐等问题,而趋于扁平化的独立个人保险代理人制度,有助于形成一支更加专业化、职业化和稳定化的保险代理人队伍。不过,建立真正意义上的独立个人保险代理人制度尚需时日。

2020年12月23日,《中国银保监会办公厅关于发展独立个人保险代理人有关事项的通知》发布,其作为《保险代理人监管规定》的配套性文件,从2021年1月1日起执行,独立个人保险代理人制度正式登场。

自1992年引入我国保险市场后,个人保险代理人队伍不断壮大。一支质量上乘的保险代理人队伍不仅是保险企业在市场胜出的利器,也是保险市场营销最重要的渠道。截至2021年1月,全国保险公司共有个人保险代理人900万人左右。2020年前三季度,全国个人保险代理人渠道实现保费收入1.8万亿元,占保费总收入的48.1%。个人保险代理人在普及保险知识、推动保险业快速增长、促进社会就业等方面作出巨大贡献。同时也要看到,个人保险代理人队伍长期存在大进大出、素质参差不齐、保险专业服务能力不足、社会形象偏差等问题,这对于保险业来说无疑是个隐患。

如何通过健康增量逐步稀释问题存量?独立个人保险代理人是一种重要方式。趋于扁平化的独立个人保险代理人制度,有助于形成一支更加专业化、职业化和稳定化的保险代理人队伍。事实上,监管层在更早一些时候已经肯定了部分保险公司开展独立个人保险代理人试点工作。此次的通知正是在前期试点的成功经验上,明确政策要求和导向,进一步规范相关业务,全面研究建立比较完善的独立个人保险代理人管理制度。

不过,建立真正意义上的独立个人保险代理人制度尚需时日。独立保险代理人制度是源自美国等保险发达市场的"舶来品"。在美国,目前保险代理人规模为34万人,其中独立代理人19万人,占比56%,保险市场份额占比49%,均高于专属代理人。成熟保险市场的这一"独立"含义完整地体现在两方面:一是自主展业,没有层级关系;二是可代理多家保险公司业务。从中国银保监会发布的通知来看,现行的独立保险代理人制度实现的"独立"更多是第一个层面上的,即代理人自主独立开展销售,辅助非销售人员不得超过3人,同时杜绝层级利益。在第二个层面上,"独立"的意义是有限制的,即只能销售签订代理合同的保险公司产品,如想代理多家公司产品,须选择有兼营资质的保险公司,而且与自身代理业务不能存在直接竞争关系等。这种限制与我国独立个人保险代理人尚处初期阶段相关,从长期看,最终放开多家保险公司业务代理权是必然的。

代理权从一家保险公司拓展到多家,这中间还有多长的距离?从目前看,这有赖于保险公司对独立个人保险代理人的扶持力度,包括产品设计、授权管理、执业培训等多方面。特别是能否通过互联网科技,给看似零散的独立代理人提供实现多种营销需求的强大后台,这将是这个群体职业能否快速稳定发展壮大的关键因素。

(四)保险代理人的执业规则

保险代理人是代理保险人经营保险业务,其实施的代理行为所产生的法律后果直接由保险人承担,投保人也大多通过保险代理人了解保险人及其保险产品而决定是否购买,可见,保险代理活动涉及千家万户,影响着保险功能的发挥。因此,为了规范保险代理人的经

[①] 江帆:《完善独立个人保险代理人制度尚需时日》,《经济日报》2021年1月5日第5版。

营行为、保护保险合同当事人和关系人的合法权益、维护市场秩序、促进保险业健康发展,有必要对保险代理人的行为加以规制,我国《保险法》《保险代理人监管规定》等法律法规均对保险代理人规定了严格的执业规则。

1. 签订委托代理合同

保险代理人从事保险代理业务,应当与被代理保险人签订书面委托代理合同,依法约定双方的权利义务及其他事项。委托代理合同不得违反法律、行政法规及中国银保监会有关规定。

2. 业务范围

(1) 专业代理人。保险专业代理机构的业务范围受到一定限制,其可以经营代理销售保险产品、代理收取保险费、代理相关保险业务的损失勘查和理赔,以及中国银保监会规定的其他业务。保险专业代理公司在注册地以外的省、自治区或者直辖市开展保险代理活动,应当设立分支机构。保险专业代理公司分支机构的经营区域不得超出其所在地的省、自治区或者直辖市。保险专业代理机构从事保险代理业务不得超出被代理保险公司的业务范围和经营区域。

(2) 兼业代理人。保险兼业代理机构可以经营代理销售保险产品、代理收取保险费业务及中国银保监会批准的其他业务。保险兼业代理人只能在其主业营业场所内代理保险业务,不得在营业场所外另设代理网点。需要注意的是,保险公司兼营保险代理业务的,除同一保险集团内各保险子公司之间开展保险代理业务外,一家财产保险公司在一个会计年度内只能代理一家人身保险公司业务,一家人身保险公司在一个会计年度内只能代理一家财产保险公司业务。

(3) 个人保险代理人。个人保险代理人代为办理人寿保险业务时,不得同时接受两个以上保险人的委托。个人保险代理人应当在所属机构的授权范围内从事保险代理业务。保险公司兼营保险代理业务的,其个人保险代理人可以根据授权,代为办理其他保险公司的保险业务。个人保险代理人所属保险公司应当及时变更执业登记,增加记载授权范围等事项。法律、行政法规和国务院保险监督管理机构另有规定的,适用其规定。

3. 财务、业务与佣金管理

保险专业代理机构、保险兼业代理机构应当建立专门账簿,记载保险代理业务收支情况。代收保险费的,应当开立独立的代收保险费账户进行结算。保险专业代理机构、保险兼业代理机构开立、使用其他与经营保险代理业务有关银行账户的,应当符合中国银保监会的规定。

保险专业代理机构应当建立完整规范的业务档案,业务档案应当至少包括下列内容:① 代理销售保单的基本情况,包括保险人、投保人、被保险人名称或者姓名,保单号,产品名称,保险金额,保险费,缴费方式,投保日期,保险期间等;② 保险费代收和交付被代理保险公司的情况;③ 保险代理佣金金额和收取情况;④ 为保险合同签订提供代理服务的保险代理机构从业人员姓名、领取报酬金额、领取报酬账户等;⑤ 其他重要业务信息。保险专业代理机构的记录应当真实、完整。保险兼业代理机构的业务档案至少应当包括前述保险专业代理机构的业务档案中的第1项至第3项内容,并应当列明为保险合同签订提供代理服务的保险兼业代理机构从业人员姓名及其执业登记编号。保险专业代理机构、保险兼业代理机构的记录应当真实、完整。

保险专业代理机构、保险兼业代理机构应当开立独立的佣金收取账户。

4. 禁止性行为

《保险法》第131条规定,保险代理人及其从业人员在办理保险业务活动中不得有下列行为:

(1) 欺骗保险人、投保人、被保险人或者受益人;

(2) 隐瞒与保险合同有关的重要情况;

(3) 阻碍投保人履行本法规定的如实告知义务,或者诱导其不履行本法规定的如实告知义务;

(4) 给予或者承诺给予投保人、被保险人或者受益人保险合同约定以外的利益;

(5) 利用行政权力、职务或者职业便利以及其他不正当手段强迫、引诱或者限制投保人订立保险合同;

(6) 伪造、擅自变更保险合同,或者为保险合同当事人提供虚假证明材料;

(7) 挪用、截留、侵占保险费或者保险金;

(8) 利用业务便利为其他机构或者个人牟取不正当利益;

(9) 串通投保人、被保险人或者受益人,骗取保险金;

(10) 泄露在业务活动中知悉的保险人、投保人、被保险人的商业秘密。

此外,依据《保险代理人监管规定》的相关规定,保险代理人还不得有以下行为:① 以捏造、散布虚假事实等方式损害竞争对手的商业信誉,以虚假广告、虚假宣传或者其他不正当竞争行为扰乱保险市场秩序;② 与非法从事保险业务或者保险中介业务的机构或者个人发生保险代理业务往来;③ 将保险佣金从代收的保险费中直接扣除。

同时,保险专业代理机构以及保险兼业代理机构不得以缴纳费用或者购买保险产品作为招聘从业人员的条件,不得承诺不合理的高额回报,不得以直接或者间接发展人员的数量作为从业人员计酬的主要依据。另外,保险代理人及保险代理机构从业人员在开展保险代理业务过程中,不得索取、收受保险公司或其工作人员给予的合同约定之外的酬金、其他财物,或者利用执行保险代理业务之便牟取其他非法利益。

需要注意的是,保险专业代理机构及其从业人员、个人保险代理人不得销售非保险金融产品,经相关金融监管部门审批的非保险金融产品除外。保险专业代理机构及其从业人员、个人保险代理人销售符合条件的非保险金融产品前,应当具备相应的资质要求。另外,个人保险代理人、保险代理机构从业人员不得聘用或者委托其他人员从事保险代理业务。

案例导读 5-6

保险代理人阻碍投保人履行如实告知义务应视为投保人已履行如实告知义务[①]

案情

2016年6月29日,丁某经过体检发现患有右侧甲状腺结节。2016年8月21日,张某(系丁某之配偶)作为投保人,丁某作为被保险人及受益人,向甲保险公司投保人身保险。张某投保时向保险

---

① 参见上海金融法院(2019)沪74民终373号民事判决书。

代理人黄某出示了丁某的上述体检报告,并口头告知黄某,被保险人丁某经过体检发现有甲状腺结节。保险代理人黄某在投保书上代张某和丁某打钩,在询问事项"甲状腺或甲状旁腺疾病"位置勾选"否"。张某和丁某在《人身保险投保书》(电子版)、《人身保险(个险渠道)投保提示书》上签字。涉案保险合同于2016年9月1日成立并生效。投保险种中包括附加重疾险,保险期间为终身,基本保险金额为30万元。2018年4月13日,丁某在某医院手术,确诊为右侧甲状腺恶性肿瘤。嗣后,丁某向甲保险公司申请理赔。2018年8月5日,甲保险公司出具《理赔决定通知书》,载明解除保险合同并不退还保费,不予理赔。甲保险公司将上述《理赔决定通知书》送达张某和丁某。丁某不同意上述通知,遂诉至法院要求甲保险公司支付保险金30万元。

裁判

一审法院认为:保险代理人在投保人出示丁某体检报告而明知丁某患有甲状腺结节的情况下,仍代投保人张某和丁某在投保书询问事项"甲状腺或甲状旁腺疾病"中勾选"否",保险代理人的上述行为系属阻碍投保人履行保险法规定的如实告知义务,故保险代理人上述代为填写的内容不能视为投保人的真实意思表示。涉案投保人和丁某在投保时已经出具了丁某的体检报告,故投保人在投保时已经履行了如实告知义务。保险公司不得以丁某未履行如实告知义务而解除合同并予以拒赔。

一审法院判决后,保险公司不服,提起上诉。

二审法院认为:丁某确认了其在投保过程中已将有甲状腺结节的情形口头告知了其保险代理人,并出示了体检报告,相关询问事项的勾选均由保险代理人代为完成,而保险代理人对于相应告知事项均勾选了"否"等事实。上述事实,丁某的保险代理人亦出庭作证予以了确认。本案系保险代理人代为填写保险单证,并且阻碍了本案投保人、被保险人一方履行其法定的如实告知义务,不能认定丁某的意思表示系未履行如实告知义务,并无不妥。保险代理人的相关行为,当属代表保险人的真实意思表示,而保险公司对于上述事实不予认可,并认为本案系被保险人与保险代理人恶意串通,却未能提交恶意串通的确凿证据,本院对此同样难以采信。判决驳回上诉,维持原判。

评析

作为保险人与投保人之间的"桥梁",保险代理人的诚信执业是保险合同当事人之间沟通顺畅的重要保障。保险代理人不规范、不诚信执业,将会影响保险当事人的切身利益,阻碍整个保险行业的健康发展。保险实务中,合同签订过程中,多有保险代理人不按照投保人真实意思表示代填保险单证的,如保险代理人明知被保险人患有甲状腺结节,却仍在相应位置勾选"否",该种不诚信执业行为属于阻碍投保人履行如实告知义务,应视为投保人已经履行了如实告知义务,而且保险代理人在授权范围内代为办理保险业务的行为应被视为保险人的行为,保险人应当予以理赔。

(五) 保险代理人的表见代理

1. 保险表见代理的含义

保险人委托保险代理人代为办理保险业务,应当与保险代理人签订委托代理协议,依法约定双方的权利和义务。保险代理人根据保险人的授权代为办理保险业务的行为,由保险人承担责任。但在保险市场中,由于保险人的监管疏忽,个别保险代理人受利益驱动,往往会发生保险代理人没有代理权、超越代理权或者代理权终止后以保险人名义订立合同的情形,此时,若投保人有理由相信其有代理权的,为保护善意投保人的利益、鼓励交易、维护交易安全,应认定该代理行为有效。保险人可以依法追究无权的保险代理人的责任。保险代理人的此种行为在学理上被称为表见代理,我国《民法典》第172条、《保险法》127条第2款、

《保险代理人监管规定》第53条第2款对此均有明确规定。本书认为,保险表见代理是指保险代理人虽无代理权,但善意投保人客观上有充分理由相信其具有代理权,而与无权代理人进行保险活动,由此引发的法律后果由保险人承担的无权代理。

2. 保险表见代理的构成要件

（1）无权代理人并没有获得保险人的授权。保险代理权的行使必须获得保险人的合法授权,保险人在代理合同中明确规定代理权限、代理权起止时间,只有在权限范围及权利有效期内,保险代理人的代理为有权代理。保险代理人没有代理权、超越代理权或者代理权终止后,以保险人的名义实施保险行为,属于没有代理权而为的代理行为。

（2）投保人有合理的理由相信保险代理人有代理权。保险表见代理中"投保人有合理的理由相信其有代理权"表明客观上存在授权表象,使投保人相信行为人具有代理权。对于什么是"合理的理由",须客观上存在使第三人相信无权代理人拥有代理权的理由,而非投保人的主观臆断,即客观上存在一些足以将无权代理人与保险人联系起来的表象。例如,无权代理人具有保险代理证书、保险人的印章、保险人单位介绍信、盖有保险人印鉴的空白保险合同、保费收据等材料都可以认为投保人有理由相信其拥有保险代理权。

（3）投保人或被保险人主观上须为善意且无过失。所谓善意且无过失,是指投保人或被保险人不知道行为人的代理行为欠缺代理权,而且这种不知情不能归咎于他们的疏忽或懈怠。如果投保人或被保险人明知行为人无代理权或根据通常情况应当知道行为人无代理权,则不构成保险表见代理。例如,在保险代理关系终止之后,保险人已经在报纸上发出了公告,则以此可以推定投保人在主观上应当知道保险代理人不具有保险代理权。

（4）投保人已与无代理权的行为人订立保险合同关系。无权代理人没有代理权而实施保险代理行为,即使投保人有正当理由相信该无权代理人有合法授权,但若没有与该无权代理人订立保险合同,也不发生表见代理的法律后果。只有投保人基于此信赖与该无权代理人订立了保险合同,才成立保险表见代理。

3. 保险表见代理的法律效果

保险表见代理的法律后果应当包含两层法律关系。第一层是保险人与投保人之间的法律关系。在构成保险表见代理的情况下,无权代理人所实施的保险代理行为的法律后果应直接归属于保险人,保险人应受到表见代理人与投保人订立的合同的约束,直接承担保险合同的权利义务。第二层是表见代理人与保险人之间的法律关系。表见代理人与保险人之间并不因为保险表见代理的发生而产生有权代理的后果,在保险人向投保人承担法律后果后并就其损失向该表见代理人行使追偿权之时,表见代理人应依据其过错向保险人承担责任。

二、保险经纪人

（一）保险经纪人的概念和特征

1. 保险经纪人的概念

投保人与保险人之间是通过订立保险合同来形成保险法律关系的,他们之间的权利义务由保险条款加以固定,而保险条款是保险人单方面厘定的格式化文本,并且较为冗长、专业、复杂,投保人往往并不十分清楚保险条款的内容,其合法利益也就无法得到完全保证。

保险经纪人是基于投保人的利益,为投保人与保险人订立保险合同提供辅助服务,并依法收取佣金的机构。投保人可以委托保险经纪人来为其提供专业化的保障计划,选择优质保险人和选择个人化保险产品。在我国,保险经纪人包括保险经纪公司及其分支机构。

2. 保险经纪人的特征

(1) 保险经纪人代表投保人的利益。保险经纪人接受投保人的委托,代表的是投保人的利益,应当按照投保人的要求实施保险行为。

(2) 保险经纪人是为投保人与保险人订立保险合同提供辅助服务的人。保险经纪人只是向投保人通知订立保险合同的机会或者代替投保人向保险人洽商保险合同,并不以自己的名义或者投保人的名义与保险人订立保险合同,保险合同仍须由投保人自己与保险人订立。

(3) 保险经纪人可以依法收取佣金。佣金是保险经纪人为投保人与保险人订立保险合同提供辅助服务的报酬。一般而言,经纪合同的委托人应当向经纪人给付报酬,作为对经纪人提供辅助服务的补偿。但根据保险行业的习惯,保险经纪人虽然接受投保人的委托并代表投保人的利益,为投保人与保险人订立保险合同提供辅助服务,但其佣金一般由保险人支付。如果保险经纪人与投保人约定,由投保人为保险经纪人支付佣金,投保人应当按照合同的约定支付[①]。

(4) 业务范围广。保险经纪人从事保险活动的范围不限于投保环节,而是涉及提供投保咨询、设计投保方案、参与投保谈判、帮助出险索赔等各个保险环节。

3. 保险代理人和保险经纪人的区别

(1) 二者代表的利益不同。保险代理人是受保险人的委托,为保险人的利益为保险代理行为的;保险经纪人则是基于投保人的利益从事保险经纪活动,为投保人提供诸如评估风险、选择保险人和险种等服务。

(2) 二者收取佣金的方式不同。保险代理人为保险人利益从事保险代理活动,他只能按代理合同的规定向保险人收取代理费;保险经纪人基于投保人的利益从事保险经纪活动,从理论上讲,应由投保人根据经纪人提供的服务,给予一定的报酬。但在实务中,保险公司接受业务后,通常会从收取的保险费中提取一定比例作为佣金支付给经纪人。

(3) 二者的法律地位不同。保险代理人以保险人的名义进行保险活动,其代理行为被视为保险人的行为,保险代理人根据保险人的授权代为办理保险业务的行为,由保险人承担法律后果;保险经纪人以自己的名义进行保险活动,并独立承担由此产生的法律后果,保险经纪人因过错给投保人、被保险人造成损失的,依法承担赔偿责任。

(4) 二者的主体形式不同。保险代理人的组织形式可以是机构或个人。保险经纪人则以自己名义从事保险活动并自行承担法律责任,我国保险法对其组织形式的限定较保险代理人更为严格,要求其只能是机构组织形态。

(二) 保险经纪人的分类

1. 寿险经纪人、非寿险经纪人

按照业务的范围不同,保险经纪人可分为寿险经纪人和非寿险经纪人。

---

① 邹涛、白海玉、费宏达:《案例导读——保险法及配套规定 e 本通》,法律出版社 2017 年版,第 168 页。

(1) 寿险经纪人。寿险经纪人是指基于投保人利益,在人寿保险范围内为投保人提供咨询、风险评估、选择保险人和险种等服务的保险经纪人。寿险经纪人主要从事企业团体寿险和高收入阶层养老金保险的经纪业务。

(2) 非寿险经纪人。非寿险经纪人是指基于投保人利益,在非寿险范围内为投保人提供咨询、风险评估、选择保险人和险种等服务的保险经纪人。非寿险经纪人主要从事各类财产保险、健康保险和意外伤害保险的经纪业务。

2. 个人保险经纪人、合伙保险经纪组织和保险经纪公司

按照保险经纪人的组织形式,可以分为个人保险经纪人、合伙保险经纪组织和保险经纪公司。

(1) 个人保险经纪人。个人保险经纪人是指以自然人个人名义从事保险经纪业务的经纪人。个人保险经纪人在英国、美国、日本等国是保险经纪人的组成部分。但是,这些国家均规定有严格的资格条件,并强制性地要求个人保险经纪人必须依法交纳营业保证金或者投保职业责任保险[①]。

(2) 合伙保险经纪组织。合伙保险经纪组织是指采取合伙企业形式的保险经纪人。英国、美国等国允许保险经纪组织采取合伙形式,但是,要求全部合伙人必须进行保险经纪人注册。

(3) 保险经纪公司。保险经纪公司是指以公司形式设立的保险经纪人。这是各国保险立法均认可的保险经纪人组织形式。我国《保险经纪人监管规定》第6条明确规定,除中国银保监会另有规定外,保险经纪人应当采取有限责任公司和股份有限公司组织形式。

(三) 保险经纪人的从业资格

我国《保险法》规定,保险经纪人应当具备国务院保险监督管理机构规定的条件,取得保险监督管理机构颁发的经营保险经纪业务许可证。同时,依据《保险经纪人监管规定》的相关规定,保险经纪人的名称中应当包含"保险经纪"字样。保险经纪人的字号不得与现有的保险专业中介机构相同,与保险专业中介机构具有同一实际控制人的保险经纪人除外。经营区域不限于工商注册登记地所在省、自治区、直辖市、计划单列市的保险经纪公司的注册资本最低限额为5 000万元。经营区域为工商注册登记地所在省、自治区、直辖市、计划单列市的保险经纪公司的注册资本最低限额为1 000万元。保险经纪公司的注册资本必须为实缴货币资本。

保险经纪公司经营保险经纪业务,应当具备下列条件:① 股东符合相关规定的要求,而且出资资金自有、真实、合法,不得用银行贷款及各种形式的非自有资金投资;② 注册资本符合《保险经纪人监管规定》第10条要求,且按照中国银保监会的有关规定托管;③ 营业执照记载的经营范围符合中国银保监会的有关规定;④ 公司章程符合有关规定;⑤ 公司名称符合规定要求;⑥ 高级管理人员符合规定的任职资格条件;⑦ 有符合中国银保监会规定的治理结构和内控制度,商业模式科学合理可行;⑧ 有与业务规模相适应的固定住所;⑨ 有符合中国银保监会规定的业务、财务信息管理系统;⑩ 法律、行政法规和中国银保监会规定的其他条件。

---

① 贾林青:《保险法》,中国人民大学出版社2014年版,第336页。

单位或者个人有下列情形之一的,不得成为保险经纪公司的股东:① 最近 5 年内受到刑罚或者重大行政处罚;② 因涉嫌重大违法犯罪正接受有关部门调查;③ 因严重失信行为被国家有关单位确定为失信联合惩戒对象且应当在保险领域受到相应惩戒,或者最近 5 年内具有其他严重失信不良记录;④ 依据法律、行政法规不能投资企业;⑤ 中国银保监会根据审慎监管原则认定的其他不适合成为保险经纪公司股东的情形。

保险经纪公司的高级管理人员主要是指保险经纪公司的总经理及副总经理、省级分公司主要负责人、对公司经营管理行使重要职权的其他人员。保险经纪人的高级管理人员,应当品行良好,熟悉保险法律、行政法规,具有履行职责所需的经营管理能力。具体而言,保险经纪人高级管理人员应当具备下列条件:① 大学专科以上学历;② 从事金融工作 3 年以上或者从事经济工作 5 年以上;③ 具有履行职责所需的经营管理能力,熟悉保险法律、行政法规及中国银保监会的相关规定;④ 诚实守信,品行良好。从事金融工作 10 年以上的人员,可不受大学专科以上学历限制。保险经纪人任用的省级分公司以外分支机构主要负责人也应当具备以上条件。保险经纪人高级管理人员应当在任职前取得中国银保监会派出机构核准的任职资格。

另外,有下列情形之一的人员,不得担任保险经纪人高级管理人员和省级分公司以外分支机构主要负责人:① 担任因违法被吊销许可证的保险公司或者保险中介机构的董事、监事或者高级管理人员,并对被吊销许可证负有个人责任或者直接领导责任的,自许可证被吊销之日起未逾 3 年;② 因违法行为或者违纪行为被金融监管机构取消任职资格的金融机构的董事、监事或者高级管理人员,自被取消任职资格之日起未逾 5 年;③ 被金融监管机构决定在一定期限内禁止进入金融行业的,期限未满;④ 受金融监管机构警告或者罚款未逾 2 年;⑤ 正在接受司法机关、纪检监察部门或者金融监管机构调查;⑥ 因严重失信行为被国家有关单位确定为失信联合惩戒对象且应当在保险领域受到相应惩戒,或者最近 5 年内具有其他严重失信不良记录;⑦ 法律、行政法规和中国银保监会规定的其他情形。

保险经纪人的经纪从业人员,应当品行良好,具有从事保险经纪业务所需的专业能力。有下列情形之一的,保险经纪人不得聘任:① 因贪污、贿赂、侵占财产、挪用财产或者破坏社会主义市场经济秩序,被判处刑罚,执行期满未逾 5 年;② 被金融监管机构决定在一定期限内禁止进入金融行业,期限未满;③ 因严重失信行为被国家有关单位确定为失信联合惩戒对象且应当在保险领域受到相应惩戒,或者最近 5 年内具有其他严重失信不良记录;④ 法律、行政法规和中国银保监会规定的其他情形。

(四)保险经纪人的执业规则

1. 签订委托合同

保险经纪人从事保险经纪业务,应当与委托人签订委托合同,依法约定双方的权利义务及其他事项。委托合同不得违反法律、行政法规及中国银保监会有关规定。

2. 业务范围

保险经纪人的经营范围限于以下全部或者部分业务:① 为投保人拟订投保方案、选择保险公司以及办理投保手续;② 协助被保险人或者受益人进行索赔;③ 再保险经纪业务;④ 为委托人提供防灾、防损或者风险评估、风险管理咨询服务;⑤ 中国银保监会规定的与保险经纪有关的其他业务。

3. 财务、业务与佣金管理

保险经纪人应当建立专门账簿，记载保险经纪业务收支情况。保险经纪人应当开立独立的客户资金专用账户。下列款项只能存放于客户资金专用账户：① 投保人支付给保险公司的保险费；② 为投保人、被保险人和受益人代领的退保金、保险金。保险经纪人应当开立独立的佣金收取账户。保险经纪人开立、使用其他银行账户的，应当符合中国银保监会的规定。

保险经纪人应当建立完整规范的业务档案，业务档案至少应当包括下列内容：① 通过本机构签订保单的主要情况，包括保险人、投保人、被保险人名称或者姓名，保单号，产品名称，保险金额，保险费，缴费方式，投保日期，保险期间等；② 保险合同对应的佣金金额和收取方式等；③ 保险费交付保险公司的情况，保险金或者退保金的代领以及交付投保人、被保险人或者受益人的情况；④ 为保险合同签订提供经纪服务的从业人员姓名，领取报酬金额、领取报酬账户等；⑤ 中国银保监会规定的其他业务信息。保险经纪人的记录应当真实、完整。

保险经纪人从事保险经纪业务，涉及向保险公司解付保险费、收取佣金的，应当与保险公司依法约定解付保险费、支付佣金的时限和违约赔偿责任等事项。保险佣金只限于向保险经纪人支付，不得向其他人支付。

4. 告知义务

保险经纪人在开展业务过程中，应当制作并出示规范的客户告知书。客户告知书至少应当包括以下事项：① 保险经纪人的名称、营业场所、业务范围、联系方式；② 保险经纪人获取报酬的方式，包括是否向保险公司收取佣金等情况；③ 保险经纪人及其高级管理人员与经纪业务相关的保险公司、其他保险中介机构是否存在关联关系；④ 投诉渠道及纠纷解决方式。另外，保险经纪人应当向保险公司提供真实、完整的投保信息，并应当与保险公司依法约定对投保信息保密、合理使用等事项。

5. 禁止性行为

（1）保险经纪人不得伪造、变造、出租、出借、转让许可证。

（2）保险经纪人从事保险经纪业务不得超出承保公司的业务范围和经营区域；从事保险经纪业务涉及异地共保、异地承保和统括保单，中国银保监会另有规定的，从其规定。

（3）保险经纪人及其从业人员不得销售非保险金融产品，经相关金融监管部门审批的非保险金融产品除外。

（4）保险经纪人及其从业人员在办理保险业务活动中不得有下列行为：① 欺骗保险人、投保人、被保险人或者受益人；② 隐瞒与保险合同有关的重要情况；③ 阻碍投保人履行如实告知义务，或者诱导其不履行如实告知义务；④ 给予或者承诺给予投保人、被保险人或者受益人保险合同约定以外的利益；⑤ 利用行政权力、职务或者职业便利以及其他不正当手段强迫、引诱或者限制投保人订立保险合同；⑥ 伪造、擅自变更保险合同，或者为保险合同当事人提供虚假证明材料；⑦ 挪用、截留、侵占保险费或者保险金；⑧ 利用业务便利为其他机构或者个人牟取不正当利益；⑨ 串通投保人、被保险人或者受益人，骗取保险金；⑩ 泄露在业务活动中知悉的保险人、投保人、被保险人的商业秘密。

（5）保险经纪人及其从业人员在开展保险经纪业务过程中，不得索取、收受保险公司或者其工作人员给予的合同约定之外的酬金、其他财物，或者利用执行保险经纪业务之便牟取其他非法利益。

（6）保险经纪人不得以捏造、散布虚假事实等方式损害竞争对手的商业信誉，不得以虚假广告、虚假宣传或者其他不正当竞争行为扰乱保险市场秩序。

（7）保险经纪人不得与非法从事保险业务或者保险中介业务的机构或者个人发生保险经纪业务往来。

（8）保险经纪人不得以缴纳费用或者购买保险产品作为招聘从业人员的条件，不得承诺不合理的高额回报，不得以直接或者间接发展人员的数量或者销售业绩作为从业人员计酬的主要依据。

保险经纪人因过错给投保人、被保险人造成损失的，依法承担赔偿责任。

保险经纪人未尽勤勉义务应对由此导致的投保人损失承担赔偿责任[①]

案情

上海华一保险经纪有限公司（以下简称"华一公司"）为开展业务，与中国太平洋财产保险股份有限公司厦门分公司（以下简称"太保公司"）签订预约保险协议（以下简称"大保单"），约定：投保人为华一公司的委托人，太保公司根据投保人的申请承保货物运输保险。其中第8条约定，陆路运输时应使用集装箱卡车或者全封闭上锁的厢式卡车，否则保险人不负赔偿责任。2016年6月6日，中石化海洋石油工程有限公司上海特殊作业分公司（以下简称"中石化上海作业公司"）与案外人上海虹迪物流科技股份有限公司（以下简称"虹迪物流"）签订《公路运输合同》，运输一台录井仪，并由虹迪物流负责投保事宜。后虹迪物流转委托华一公司向太保公司投保综合险并支付保费，太保公司出具"国内水路、陆路货物运输电子保险凭证"（以下简称"小保单"），并载明该保单为相关大保单的有效组成部分，两者如有冲突，以大保单为准。中石化上海作业公司确认收到了小保单和保险条款，但华一公司并未将大保单提供给中石化上海作业公司。2016年6月7日，案外人刘某驾驶车辆时，由于路面不平、斜坡弯度大，车辆转弯时缆绳断开，货物从车上翻落损坏。中石化上海作业公司起诉请求：判令太保公司赔偿维修费398 000元、评估费12 000元，华一公司对太保公司的赔偿义务承担连带赔偿责任。

裁判

法院认为，系争"大保单"明确约定，陆路运输时应使用集装箱卡车或者全封闭上锁的厢式卡车，否则保险人不负赔偿责任。太保公司之所以对运输工具作出明确要求，乃是因为运输工具对于陆路运输风险的影响重大，采用不同的运输工具，对应的保费亦有较大差异。集装箱卡车在箱底有卡扣固定，厢式卡车则在底部以焊接固定，上述固定方式能够在最大程度上保证货物不会因为路面颠簸而翻落。如果采用普通货车运输，则货物只能通过缆绳捆绑等方式固定，在路面状况不佳的情况下，容易因缆绳断裂滑落等原因导致货物翻落，在安全性上明显低于集装箱卡车或厢式卡车。根据运输车辆驾驶员刘某的事故情况说明，事故发生的原因系路面有斜度和凹坑，转弯时绑货物的缆绳断开，而车中间的栏板没有插，车尾的栏板断裂，导致货物翻落损坏。显然，若使用集装箱卡车或者全封闭上锁的厢式卡车运输，则货物翻落的可能性会大大降低。华一公司作为专业的保险经纪公司，有义务了解投保人的需要并为其选择适当的险别，同时应当将所知道的有关保险合同的情况和信息，尤其是免责条款如实告知投保人。本案中，华一公司既未向中石化上海作业公司了解标的货物的运输方式，为其选择能够适用该运输方式的货物险种，也未在投保后将大保单提供给中石化上海作业公

[①] 参见上海市第一中级人民法院(2017)沪01民终9608号民事判决书。

司,将大保单中载明的运输工具要求和免责情形如实告知中石化上海作业公司,以便中石化上海作业公司调整运输方式,因此,华一公司未尽到勤勉义务。太保公司将未采用集装箱卡车或者全封闭上锁的厢式卡车运输作为保险免责的情形,符合保险精算原理,具有合理性。太保公司已就上述免责条款向投保人的代理人华一公司进行了明确说明,可以据此免除赔偿责任。华一公司未尽勤勉义务,导致其委托人中石化上海作业公司不知上述免责条款,选择了错误的运输方式,无法获得保险理赔,华一公司也未针对中石化上海作业公司的运输要求为其另行选择适合的保险产品,其过错与中石化上海作业公司的损失之间具有因果关系,根据《保险法》第128条的规定,"保险经纪人因过错给投保人、被保险人造成损失的,依法承担赔偿责任",华一公司应对太保公司在综合险中因免责约定而不予理赔的中石化上海作业公司的损失承担全部责任。

评析

保险实务中的投保人、保险经纪人与保险人三者之间,保险经纪人的职责不应仅仅限于撮合交易,更应当基于其专业知识和经验优势,尽到注意义务及勤勉义务,包括切实了解投保人的投保需求和不同保险产品的差异,为投保人选择正确、合适的保险产品;同时,保险经纪人还应当及时向投保人交付保险单,着重告知被保险人应注意并应遵循的保险条款,尤其应对免责条款等对被保险人利益具有重要影响的内容进行解释,消除投保人(被保险人)与保险人之间的信息不对称。保险经纪人应对其未尽勤勉义务而导致的投保人的损失承担赔偿责任。

三、保险公估人

(一) 保险公估人的概念和特点

1. 保险公估人的概念

保险公司在保险经营过程中所承保的危险是多样化的,保险实务中,一旦发生保险事故,仅靠保险公司自己内部的专业人才难以完成对所有保险标的、保险事故的评估和鉴定工作,而且由保险公司内部的工作人员作出的评估和鉴定结论也不易为被保险人和受益人所信服。于是保险公估人等依法独立从事保险事故评估和鉴定的评估机构应运而生。我国《保险法》第129条第1款明确规定:"保险活动当事人可以委托保险公估机构等依法设立的独立评估机构或者具有相关专业知识的人员,对保险事故进行评估和鉴定。"《保险公估人监管规定》第2条规定,保险公估人是指接受保险活动当事人委托,专门从事对保险标的或者保险事故进行评估、勘验、鉴定、估损理算以及相关的风险评估业务的评估机构。保险公估人包括保险公估机构及其分支机构。

同时,我们有必要明确保险公估从业人员的定义,保险公估从业人员是指在保险公估人中,为委托人办理保险标的承保前和承保后的检验、估价及风险评估,保险标的出险后的查勘、检验、估损理算及出险保险标的残值处理,以及风险管理咨询等业务的人员。保险公估从业人员包括公估师和其他具有公估专业知识及实践经验的评估从业人员。公估师是指通过公估师资格考试的保险公估从业人员。具有高等院校专科以上学历的公民可以参加公估师资格全国统一考试。

2. 保险公估人的特点

(1) 独立性和中立性。保险公估人根据保险活动当事人的委托,以自己的名义独立从事公估活动,独立承担法律责任。保险公估人可以受托于保险人、投保人及被保险人,其先验性地不代表保险合同中任何一方当事人或关系人的利益,而是基于独立、中立的立场客观公正地从事评估业务。

(2) 专业性和科学性。保险公估人及其从业人员主要从事为委托人办理保险标的承保前和承保后的检验、估价及风险评估,保险标的出险后的查勘、检验、估损理算及出险保险标的的残值处理,风险管理咨询等业务,这就要求他们运用专业、科学的评估鉴定手段和方法作出评估、鉴定报告。

(3) 公正性和客观性。保险公估人应基于中立的立场,根据客观事实从事保险公估业务,不受保险活动相关主体的干涉和影响。保险公估人应以事实和证据作为评估和鉴定的基础来出具公估报告。

(二) 保险公估人的分类

1. 核保公估人、理赔公估人

根据保险公估人在保险公估业务活动中先后顺序的不同,可分为核保公估人、理赔公估人。

(1) 核保公估人。核保公估人又称承保公估人,主要从事保险标的的核保公估,即对保险标的的作现时价值评估和承保风险评估。由核保公估人提供的公估报告是保险人评估保险标的风险、审核其自身承保能力的重要参考。

(2) 理赔公估人。理赔公估人是在保险合同约定的保险事故发生后,受托处理保险标的的检验、估损及理算的专业公估人。保险理赔公估人包括损失理算师、损失鉴定人和损失评估人。

2. 海上保险公估人、火灾及特种保险公估人、机动车辆保险公估人

根据保险公估人执业内容不同,保险公估人可以划分为海上保险公估人、火灾及特种保险公估人、机动车辆保险公估人。

(1) 海上保险公估人。海上保险公估人主要处理海上、航空运输保险等方面的业务。

(2) 火灾及特种保险公估人。火灾及特种保险公估人主要处理火灾及特种保险等方面的业务。

(3) 机动车辆保险公估人。汽车保险公估人主要处理与汽车保险有关的业务。

我国保险法律法规未对保险公估人做严格分类。

(三) 保险公估人的从业资格

依据《保险公估人监管规定》的相关规定,保险公估人是专门从事保险公估业务的评估机构,包括保险公估机构及其分支机构。保险公估机构的组织形式可以采用合伙或者公司形式。合伙形式的保险公估人应当有 2 名以上公估师;其合伙人 2/3 以上应当是具有 3 年以上从业经历且最近 3 年内未受停止从业处罚的公估师。公司形式的保险公估人应当有 8 名以上公估师和 2 名以上股东,其中 2/3 以上股东应当是具有 3 年以上从业经历且最近 3 年内未受停止从业处罚的公估师。保险公估人的合伙人或者股东为 2 名的,2 名合伙人或者股东都应当是具有 3 年以上从业经历且最近 3 年内未受停止从业处罚的公估师。保险公估机构采用公司形式的,全国性机构向中国银保监会进行业务备案,区域性机构向工商注册登记地中国银保监会派出机构进行业务备案。合伙形式的保险公估机构向中国银保监会进行

业务备案。保险公估人的名称中应当包含"保险公估"字样,保险公估人的字号不得与现有的保险专业中介机构相同,与保险专业中介机构具有同一实际控制人的保险公估人除外。保险公估人的注册资本为在企业登记机关登记的认缴出资额。

保险公估机构经营保险公估业务,应当具备下列条件:① 股东或者合伙人符合资格要求,且出资资金自有、真实、合法,不得用银行贷款及各种形式的非自有资金投资;② 根据业务发展规划,具备日常经营和风险承担所必需的营运资金,全国性机构营运资金为200万元以上,区域性机构营运资金为100万元以上;③ 营运资金的托管符合中国银保监会的有关规定;④ 营业执照记载的经营范围不超出法定范围;⑤ 公司章程或者合伙协议符合有关规定;⑥ 企业名称符合有关要求;⑦ 董事长、执行董事和高级管理人员符合规定的条件;⑧ 有符合中国银保监会规定的治理结构和内控制度,商业模式科学合理可行;⑨ 有与业务规模相适应的固定住所;⑩ 有符合中国银保监会规定的业务、财务信息管理系统;⑪ 法律、行政法规和中国银保监会规定的其他条件。

保险公估机构在工商注册登记地以外的省、自治区、直辖市、计划单列市设立分支机构的,应当指定一家分支机构作为省级分支机构,负责办理辖区内分支机构设立及备案、提交监管报告和报表等相关事宜,并负责管理其他分支机构。保险公估机构分支机构包括分公司、营业部。保险公估机构新设分支机构经营保险公估业务,应当符合下列条件:① 保险公估机构及其分支机构最近1年内没有受到刑罚或者重大行政处罚;② 保险公估机构及其分支机构未因涉嫌违法犯罪正接受有关部门调查;③ 最近2年内设立的分支机构不存在运营未满1年退出市场的情形;④ 具备完善的分支机构管理制度;⑤ 新设分支机构有符合要求的营业场所、业务财务信息系统,以及与经营业务相匹配的其他设施;⑥ 中国银保监会规定的其他条件。保险公估机构因严重失信行为被国家有关单位确定为失信联合惩戒对象且应当在保险领域受到相应惩戒的,或者最近5年内具有其他严重失信不良记录的,不得新设分支机构经营保险公估业务。

单位或者个人有下列情形之一的,不得成为保险公估人的股东或者合伙人:① 最近5年内受到刑罚或者重大行政处罚;② 因涉嫌重大违法犯罪正接受有关部门调查;③ 因严重失信行为被国家有关单位确定为失信联合惩戒对象且应当在保险领域受到相应惩戒,或者最近5年内具有其他严重失信不良记录;④ 依据法律、行政法规不能投资企业;⑤ 中国银保监会根据审慎监管原则认定的其他不适合成为保险公估人股东或者合伙人的情形。

保险公估人高级管理人员包括保险公估公司的总经理及副总经理、保险公估合伙企业的执行事务合伙人、分支机构主要负责人以及其他与上述人员具有相同职权的管理人员。保险公估人聘用的董事长、执行董事和高级管理人员应当具备下列条件:① 大学专科以上学历;② 从事金融工作3年以上,或者从事资产评估相关工作3年以上,或者从事经济工作5年以上;③ 具有履行职责所需的经营管理能力,熟悉保险法律、行政法规及中国银保监会的相关规定;④ 诚实守信,品行良好。从事金融或者资产评估工作10年以上的人员,可不受学历要求的限制。需要注意的是,有下列情形之一的人员,不得担任保险公估人董事长、执行董事和高级管理人员:① 担任因违法被吊销许可证的保险公司或者保险专业中介机构的董事、监事或高级管理人员,并对被吊销许可证负有个人责任或者直接领导责任的,自许可证被吊销之日起未逾3年;② 因违法行为或者违纪行为被金融监管机构取消任职资格的金融机构的董事、监事或高级管理人员,自被取消任职资格之日起未逾5年;③ 被金融监管机构决定在一定期限内禁止进入金融行业的,期限未满;④ 因违法行为或者违纪行为被吊销执业资格的资产评估机构、验证机构等机构的专业人员,自被吊销执业资格之日起未逾5年;⑤ 受金融监管机构警告或者罚款未逾2年;⑥ 正在接受司法机关、纪检监察部门或者金融监管机构调查;⑦ 因严重失信行为被国家有关单位确定为失信联合惩戒对象且应当在保险领域受到相应惩戒,或者最近5年内具有其他严重失信不良记录;⑧ 合伙人有尚未清偿完的合伙企业债务;⑨ 法律、行政法规和中国银保监会规定的其他情形。

保险公估从业人员从事保险公估业务,应当加入保险公估人。保险公估人应当聘用品行良好的保险公估从业人员。有下列情形之一的,保险公估人不得聘用:① 因故意犯罪或者在从事评估、财务、会计、审计活动中因过失犯罪而受刑事处罚,自刑罚执行完毕之日起不满5年;② 被监管机构决定在一定期限内禁止进入金融、资产评估行业,期限未满;③ 因严重失信行为被国家有关单位确定为失信联合惩戒对象且应当在保险领域受到相应惩戒,或者最近5年内具有其他严重失信不良记录;④ 法律、行政法规和中国银保监会规定的其他情形。另外,保险公估从业人员应当具有从事保险公估业务所需的专业能力。保险公估人应当加强对保险公估从业人员的岗前培训和后续教育,培训内容至少应当包括业务知识、法律知识及职业道德。保险公估人可以委托保险中介行业自律组织或者其他机构组织培训;保险公估人应当建立完整的保险公估从业人员培训档案;保险公估人应当按照规定为其保险公估从业人员进行执业登记。保险公估从业人员只能在一家保险公估人从事业务,只限于通过一家保险公估人进行执业登记。保险公估从业人员变更所属保险公估人的,新所属保险公估人应当为其进行执业登记,原所属保险公估人应当及时注销执业登记。

(四)保险公估人的执业规则

1. 签订委托合同

保险公估人从事保险公估业务,应当与委托人签订委托合同,依法约定双方的权利义务及对公估信息保密、合理使用等其他事项。委托合同不得违反法律、行政法规及中国银保监会有关规定。

2. 业务范围

保险公估人经营范围限于以下全部或者部分业务:① 保险标的承保前和承保后的检验、估价及风险评估;② 保险标的出险后的查勘、检验、估损理算及出险保险标的残值处理;③ 风险管理咨询;④ 中国银保监会规定的其他业务。

3. 财务、业务与佣金管理

保险公估人应当建立专门账簿,记载保险公估业务收支情况。

对受理的保险公估业务,保险公估人应当指定至少2名保险公估从业人员承办。保险公估从业人员应当恰当选择评估方法。保险公估人及其从业人员在开展公估业务过程中,应当勤勉尽职。保险公估报告中涉及赔款金额的,应当指明该赔款金额所依据的相应保险条款。保险公估人应当对公估报告进行内部审核。保险公估报告应当由至少2名承办该项业务的保险公估从业人员签名并加盖保险公估机构印章。保险公估人及其从业人员对其出具的公估报告依法承担责任。

保险公估人应当建立完整规范的公估档案,公估档案至少应当包括下列内容:① 保险公估业务所涉及的主要情况,包括委托人与其他当事人的名称或者姓名,保险标的、事故类型、估损金额等;② 公估业务报酬和收取情况;③ 中国银保监会规定的其他业务信息。保险公估人的公估档案应当真实、完整。

保险公估人应当开立独立的资金专用账户,用于收取保险公估业务报酬。保险公估人为政策性保险业务、政府委托业务及社会团体委托业务提供服务的,报酬收取不得违反中国银保监会的规定。

4. 告知义务

保险公估人在开展业务过程中,应当制作规范的客户告知书,并在开展业务时向客户出示。客户告知书应当至少包括保险公估人的名称、备案信息、营业场所、业务范围、联系方式、投诉渠道及纠纷解决方式等基本事项。

5. 禁止性行为

(1) 保险公估人不得与非法从事保险业务或者保险中介业务的机构或者个人发生保险公估业务往来。

(2) 保险公估人在开展公估业务过程中,不得有下列行为:① 利用开展业务之便,谋取不正当利益;② 允许其他机构以本机构名义开展业务,或者冒用其他机构名义开展业务;③ 以恶性压价、支付回扣、虚假宣传,或者贬损、诋毁其他公估机构等不正当手段招揽业务;④ 受理与自身有利害关系的业务;⑤ 分别接受利益冲突双方的委托,对同一评估对象进行评估;⑥ 出具虚假公估报告或者有重大遗漏的公估报告;⑦ 聘用或者指定不符合规定的人员从事公估业务;⑧ 违反法律、行政法规的其他行为。

(3) 保险公估人不得委托未通过该机构进行执业登记的个人从事保险公估业务。

(4) 保险公估从业人员在开展公估业务过程中,不得有下列行为:① 私自接受委托从事业务、收取费用;② 同时在两个以上保险公估人从事业务;③ 采用欺骗、利诱、胁迫,或者贬损、诋毁其他公估从业人员等不正当手段招揽业务;④ 允许他人以本人名义从事业务,或者冒用他人名义从事业务;⑤ 签署本人未承办业务的公估报告;⑥ 索要、收受或者变相索要、收受合同约定以外的酬金、财物,或者谋取其他不正当利益;⑦ 签署虚假公估报告或者有重大遗漏的公估报告;⑧ 违反法律、行政法规的其他行为。

(5) 保险公估人及其从业人员在开展公估业务过程中,除不得为上述禁止性行为外,还不得有下列行为:① 隐瞒或者虚构与保险合同有关的重要情况;② 串通委托人或者相关当事人,骗取保险金;③ 泄露在经营过程中知悉的委托人和相关当事人的商业秘密及个人隐私;④ 虚开发票、夸大公估报酬金额。

(6) 非经股东(大)会或者合伙人会议批准,保险公估人的董事和高级管理人员不得在存在利益冲突的机构中兼任职务。保险公估人的合伙人不得自营或者同他人合作经营与本机构相竞争的业务。

第四节　保险合同的客体

一、保险合同客体的含义

民事法律关系的客体是指民事法律关系主体享有的权利和承担的义务所共同指向的对

象。保险合同的本质是一种民事法律关系,其客体是指保险合同当事人的权利与义务所共同指向的对象。

保险合同的客体究竟为何？学术界主要有三种观点：其一,保险标的说,该学说认为保险合同的客体就是保险标的,即财产及其有关利益或者人的寿命和身体[①];其二,保障行为说,该学说认为保险合同关系本质是一种债的法律关系,其客体是保险人向被保险人的保险利益提供保险保障的行为[②];其三,保险利益说,该学说认为保险合同的客体是保险利益,因为保险合同订立和履行并不能保障保险标的本身不受损失,而只是在发生保险事故后,损失能够得到补偿[③]。

本书认为,保险合同的客体是保险利益。民事法律关系的建立,总是为了获取某种利益、分配某种利益、转移某种利益或者保护某种利益,因此,此种利益联系着民事法律关系的权利主体和义务主体。保险合同也不例外,投保人向保险人投保的并不是保险标的本身,而是投保人或被保险人对保险标的的利益所在,即因保险事故的发生致保险标的受损或因保险事故的不发生使保险标的保持安全而受益,也就是保险利益。

二、保险标的与保险利益

保险合同的客体不是保险标的本身。保险标的是危险事故发生的承受体,对财产保险而言,就是指作为保险对象的财产及其有关利益;对人身保险而言,则是指作为保险对象的人的寿命和身体。保险对象若为物,也可称为保险标的物,若为人时,即被保险人。

保险利益是投保人或者被保险人对保险标的具有的法律上承认的利益。保险合同并非保障保险标的在保险期间内不受损失,而是当被保险人在保险标的遭受约定的保险事故时得到经济上的补偿。换言之,保险标的是订立保险合同的必要内容,是保险利益的载体,而保险人保障的是投保人或者被保险人对保险标的所具有的利益。

重要概念

保险人 投保人 被保险人 受益人 保险代理人 保险经纪人 保险公估人

思考题

1. 保险合同的当事人和关系人有何区别？
2. 保险人应当具备哪些条件？
3. 被保险人的资格有哪些限制？
4. 受益人的特征有哪些？
5. 保险代理人和保险经纪人的区别点是什么？

---

① 李玉泉:《保险法》,法律出版社 2003 年版,第 144 页。
② 温世扬:《保险法》,法律出版社 2016 年版,第 49 页。
③ 贾林清:《保险法》,中国人民大学出版社 2014 年版,第 66 页。

6. 保险公估人的概念和特点是什么？
7. 保险合同的客体是什么？

 案例习题

1. 2020年2月，王某向某保险公司投保了10万元养老保险及附加意外伤害保险，指定受益人为其妻子张某。两人独立居家，但在王某的母亲家吃饭。同年5月1日，王某的母亲因多日未见二人前去吃饭，遂往二人住处探望，发现二人因煤气炉烧水时火被浇灭，造成煤气泄漏，已中毒身亡。5月3日，王某的父母向保险公司报案，并以被保险人王某法定继承人身份申请给付保险金。两天后，张某的父母也以受益人法定继承人身份申请给付保险金。由于争执不下，两亲家诉诸法院。

问题：谁有权得到这笔保险金？

2. 2010年4月1日，李教授为自己购买了一份分红性终身寿险，指定其子为受益人。后，其子结婚，李教授与儿媳不和，导致与儿子关系紧张，反目为仇，于是到女儿家居住。2019年春节前夕，李教授病危，召集亲属及朋友，口头改变保险合同受益人，女儿代替儿子为受益人，但是没有通知保险公司。再后，李教授去世，其儿子与女儿同时提出请求，要求取得保险金与红利。

问题：

(1) 保险公司应当将保险金理赔给谁？为什么？

(2) 问题(1)情况之下，若保险公司已经把保险金给付了原受益人，该如何处理？为什么？

第六章　保险合同的订立与生效

> **学习目标**
>
> 1. 掌握保险合同订立的程序。
> 2. 明确保险合同的订立、生效与保险责任开始之间的关系。
> 3. 掌握保险缔约过失责任的构成要件。

第一节　保险合同的订立

一、保险合同的订立与成立

保险合同订立是指投保人和保险人之间就双方权利义务进行协商并达成意思表示一致的法律行为。这是一个保险合同的缔约人即投保人和保险人自接触、洽谈直至达成保险合意的过程,是动态洽商行为和静态合意结果的统一。保险合同的成立是投保人和保险人达成合意的状态,是保险合同订立的圆满结果。

我国《保险法》第13条第1款规定,投保人提出保险要求,经保险人同意承保,保险合同成立。首先,投保人和保险人为了缔结保险合同而进行接触、洽商、谈判,但未必均能达到建立合同法律关系的目标。其次,即使投保人和保险人因谈判破裂而终止缔约过程,并不意味着他们此前的行为没有任何法律意义。如果投保人或保险人在谈判过程中存在过失,则可能承担缔约过失责任。最后,保险合同订立与保险合同成立是有区别的,前者强调的是缔约过程,后者强调的是合意结果。保险合同订立并不必然产生保险合同成立的结果,这一过程可能止于保险合同成立前的某一阶段。

二、保险合同订立的程序

我国《民法典》第471条规定:"当事人订立合同,可以采取要约、承诺方式或者其他方式。"在理论和实务上,该程序同样适用于保险合同的订立。保险合同当事人订立合同的过程就是对合同内容协商的过程。当事人订立保险合同的具体方式各不相同,可以通过口头或书面的往来协商谈判。不管采取什么具体方式,都必须经过两个步骤,即要约与承诺,也就是投保和承保,这是订立保险合同的基本规则。

(一) 要约(投保)

《民法典》第472条规定:"要约是希望与他人订立合同的意思表示,该意思表示应当符合下列条件：（一）内容具体确定；（二）表明经受要约人承诺，要约人即受该意思表示约束。"可见，要约是一方当事人以缔结合同为目的，向对方当事人所作出的意思表示。在要约中，发出要约的人为要约人，接受要约的人为受要约人。保险要约是订立保险合同的必要和首要程序。保险要约是指希望和他人订立保险合同的意思表示。一项意思表示是否构成保险要约，必须具备一定的要件。这些要件包括以下五个方面。

1. **保险要约必须是特定人所为的意思表示**

保险要约的提出旨在与他人订立保险合同，并期望能得到相对人（受要约人）的肯定答复，因而要约人应该是特定人，是将来成立的保险合同的一方当事人。只有保险要约人是特定的人，相对人才能对其作出承诺的表示。提出要约的投保人称为要约人，接受要约的保险人称为受要约人。社会生活中，投保人往往有主动转移危险的需求，因而在一般情况下，通常是投保人向保险人提出订立保险合同的意思表示，即投保人是保险要约人，保险人是保险受要约人。保险要约人为投保人时，其可以是自然人、法人或其他组织；但受要约人必须是依法设立的经营保险业务的保险公司或其他保险组织。

保险要约人不限于投保人，保险人在某些情况下也可以是要约人。保险实务中，保险人作为要约人的情形主要有以下三种：① 保险人对某些险种采取特殊的销售方式，如以柜台方式销售保险。航空旅客意外伤害保险便是一例，保险人在机场等处设置柜台，投保人只需要在投保单上签名，留存一联并将另一联交回柜台，保险合同即告成立。② 保险人向投保人发出未保留核保权的续保通知。保险人为维持业务并方便客户，常常在保险期间即将届满之前向投保人发出续保通知，除保险期间予以更新外，保险合同的其他内容并无变化，并且保险人放弃对续保的核保权。③ 保险人对投保人的要约，经核保认为需要附加条件才能承保，或者改变投保人在投保单上填写的内容，保险人的要求构成新的要约，这时保险人是要约人，投保人为受要约人，要约人和受要约人的地位发生了变化[①]。

2. **保险要约必须是向受要约人发出的意思表示**

保险要约只有向要约人希望与之订立保险合同的受要约人发出才能够得到受要约人的承诺。一般而言，保险受要约人必须是特定的保险人。之所以要求受要约人也应该特定，是因为合同具有相对性。保险要约发出的目的是希望能缔结保险合同，只有在相对人特定的情况下，才能形成相对的主体、相对的内容，才能确保保险合同的成立。至于该特定人是保险人本人还是其代理人，则在所不问。

3. **保险要约必须以订立保险合同为意思表示**

依据《民法典》第 472 条的规定，要约应当表明经受要约人承诺，要约人即受该意思表示的约束。保险要约人发出要约的目的在于与受要约人订立保险合同。因此，要约人应当在要约中充分表现出订立保险合同的意图。至于如何判断保险要约人不仅仅是在"考虑""打算""准备"订立保险合同，而是"决定"或者"愿意"订立保险合同，即表明他具有缔约意图，应根据保险要约人实际使用的语言、文字或其行为，并综合交易习惯或特定的行业惯例等情况加以确定。保险实务中，投保人为订立保险合同，向保险人提出投保申请、填写保险人事先印刷好的投保单，并将之递交给保险公司或其代理人的行为可以被认为其具有订立保险合

[①] 李玉泉：《保险法学——理论与实务》，高等教育出版社 2010 年版，第 112—113 页。

同的意图。

4. 保险要约的内容必须具体、确定

依据《民法典》第472条的规定，要约的内容必须具体、确定。所谓"具体"，是指要约的内容必须具备足以使合同成立的主要条款。保险要约一般应包括以下内容：保险人和投保人的名称（姓名）和住所；被保险人的姓名（名称）、住所，以及人身保险的受益人的姓名（名称）、住所；保险标的；险种；保险责任和责任免除；保险金额；保险期间；保险费以及支付办法；保险金赔偿或者给付办法；订立合同的时间和地点；等等。所谓"确定"，是指保险要约的内容必须明确肯定，不能含糊不清、模棱两可，必须使受要约人能够充分了解要约人的真实意图，从而使受要约人能够决定是否向要约人承诺。

保险实务中，为了展业和竞争的需要，保险人的销售代表或代理人往往会积极主动通过险种介绍、资料宣传等手段促使潜在保险消费者与其订立保险合同，这种展业活动并不是法律意义上的要约，而是要约邀请，是希望消费者向自己发出要约的意思表示[①]。但保险人在展业过程中发出的商业广告，如果该广告的内容或条件已经具体确定，而且保险人表明一经受众承诺即愿受约束，则该商业广告应被视为保险要约[②]。

5. 保险要约必须表明经受要约人承诺，要约人即受该意思表示约束

保险要约应表明要约人在得到承诺时即受该意思表示拘束的意思，即要约人必须向受要约人表明，保险要约一经受要约人同意，保险合同即告成立。由此，保险要约人对自己受意思表示的约束，不得附加其他条件。如果保险要约人对其受要约拘束附加期限，这不影响要约本身的有效性，只是会影响要约效力的持续期限。

结合《民法典》第474条与第137条的规定，因为保险要约采取的方式不同，保险要约的生效时间亦有所不同。《民法典》第137条规定："以对话方式作出的意思表示，相对人知道其内容时生效。以非对话方式作出的意思表示，到达相对人时生效。以非对话方式作出的采用数据电文形式的意思表示，相对人指定特定系统接收数据电文的，该数据电文进入该特定系统时生效；未指定特定系统的，相对人知道或者应当知道该数据电文进入其系统时生效。当事人对采用数据电文形式的意思表示的生效时间另有约定的，按照其约定。"依此规定：① 保险要约以对话方式作出时，如口头要约，自受要约人了解要约内容时生效。② 保险要约以非对话方式作出时，如以信件、电报等方式发出要约，自信件、电报等载体送达要约人可以了解其内容的场所如收发室、信箱、住所、办公场所等地时生效。③ 保险要约以非对话方式作出且采用数据电文形式发出时，受要约人指定特定系统接收数据电文的，自该数据电文进入该特定系统时生效；未指定特定系统的，自受要约人知道或者应当知道该数据电文进入其系统时生效。

（二）承诺（承保）

《民法典》第479条规定："承诺是受要约人同意要约的意思表示。"就保险合同而言，保险受要约人即承诺人，承诺意味着受要约人同意接受保险要约的全部条件。保险承诺的法律效力在于保险承诺一旦生效，保险合同即告成立，因而保险承诺必须符合一定的条件。一

---

① 《民法典》第473条第1款：要约邀请是希望他人向自己发出要约的表示。拍卖公告、招标公告、招股说明书、债券募集办法、基金招募说明书、商业广告和宣传、寄送的价目表等为要约邀请。

② 《民法典》第473条第2款：商业广告和宣传的内容符合要约条件的，构成要约。

项有效的保险承诺,必须具备以下四个构成要件。

1. 保险承诺必须是由保险受要约人向保险要约人作出

保险承诺必须由受要约人或其代理人作出。保险受要约人是由要约人选定的订立合同的对方当事人,要约生效后,只有受要约人才享有对要约人作出承诺的权利。此外,保险承诺必须向要约人作出。既然承诺是对要约人发出的要约所做的答复,那么只有向要约人做出承诺,才能使合同成立。保险合同订立过程中,保险承诺通常是保险人针对投保人的保险要约作出的。

2. 保险承诺必须在要约的有效期间内到达要约人

保险要约的有效期限也就是承诺的期限,我国《民法典》第481条第1款规定:"承诺应当在要约确定的期限内到达要约人。"关于保险承诺的到达,分为两种情况:① 保险要约确定了承诺期限的,承诺应当在要约确定的该期限内到达要约人。如若投保单中明确约定了保险人承诺期限,则保险人若超出该期限作出承诺,该承诺不生效,保险合同不成立。② 保险要约没有确定承诺期限的,《民法典》第481条第2款规定:"要约没有确定承诺期限的,承诺应当依照下列规定到达:(一)要约以对话方式作出的,应当即时作出承诺;(二)要约以非对话方式作出的,承诺应当在合理期限内到达。"这个合理期间包括三个部分:保险要约到达受要约人的时间、受要约人考虑承诺的必要时间、承诺通知到达要约人所需时间。如果保险承诺超过一个合理期限到达要约人,则保险承诺无效。

3. 承诺的内容必须与要约的内容一致

《民法典》第488条规定,承诺的内容应当与要约的内容一致。受要约人对要约的内容作出实质性变更的,为新要约。这就是说,承诺是对要约的完全同意,其同意的内容须与要约的内容一致,才构成意思表示的合意,进而使合同成立。我们说承诺的内容必须与要约的内容一致,并不是说承诺的内容对要约的内容不能做丝毫的变更,而应当理解为保险受要约人必须同意要约的实质内容,不得对要约的内容做出实质性变更。一般情况下,保险受要约人对保险要约中的保险标的、保险金额、保险期间和保险责任开始时间、保险费及支付办法、保险责任和责任免除、保险金赔偿及给付办法、违约责任和争议处理等内容作出变更,均为实质性变更,不为承诺,而是一个新要约。该新保险要约,须投保人承诺,保险合同才能成立。此时,投保人是承诺人,保险人是要约人。

4. 承诺的方式应该符合法律的要求

《民法典》第480条规定:"承诺应当以通知的方式作出;但是,根据交易习惯或者要约表明可以通过行为作出承诺的除外。"该条是关于承诺方式的法律规定。通知的方式是指受要约人以口头形式或者书面形式明确告诉要约人同意要约的内容。除了通知这种形式外,承诺的表示还可以通过行为作出,该行为是根据交易习惯或者要约的规定能判断出受要约人作出的承诺的行为。保险实务中,承保的意思表示通常由保险人作出,即投保人提出投保要约,将填好的投保单提交给保险人,保险人审查无异议后予以无条件全盘接受,即承诺承保,保险人即承诺人。保险人对投保人的投保予以承保,主要包括保险人在投保单上签字盖章并通知投保人、保险人签发正式保单、保险人收取保险费[①]三种形式。

---

① 保险法司法解释(二)第4条第1款:保险人接受了投保人提交的投保单并收取了保险费,尚未作出是否承保的意思表示,发生保险事故,被保险人或者受益人请求保险人按照保险合同承担赔偿或者给付保险金责任,符合承保条件的,人民法院应予支持;不符合承保条件的,保险人不承担保险责任,但应当退还已经收取的保险费。

关于承诺生效的时间，《民法典》第484条规定："以通知方式作出的承诺，生效的时间适用本法第一百三十七条的规定。承诺不需要通知的，根据交易习惯或者要约的要求作出承诺的行为时生效。"即以通知方式作出保险承诺的，其生效时间应与前文所述要约生效时间的相关规定一致；保险承诺不需要通知的，则根据交易习惯或者要约的要求作出保险承诺的行为时生效。

《民法典》第483条规定："承诺生效时合同成立，但是法律另有规定或者当事人另有约定的除外。"因此，除非法律另有规定或者当事人另有约定，保险承诺一旦生效，保险合同即行成立。

需要注意的是，在保险实务中，投保人在订立保险合同时应当亲自签章。保险业务员代为签字，但投保人已经交纳保险费的，视为其对代签字行为的追认。

三、保险合同成立与保险单的签发

保险合同的成立是否以保险单的签发为要件？对此问题，我们认为可以从保险合同的非要式性特征以及保险单并非保险合同本身这两个方面来解答。

根据合同的成立是否要求一定的方式为标准，我们可以把合同划分为要式合同和不要式合同。要式合同是指必须依据法律规定的方式而成立的合同；不要式合同是指法律对其成立没有要求采取特定方式的合同。不要式合同只要当事人意思表示一致就可以成立，不需要践行特别的程序或方式。依据《保险法》第13条的规定，保险合同的订立过程是投保人和保险人意思表示趋于一致的过程，在双方意思表示一致时，保险合同就能成立。因此，保险合同是不要式合同，不以采取书面形式为必要。

保险单是否就是保险合同本身？我国《保险法》第13条规定："投保人提出保险要求，经保险人同意承保，保险合同成立。保险人应当及时向投保人签发保险单或者其他保险凭证。保险单或者其他保险凭证应当载明当事人双方约定的合同内容。当事人也可以约定采用其他书面形式载明合同内容。"从法条逻辑上来理解，签发保险单仅是保险人在保险合同成立后依法应履行的义务，即一般情况下保险合同的订立过程可以简单概括如下：投保人投保→保险人承保→保险合同成立→签发保险单（其他保险凭证）。保险单并非保险合同本身，仅为保险合同内容的书面化形式。保险单的做成与签发也不是保险合同成立的要件，保险单仅为保险合同成立的书面证明文件。

四、保险合同成立与保险费的交付

合同按照其成立是否需要交付实物，可以分为诺成性合同和实践性合同。保险合同为诺成性合同，并不以实物的交付为成立要件。《保险法》第14条规定，保险合同成立后，投保人按照约定交付保险费，保险人按照约定的时间开始承担保险责任。该法条进一步明确保险费的交付并不是保险合同成立的前提条件，交付保费是投保人应当履行的合同义务。

卡式保险合同自保险卡售出时成立[①]

案情

2013年6月24日,河南省杞县裴村店乡农民刘某伟在被告生命人寿保险股份有限公司开封中心支公司(以下简称"开封生命人寿公司")业务员赵某平的引荐下,购买了该公司"生命福星高照终身寿险"和"生命福星保险卡"各一份,并缴纳了保费。交付时,刘某伟发现"生命福星保险卡"的包装袋已被打开,保险卡密码涂层也被刮开,赵某平声称是因为被其所投保的保险公司代其激活,该保险合同已经生效。

7月11日,刘某伟因交通事故死亡,后其两个女儿刘某月、刘某燕到被告公司进行理赔。当月29日,人寿公司按"生命福星高照终身寿险"理赔给刘某月、刘某燕各2.5万元及利息,而对刘某伟所投保的"生命福星保险卡"则不予理赔,理由是该保险卡未被激活,保险合同未生效。刘某月、刘某燕遂将开封生命人寿公司起诉到法院,要求被告公司和公司业务员赵某平共同赔偿二原告保险金5万元。

裁判

河南省杞县人民法院经审理认为:刘某伟将保费交给开封生命人寿公司业务员赵某平,赵某平将保险卡交给刘某伟,该保险合同成立,被告公司应按照约定的时间开始承担保险责任。被告公司称保险卡须本人激活,且已尽到告知和提醒业务,原告称赵某平已将该卡激活,双方对此条款有争议,应按通常理解予以解释。刘某伟缴纳保费,赵某平交付保险卡,该保险合同应为成立。刘某伟作为一农民,家中有无电脑、是否上网、本人是否会操作登录公司网站激活保险卡存疑,而被告公司将该义务强加给刘某伟,有违保险法的规定。赵某平代为办理保险业务的行为,应由被告公司承担责任。刘某伟因交通意外事故死亡,被告公司应在保险合同约定的保险限额内予以赔偿。遂判决被告开封生命人寿公司赔偿原告刘某月、刘某燕共计5万元。

一审判决后,被告开封生命人寿公司不服,上诉至河南省开封市中级人民法院。开封中院经审理后,判决驳回上诉,维持判决。

评析

卡式电子保单是一种新型的保险合同缔结形式,是一种开放式的简易保险合同。只要以符合保险人设定条件的个人资料通过网上流程激活该卡的,保险人均接受其作为被保险人。当前,随着卡式电子保单的普及,与之相关的纠纷也日益增多。这种保单形式方便、快捷,由保险人按照所投保公司网站上特定的投保流程设置,把本应在保险合同订立阶段进行的条款说明及询问告知程序,顺延至激活时完成。

首先,根据保险法的规定,投保人是指与保险人订立保险合同,并按照合同约定负有支付保险费义务的人。通常情况下,具有投保意图的购卡者是投保人。购卡人以购卡的形式交纳保费,取得了激活该卡并获得相应保险保障的投保权利。购卡人既可以本人为被保险人激活该卡为本人投保,也可以他人为被保险人激活该卡为他人投保;既可本人使用,也可将投保之权利随卡转让,受让人亦可将卡再次转让。在卡被转让的情况下,只有激活者才能以确定的投保对象作为被保险人,在激活过程中根据投保流程,去阅读具体的保险条款以及保险人免责条款等说明内容,并根据保险人的询问,输入被保险人各种信息,就被保险人的情况履行如实告知义务,通过审核程序后,最终激活自助保险卡并生成电子保单。因此,在卡被转让的情况下,受让人通过激活或委托他人激活自助保险卡成为

[①] 李冰:《卡式保单被保险公司代为激活后的法律责任》,《人民法院报》2014年10月23日第6版。

> 投保人。
> 　　本案中,投保人刘某伟在被告赵某平的推荐下购买"生命福星保险卡",并且赵某平在交付保险卡时承诺"卡已经被公司代为激活",应视为保险合同成立。
> 　　其次,保险人出售保险卡并收取费用,即视为保险人同意承保,保险合同成立并生效。保险人通过网上激活这种特定的投保形式,把本应在保险合同订立阶段履行说明义务的行为,顺延至激活时完成。投保人在激活该卡时,根据保险公司网站设定的投保流程,去阅读该险种的具体说明内容,并确认"同意接受条款"才能激活该卡,否则无法形成电子保单。
> 　　最后,作为售后服务,保险人或其代理人可以有条件地代为激活,委托方式可以为书面,也可以为口头。激活时持卡人在现场的,也可以推定持卡人给予了代激活授权。如果保险代理人收取保费后,在未取得激活授权,购卡人又不在现场的情况下,主动代激活后再交付保险卡,此时不能视为保险人履行了说明义务或就保险标的进行了询问。保险代理人上述行为所产生的法律责任,由保险人承担。
> 　　本案中,投保人刘某伟在开封生命人寿公司业务人员赵某平的推荐下购买保险卡,在业务人员交付保险卡时承诺"卡已经被公司代为激活"的情况下,应视为真实意思表示,该保险合同成立。

第二节　保险合同的生效

一、保险合同的成立与生效

　　保险合同的生效是指保险合同对合同各方当事人均具有法律约束力。这意味着保险合同的当事人应当遵守合同约定,按照合同约定的内容正确行使各项权利和履行各项义务,以实现当事人订立保险合同的目的。

　　保险合同的成立与生效既有联系也有区别。二者的联系在于:保险合同的成立是投保人与保险人就保险合同条款达成合意,它强调当事人保险权利义务关系的存在和内容构成,是保险合同生效的前提条件。只有某个保险合同成立后,才谈得上进一步衡量其是否生效。一般而言,如果保险合同的当事人依据法律的规定订立合同,合同的内容和形式均符合法律规定,则这些保险合同一旦成立便发生法律约束力。但二者也有不同之处,它们本质的区别如下:① 性质不同。保险合同成立是指合同当事人就合同主要条款达成合意,是当事人意思自治的体现,解决的是合同是否已经存在的问题;而保险合同的生效是对已经存在的合同进行法律评价后的肯定性结论[1],是国家通过法律来评价当事人的合意是否符合国家的意志和社会公共利益,是法律认可当事人意思的结果。换言之,即使保险合同成立,但与法律规定的生效要件相抵触,也不能产生法律效力,合同效力将归于无效或可撤销。② 要件不同。保险合同成立要件主要关注的是当事人之间的合意是否达成,着眼于意思表示的外部形态,至于合意本身是否有瑕疵在所不问,保险合同成立与否是一事实判断问题;保险合同的生效制度体现国家对合同内容的干预,生效要件包括民事行为能力规则、意思表示自愿真实规则、行为内容符合国家与公共利益的法律原则等,保险合同生效与否是一法律评价问题。

---

[1] 苏号朋:《合同法教程》,中国人民大学出版社 2015 年版,第 107 页。

③ 法律效果不同。保险合同成立仅对当事人产生不得任意单方面废止合同的约束力,但当事人订立合同所意欲实现的法律效果必须要在合同生效后才有可能会实现。

《保险法》第 13 条第 3 款规定:"依法成立的保险合同,自成立时生效。"这一规定事实上已将保险合同的成立与生效相区分,并规定只有依法成立的保险合同才能正常地产生预期的法律效力。

二、保险合同的生效要件

保险合同的生效要件是法律评价当事人合意的标准。保险合同的生效,除了要符合《民法典》规定的普通民事合同的一般生效要件外,还要具备《保险法》规定的特别生效要件,包括以下三个方面。

(一) 当事人应当具有法定的缔约资格

主体合格是指订立保险合同的当事人(保险人和投保人)应具有订立保险合同的资格。保险人应是经国家允许经营保险业务的保险公司或其他依法设立的保险组织,而且必须在其营业执照核准范围内为保险业务。例如,依法经核准登记经营人寿保险业务的保险人没有资格经营财产保险业务,不得订立财产保险合同。投保人应当具有订立保险合同的民事行为能力。

值得注意的是,当前我国商业交易已经进入了"互联网+"时代,互联网保险作为一种新的商业模式也在快速发展。互联网保险是保险机构利用互联网和通信技术,在互联网平台上销售保险产品、提供保险服务的商业模式。由此,保险交易活动中出现了一种新型的合同形式——电子合同。电子合同又称为电子商务合同,是一种双方或多方当事人之间通过电子信息网络、以数据电文的形式达成的设立、变更、终止民事权利义务关系的协议。签订电子合同的双方当事人通常只通过网络数据电文的方式进行交易行为,双方无法充分了解交易相对方的年龄、精神健康状况等信息,也无法对这些信息进行实质性的审查。有鉴于此,有学者认为网络环境下不再区分合同主体的行为能力,在电子合同中当事人及其法定代理人不得以欠缺行为能力为由影响合同效力。从司法实践角度看,我国有关电子商务的专门性立法有《中华人民共和国电子商务法》(以下简称《电子商务法》)、《中华人民共和国电子签名法》(以下简称《电子签名法》)。《电子商务法》第 48 条第 2 款规定:"在电子商务中推定当事人具有相应的民事行为能力。但是,有相反证据足以推翻的除外。"由此可见,电子合同的中当事人的缔约能力亦应符合《民法典》中的相关规定[①]。

(二) 双方当事人的意思表示自愿真实

保险合同订立必须基于双方当事人的自愿。一方不得以胁迫、乘人之危等手段强迫对方签订保险合同。

保险合同当事人订立保险合同的意思表示必须真实。在订立保险合同时,任何一方当事人必须诚实守信,不得欺骗对方。投保人在订立合同时必须履行如实告知义务,向保险人

---

① 赵家琪:《新编合同法实用教程》,武汉大学出版社 2021 年版,第 47 页。

如实告知有关保险标的的重要事实。保险人必须在订立合同时履行说明义务,向投保人说明保险合同条款的内容,尤其是免责条款的内涵,不得诱骗投保人订立保险合同。

保险活动中的合同或者其他文件、单证等文书,当事人可以约定使用电子签名、数据电文。当事人约定使用电子签名、数据电文的文书,不得仅因为其采用电子签名、数据电文的形式而否定其法律效力,认为文书内容不是当事人的真实意愿。此时,根据《电子签名法》第8条的规定,审查数据电文作为证据的真实性,应当考虑以下因素:生成、储存或者传递数据电文方法的可靠性;保持内容完整性方法的可靠性;用以鉴别发件人方法的可靠性;其他相关因素。

(三)保险合同的内容必须合法

《民法典》第153条规定:"违反法律、行政法规的强制性规定的民事法律行为无效。但是,该强制性规定不导致该民事法律行为无效的除外。违背公序良俗的民事法律行为无效。"保险合同当事人订立的合同内容应当符合国家法律规定,而且不得违背公序良俗。内容合法的保险合同才能得到法律的肯定性评价,才能达到合同当事人预期的法律效力。如保险合同的标的应属于不违反法律强制性规定和公序良俗的财产及其有关利益或人的身体、生命。例如,偷盗者为其盗窃而来的汽车投保所订立的财产保险合同应属无效。

除此之外,依据《保险法》的相关规定,保险合同的生效还应具备存在危险、符合保险利益原则、以死亡为给付保险金条件的保险合同应征得被保险人同意并认可保险金额等特别要件。

三、保险合同的生效时间与保险责任的开始时间

(一)保险合同的生效时间

保险合同的生效时间就是保险合同效力开始的时间,如果没有法律特别规定或当事人特别约定,保险合同自成立之时即开始生效。因此,保险合同的生效时间可以归纳为以下两种情形。

1. 一般原则

《保险法》第13条第3款前半部分规定:"依法成立的保险合同,自成立时生效。"此处的"依法成立",是指保险合同既具备成立要件,又满足前文所述的有效要件的要求。若当事人没有就保险合同的生效附条件或附期限,保险合同成立后便立即生效,保险合同的成立时间和生效时间是一致的。

2. 特殊情况

虽然合同生效体现了国家干预原则,但由于合同自由是合同法的基本原则,所以在合同生效领域,在不违反法律和行政法规的强行性规定的前提下,允许当事人对生效要件进行约定。《民法典》第158条、第160条规定,当事人对合同的效力可以约定附条件和附期限。附生效条件的合同自条件成就时生效,附解除条件的合同自条件成就时失效;附生效期限的合同自期限届至时生效,附终止期限的合同自期限届满时失效。《保险法》第13条第3款后半部分规定:"投保人和保险人可以对合同的效力约定附条件或者附期限。"本部分探讨的是保险合同的生效时间,所以这里仅探讨保险合同附生效条件和附生效期限的情况。

附生效条件保险合同的生效时间以条件成就的时间来决定。在保险合同尚未具备生效条件时,不能发生法律效力。例如,保险人和投保人双方在保险合同中约定,投保人交付保费时,保险合同生效。若投保人在未交付保险费时就发生了保险事故,由于投保人交付保险费的条件尚未成就,保险合同未发生法律效力,保险人将不承担给付保险金的合同义务。但是,当事人在财产保险合同中约定以投保人支付保险费作为合同生效条件,但对该生效条件是否为全额支付保险费约定不明,投保人已经支付了部分保险费的,该保险合同有效①。

附生效期限保险合同的生效时间,以未来确定的期限届至的时间来决定。在保险合同约定的期限尚未届至时,不能发生法律效力。保险实务上,以始期限制保险合同效力最为常见。例如,业界普遍推行的零时起保制即将保险合同生效的时间设定于合同成立日的次日零时或未来某日的零时。在生效期限届至前发生保险事故,虽然保险合同可能业已成立,但因保险合同尚未发生法律效力,保险人无须承担保险责任。

(二) 保险责任的开始时间

对保险人而言,依照保险合同约定承担给付保险金的责任是其基本合同义务。《保险法》第 14 条规定:"保险合同成立后,投保人按照约定交付保险费,保险人按照约定的时间开始承担保险责任。"结合对《保险法》第 13 条的理解,保险合同的成立、保险合同的生效与保险责任这三个概念既密切联系又各不相同。保险合同成立是保险合同生效的前提,保险合同生效又是保险人承担保险责任的前提。一般而言,保险合同的生效就意味着保险责任的开始,保险责任的开始时间和保险合同生效的时间是一致的。但在个别情况下,保险人与投保人在保险合同中约定开始承担保险责任的时间,如健康保险合同中的观察期条款,一般是保险合同生效若干日后,保险人才开始承担保险责任,被保险人也才真正地得到保险合同的保障。此时保险责任开始时间就晚于保险合同生效时间。

保险费的交纳和保险责任的承担②

案情

2011 年 8 月 16 日下午 5 时 36 分,云南福运物流有限公司(以下简称"福运公司")工作人员吕东芬采用手机拨打中国人寿财产保险股份公司曲靖中心支公司(以下简称"人寿财保曲靖公司")业务员曾超的手机,口述了投保的品名、数量、单价及金额,启运时间为当天,即 2011 年 8 月 16 日 0 时。人寿财保曲靖公司曾超用笔记录了当时的口述投保内容,因接近下班时间,没有出单,准备次日补录此单。2011 年 8 月 18 日,人寿财保曲靖公司向福运公司出具了保单尾号为 16 的《国内公路运输货物保险单》,且在 2011 年 8 月 29 日开具了收取保险费 7 630.85 元的发票。在尾数为 16 号保单明细表中的云 A7753、云 A1480 挂车在启运的当天,因左后轮起火,致车辆和车上装载的 660 担(33 000 kg)2010 阿根廷/bif 片烟被烧毁,货物损失金额共计 2 372 007 元。人寿财保曲靖公司提交的《机动车辆

---

① 2019 年 11 月 8 日《全国法院民商事审判工作会议纪要》第 97 条。
② 《云南福运物流有限公司与中国人寿财产保险股份公司曲靖中心支公司财产损失保险合同纠纷案》,《中华人民共和国最高人民法院公报》2016 年第 7 期,第 20—24 页。

《保险报案记录（代抄单）》中记录了黄和灿报案时间为2011年8月16日22时54分06秒。福运公司在事发后的第二天，即2011年8月17日9时34分才通过网上银行将保险费转入人寿财保曲靖公司业务员曾超的银行卡。2011年8月17日，福运公司填写国内货物运输保险投保单就其他相关权利义务内容进行协议。该投保单特别约定一栏中载明："投保人应当在保险合同成立时交付保险费。保险费未交清前发生的保险事故，保险公司不承保险责任。保险责任开始后15天内投保人未交清保险费，保险人有权解除保险合同"，随后投保人声明一栏加盖有福运公司印章并载明："保险人已将国内运输保险条款(铁路/公路/水路/航空)内容（包括责任免除内容）向投保人作了明确说明，投保人已充分理解条款内容（包括责任免除内容）及保险人的说明。上述所填写内容属实，投保人同意以此投保单作为订立保险合同的依据。"尾数为16的保险单中亦有相同上述内容的特别约定。

裁判

本案历经云南省曲靖市中级人民法院一审、云南省高级人民法院二审直至最高人民法院再审，最高人民法院认为：人寿财保曲靖公司不应赔偿福运公司的其余货物损失1 873 207元。第一，福运公司与人寿财保曲靖公司之间的保险合同关系成立且有效，本案一、二审法院关于保险合同成立的认定并无不当。第二，保险费是被保险人获得保险保障的对价，根据《保险法》第13条第3款"依法成立的保险合同，自成立时生效。投保人和保险人可以对合同的效力约定附条件或者附期限"之规定，本案福运公司向保险公司投保所提交的《国内货物运输保险投保单》上关于"投保人应当在保险合同成立时交付保险费。保险费未交清前发生的保险事故，保险公司不承担责任。保险责任开始后15天内投保人未交清保险费，保险人有权解除保险合同"的"特别约定"，属于附生效要件的合同。由于本案保险合同约定于交纳保险费后生效，故保险人对投保人保险费交纳前所发生的损失不承担赔偿责任。综上，福运公司要求人寿财保曲靖公司承担保险责任的请求，因与其投保单所载明的内容不相符，本院不予支持。

评析

保险费是被保险人获得保险保障的对价。根据《保险法》第13条第3款"依法成立的保险合同，自成立时生效。投保人和保险人可以对合同的效力约定附条件或者附期限"之规定，保险合同可以明确约定以交纳保险费为合同的生效要件。如保险合同约定于交纳保险费后保险合同生效，则保险人对交纳保险费前所发生的损失不承担赔偿责任。

四、保险合同的无效

（一）保险合同无效的概念

保险合同的无效是指已成立的保险合同因欠缺法定或约定的有效条件，自始不发生法律效力而由国家予以取缔的一种状态。保险合同的无效，一般来说是自始、确定、当然的无效。保险合同的无效无须通过一定的司法程序来确认，即使当事人对保险合同是否无效发生争议诉至法院，法律的判决也只是确认性质的判决而不是形成性质的判决，即保险合同的无效并不是基于法院的判决。

保险合同存在无效原因，并不都导致合同全部无效，有的只是导致部分无效。保险合同的全部无效是指保险合同的内容全部不发生法律效力，对保险合同当事人不产生法律约束力，如保险合同当事人不具备缔约资格或保险合同内容违反法律法规的强制性规定。保险合同的部分无效是指保险合同的部分内容不符合法律规定，导致该部分内容无效。如保险人在订立保险合同时,未向投保人明确说明保险合同中的免责条款,则该免责条款不发生法律效力。

(二) 保险合同无效的原因

我国保险合同无效的法定原因,应当适用《民法典》和《保险法》的相关规定。一般而言,保险合同无效的原因主要有以下六个方面。

1. 当事人不具有法定的缔约资格

投保人或保险人不具备前文所述的缔结合同的资格而订立的保险合同为无效合同。如投保人为无民事行为能力人订立的保险合同,或保险人为非法经营保险业务的组织订立的保险合同,均应认定为无效合同。

2. 保险合同的内容不合法

私人间的协议不得违反法律、行政法规的强制性规定。由此,如果保险合同的内容与法律、行政法规的强制性规定相抵触,则合同无效。须注意,确认合同无效,应当以全国人大及其常委会制定的法律和国务院制定的行政法规为依据,不应以地方性法规、行政规章为依据。其中,"法律"是指全国人民代表大会及其常务委员会制定并颁布的法律,"行政法规"是指国务院制定并颁布的行政规范。保险合同只有违反了法律、行政法规的规定,才有可能导致合同的无效。另外,依据2019年《全国法院民商事审判工作会议纪要》第31条的规定,违反规章一般情况下不影响合同效力,但该规章的内容涉及金融安全、市场秩序、国家宏观政策等公序良俗的,应当认定合同无效。实务中在认定规章是否涉及公序良俗时,要在考察规范对象基础上,兼顾监管强度、交易安全保护以及社会影响等方面进行慎重考量。这里的"规章"是指国务院各部委以及各省、自治区、直辖市的人民政府和省、自治区的人民政府所在地的市以及设区市的人民政府根据宪法、法律和行政法规等制定和发布的规范性文件。

保险合同的内容也不能违背社会公序良俗。公序良俗是指法律明文规定之外的公共秩序和善良风俗。公序良俗原则体现了国家对意思自治、合同自由的限制,体现了对私法自治的限制。法律没有明文规定的领域,要看公序良俗,要看对社会有没有危害性。如果有危害,就不能让其有效。

3. 承保危险不存在

保险合同订立之时,危险已经发生或根本不存在,保险合同无效。保险以危险的存在为要件,无危险则无保险。如果保险合同订立时不存在危险,保险就失去意义。即使保险合同已经成立,仍不生效。

4. 投保人对被保险人不具有保险利益

保险利益存在的意义在于可以遏制赌博行为的发生和防止道德危险的发生。若投保人对被保险人不具有保险利益,很容易在订立保险合同后,投保人为图谋保险金而故意促使保险事故的发生。由此,我国《保险法》第31条规定:"订立合同时,投保人对被保险人不具有保险利益的,合同无效。"

5. 未经被保险人同意的以死亡为给付保险金条件

以死亡为给付保险金条件的保险合同,其所可能诱发的道德风险是以被侵害人的生命为对象的,为保障每一个人的生命安全,该类保险合同的生效应以取得被保险人同意以及对保险金额的认可为前提。同时,无民事行为能力人认知有限,不能辨认自己的行为,缺乏自我保护的能力,若允许以无民事行为能力人为被保险人任意投保,极可能导致道德风险的发生。对此,我国《保险法》第 33 条、第 34 条作出如下规定：投保人不得为无民事行为能力人投保以死亡为给付保险金条件的人身保险,保险人也不得承保;以死亡为给付保险金条件的合同,未经被保险人同意并认可保险金额的,合同无效。但父母为其未成年子女投保且保险金总和不超过国务院保险监督管理机构规定限额的除外。

6. 超额保险

订立财产保险合同时,投保人和保险人可以约定保险金额。保险金额不得超过保险价值,超过保险价值的,超过部分无效,保险人应当退还相应的保险费[①]。

(三) 保险合同无效的法律后果

保险合同一经确认无效后,当事人之间的权利义务即告消灭,合同尚未履行的不再履行,已经履行的应恢复原状。投保人若已给付保险费,保险人应予以返还;保险人若已给付保险金,被保险人或受益人应予以归还。另外,若当事人中任何一方因过错给对方造成损失的,有过错的一方应承担损害赔偿责任;双方都有过错的,应按照过错程度承担各自的赔偿责任。

这里需要特别说明的是,保险合同部分无效,不影响其他部分效力的,其他部分仍然有效,当事人仍应按约定履行。如保险合同中保险人未明确说明的免责条款不产生效力,并不影响保险合同的效力,除保险人不能主张免责利益外,保险人可继续享有权利并承担其他义务。

第三节 保险缔约过失责任

一、保险缔约过失责任的概念和构成要件

(一) 保险缔约过失责任的概念

所谓缔约过失责任,是指当事人在合同订立过程中,因过失而违反依照诚实信用原则所应尽的先合同义务,致使另一方遭受信赖利益损失而应承担的损害赔偿责任。《民法典》第 500 条规定："当事人在订立合同过程中有下列情形之一,造成对方损失的,应当承担赔偿责任：(一) 假借订立合同,恶意进行磋商；(二) 故意隐瞒与订立合同有关的重要事实或者提供虚假情况；(三) 有其他违背诚信原则的行为。"这是缔约过失责任制度在我国确立与适用的法律条文依据。

设立缔约过失责任制度,是为了保护处于磋商阶段过程中的当事人的合理的信赖利益,其基础在于诚实信用原则。例如,一方向对方作出基本同意订立保险合同的意思表示,这会导致对方产生保险合同将会成立的合理预期,进而开始为履行保险合同做准备,并可能会为此拒绝其他缔约机会。此时,若行为人因自身过失不能维持和保护此种信赖利益,就在实质上侵害了他人的信赖利益,进而应承担法律责任。

依据《民法典》和《保险法》的相关规定,保险缔约过失责任是指保险人或投保人在保险

[①] 《中华人民共和国保险法》第 55 条第 3 款。

合同订立过程中,因过失而违反依照最大诚实信用原则所应尽的义务,致使另一方遭受信赖利益损失而应承担的损害赔偿责任。

(二)保险缔约过失责任的构成要件

依据《民法典》和《保险法》的规定,保险缔约过失责任的构成要件有以下五个方面。

1. 缔约上的过失发生在保险合同订立过程中

保险缔约过失责任的适用前提是合同未成立或者合同被宣告无效、被撤销。保险缔约过失责任发生在保险合同订立的协商阶段,当事人之间必须有缔约上的联系,也就是实务中的磋商阶段。在保险合同生效之后,若当事人实施了违反最大诚实信用原则的行为,则应适用违约责任的规定。

2. 缔约一方违反先合同义务

先合同义务是缔约当事人为订立合同而接触磋商时所应承担的注意义务,不同于合同生效而产生的给付义务。在保险缔约阶段,投保人与保险人为了订立合同有了实际上的接触与协商,并且由此而产生了合理信赖。这就要求投保人与保险人在保险合同订立过程中,应当依最大诚信原则负有一定的注意义务并且要履行此义务,如可具体表现为投保人的告知义务和保险人的说明义务,此义务是依法产生的,属于法定义务范畴。

3. 违反先合同义务的缔约一方有过错

保险缔约过失责任是一种过错责任,是指违反先合同义务的缔约方存在故意或过失,而且因为该过错导致保险合同不能成立、无效或被撤销。如果缔约双方均没有过错,即便保险合同不成立或者无效、被撤销,也不会发生缔约过失责任,很可能是正常的商业风险。

4. 造成相对方信赖利益的损失

保险缔约过失责任是一种民事赔偿责任,缔约一方必须有实际损失的存在,这种损失的性质是信赖利益的损失,而非履行利益的损失。信赖利益的损失是指善意当事人相信合同能够订立和履行,但由于对方的过错导致合同不成立、无效或被撤销,从而造成善意当事人信赖利益的损失。对保险信赖利益的赔偿,本节后面会有详尽论述,在此先不赘述。

5. 违反先合同义务行为与损失结果之间有因果关系

保险缔约一方信赖利益的损失是由另一方缔约主体的缔约过失行为所导致的,而不是因为其他行为,如果过失行为与信赖利益之间没有因果关系,便不会有缔约过失责任。

二、保险缔约过失责任的类型

依据《民法典》第500条、第501条的规定并结合保险业务实际,保险缔约过失责任主要有以下四种类型。

(一)假借订立合同,恶意进行磋商

所谓假借订立合同,恶意进行磋商,是指行为人根本没有与对方订立合同的意思,而假借磋商、谈判等方式,故意损害缔约对方或他人利益的行为,如通过磋商套取他人的经营信息、故意与对方谈判使对方丧失其他商业机会等。该类行为必须包括两个方面的特点:一

是行为人主观上并没有缔约意图;二是行为人主观上具有给对方造成损害的恶意,恶意是构成此种缔约过失行为的最核心的要件。尽管此种类型的情况在保险实践中并不多见,但不排除有发生的可能性。

(二) 故意隐瞒与订立合同有关的重要事实或者提供虚假情况

在订立保险合同的过程中,当事人应当遵循最大诚实信用原则,投保人负有如实告知与签订合同有关重要事实的义务,保险人负有明确说明合同主要内容的义务。如果投保人故意隐瞒标的的缺陷或者向保险人提供不存在的虚假情况,保险人未将办理保险的有关事项或影响保险合同效力的有关情况向投保人如实说明,均构成缔约过失。因而给对方造成损害的,依法应承担赔偿责任。

(三) 泄露或不正当使用商业秘密

《民法典》第501条规定:"当事人在订立合同过程中知悉的商业秘密或者其他应当保密的信息,无论合同是否成立,不得泄露或者不正当地使用;泄露、不正当地使用该商业秘密或者信息,造成对方损失的,应当承担赔偿责任。"这是因为,缔约主体在订立合同过程中,为了促进合同的订立,基于彼此之间的信任,很有可能会把自身的一些技术信息、经营信息或者其他应当保密的信息告诉另一缔约方;或者在磋商过程中,其中一方无意中知晓了对方的一些技术信息、经营信息或者其他应当保密的信息。不论是哪种情况,只要知悉了,就不得对外泄露或不正当地使用,否则便要承担缔约过失责任。在保险领域中,《保险法》第116条明确规定,保险公司及其工作人员在保险业务活动中不得泄露在业务活动中知悉的投保人、被保险人的商业秘密。

(四) 有其他违背最大诚实信用原则的行为

除上述情形外,保险缔约主体若有其他违背最大诚实信用原则的行为导致保险合同不成立、无效或被撤销并造成向对方损失的,也应承担缔约过失责任。

三、保险缔约过失责任的承担

(一) 承担缔约过失责任的主体

承担缔约过失责任的主体为缔约当事人,即具有缔约意愿、作出要约或承诺的行为人。若保险合同有效成立,其应当成为合同当事人。如果缔约当事人通过代理人作出了缔约过失行为,应由被代理人还是代理人承担缔约过失责任?事实上,代理人以被代理人的名义从事保险交易活动,而且其行为的法律后果直接归属于被代理人,因此,即使代理人直接实施了缔约过失行为,亦应由作为被代理人的缔约当事人承担责任,代理人不应承担缔约过失责任。

(二) 承担缔约过失责任的方式

在保险合同领域,确立缔约过失责任是为了保护因保险合同未成立、无效或被撤销而承受不利后果的一方当事人的信赖利益,责任形式主要表现为损失赔偿。

(三) 缔约过失责任的赔偿范围

就保险合同订立过程中的缔约过失责任而言，其赔偿范围应为信赖利益的损失，即无过错的当事人信赖保险合同的有效成立，但因法定事由发生，致使保险合同无效、被撤销、不成立等而造成的损失。它包括直接损失和间接损失。直接损失范围包括：一是缔约费用，包括邮电、文印费用、投保人支付的体检费用，保险人查看保险标的支付的合理费用，投保人或保险人为谈判而支出的合理费用等；二是履约准备费用，包括投保人已支付的保险费或保险人支付的保险金等；三是因支付上述费用而失去的利息。间接损失为丧失与第三人另定保险合同的机会所产生的损失。有学者认为，在司法实践中，有法院判令将保险金纳入保险人要向投保人或者被保险人承担赔偿损失责任的范围，即按照假设保险合同有效情形下的被保险人或受益人因为保险事故的发生所应得的保险金额来认定被保险人或受益人因合同不成立、无效遭受的损失，其实是把履行利益的损失当作了信赖利益的损失，而前者属于违约责任的赔偿范围，这些在理论上值得商榷①。我们认为，保险缔约过失责任赔偿范围问题，不应当只考虑法律(包括法理)的逻辑与体系，而应当根据具体案情，找出为当事人和社会一般公平观念所认可的标准。如果善意相对人因缔约过失责任人的行为遭受交易机会损失等间接损失，则缔约过失责任人也应当予以适当赔偿。

保险合同双方当事人都违反了先合同义务，构成缔约过失责任②

案情

涉案死者徐宝如(曾用名徐保如)系徐遵芳的丈夫，徐建勇的父亲，徐训元、戴其连的儿子，亦系苏F0625871运输型拖拉机的所有人，其所持有的机动车驾驶证的有效期至2005年5月26日止。2008年8月26日，徐宝如以驾驶员身份向如东公司购买了一份驾车人员平安保险，并缴纳保险费100元，保期1年。当日，如东公司向徐宝如交付该险种的保单正本及收据1份(保单号为0700014886)，该险种意外身故、残疾保险金额为65 000元。该保险条款规定：被保险人在驾驶机动车辆过程中遭受意外伤害，导致身故的，保险公司按保险金额给付"意外身故保险金"；导致残疾的，按残疾程度给付相应的"意外残疾保险金"；如果本保险单未约定受益人，则意外身故保险金视为被保险人遗产给付法定继承人；本保单只适合持有效驾驶证、年龄在18～60周岁、身体健康的驾车人员购买。

2008年9月3日上午，徐宝如驾驶拖拉机在倒垃圾时，因卸车滑坡发生意外死亡。9月11日，如东县公安局环港边防派出所对该意外事故出具书面情况证明：2008年9月3日上午，徐宝如在如东县丰利镇环农村26组乡间小路上驾驶F0625871运输型拖拉机在倒垃圾时，因卸车滑坡发生意外死亡，情况属实。嗣后，徐遵芳、徐建勇、徐训元、戴其连以继承人身份要求如东保险公司给付意外身故保险赔偿金6.5万元未果，遂起诉。

裁判

江苏省如东县人民法院经审理认为：涉案驾车人员平安保险是为特定主体，即具有合格驾驶员

---

① 李玉泉：《保险法学——理论与实务》，高等教育出版社2010年版，第117页。
② 高鸿、秦昌东：《缔约过失责任的认定》，《人民司法》2010年第10期，第90页。

资格的投保人所设定的,购买该险种的必须是持有有效驾驶证的机动车驾驶人员。徐宝如虽持有机动车驾驶证,但其所持有的驾驶证至 2005 年 5 月 27 日已经失效,其在向如东公司投保该险种时已不具备机动车驾驶人员的主体资格,违反了保险法规定的投保人应当履行向保险人如实告知的义务,对此其存在过错。如东公司在办理徐宝如投保的涉案险种业务时,未向徐宝如说明涉案保险合同的条款内容,未就保险标的及被保险人是否具有所投险种的主体资格等有关情况提出询问和进行审查,其疏于审查亦存在过错。故根据合同法缔约过失责任的相关规定,涉案保险合同应视为不成立,对此造成的损失双方应各半承担。如东公司系南通公司的下级部门,虽经工商部门核准登记、领有营业执照,亦可独立参加诉讼,但在不能完全承担民事责任时,依法应由其上级部门南通公司承担。

一审判决后,被告如东公司不服,上诉至江苏省南通市中级人民法院。江苏省南通市中级人民法院经审理认为:本案保险合同所涉险种为驾车人员平安保险,被保险人属特定群体,范围明确。作为保险人的如东公司,对此应当熟知。在订立保险合同时,其仅能对上述特定的群体发出要约或者接受其要约。在投保时,其应对此进行询问,该询问当有投保人提供必要的法律文件以为辅助,如不完全具备,则应拒绝承保,以防风险。更何况,驾驶证系行政机关许可核发,如东公司在缔约过程中要求投保人徐宝如提供有效驾驶证以对其是否符合被保险人的条件作表面真实性审查并不困难,这是其在缔约前的基本审查义务,是订立合同的基础。如连此情形都不作审查,则询问形同虚设。如已善尽此审查义务,则不存在徐宝如故意隐瞒事实,不履行如实告知义务,或者因过失未履行如实告知义务的情形。因此,这一审查义务是如东公司的先合同义务,是对自身利益的应有照顾和关心。但如东公司在承保前未尽到作为专业保险机构所应具有的一般注意义务,对徐宝如是否具有有效驾驶资格持放任或者盲目相信的态度,不作审查,怠于辨明真实情形,即予承保,已违反了上述先合同义务。徐宝如所投险种名称为"驾车人员平安保险",通常理解,"驾车人员"当指驾驶机动车辆的人员。徐宝如曾取得机动车驾驶证,其应知有效期限届满后经过一定期间即应重新申请行政许可,在未取得有效驾驶证前,其不具有相应资格。作为有一定文化程度的完全民事行为能力人,其应知自己是否符合驾车人员的条件,但较之具有专业知识和业务经验的如东公司,所投保险究竟与此有何具体法律关系,不能苛求徐宝如完全知情。这应是如东公司在就被保险人徐宝如的有关情况向其提出询问并对保险条款作出说明的基础上不断增加注意的过程。本案保险单还包括投保单、保险费收据及保险条款简介等内容,徐宝如虽在保险单中以投保人身份签名表示已接受投保人声明条款,但从事后双方争议的情形判断,如保险代理人已对保险条款或者对保险条款简介作出说明,并进行通常的询问,保险代理人应当了解徐宝如是否符合被保险人的条件。因此,徐宝如对此虽有过错,但并非恶意为不实的说明,亦非违反一般注意义务,其过失的程度相对较轻。徐宝如在双方订立保险合同后不到 10 天即驾车意外身亡,对此损害事实各方并无异议,而上述保险合同一经订立投保人即对其具有相应的期待利益,为其生前所依赖,如东公司违反上述先合同义务使其信赖的合同利益遭受损害,该公司的行为与此损害事实之间显然有相当因果关系,其应依《中华人民共和国合同法》(以下简称《合同法》)第 42 条的规定承担缔约过失责任。缔约过失责任的赔偿范围应当是相对人因缔约过失而遭受的信赖利益和固有利益的损失。其中,信赖利益的损失包括直接损失和间接损失。直接损失包括订约费用、履约费用等。间接损失包括丧失与第三人另订合同的机会所产生的损失。本案中,若如东公司当初即对徐宝如拒绝承保,徐宝如选择另订合同的可能性较大,在出险时其继承人享有的权利也不致受损。本案保险单约定的意外身故、残疾保险价值最高限额为 65 000 元,一审法院以现有证据判决如东公司赔偿徐宝如的受益人 32 500 元损失并无不当。因如东公司隶属于南通公司,而且为非企业法人,一审相关认定理由正确。判决驳回上诉,维持原判。

评析

《保险法》对保险人的说明义务和投保人的告知义务均作出了规定。因此,保险人和投保人在保险合同订立过程中应当履行各自的说明和告知义务,这种义务属于先合同义务。保险人未尽订立合同中的说明义务,又未就与承保有关的重要事实对投保人进行必要询问,而投保人因过失又未如实告知,因此双方都违反了先合同义务,构成缔约过失责任。缔约过失责任的赔偿范围应当是相对人因缔约过失而遭受的信赖利益和固有利益的损失。其中信赖利益的损失包括直接损失和间接损失。

重要概念

保险合同的订立　保险要约　保险承诺　保险合同的成立　保险合同的生效
保险合同的无效　保险缔约过失责任

思考题

1. 保险合同的订立程序是什么?
2. 如何理解保险合同成立和生效的联系?
3. 保险合同的生效需要具备哪些要件?
4. 保险合同无效的原因是什么?
5. 保险缔约过失责任的构成要件是什么?

案例习题

1. 2019年10月6日,某市甲服装公司以公司内财产向乙保险公司投保企业财产保险,保险金额为300万元,应缴纳保险费15 000元,保险期限为1年。双方订立了保险合同,约定被保险人缴付保险费的时间是2019年10月6日。当天乙保险公司向甲服装公司出具了企业财产保险单,并在未收到保险费的情况下向后者开具了保险费收据。保险单签发后,乙保险公司多次派人或通过电话向甲服装公司催要保险费,但甲服装公司以经营不佳、经济困难为由一次次地拒绝支付。

数次碰壁的乙保险公司觉得如此催要保险费无望,只有通过法律手段来解决,于是在2020年1月5日正式向法院起诉,把甲服装公司告上了法庭,要求甲服装公司作为企业财产保险合同的投保人支付所拖欠的保险费及利息。法院受理了此案。

就在法院审理此案期间,甲服装公司不慎发生火灾,投保的财产被烧毁,损失近180万元。事故发生后,甲服装公司立即通过法院向乙保险公司支付了15 000元保险费,乙保险公司就此撤诉。没过多久,甲服装公司将发生火灾事故的情况通知乙保险公司并以合同被保险人的身份向后者提出索赔。

乙保险公司收到索赔通知后,以甲服装公司未在约定期间内缴付保险费及隐瞒保险事故为由拒绝承担赔偿责任。保险合同双方就此再次发生争议,为解决争议,双方又开始了一场诉讼。不过,这一次,甲服装公司是作为原告向法院提起诉讼,乙保险公司则成了被告。

问题:

(1) 该保险合同是否生效?

(2) 投保人按约定缴纳保险费是否是保险公司承担保险责任的前提条件?

(3) 在本案中,乙保险公司拒绝赔偿被保险人甲服装公司所遭受的财产损失的理由是否成立? 你认为法院对此案应当如何判决?

2. 保险公司的业务员张某与投保人王某是同学关系。在张某向王某推销保险产品时,王某在外地出差,于是王某让张某到自己家中找自己的妻子收取保险费。张某遂到王某家中找到王某的妻子取得了保险费,并代替王某在投保书上签字。投保书所记载的投保人与被保险人均为王某,投保的险种为重大疾病保险,保险期限为终身,交纳保险费期限为20年,每年应交纳保险费金额为2 000元。王某出差回到北京以后,张某将保险合同及保险费发票交给了王某。此后,王某每年正常交纳保险费,累计交费12 000元。直到2006年,王某、张某关系恶化,王某遂起诉保险公司,以投保书不是自己亲笔签字为由要求退还全部保险费。

问题:

(1) 该保险合同是否生效?

(2) 王某是否能要求退还全部保险费?

第七章　保险合同的效力变动

> **学习目标**
>
> 1. 了解保险合同变更的内涵、掌握保险合同变更的要件、效力。
> 2. 掌握保险合同转让的要件、类型。
> 3. 掌握保险合同解除权的行使及效力。
> 4. 掌握保险合同中止与复效的适用条件。
> 5. 掌握保险合同终止的原因。

第一节　保险合同的变更

一、保险合同变更的概念和特征

（一）保险合同变更的概念

在合同法上，合同的变更有广义和狭义之分。广义的合同变更是指合同因其主体或者内容发生变化而依法改变的情况，包括合同主体的变更和合同内容的变更，主体的变更实际上是合同权利义务的转让。狭义的合同变更仅指合同内容的改变，即合同在成立之后尚未履行或尚未完全履行完毕之前，依据法律规定的条件和程序，当事人不变而仅改变合同内容的情况。《民法典》第543条规定的"当事人协商一致，可以变更合同"，实际是指合同内容的变更。相应地，保险合同内容的变更也有广义和狭义之分。我国《保险法》规定的保险合同的变更就是合同内容的变更[①]。本节所论述的保险合同变更仅指狭义上的保险合同变更。

保险合同的变更是指保险合同成立之后但尚未履行或尚未履行完毕之前，依据法律规定的条件和程序，当事人不变而仅变动保险合同内容的情况。

（二）保险合同变更的特征

1. 保险合同的变更通常基于当事人的协议

通常情况下，保险合同是投保人和保险人合意的结果。保险合同的变更是经过当事人协商一致达成新的合意，改变原保险合同的内容。任何一方当事人未经他方同意，无正当理由擅自变更保险合同内容，不但不产生法律效力，而且构成违约行为。在双方当事人达成变更保险合同内容的合意之前，原保险合同内容仍然有效。

[①] 《保险法》第20条第1款："投保人和保险人可以协商变更合同内容。"

2. 保险合同的变更通常是非要素性内容变化

保险合同的变更是在原合同基础上对合同内容作某些修改和补充，而非合同要素性内容的变更，所以保险合同的变更一般指的是当事人、标的物之外的要素如保险标的物的数量、保险期间、保险金、争议解决等条款发生变化。保险合同变更是在维持原保险合同效力的基础上进行改变，变更前后的保险合同需要保持同一性和连续性。如果保险合同内容发生要素性变化，特别是保险标的发生变化，则合同关系就失去了连续性，将会发生原合同关系消灭和新合同关系产生的法律效果，此为保险合同的更新。如将财产保险合同的标的物由机械改为厂房，则原保险合同消灭，产生一个新保险合同。

由于我国《民法典》没有确定合同更新制度，保险法也没有类似规定，即并不强调变更后的合同与原合同必须具有同一性，因而它所规定的合同变更，既包括合同要素的变更，也包括非要素的变更[①]。但司法实践中，我们有必要对两者尤其是法律效果进行区分。

3. 保险合同的变更范围仅限定于已变更且未为履行的部分

保险合同的变更后，在保留原保险合同内容的前提下，产生了新的合同内容。因此保险合同变更之后，不能按照原有的保险合同内容确定当事人的权利义务，而应按照变更后的内容确定他们的权利义务，任一方违反变更后的保险合同都构成违约。但保险合同的变更范围一般不涉及已经履行的部分，只对未履行的部分发生法律效力，即保险合同变更不具有溯及既往的效力。

二、保险合同变更的要件

保险合同的变更，必须具备下列要件，才能发生相应的法律效力。

（一）须存在有效的保险合同关系

保险合同的变更需以成立且有效的保险合同关系为前提。保险合同的变更只能发生在保险合同成立之后尚未履行完毕之前。保险合同未成立，当事人之间没有生成保险合同关系，不可能进行保险合同变更。保险合同已经完全履行，保险合同关系结束，也不存在变更的问题。无效的保险合同自始、当然、确定无效，即便变更合同的内容，也不能使其有效，只能视为订立了新的保险合同。由此，当事人之间存在有效的保险合同关系是保险合同变更的前提条件。

（二）须有保险合同内容的变化

我国《保险法》中的保险合同变更是狭义的变更，仅指保险合同内容的变更，因此，保险合同内容发生变化是保险合同变更的必备要件。保险合同内容的变更一般包括：财产保险合同中保险标的用途的改变、保险标的坐落地点的改变、保险费率的改变等；人身保险合同中保险期间的改变、保险责任范围的改变、保险金额的改变、交费方式的改变等。需要特别说明的是，变更后的保险合同内容不得规避法律的强制性规定或者违背公序良俗，否则保险合同内容的变更是无效的。例如，由国家主管机构依法制定的强制保险合同的条款内容是

---

① 参见崔建远：《合同法》，法律出版社2000年版，第171页。

不能由当事人协商变更的。

此外,我国《民法典》第544条规定:"当事人对合同变更的内容约定不明确的,推定为未变更。"因此,保险合同当事人对改变后的合同内容约定不明确,无法判断约定新内容与原内容区别的,不产生变更的效力,当事人按原保险合同的约定履行义务。

(三)保险合同的变更须依照当事人的协议或法律规定

当事人协商一致变更原保险合同是合同自由原则的体现,当事人的合意可以引起保险合同关系的变更。依据《保险法》第20条的规定,保险合同当事人双方达成变更保险合同的协议是保险合同变更的主要方式。变更保险合同协议在行为性质上也是一个合同行为,应符合民事法律行为的生效要件。任一方当事人不得采用欺诈、胁迫等不正当手段与对方达成违背其真实意思的变更协议,否则该变更协议不生效,应当按照原来保险合同的内容履行。此外,当保险合同某些条款的变化符合法律规定的变更情形时,当事人可以提出变更保险合同。这主要包括以下两种情形。

1. 保险费增加的法定变更

《保险法》第51条第3款规定:"投保人、被保险人未按照约定履行其对保险标的的安全应尽责任的,保险人有权要求增加保险费或者解除合同。"第52条第1款规定:"在合同有效期内,保险标的的危险程度显著增加的,被保险人应当按照合同约定及时通知保险人,保险人可以按照合同约定增加保险费或者解除合同。"第32条第2款规定:"投保人申报的被保险人年龄不真实,致使投保人支付的保险费少于应付保险费的,保险人有权更正并要求投保人补交保险费,或者在给付保险金时按照实付保险费与应付保险费的比例支付。"

2. 保险费减少的法定变更

《保险法》第53条规定:"有下列情形之一的,除合同另有约定外,保险人应当降低保险费,并按日计算退还相应的保险费:(一)据以确定保险费率的有关情况发生变化,保险标的的危险程度明显减少的;(二)保险标的的保险价值明显减少的。"

这里需要明确一个问题,保险合同的被保险人、受益人是否有权变更保险合同?在投保人、被保险人、受益人并非同一人时,保险合同的被保险人、受益人是否有权变更保险合同?根据合同法原理,只有合同当事人才有权变更合同,因此,只有投保人有权变更保险合同,被保险人、受益人无权变更保险合同。被保险人、受益人在无投保人授权的情况下对保险合同条款作出变更且未经投保人认可的,该变更对投保人不发生效力。如果投保人死亡,谁有权对合同作出变更?对此,许多国家没有明文规定,我国保险法对此也未作规定。根据继承法,保险合同属于可继承的财产范围,投保人死亡后,投保人的继承人继承保险合同后成为保险合同当事人,其有权对合同作出变更①。

(四)保险合同变更须遵守法定的方式

为了固定证据,当事人变更保险合同的形式应当尽可能采用书面形式。《保险法》第20条第2款规定:"变更保险合同的,应当由保险人在保险单或者其他保险凭证上批注或者附

---

① 最高人民法院保险法司法解释起草小组:《〈中华人民共和国保险法〉保险合同章条文理解与适用》,中国法制出版社2010年版,第141页。

贴批单,或者由投保人和保险人订立变更的书面协议。"依据本条规定,变更保险合同的,可以采取三种方式,即在保险单或者其他保险凭证上批注、在保险单或者其他保险凭证上附贴批单、订立变更的书面协议。实务中,保险合同的变更一般都是投保人提出申请,经保险人审查同意,在原保险单或者其他保险凭证上批注或者签发批单,变更才能生效。

三、保险合同变更的效力

保险合同的变更,是在保持原保险合同关系的基础上,以变更后的保险合同内容替代原保险合同内容。保险合同变更的效力即保险合同变更对当事人产生的法律拘束力。保险合同一经变更,即产生如下法律效力。

(1) 保险合同变更后,双方当事人均应当按照变更后的合同内容履行各自的义务,被替代的合同内容失效,否则构成违约行为。

(2) 保险合同变更原则上仅对将来的履行发生效力,不对已履行的部分发生溯及力。已经履行的保险合同义务不因保险合同的变更而失去法律依据。除非当事人另有约定或者有法律规定的情况,任一方不能因保险合同内容的变更而要求对方返还已为的给付。

(3) 保险合同变更不影响当事人要求损害赔偿的权利。保险合同在变更以前,一方当事人因可归责于己方的原因给对方造成损害的,受损方有权要求责任方承担赔偿责任,而且不因保险合同变更而受到影响,不能因当事人自愿变更合同而不承担相应责任。当事人在变更保险合同的时候已经就损失的处理做出相关约定的除外。

第二节 保险合同的转让

一、保险合同转让的概念与特征

(一) 保险合同转让的概念

保险合同转让即保险合同权利、义务的转让,是指保险合同关系中的当事人在不改变保险合同内容的情况下,将其权利、义务全部或者部分转让给第三人,也即保险合同的主体发生变化。保险合同关系仍有同一性,但保险合同主体有所更换。

(二) 保险合同转让的特征

1. 保险合同转让并不改变保险合同的内容

保险合同转让并不改变原合同的权利义务关系及合同标的。转让后的投保人和保险人所享有的权利或承担的义务仍是原保险合同约定的,因此,转让保险合同并不引起保险合同内容的变更,其内容与原合同内容一致。这一点使得保险合同转让与保险合同变更区别开来。

2. 保险合同转让是保险合同的主体变更

保险合同转让改变了原保险合同权利义务的主体,直接结果是保险合同主体的更替,由第三人取代原当事人享有合同权利、承担合同义务。自保险合同转让成立时起,第三人代替原保险合同关系的一方成为保险合同的权利义务主体。

3. 保险合同转让涉及两个法律关系、三方当事人

保险合同转让会涉及原合同当事人之间的权利义务关系和转让人与受让人之间的权利义务关系，尽管保险合同转让在转让人与受让人之间完成，但是保险合同转让必然涉及原合同当事人的利益。因此，我国《保险法》结合原《中华人民共和国合同法》（现改为《民法典》合同编）关于债权让与和债务承担的规定[1]，针对保险活动的特殊性，要求保险标的转让的，投保人或受让人应通知保险人[2]。

二、保险合同转让的要件

保险合同的转让必须具备下列要件，才能发生相应的法律效力。

（一）原已存在有效的保险合同关系

保险合同转让以存在合法有效的保险合同关系为前提。若保险合同未成立或者被宣告无效，或者已经被撤销或被解除，保险合同关系不存在，则保险合同转让行为没有对象，即无所谓保险合同转让的问题。

（二）让与人与受让人之间达成让与合意或存在法律规定的原因

保险合同的转让须让与人与受让人之间协商一致。该协商一致实际上也是一个合同，故它须适用法律关于合同订立的规定，亦须符合合同的生效要件。否则，该转让行为无效或可被撤销，此时，主观上有过错的当事人应赔偿无过错方因此所受损失。此外，此处所谓法律规定的原因一般是在保险人破产解散情形下对保险业务转让的规定。

（三）符合法律规定的程序

由于保险合同转让涉及原保险合同当事人的权益，为保障保险法律关系当事人合法权益，保险合同的转让应符合法定程序。例如，《保险法》第 49 条第 2 款规定，财产保险合同中保险标的转让的，被保险人或者受让人应当及时通知保险人。如某人将自己家用车转让给他人从事商业经营，其遭受车祸的风险大大增加，在此情形下，保险人的责任也更大，因而被保险人或者受让人应承担通知义务。再如，《保险法》第 34 条第 2 款规定，按照以死亡为给付保险金条件的人身保险合同所签发的保险单，未经被保险人书面同意，不得转让。

三、保险合同转让的类型

（一）财产保险合同的转让

财产保险合同的转让主要是通过保险标的的转让引起的。保险标的的转让是指保险标

---

[1] 《民法典》第 546 条第 1 款："债权人转让债权，未通知债务人的，该转让对债务人不发生效力。"第 551 条第 1 款："债务人将债务的全部或者部分转移给第三人的，应当经债权人同意。"

[2] 参见《保险法》第 49 条。

的依法律行为而发生所有权由被保险人向受让人转让的情形,如买卖、赠与等。《保险法》第49条第1款规定:"保险标的转让的,保险标的的受让人承继被保险人的权利和义务。"也就是说,保险合同原则上随保险标的之转让而转让,保险标的转让后,保险合同转而约束受让人和保险人。

因商品流转而引起的财产所有权或他物权归属的变化在市场经济环境中非常普遍。就财产保险而言,因保险标的的转让,被保险人失去保险利益,当保险事故发生时,被保险人不得向保险人请求给付保险金[①]。那么,保险利益承受主体是否当然发生变化?即保险标的的受让人能否向保险人请求给付保险金呢?依合同法和保险法原理而言,财产保险合同一方主体的变更,需要由各方当事人达成新的合意,即财产保险标的转让的,亦须征得保险人的同意。但我国《保险法》为了充分保护被保险人利益,促进财产流转,在其第49条作了突破性的法律规定,具体要点包括以下四个方面。

(1) 被保险人法律地位的自动转移。保险标的转让时,保险标的的受让人承继原保险合同中被保险人的地位,享有保险合同中的权利,也承担相应义务;保险利益的主体也转变为受让人,不以保险人的同意为条件。这一规定为法律的强制性规定,不允许财产保险合同当事人约定排除。

(2) 被保险人或受让人的及时通知义务。保险标的的转让的,被保险人或者受让人应当及时通知保险人,但货物运输保险合同和另有约定的合同除外。即对于货物运输保险合同的保险标的所有权转让的,原被保险人权利义务当然为受让人承继且无须通知保险人。其他财产保险合同标的转让,关于被保险人或者受让人的通知义务的规定属于任意性规范,是否通知可以由当事人的自由意志决定,有约定按约定,若无约定则应通知保险人。

(3) 保险人的选择权。被保险人或受让人履行了保险标的转让通知义务,但保险标的转让导致危险程度显著增加的,保险人自收到被保险人或受让人的通知之日起30日内,可选择增加保费或解除合同并及时通知受让人。保险人做出答复前发生保险事故,被保险人或者受让人可主张保险人按照保险合同承担赔偿保险金的责任[②]。

(4) 保险人的拒付抗辩权。被保险人或受让人未履行保险标的的转让通知义务的,因保险标的转让导致保险标的的危险程度显著增加而发生的保险事故,保险人将不承担赔偿保险金的责任。

这里需要特别注意的是,保险标的转让中保险标的的风险已发生转移但所有权尚未发生变动时,受让人是否有保险利益并可依照保险合同向保险人主张保险金?保险实务中,保险公司经常以尚未完成登记手续,所有权尚未发生转移,受让人不具有保险利益为由拒绝理赔。依《保险法》第12条的规定,保险利益是指投保人或被保险人对保险标的所具有的法律上承认的利益。财产保险利益是被保险人对投保人所投保的某项财产具有的经济利益,并不以所有权为限,而是放宽至所有合法的利益,这种利益应当包括保险标的转让时买受人所承担的风险。另外,我国《民法典》第1210条规定:"当事人之间已经以买卖或者其他方式转让并交付机动车但是未办理登记,发生交通事故造成损害,属于该机动车一方责任的,由受让人承担赔偿责任。"该法第1213条规定:"机动车发生交通事故造成损害,属于该机动车一

[①] 《保险法》第48条:保险事故发生时,被保险人对保险标的的不具有保险利益的,不得向保险人请求赔偿保险金。
[②] 参见保险法司法解释(四)第5条。

方责任的,先由承保机动车强制保险的保险人在强制保险责任限额范围内予以赔偿;不足部分,由承保机动车商业保险的保险人按照保险合同的约定予以赔偿;仍然不足或者没有投保机动车商业保险的,由侵权人赔偿。"这两个法条的规定实际上也是将《保险法》第49条的"保险标的转让"扩展至危险的转移,当保险事故发生时,负担标的物毁损、灭失风险的受让人有权主张保险人赔偿[①]。由此,保险法司法解释(四)第1条规定:"保险标的已交付受让人,但尚未依法办理所有权变更登记,承担保险标的的毁损灭失风险的受让人,依照保险法第四十八条、第四十九条的规定主张行使被保险人权利的,人民法院应予支持。"

另外,保险标的作为遗产时,其所有权于继承发生时(被保险人死亡之时)转移给继承人,这属于保险标的物及保险利益的法定转移,与合意转让保险标的物的法律效果相同,被保险人的法律地位自动转移,继承保险标的的当事人可主张被保险人的权利和义务[②]。

(二) 人身保险合同的转让

人身保险合同转让是指人身保险合同约定的权利义务向合同当事人和关系人以外的第三人的移转。在这个意义上,人身保险合同的转让在相当程度上是指人身保险合同的当事人和关系人的变更。人身保险合同的主体较普通合同复杂得多,不仅有当事人而且有关系人。与普通合同不同,一般合同的权利义务在当事人之间分配,而人身保险合同的权利义务不仅在当事人之间进行分配,而且牵涉到关系人,如在人身保险合同中,由投保人承担交付保险费的义务,但发生保险事故后,却由被保险人或受益人享有保险金给付请求权。因此,人身保险合同转让的问题与普通合同转让不能完全类比。同时,人身保险合同的标的为被保险人的寿命和身体,具有专属性,所以人身保险的标的不会发生转让的问题。由此,应当注意:一方面,人身保险合同不发生被保险人身份的转让问题,人身保险的被保险人不得变更;另一方面,人身保险合同的受益人因为被保险人或投保人的意思而变更的,与人身保险合同转让无关[③]。

人身保险合同的转让可以通过变更投保人、变更保险人和人寿保险单转让的途径实现。

1. 投保人的变更

人身保险合同存续期间,有可能存在投保人变更的情形。例如,投保人死亡或夫妻离婚等情形下,投保人不能继续承担交纳保险费的义务,第三人或被保险人为了维持保险合同的效力,往往会选择继续交纳保险费,进而发生投保人的变更与保险合同的转让。此时,为防范道德风险,保护被保险人的利益,受让人仍应对被保险人具有保险利益。

2. 保险人的变更

人身保险合同因变更保险人而转让的情况,多数是发生在保险人资格消灭而引起的人寿保险合同权利义务概括转让的情形。我国《保险法》第92条规定:"经营有人寿保险业务的保险公司被依法撤销或者被依法宣告破产的,其持有的人寿保险合同及责任准备金,必须转让给其他经营有人寿保险业务的保险公司;不能同其他保险公司达成转让协议

---

① 最高人民法院民事审判第二庭:《最高人民法院关于保险法司法解释(四)理解与适用》,人民法院出版社2018年版,第28页。
② 保险法司法解释(四)第3条:被保险人死亡,继承保险标的的当事人主张承继被保险人的权利和义务的,人民法院应予支持。
③ 邹海林:《保险法》,社会科学文献出版社2017年版,第275—276页。

的,由国务院保险监督管理机构指定经营有人寿保险业务的保险公司接受转让。"某些情形下,也有可能是保险人在征得投保人的同意下,与其他保险公司达成转让人身保险合同的协议。

3. 人寿保险单的转让

人寿保险单的转让是指人寿保险单的持有人或所有人将该单证转让给第三人的行为。人寿保险单的实质为人寿保险合同,具有现金价值,为有价证券,可以进行自由转让。人寿保险合同的标的——被保险人的生命具有特殊性,从而决定了寿险合同转让的方式和财产保险合同有很大区别。财产保险合同的转让往往以标的物的转让为前提,而人寿保险合同的转让仅是合同所有权的变化,即由受让人代替原投保人承担交付保险费义务及享有保险金给付请求权,不存在保险标的所有权变更问题,一般风险程度也不会改变[①]。我国《保险法》允许人寿保险单证的持有人转让人寿保险单证,但以死亡为给付保险金条件的合同所签发的保险单,须经被保险人的书面同意[②]。

第三节 保险合同的解除

一、保险合同解除的概念与特点

(一)保险合同解除的概念

合同的解除包括协议解除和单方解除。协议解除是指合同双方当事人协商一致消灭合同关系的行为。单方解除是指合同一方当事人行使解除权使合同关系消灭的行为。作为合同的一种类型,保险合同的解除也可分为协议解除和单方解除。我国《保险法》第15条规定:"除本法另有规定或者保险合同另有约定外,保险合同成立后,投保人可以解除合同,保险人不得解除合同。"可以看出,这是关于单方解除的规定,本节也是在此意义上研究保险合同的解除。保险合同的解除是指在保险合同有效成立、有效期限届满前,由保险合同的一方当事人依法行使合同解除权而提前终止保险合同效力的民事法律行为。

保险合同的解除不同于保险合同的无效:无效的保险合同严重欠缺法定的合同有效条件,而保险合同的解除必须以合同有效为前提,是消灭有效成立的保险合同关系;保险合同无效为当然无效,人民法院或仲裁机构得依职权审查确认无效[③],而保险合同的解除以当事人一方的意思为基础,国家不主动干预;保险合同无效为自始无效,产生恢复原状的法律后果,而保险合同解除后有的具有溯及既往的效力,有的仅向后产生效力。

保险合同的解除不同于保险合同的变更:保险合同的变更是对原保险合同条款所做的修改、补充,保险合同关系继续存在,而保险合同的解除是消灭保险合同关系,保险合同关系

---

① 朱铭来:《保险法学》,高等教育出版社2014年版,第79页。
② 《保险法》第34条第2款规定:按照以死亡为给付保险金条件的合同所签发的保险单,未经被保险人书面同意,不得转让或者质押。
③ 参见保险法司法解释(三)第3条:人民法院审理人身保险合同纠纷案件时,应主动审查投保人订立保险合同时是否具有保险利益,以及以死亡为给付保险金条件的合同是否经过被保险人同意并认可保险金额。

不复存在;保险合同的变更往往基于双方当事人的协商一致,而保险合同的解除是基于一方当事人的单方行为;保险合同变更的效力通常只涉及保险合同未履行的部分,变更前已经履行的部分不变动,而保险合同的解除使保险合同关系全部归于消灭。

(二) 保险合同解除的特点

(1) 保险合同的解除以生效保险合同为标的。保险合同不成立、无效的,不存在合同解除的问题。在保险合同有效成立后履行完毕前,因主客观情况变化,保险合同的履行已成为不必要或不可能,此时,应当允许当事人通过合同解除的方式终止保险合同关系。

(2) 保险合同的解除必须具备解除事由。生效的保险合同对当事人具有法律拘束力,任何一方当事人不得随意解除合同。只有符合法律规定的条件,具备解除事由时,才允许当事人解除合同,以满足自己利益的需要。

(3) 保险合同的解除必须有解除行为。保险合同的解除要求享有解除权的当事人一方将其解除合同的单方意思通知对方,合同自通知到达对方时解除。对方当事人对合同的解除有异议的,可以请求仲裁机构或人民法院裁决。

(4) 保险合同的解除产生终止保险合同的法律效力。保险合同解除是保险合同终止的原因之一,保险合同解除时,保险合同关系归于消灭,尚未履行的保险合同义务不再履行。

二、保险合同解除权

保险合同解除权是指保险合同当事人所享有的可以解除保险合同,进而终止保险合同关系的权利。保险合同解除权在性质上属于形成权,仅须解除权人单方为解除行为就可发生解约的效力,而无须征得对方当事人的同意。因取得的依据不同,保险合同解除权可以划分为约定解除权和法定解除权。

约定解除权是指投保人或保险人约定解除保险合同的条件,当解除条件成就时,解除权人可解除保险合同的权利。约定解除和协议解除不同:前者是以保险合同来规定当事人一方或各方解除权的产生条件,一旦条件成就,需要解除权人行使解除权,合同才被解除;后者是以一个新的保险合同来解除原订立的保险合同,与解除权无关,也不存在行使解除权的问题。保险实务中,当事人可解除保险合同的约定原因,包括但不限于投保人或被保险人对保证条款的违反,当保证条款约定的法律事实发生时,保险人可行使保险合同解除权。

法定解除权是指当法律直接规定的解除合同的条件具备时,解除权人可解除保险合同的权利。保险人的解除权就是最典型的法定解除权。对投保人而言,依据《保险法》的相关规定,除特殊情况外,保险法赋予其随时解除保险合同的权利,这种权利被称为任意解除权,因其权利的本源仍是法律的直接规定,本质上仍属于一种法定解除权。

(一) 投保人的任意解除权

投保人的任意解除权在实务中被称为"退保",属于法定的任意解除权,投保人可以无须任何理由解除业已成立的保险合同,而且无须征得保险人的同意。有效成立的保险合同本对当事人都具有约束力,但保险合同作为一种特殊的射幸性合同,对当事人的约束力因为当事人对于保险合同所承保的危险的控制力的不同存在十分明显的差异①。投保人与保险人相比,在经济实力、专业素养等各方面都处于弱势地位,为弥补投保人与保险人在事实上的不平等地位,更为了弥补投保人因认知的限制而对保险合同内容及效果的理解误差,应赋予其不受保险合同约束而随时反悔的权利,即除保险法另有规定或者保险合同另有约定外,投保人有任意解除保险合同的权利。

投保人有解除保险合同的自由和权利,但世界上从来不存在绝对的不受任何限制的自由和权利。首先,当保险法规定投保人不得解除保险合同时,投保人不得解除保险合同。《保险法》第50条规定:"货物运输保险合同和运输工具航程保险合同,保险责任开始后,合同当事人不得解除合同。"这里的合同当事人包括保险人也包括投保人。同时,强制性保险合同中,投保人任意解除权受到限制。《机动车交通事故责任强制保险条例》第16条规定:"投保人不得解除机动车交通事故责任强制保险合同,但有下列情形之一的除外:(一)被保险机动车被依法注销登记的;(二)被保险机动车办理停驶的;(三)被保险机动车经公安机关证实丢失的。"其次,当保险合同约定排除投保人的合同解除权时,投保人不得行使任意解除权。此时,若投保人意欲解除保险合同,须遵循保险合同的约定。最后,为他人利益保险合同中被保险人或者受益人已向投保人支付相当于保险单现金价值的款项并通知保险人的,投保人不得行使解除权②。此时被保险人或者受益人已经通过向投保人支付相当于保险单现金价值的款项,以合同转让的方式承受了投保人的合同地位。

(二)保险人的法定解除权

保险人的法定解除权是指法律规定的解除合同的条件具备时,保险人可直接解除保险合同的权利。鉴于保险人在经济实力和专业知识上的优势,与投保人享有任意解除权相比,除了法律规定或当事人约定的条件成就,保险人不得解除保险合同。从我国现有规定来看,保险人在以下情形下享有法定解除权。

(1)投保人违反如实告知义务的。《保险法》第16条第2款规定,投保人故意或者因重大过失未履行如实告知义务,足以影响保险人决定是否同意承保或者提高保险费率的,保险人有权解除合同。

(2)被保险人或受益人谎称发生保险事故的。《保险法》第27条第1款规定,未发生保险事故,被保险人或者受益人谎称发生了保险事故,向保险人提出赔偿或者给付保险金请求的,保险人有权解除合同,并不退还保险费。

(3)投保人、被保险人故意制造保险事故的。《保险法》第27条第2款规定,投保人、被保险人故意制造保险事故的,保险人有权解除合同,不承担赔偿或者给付保险金的责任。投保人故意造成被保险人死亡、伤残或者疾病的,保险人不承担给付保险金的责任。除投保人已交足2年以上保险费、保险人应当按照合同约定向其他权利人退还保险单的现金价值情形外,不退还保险费。

---

① 邹海林:《保险法》,社会科学文献出版社2017年版,第160页。
② 保险法司法解释(三)第17条规定:"投保人解除保险合同,当事人以其解除合同未经被保险人或者受益人同意为由主张解除行为无效的,人民法院不予支持,但被保险人或者受益人已向投保人支付相当于保险单现金价值的款项并通知保险人的除外。"

(4) 投保人虚报年龄且超过年龄限制的。《保险法》第 32 条第 1 款规定,投保人申报的被保险人年龄不真实,并且其真实年龄不符合合同约定的年龄限制的,保险人可以解除合同,并按照合同约定退还保险单的现金价值。

(5) 效力中止的人身保险合同逾期未复效的。《保险法》第 37 条规定,人身保险合同效力中止的,经保险人与投保人协商并达成协议,在投保人补交保险费后,合同效力恢复。但是,自合同效力中止之日起满 2 年双方未达成协议的,保险人有权解除合同并应当按照合同约定退还保险单的现金价值。

(6) 保险标的转让导致危险程度显著增加的。《保险法》第 49 条第 3 款规定,因保险标的转让导致危险程度显著增加的,保险人自收到被保险人或者受让人转让保险标的的通知之日起 30 日内,可以按照合同约定增加保险费或者解除合同。保险人解除合同的,应当将已收取的保险费,按照合同约定扣除自保险责任开始之日起至合同解除之日止应收的部分后,退还投保人。

(7) 投保人、被保险人违反防灾防损义务的。《保险法》第 51 条第 3 款规定,投保人、被保险人未按照约定履行其对保险标的的安全应尽责任的,保险人有权要求增加保险费或者解除合同。

(8) 保险标的危险显著增加的。《保险法》第 52 条第 1 款规定,在合同有效期内,保险标的的危险程度显著增加的,被保险人应当按照合同约定及时通知保险人,保险人可以按照合同约定增加保险费或者解除合同。保险人解除合同的,应当将已收取的保险费,按照合同约定扣除自保险责任开始之日起至合同解除之日止应收的部分后,退还投保人。

(9) 保险标的发生部分损失的。《保险法》第 58 条规定,保险标的发生部分损失的,自保险人赔偿之日起 30 日内,投保人可以解除合同;除合同另有约定外,保险人也可以解除合同,但应当提前 15 日通知投保人。合同解除的,保险人应当将保险标的未受损失部分的保险费,按照合同约定扣除自保险责任开始之日起至合同解除之日止应收的部分后,退还投保人。

三、保险合同解除权行使的方式与时限

(一) 保险合同解除权行使的方式

保险合同解除权的行使方式,我国《保险法》虽无明文规定,但保险合同解除权人可参照我国《民法典》上对合同解除权行使方式的相关规定,行使合同解除权。

投保人或保险人行使解除权属于单方解除保险合同,即在符合合同约定的或者法律规定的条件时,依解除权人解除合同的单方意思表示即可解除合同,无须对方同意,也无须对方答复,但是解除权人的意思表示需要到达对方,解除权人负有通知对方的义务。《民法典》第 565 条规定:"当事人一方依法主张解除合同的,应当通知对方。合同自通知到达对方时解除;通知载明债务人在一定期限内不履行债务则合同自动解除,债务人在该期限内未履行债务的,合同自通知载明的期限届满时解除。对方对解除合同有异议的,任何一方当事人均可以请求人民法院或者仲裁机构确认解除行为的效力。当事人一方未通知对方,直接以提起诉讼或者申请仲裁的方式依法主张解除合同,人民法院或者仲裁机构确认该主张的,合同自起诉状副本或者仲裁申请书副本送达对方时解除。"由此,一般情况下,保险合同解除权的

行使应采取通知的方式,至于是口头通知还是书面通知在所不问,但采用书面通知的形式在举证方面更为有利。实务中,投保人解除保险合同的,往往采用填写并递交解除保险合同申请书的方式;保险人解除保险合同的,则需要向投保人、被保险人一方送达解除保险合同通知书。除通知载明对方当事人在一定期限内不履行义务则合同自动解除的情形,解除权的通知自到达对方当事人时即发生解除保险合同的效力。另外,除非有当事人就拒绝赔偿事宜及保险合同存续另行达成一致的情况,保险人不行使合同解除权,直接拒绝赔偿的,将不发生解除保险合同的法律效果[①]。

(二) 保险合同解除权行使的时限

保险合同解除权行使的时限是指解除权人在什么时间内行使解除权才能产生解除保险合同的效力。投保人的解除权是一种任意解除权,只要法律或合同没有特别规定,投保人可随时行使解除权,原因是某一投保人行使解除权致保险合同解除的后果,对保险人的经济利益影响甚小。保险人解除权的行使对被保险人或受益人切身利益影响巨大,这是由于保险人的解除权有确定的发生时间,如果解除权发生后,保险人不行使权利也不放弃权利,势必使合同的效力处于不稳定状态,从而对投保人或被保险人不利,所以,通常在保险立法上对保险人行使解除权的期间予以限制[②]。《保险法》中主要相关规定包括以下三个方面。

(1) 因投保人违反如实告知义务而发生的解除权的行使期限。依据《保险法》第16条第3款,投保人违反如实告知义务,保险人的解除权应自其知道有解除事由之日起30日内行使或自合同成立之日起2年内行使。自合同成立之日起超过2年的,保险人不得行使解除权;发生保险事故的,保险人应当承担赔偿或者给付保险金的责任。

(2) 因投保人申报的被保险人年龄不实而发生的解除权的行使期限。依据《保险法》第32条,投保人申报的被保险人年龄不实,并且其真实年龄不符合合同约定的年龄限制的,保险人应在其知道有解除事由之日起30日内行使合同解除权,或合同成立之日起2年内行使合同解除权。

(3) 因保险标的转让导致危险程度显著增加而发生的解除权的行使期限。依据《保险法》第49条,除货物运输保险合同和另有约定的合同外,因保险标的转让导致危险程度显著增加的,保险人自收到被保险人或者受让人的通知之日起30日内,可以按照合同约定增加保险费或者解除合同。

同时,我国《民法典》第199条规定:"法律规定或者当事人约定的撤销权、解除权等权利的存续期间,除法律另有规定外,自权利人知道或者应当知道权利产生之日起计算,不适用有关诉讼时效中止、中断和延长的规定。存续期间届满,撤销权、解除权等权利消灭。"保险合同解除权行使期间的性质是除斥期间,为不变期间,是不能中止、中断和延长的。保险人在除斥期间内行使解除权,将产生解除保险合同的法律效果。除斥期间届满后,保险合同解除权即行消灭。

---

① 保险法司法解释(二)第8条规定:"保险人未行使合同解除权,直接以存在保险法第十六条第四款、第五款规定的情形为由拒绝赔偿的,人民法院不予支持。但当事人就拒绝赔偿事宜及保险合同存续另行达成一致的情况除外。"

② 高宇:《中国保险法》,高等教育出版社2015年版,第145页。

案例导读 7-1

除斥期间届满后,保险人不得解除保险合同①

案情

2009年11月,张祖新通过人寿保险海门公司的业务员陈玉向人寿保险海门公司投保,人寿保险海门公司于当月26日向张祖新签发"保险单"一份,内页共20页。第1页载明:险种为和谐人生终身寿险(万能型)(A款),保险期满日终身,期交保险费6 000元。第3—10页系保险条款,其中第4.1条"明确说明与如实告知义务"其中两款载明:"我们就您和被保险人的有关情况提出询问的,您应当如实告知。若您故意或因重大过失未履行如实告知义务,足以影响我们决定是否同意承保或提高保险费率的,我们有权解除合同。"第7.1条载明:本条款4.1条明确说明与如实告知的合同解除权在以下情况下不得行使,发生保险事故的,本公司承担给付保险金责任:① 本公司在订立合同时已经知道您未如实告知的情况的;② 自本公司知道有解除事由之日起,超过30日;③ 自本合同成立之日起超过2年的。第12—15页是投保单。其中第三部分是告知事项,在"健康告知及说明事项"中,第6项E"是否现在患有或曾患有肝炎病毒携带、肝硬化",与其对应的(否)栏内打钩。第四部分"投保人、被保险人申明和授权栏",其中第1条如下:"本人声明告知事项均真实、准确、完整,知晓本申明将成为保险人是否同意承保的依据。本人如有不实告知,保险人有权依法解除合同,并对合同解除前发生的保险事故不承担保险责任。"张祖新在投保人、被保险人签名栏内签名。2009—2013年,张祖新共计缴纳保险费24 000元。另查明,张祖新有长达20余年的乙肝病史,曾于2009年6月30日至7月6日入上海东方肝胆外科医院住院治疗,被诊断为肝硬化及乙肝病毒携带。2012年12月6日,张祖新因肝硬化病故。徐平、张波、张国义系张祖新的全部第一顺序继承人。2013年5月,徐平、张波、张国义向人寿保险海门公司提出理赔申请。人寿保险海门公司于2013年5月16日知悉"张祖新有20年左右的乙肝病史,曾于2009年6月30日至7月6日入上海东方肝胆外科医院住院治疗,被诊断为肝硬化及乙肝病毒携带",后于当月27日答复:已完成理赔,请领款24 000元。徐平、张波、张国义不同意人寿保险海门公司作出的处理方案,于2013年7月22日向一审法院提起诉讼,要求人寿保险海门公司支付保险金12万元。

裁判

一审法院认为:第一,从合同约定来看,案涉"保险单"所附带保险条款第4.1条和第7.1条,以及投保单当事人申明栏内均明确约定,投保人或被保险人就健康状况不如实告知的,赋予保险人"解除合同"的权利。张祖新在投保单签字、人寿保险海门公司向张祖新签发保险单,就意味着双方共同选择"保险人可行使解除合同的权利"。这样的约定,合同双方均应遵循。第二,人寿保险海门公司行使解除合同的权利已经超过法律规定和保险条款约定的期限。从合同约定来看,保险条款第7.1条明确载明"自本公司知道有解除事由之日起,超过30日,自本合同成立之日起超过2年的,保险人不得解除保险合同"。本案的保险合同成立于2009年11月,人寿保险海门公司于2013年10月首次提出"撤销合同",早已超过2年。从另一角度来看,人寿保险海门公司于2013年5月得悉张祖新未如实告知,但其在2013年10月才提出"撤销合同",也已经超过30日。故现人寿保险海门公司要求解除合同,已超出合同约定期限。再从《保险法》第16条第3款的规定(因投保人不履行如实告知义务而形成的合同解除权,自保险人知道有解除事由时起,超过30日不行使而消灭;自合同成立之日起超过2年的,保险人不得解除合同;发生保险事故的,保险人应当承担赔偿或给付保险金的义务)来看,本案中人寿保险海门公司未在保险合同订立后2年内提出解除合同,也未在知道解除事由

---

① 参见江苏省南通市中级人民法院(2014)通中商终字第0126号判决书。

之日起 30 日内行使解除权,故人寿保险海门公司即使要求解除合同,也已无法律依据。

二审法院认为:人寿保险海门公司与张祖新签订的保险合同中第 4.1 条约定了投保人或被保险人的明确说明与如实告知义务,并在投保人或被保险人故意或者因重大过失未履行如实告知义务时赋予保险人"解除合同"的权利,第 7.1 条对人寿保险海门公司合同解除权进行了限制,上述约定与《保险法》第 16 条第 1 款、第 2 款、第 3 款的规定相符。张祖新投保时未履行如实告知义务,即便是故意未履行如实告知义务,但保险合同和保险法中对该情形引起的法律后果均作了明确约定和规定,已赋予人寿保险海门公司在一定的期限内解除合同的权利,该期限为除斥期间。因人寿保险海门公司未在保险合同订立后 2 年内或在其知道解除事由之日起 30 日内行使解除合同的权利,故合同解除权归于消灭。

评析

我国《保险法》对保险人的合同解除权进行了限制性规定。保险合同成立后,保险人只能依据保险法的规定或合同约定解除合同。投保人严重违反如实告知义务的,保险人自知道解除事由之日起 30 日内有权解除合同,但合同成立超过 2 年的除外。在保险合同成立已经超过 2 年的情形下,保险人解除权灭失。

四、保险合同解除的效力

保险合同解除的效力是指保险合同解除后所产生的法律后果。保险合同作为一种继续性合同,其解除后果较为复杂。

(一) 保险合同解除的一般效力

保险合同解除的直接法律后果是保险合同终止,保险合同的权利义务消灭。保险合同解除后发生保险事故的,保险人不承担保险责任。但基于最大诚信原则及交易惯例,保险合同当事人仍应承担通知、协助、保密等后合同义务,例如,保险人及其代理人在保险合同解除后仍负有保守被保险人商业秘密的义务。同时,保险合同约定的结算或者解决争议条款,如保险费的返还条款、保单现金价值条款、仲裁条款、诉讼管辖条款等,不受保险合同解除的影响,继续有效[①]。

(二) 保险合同溯及力问题

保险合同关系于何时消灭,取决于保险合同解除是否有溯及力。保险合同解除无溯及力,是指保险合同解除仅仅使保险合同关系向将来消灭,解除之前的合同关系仍然有效。保险合同解除有溯及力时,则要发生恢复原状的法律效果。我国保险法对保险合同解除是否具有溯及力的问题没有作出原则性的规定。

《民法典》第 566 条第 1 款规定:"合同解除后,尚未履行的,终止履行;已经履行的,根据履行情况和合同性质,当事人可以请求恢复原状或者采取其他补救措施,并有权请求赔偿损失。"即立法的基本态度是认为合同的解除向将来发生效力,并根据履行情况和合同性质承

---

① 邹海林:《保险法》,社会科学文献出版社 2017 年版,第 167 页。

认合同的解除可以溯及既往。一般来说，非继续性合同的解除原则上具有溯及力，如买卖合同被解除后，当事人可以要求返还标的物及价款；继续性合同的解除，如劳务合同，原则上无溯及力，合同解除后已经提供的劳务不具有返还性。

保险合同是典型的继续性合同，因而一般情况下，保险合同的解除不具有溯及既往的效力，仅对将来发生效力。由此，保险人对保险合同解除前已发生的保险事故承担保险责任，仅退还合同解除之日至保险期限结束的保险费。针对财产保险合同，在保险责任开始前，投保人要求解除合同的，应当按照合同约定向保险人支付手续费，保险人应当退还保险费。保险责任开始后，投保人要求解除合同的，保险人应当将已收取的保险费，按照合同约定扣除自保险责任开始之日起至合同解除之日止应收的部分后，退还投保人[①]。针对人身保险合同，投保人解除合同的，保险人应当自收到解除合同通知之日起 30 日内，按照合同约定退还保险单的现金价值[②]。

但是，在某些特殊情形下，保险合同解除对保险法律关系的某一方主体具有溯及力。保险合同的解除产生溯及既往的后果具体可表现为保险人对于合同解除前发生的保险事故不承担赔偿责任，或者投保人可以收回已经交纳的全额保险费。例如，《保险法》第 16 条规定，投保人故意不履行如实告知义务的，保险人对于合同解除前发生的保险事故，不承担赔偿或者给付保险金的责任，并不退还保险费。再如，《保险法》第 27 条第 2 款规定，投保人、被保险人故意制造保险事故的，保险人有权解除合同，不承担赔偿或者给付保险金的责任，除投保人已交足 2 年以上保险费情形之外，不退还保险费。这是因为保险合同当事人遵循最大诚信原则是保险合同生效与存续的基础，保险人解除保险合同后，法律规定保险人对于合同解除前发生的保险事故不承担赔偿或者给付保险金的责任，并不退还保险费，是对存在主观恶意的投保人、被保险人及受益人的否定与惩戒。此种情况下，保险合同的解除对保险人具有溯及力，但对于投保人不具有溯及力。

总之，保险合同解除是否具有溯及力，判定标准为保险合同解除是否发生恢复原状的效果，保险人自始不承担保险责任并全额退还保费的，可以认定为具有溯及力；若保险人自始不承担保险责任但不退还保费，可以认定为具有部分溯及力。原因是保险合同解除的缘由复杂且多样化，实务中为平衡保险合同主体的权益，立法不宜对保险合同解除的溯及力进行一刀切规定。可划分为以下情形：一是行使解除权的时间点。若在保险责任开始前，保险合同被解除，由于保险人尚未承担保险责任，则其收取保险费就丧失了依据，保险费全额退还，保险合同的解除具有溯及力；若在保险责任开始后保险合同被解除，保险人已开始承担保险责任，保险人可将已收取的保险费，按照合同约定扣除自保险责任开始之日起至合同解除之日止应收的部分后，退还投保人，保险合同解除不具有溯及力。二是投保人的主观。若解除事由是投保人的故意行为，保险人不退还保费并且不承担保险责任，保险合同的解除具有部分有溯及力；若解除事由是投保人的过失行为，保险人不承担保险责任且需要退还保费，保险合同的解除具有溯及力[③]。

---

① 参见《保险法》第 54 条。
② 参见《保险法》第 47 条。
③ 参见《保险法》第 16 条。

第四节 保险合同的中止与复效

一、保险合同的中止

(一)保险合同中止的概念

保险合同的中止是指在保险合同生效后,由于发生某种法定事由而使保险合同暂时失去法律效力的一种状态。在保险合同中止期间发生保险事故,保险人不承担保险责任。

我国《保险法》第36条规定:"合同约定分期支付保险费,投保人支付首期保险费后,除合同另有约定外,投保人自保险人催告之日起超过三十日未支付当期保险费,或者超过约定的期限六十日未支付当期保险费的,合同效力中止,或者由保险人按照合同约定的条件减少保险金额。被保险人在前款规定期限内发生保险事故的,保险人应当按照合同约定给付保险金,但可以扣减欠交的保险费。"本条位处人身保险合同章节,由此,我国法律对保险合同中止的规定适用于人身保险合同,不适用于财产保险合同。同时,短期人身保险一般不需要分期支付保险费,所以在保险实务中,保险合同中止制度仅适用于分期支付保险费的人寿保险合同。

保险实务中,很多人寿保险合同的投保人会遗忘交付保险费,一般而言,经保险人催告后,投保人都会补交,但仍会有投保人因懈怠不交付。如果保险人通知后投保人仍未按期交付保险费,从合同的平等性来讲,使保险合同效力中止是合理的。这是因为,保险合同效力中止有两方面的考虑:一方面,可以避免合同的保障在未负担对价的情形下继续进行,影响危险共同体的利益;另一方面,如果保险合同效力停止(保险合同终止),投保人若还想得到保险保障就不得不重新投保,但此时由于被保险人的年龄或身体健康等状况改变,可能会使保险费提高或被拒保。因此,保险合同效力中止规定对投保人、被保险人乃至保险人的利益保护都是有利的。[①]

(二)保险合同中止的适用条件

依据我国《保险法》第36条的规定,保险合同中止的适用,应符合以下条件。

(1)约定分期支付保险费的人身(人寿)保险合同,投保人支付了首期保险费。这里包含三层意思:该保险合同只能是人身(人寿)保险合同,而不能是财产保险合同;该合同只能是投保人分期支付保险费的人身(人寿)保险合同,而不能是投保人趸交保险费的人身(人寿)保险合同;投保人必须已交付首期保险费。

(2)除合同另有约定外,投保人超过宽限期仍未交纳当期保险费。在人身保险合同中分期交付保险费的情况下,在投保人支付首期保险费后,对未按期交付后期保险费的投保人给予一定的延长期,投保人可以在该延长期内补交续期保险费,此延长期即宽限期。宽限期为投保人应交纳续期保费的时间点至保险合同效力中止时间点之间的期间。宽限期的长短一般由投保人和保险人在保险合同中约定,若无具体约定,宽限期为保险人催告之日起 30

[①] 最高人民法院保险法司法解释起草小组:《〈中华人民共和国保险法〉保险合同章条文理解与适用》,中国法制出版社 2010 年版,第 242 页。

日或者超过约定的期限 60 日。宽限期内,保险合同继续有效,被保险人在宽限期内发生保险事故的,保险人应当按照合同约定给付保险金,但可以扣减欠交的保险费。

(3) 保险合同没有约定其他补救方法,事后也没有达成相关协议。即保险合同对投保人未按时交付后期保险费的情形,没有约定减少保险金额、保险费自动垫交等补救措施。其中,保险费自动垫交是指对分期交付保险费的保单,在超过宽限期仍未交付保险费,而此时保单已经具有足够的现金价值,保险人以现金价值自动垫交保险费,从而使保险合同继续有效。保险费自动垫交的时间点为宽限期届满的次日[①]。

(三) 保险合同中止的法律后果

保险合同一旦中止,即使发生保险事故,保险人也无须承担给付保险金的责任,也不负保险费的返还义务。但保险合同的中止并不意味着保险合同效力的终结,中止仅是使保险合同效力处于暂停状态,只要符合相应的条件,被中止的保险合同可以恢复效力。

二、保险合同的复效

(一) 保险合同复效的概念

保险合同复效即保险合同恢复效力,是指保险合同因为投保人在保险期间内欠交保险费而中止效力后,依一定程序,被中止的合同效力得以恢复。《保险法》第 37 条规定,保险合同效力中止的,经保险人与投保人协商并达成协议,在投保人补交保险费后,合同效力恢复。但是,自合同效力中止之日起满 2 年双方未达成协议的,保险人有权解除合同。保险人解除合同的,应当按照合同约定退还保险单的现金价值。这是我国法律关于保险合同复效的规定。

复效制度是人身保险合同领域一项特殊制度。这是基于长期人身保险合同的长期性、连续性特点,为了使保险合同不因投保人偶然遗忘或经济困难未能按期交费而失效,保险法通过设置复效制度来给予投保人维持合同效力的机会,切实保障被保险人、受益人的权益。对保险人而言,如果只要投保人逾期支付分期保费就终止保险合同,也不利于保险人维持既有的保险业务。所以,复效制度虽然主要是为维护投保人一方的权益,但对保险人也具有维护业务的作用,是使投保人与保险人双赢的制度。

(二) 保险合同复效的适用条件

保险合同复效仅适用于效力中止的合同,同时需要具备下列条件。

(1) 投保人向保险人提出合同复效请求。保险合同的效力中止后,投保人意欲恢复保险合同的效力的,应当向保险人提出复效申请。投保人不提出复效申请的,人身保险合同的效力不能自行恢复。投保人提出复效申请的,可以在保险合同约定的期间内提出,若保险合同没有约定,应当在保险合同效力中止后,保险人行使解除权前提出。《保险法》第 37 条规定的 2 年期间,是对保险人行使解除权的期间限制,在保险合同效力中止后 2 年内,保险人不得解除保险合同。对于超过 2 年期限后,投保人是否可以提出复效申请,存在两种情形:

---

① 范健、王健文、张莉莉:《保险法》,法律出版社 2017 年版,第 208 页。

一是保险人已解除保险合同,合同不存在,已无复效可能,自然不能也无须再提出复效申请,此时,保险人应当按照合同约定退还保险单的现金价值;二是保险人未行使解除权,合同效力仍处于暂停状态,如无特别约定,投保人可以向保险人提出复效申请。

(2) 被保险人在申请复效时符合承保条件。投保人申请复效时,被保险人不符合保险人规定的承保条件的,保险人可以拒绝投保人的复效请求,即要求被保险人的健康状况仍然符合投保条件,具有"可保性"。这主要是为了减少逆选择的风险,因为合同效力中止一段时间后,被保险人的健康状况可能发生了变化,只有那些健康状况恶化的人才会更加关注恢复合同的效力,而健康状况好转的人往往不急于恢复合同的效力。因此,如果允许投保人选择是否恢复合同效力而不要求被保险人具有可保性的话,就会导致被保险人群体的平均健康状况下降,发生保险事故的概率增大,使保险人的经营发生困难[①]。保险法司法解释(三)第8条规定,投保人提出恢复效力申请并同意补交保险费的,被保险人的危险程度在中止期间显著增加的,保险人可拒绝恢复效力。此规定意味着被保险人在申请复效时不符合承保条件的,保险人可不恢复保险合同效力。

(3) 投保人补交保费。投保人不交纳保险费是保险合同效力中止的主要事由,只有消除这一因素,保险合同效力才能被恢复。投保人申请合同复效时,应当一次性结清保险合同效力中止前未交的保险费以及效力中止期间应当交纳的保险费。同时,依据保险法司法解释(三)第8条,保险人要求投保人补交相应利息的,投保人应当补交。

(4) 投保人与保险人达成复效协议。保险合同效力中止后,并不因投保人恢复效力的单方意思表示而恢复效力,必须是投保人与保险人协商一致的结果。保险人是否接受投保人的复效申请属于保险人的权利,但保险人拒绝接受投保人的复效申请应当有正当理由,如被保险人的危险程度在中止期间显著增加。由此,在投保人向保险人申请合同复效的过程中,要求投保人应与订立保险合同时一样履行如实告知义务。如果投保人未履行如实告知义务,保险人可拒绝恢复合同效力;若因保险人未审查出投保人不如实告知情况恢复了合同效力,在保险合同复效后,保险人仍可解除保险合同。保险人在收到投保人恢复效力申请后,应及时向投保人做出同意或拒绝复效的意思表示,30日内未明确拒绝的,应认定为同意恢复效力[②]。

(三) 保险合同复效的法律后果

保险合同一旦复效,被中止的保险合同效力继续,被中止效力的保险合同自动恢复其原有效力。保险合同复效是原保险合同的继续,而非订立一个新合同,保险人按照合同约定继续承担保险责任,就如同保险合同的效力未暂停一样。但是,并非所有保险条款的效力都可以连续。为防范道德风险,避免蓄意自杀者通过保险来获取保险金,《保险法》强制规定自杀条款在人身保险合同复效时重新产生效力:以被保险人死亡为给付保险金条件的合同中止的,自合同效力恢复之日起2年内,被保险人自杀的,保险人不承担给付保险金的责任[③]。

[①] 李玉泉:《保险法学——理论与实务》,高等教育出版社2010年版,第318页。
[②] 参见保险法司法解释(三)第8条第2款。
[③] 参见《保险法》第44条。

保险合同的复效应从原合同中止之日起计算①

案情

朱秀才是邹巧芸的丈夫。2009年3月2日,朱秀才、邹巧芸与人保扬中支公司签订保险合同一份,投保人朱秀才,被保险人邹巧芸,合同生效日期为2009年3月14日,交费方式年交,交费日期为每年的3月14日,险种名称为国寿瑞鑫两全保险(分红型)和国寿附加瑞鑫提前给付重大疾病保险,两项险种标准保费合计10 000元,保险期间38年,交费期满日为2019年3月13日。保险合同国寿瑞鑫两全保险(分红型)条款第7条约定:"责任免除。因下列任何情形之一导致被保险人身故,本公司不负保险责任:……七、被保险人在本合同复效之日起一百八十日内因疾病……"第11条约定:"合同效力恢复(复效)。在本合同效力中止之日起二年内,投保人可填写复效申请书,并提供被保险人的健康声明书或二级以上(含二级)医院出具的体检报告书,申请恢复合同效力,经本公司审核同意,自投保人补交所欠的保险费及利息、借款及利息的次日起,本合同效力恢复。"国寿附加瑞鑫提前给付重大疾病保险条款第6条约定:"保险责任。在本附加合同保险期间内,被保险人于本附加合同生效(或最后复效)之日起一年后,初次发生并经专科医生明确诊断患×××病(无论一种或多种),本公司按本附加合同的基本保险金额的300%给付重大疾病保险金,本附加合同终止。若因意外伤害导致上述情形,不受一年的限期。"同日,朱秀才在人保扬中支公司提供的投保提示书上签名。该提示书第7条载明:"缴付保险费是投保人的义务,请您及时缴付保险费,否则宽限期(您如未在约定交费日期交付保险费的,自次日起六十日为宽限期)结束后您的保险合同效力将中止。在效力中止期间,本公司不承担保险合同约定的保险责任。在合同效力中止之日起二年内,您可以申请办理复效手续,本公司将根据申请复效时被保险人的健康及其他情况重新评估,复效时要重新计算保险合同观察期,还可能会加费、特约除外责任甚至拒绝您的复效申请。合同效力中止之日起二年内未达成协议的,本公司有权解除合同并退回现金价值。"合同签订后,朱秀才按约分别于2009年3月14日和2010年3月14日支付了2009年3月14日—2011年3月13日两年的保险费,合计20 000元。2011年3月14日,合同约定的交费日到期时,朱秀才没有缴纳2011年3月14日—2012年3月13日的保险费。同日,人保扬中支公司工作人员通过电话提醒朱秀才最晚应在60日宽限期即2011年5月13日前缴纳2011年保险费以免保单失效。2011年6月21日,朱秀才缴纳了2011年3月14日—2012年3月13日的保险费10 000元及2011年5月14日—6月21日的复效利息52.25元。2012年3月15日,朱秀才向人保扬中支公司缴纳2012年3月14日—2013年3月13日的保险费10 000元。2012年5月11日,苏州大学附属第一医院临床诊断邹巧芸为慢性髓细胞白血病(CML)。同年6月初,邹巧芸向人保扬中支公司提出给付重大疾病保险金110 660.28元的申请。同年7月2日,人保扬中支公司向朱秀才发出核定通知,以邹巧芸投保的瑞鑫两全保险合同于2011年6月21日复效,目前仍处于复效观察期内为由,拒绝赔付保险金。

裁判

一审法院认为:本案中,该保险合同为格式合同,人保扬中支公司为提供格式合同的一方当事人,该合同中的复效观察期为免除人保扬中支公司责任的条款,人保扬中支公司理应采取合理方式提请投保人或被保险人注意。为此,人保扬中支公司在国寿瑞鑫两全保险(分红型)的第7条责任免除条款第7项特别约定了180日的复效观察期。但人保扬中支公司在国寿附加瑞鑫提前给付重大疾病保险的第7条责任免除条款中却没有约定复效观察期限,而是在第6条保险责任中以"被保险

---

① 参见江苏省镇江市中级人民法院(2013)镇商终字第73号民事判决书。

人于本附加合同生效(或最后复效)之日起一年后"的形式进行了约定,该约定在合同相对人视觉审阅效果上不醒目。另外,人保扬中支公司要求投保人朱秀才签署的投保提示书第7条仅约定"复效时要重新计算保险合同观察期",并未明确观察期为1年;而且人保扬中支公司在2011年3月14日宽限期电话回访提醒中,也未告知复效观察期问题。当对格式条款的理解发生争议时,对格式条款有两种以上解释的,应当作出不利于提供格式条款一方的解释。故法院认为人保扬中支公司未尽到特别提示义务,双方签订的保险合同中关于国寿附加瑞鑫提前给付重大疾病保险复效观察期,应采信180日的约定条款。本案中,朱秀才已经足额缴纳了保险费,人保扬中支公司理应按照合同约定向邹巧芸赔付重大疾病保险金。邹巧芸于2012年5月11日被诊断出患CML,系发生在180日的复效观察期之后,不属于被告免责范围。故对邹巧芸请求人保扬中支公司支付附加合同基本保险金额300%的重大疾病保险金110 660.28元的诉讼请求,予以支持。据此,江苏省扬中市人民法院于2012年12月14日作出(2012)扬商初字第429号判决:人保扬中支公司向邹巧芸支付重大疾病保险金110 660.28元。

二审法院认为:① 本案所争议的保险合同的复效期应从2011年3月14日起算。主险的保险条款的合同效力恢复(复效)条款中规定"自投保人补交所欠的保险费及利息、借款及利息的次日起,本合同效力恢复",但对"合同效力恢复"未作进一步解释。结合本案,投保人朱秀才每年缴纳保险费的时间是3月14日,人保扬中支公司给予投保人60日宽限期,即5月13日为最后缴费期限,否则保险合同效力处于中止状态。2011年3月14日,朱秀才未缴纳当年保险费,朱秀才于当年6月21日缴纳了2011年3月14日至2012年3月13日的保险费及自2011年5月14日至6月21日止的利息,双方保险合同于交费当日效力恢复(即复效)。此处恢复的是因未及时交费而被中止的保险合同,被恢复的保险合同的效力期间应当是2011年3月14日至2012年3月13日,而保险人收取的也是2011年3月14日至2012年3月13日的保险费,并且收取了延迟交费的利息。至此,投保人对补交费及补交延时利息的基本义务已补充履行,保险公司收取该项费用后,从公平正义的角度出发,其即无权通过复效申请等格式合同手段及难以弄清的复效时点计算等方式来阻碍投保人行使权利。因此,2011年6月21日是保险合同恢复效力的时间节点,但恢复的是2011年3月14日至2012年3月13日之间的保险合同,复效之日应当从2011年3月14日计算。② 保险人认为复效应当从2011年6月21日起计算也是错误的。如按上诉人的理解,复效应当从2011年6月21日起计算,则2011年6月21日起计算的就不是复效,而是合同的重新生效,是新的保险合同,而复效恢复的则是被中止的合同的效力。如从2011年6月21日起计算复效期及复效观察期,那么保险人自2011年3月14日至6月21日收取的保险费及利息就没有对应的义务。保险人收取了延迟交费的利息,保险人并未因投保人的延迟交费受到损失;投保人缴纳了延期交费的利息,应等同视为投保人在宽限期内缴纳了保险费用。③ 在附加险的保险条款中,对复效未作解释,应当以主险的解释为准。保险人在保险合同条款中对有可能导致保险人不承担保险赔付义务的相关条款未进行特别提示,而且保险人对复效的解释与被保险人的理解又不一致,也与通常理解不一致。因保险合同是格式合同,由保险人提供,应作不利于保险人的解释。因此,被保险人被确诊患有CML疾病应在保险合同的保障范围内,保险公司关于复效观察期的未经释明并十分混乱的说辞不应得到判决的支持。

评析

在重大疾病保险等寿险类保险合同中,由于保险期限较长,投保人可以分期缴纳保险费用。投保人未及时缴纳保险费的,此时合同处于中止状态。投保人向保险公司补交保险费及延期利息的,保险合同效力立即恢复,被恢复的保险合同的效力期间应当从原合同中止之日起连续计算,而并非从补交保险费之日起重新计算。

第五节　保险合同的终止

一、保险合同终止的概念

保险合同是当事人之间设立、变更、终止保险权利义务关系的协议,其性质决定保险合同关系是有期限的法律关系,有着从设立到终止的过程。保险合同终止即保险合同的权利义务终止,是指保险合同的权利义务因一定事由的出现而归于消灭。

依据《民法典》第557条的规定,合同解除的,该合同的权利义务关系终止,即合同解除属于合同终止的原因之一。可见,保险合同解除也是保险合同终止的众多原因之一,保险合同终止适用的范围比保险合同解除的适用范围要广。除此之外,保险合同终止后,合同权利义务向后绝对性地消灭,不存在复效问题,由此,保险合同的终止与保险中止亦不同。

二、保险合同终止的原因

除保险合同解除之外,保险合同终止的原因主要包括以下三种情形。

(一)保险期间届满

保险期间是保险人为被保险人提供保险保障的时间段。一旦超过保险合同约定的保障期限,保险人不再承担给付保险金的义务,合同自然终止。这是保险合同终止最普遍的原因。

(二)保险人适当履行保险义务

保险人最主要的义务就是承担赔付或给付保险金的义务,若保险事故发生后,保险人按照约定履行了全部保险金赔偿义务或给付义务,保险合同即告终止。例如,有些财产保险合同中约定,保险人在一次或数次履行给付保险金义务后,若保险金额已经达到保险合同约定的金额总额,则即使保险合同期间尚未届满,保险合同也告终止。

(三)保险标的全部灭失或被保险人死亡

在财产保险合同中,保险标的因非保险事故而全部灭失的,保险保障对象不复存在,被保险人丧失保险利益,根据无保险利益无保险、无危险无保险的理念,保险合同当然终止。在人身保险合同中,被保险人因保险事故之外的原因死亡的,保险事故的发生已成为不可能,保险合同只能终止。例如,疾病保险合同中的被保险人因意外而死亡[①]。

三、保险合同终止的法律后果

保险合同终止的,自合同效力终止之时起,保险法律关系消灭。保险事故发生在保险合

---

① 朱铭来:《保险法学》,高等教育出版社2014年版,第90页。

同终止后,保险人不承担保险责任。保险合同终止后,某些情况之下,保险人需要向投保人返还部分保费。例如,保险标的发生部分损失,当事人终止保险合同的,保险人应将保险标的未受损部分的保险费,扣除自保险责任开始之日起至终止合同之日止期间的应收部分后,退还给投保人。

重要概念

保险合同的变更　保险合同的转让　保险合同解除权　保险合同的中止　保险合同的复效　保险合同的终止

思考题

1. 保险合同的变更与保险合同的转让有何联系?
2. 保险人的法定解除权包括哪些情形?
3. 如何理解保险合同效力的中止与复效?
4. 保险合同终止的原因有哪些?

案例习题

1. 被保险人李正投保木质机动船一艘,从事专业运输。保险金额7万元,按重置价值投保船舶保险,保险期限自某年3月15日24时起。次年1月15日,李正驾驶保险船舶运输时,发生触礁事故,出险后,李正用去施救费、维修费共计5 400元,他要求保险人按照合同全部给予经济补偿。保险公司接到通知后,立即组织调查,确定补偿依据。调查中发现,船舶投保时属于李正一人所有,他在经营中感到风险太大,便邀请堂兄李军、李华合伙,船分四股:李正2股;李军、李华各1股。他们于投保当年7月办理了船、款股份结算,签订了合伙经营合同,但没有办理保险批改手续。

问题:
(1) 该船舶保险合同在李军、李华入伙后效力如何?
(2) 保险公司是否应当赔付?应向谁赔付?

2. 贾玉石先生在某保险公司任职,该保险公司推出一个新养老保险险种,贾玉石先生为自己设计一番,觉得值得投保。于是,2016年4月,贾玉石先生投保了90万养老保险,年缴保险费6 500多元。这样,到退休时,贾玉石先生可以一次性得到90万元的养老金。2017年4月,贾玉石先生缴纳保险费时被拒绝,理由如下:保险公司有内部通知,凡是内部职员投保该项保险的,一律要求退保。贾玉石先生坚决不同意退保,说如果保险公司坚决要求员工退保,就诉诸法律。

问题:
(1) 贾玉石先生与保险公司订立的这份保险合同是否有效?
(2) 保险公司能否要求贾先生退保?

第八章 保险合同的履行

学习目标

1. 了解投保人义务的内涵,掌握投保人义务的具体履行方式。
2. 了解保险人义务的内涵,掌握保险人义务的具体履行方式。
3. 熟悉解释保险合同的基本准则。
4. 熟悉索赔与理赔的程序。

保险合同的履行是依法成立的合同所必然发生的法律效果。保险合同的履行是指实现保险合同内容的行为,也就是保险合同义务人依照合同约定或者法律规定全面地、适当地完成其合同义务,使权利人的权利得到完全实现的行为。简单说,保险合同的履行是保险合同义务人完成其义务的行为,这也是实现订立保险合同目的的起码要求。没有保险合同义务人完成其义务的行为,就不会有权利人达到订立保险合同目的的结果。应当说,保险合同的履行是权利人为了实现保险权利,让义务人履行保险义务的过程,也是给付行为与给付结果的统一。保险合同是双务、有偿合同,当事人履约行为通常表现为双方(投保人与保险人)完成各自所承担的合同义务。

第一节 投保人义务的履行

一、交付保险费的义务

在保险合同中,保险费条款是合同的主要条款,当事人没有就保险费条款达成合意的,保险合同无法成立。我国《保险法》第 14 条规定,保险合同成立后,投保人应当按照约定交付保险费。由此,交付保险费是投保人一项主要义务,投保人应当按照合同约定的数额、时间、地点及方式向保险人交付保险费。

(一) 交付保险费的义务人

《保险法》第 10 条第 2 款规定,投保人是按照合同约定负有支付保险费义务的人。投保人负有交付保险费的义务,不因保险合同是为投保人自己的利益还是为他人利益订立而有任何差别。从法理角度看,投保人交付保险费是保险人承担保险责任的对价,尽管这种对价关系对单个保险合同而言并非等价交换。因此,若投保人不交付保险费,保险人有权对抗被保险人或受益人的保险金给付请求权。

保险实务中,保险费除可由投保人自己交付外,也可以由有利害关系的第三人交付。所谓有利害关系的第三人,是指因保险费交付与否所产生的效果而影响其利益之人,如投保人的债权人、继承人、被保险人或人寿保险中的受益人等[①]。对此,保险法司法解释(三)第7条明确规定:"当事人以被保险人、受益人或者他人已经代为支付保险费为由,主张投保人对应的交费义务已经履行的,人民法院应予支持。"需要注意的是,被保险人、受益人等利害关系人虽可以代为交付保险费,但并不意味着他们的法律地位为交付义务人,保险人仍然只能向投保人请求支付保险费。

(二)保险费的数额

投保人与保险人在订立保险合同时,一般都会对保险费的具体数额予以确定,并记载于保险单中。保险费的具体数额,一般由保险人依保险监督管理机构批准或备案的费率加以计算得出。约定并记载于保险合同中的保险费数额,非经当事人合意,任何一方都不得单方随意增减。但这也并不意味着在保险合同存续期间,保险费的数额不允许发生任何变化。如《保险法》第52条的规定,在合同有效期内,保险标的的危险程度显著增加的,被保险人应当按照合同约定及时通知保险人,保险人可以按照合同约定增加保险费或者解除合同。《保险法》第53条规定,当发生据以确定保险费率的有关情况变化、保险标的的危险程度明显减少以及保险标的的保险价值明显减少的情形之时,除合同另有约定外,保险人应当降低保险费,并按日计算退还相应的保险费。

(三)交付保险费的期限

我国《保险法》未对保险费的交付期限作出限制性的规定,根据合同自由原则,可以由保险合同当事人约定保险费的具体交付时间。在保险合同中约定了交付保险费时间的,则投保人应依约定时间交付保险费;在保险合同中未约定交付保险费时间的,依据《民法典》第511条的相关规定,保险人有权随时请求投保人履行交付保险费义务,但应给予投保人必要的准备时间。

(四)交付保险费的地点

我国《保险法》未对保险费的具体交付地点作出明确规定。同样,根据合同自由原则,交付保险费的地点可以由保险合同当事人自行约定。因此,保险合同中有约定交付保险费的地点的,应依合同约定。若保险合同中未有明确约定,由于交付保险费在本质上属于支付金钱义务,故应依《民法典》第511条中"履行地点不明确,给付货币的,在接受货币一方所在地履行"的规定,由投保人在保险人所在地履行。

(五)交付保险费的方式

保险费交付方式是指投保人向保险人交付保险费的方式。保险实务中,投保人可一次性交付保险费,也可以分期交付保险费。一次性交付是指投保人一次付清保险合同约定的全部保险费,分期交付是指投保人依据合同约定的时间分若干次交付保险费,具体采取哪种

---

① 温世扬:《保险法》,法律出版社2016年版,第151页。

方式,可以由当事人在保险合同中约定。保险实务中,保险期间较短的保险合同大多采取保险费一次性交付方式,如财产保险合同、短期人身保险合同,保险期间较长的保险合同可采取保险费分期交付方式,如人寿保险合同。

投保人交付保险费的方式①

案情

1997年2月13日,投保人原告陆永芳向中国人寿保险公司太仓市支公司(2003年变更为被告太仓人寿保险公司)投保了少儿一生幸福保险,被保险人董海威,保险期限自1997年2月14日12时起,缴费期15年,缴费方式为年缴,保险费720元。保险条款"关于缴费、失效、复效的约定"第11条载明"按年缴纳保险费的缴费期限为保险单每年生效对应日所在的月";第12条载明"缴费期限的次月为宽限期,宽限期内保险人仍负保险责任。如果在宽限期内仍未缴纳保险费,保险单自动失效,保险人不负保险责任";第13条载明"在保险单失效后的两年内,投保人及被保险人如果仍符合本条款第三条规定的投保条件,可以向保险人申请复效。经保险人审核同意后,投保人补缴失效期间的保险费及利息,保险单方能恢复效力"。陆永芳投保时,直接缴纳了第一年保费,之后两年由太仓人寿保险公司业务员刘英每年上门向陆永芳收取现金保费。2000年开始,太仓人寿保险公司委托邮政部门向陆永芳发送缴费通知单,至2008年,陆永芳每年按照缴费通知单的提示向太仓人寿保险公司指定的银行缴纳保费,在银行直接领取保费收据。2009年,太仓人寿保险公司仍委托邮政部门发送缴费通知单,但陆永芳称并未收到缴费通知单。2010年之后在缴费期即将届满之时,太仓人寿保险公司却终止了委托邮政部门向陆永芳发送缴费通知书的业务。2011年5月,刘英委托姐姐到陆永芳处上门办理银行代扣保费业务时,陆永芳知晓自己未按期缴纳保费致使保单失效,当月向太仓人寿保险公司申请复效,太仓人寿保险公司拒绝复效。

裁判

一审法院认为:原告陆永芳为被保险人董海威向被告太仓人寿保险公司投保人身财产保险,太仓人寿保险公司签发了保单,保险合同依法成立并生效。《最高人民法院关于适用〈中华人民共和国合同法〉若干问题的解释(一)》第2条规定:"合同成立于合同法实施之前,但合同约定的履行期限跨越合同法实施之日或者履行期限在合同法实施之后,因履行合同发生的纠纷,适用合同法第四章的有关规定。"因此,陆永芳、太仓人寿保险公司双方也应当按照《合同法》第60条第2款的规定,履行合同时遵循诚实信用原则,根据合同交易习惯履行通知、协助、保密等义务。在保险条款关于缴费、失效、复效的约定中,投保人本应在每年的2月缴纳当年保险费,这是投保人应履行的义务,但保险条款中并未约定具体的缴纳方式。根据太仓人寿保险公司业务员刘英的证言及太仓人寿保险公司的陈述,订立合同后的第2年和第3年保险费是刘英上门收取,之后至2008年,投保人是按照太仓人寿保险公司委托邮政部门发送的缴费通知书告知的时间和地点缴纳保险费,双方已成就了特定的交易习惯。2009年,太仓人寿保险公司虽委托邮政部门发送缴费通知书,但邮政部门是否按约发送给陆永芳,太仓人寿保险公司并未提供证据证明。2010年在缴费期即将届满之时,太仓人寿保险公司却已不再发送缴费通知书,太仓人寿保险公司单方中断向陆永芳履行有效通知的义务,致使陆永芳未能及时缴纳保费,而且重组并未改变太仓人寿保险公司应履行收取保费及通知交缴等习惯形成

---

① 参见《陆永芳诉中国人寿保险股份有限公司太仓支公司保险合同纠纷案》,《最高人民法院公报》2013年第11期,第25—27页。

的义务。因此,对投保人2年内未能缴费致使保单失效应由太仓人寿保险公司承担责任,太仓人寿保险公司无权仅依保险法的规定和保险条款的约定中止合同效力并解除保险合同。

一审判决后,太仓人寿保险公司不服,向苏州市中级人民法院提起上诉。

二审法院认为:《合同法》第60条规定,当事人应当按照约定全面履行自己的义务。当事人应当遵循诚实信用原则,根据合同的性质、目的和交易习惯履行通知、协助、保密等义务。根据现已查明的事实,在案涉保险合同履行的前2年,系由上诉人太仓人寿保险公司业务员上门向被上诉人陆永芳收取保费;2000年开始,太仓人寿保险公司委托邮政部门向陆永芳发缴费通知单,至2008年,陆永芳每年按照缴费通知单的提示向太仓人寿保险公司指定的银行缴纳保费。由此可见,双方已经就缴纳保费形成了一定的交易习惯,即由太仓人寿保险公司上门收取保费或由其通知投保人按其指定方式交纳保费;并且,太仓人寿保险公司在合同履行过程中亦曾要求投保人变更缴费方式(即前2年为上门收取保费,后变更为由投保人按缴费通知要求至相关指定银行进行缴费),在该种情形下,投保人无法确认每年缴费方式是否相同,因而作为保险人的太仓人寿保险公司更应负有每年通知投保人缴费及告知缴费方式的义务。但是在案涉保险合同履行过程中,太仓人寿保险公司并无证据证明其于2009年向投保人陆永芳送达缴费通知书,2010年后更是未向陆永芳发送缴费通知书。据上述分析,显然造成投保人陆永芳2年未能缴费这一后果的主要责任在于保险人太仓人寿保险公司,在该种情况下其无权仅依《保险法》的相关规定及合同的相关约定中止合同效力并主张解除合同。

评析

保险合同未约定保费的具体交纳方式,投保人与保险人之间长期以来形成了较为固定的保费交纳方式的,应认定为构成交易惯例,双方应遵守诚实信用原则,不得擅自改变交易习惯。保险公司违反诚实信用原则,单方改变该交易习惯,致使投保人未能及时交纳保费的,不应据此认定保单失效,保险公司无权中止合同效力并解除保险合同。

二、维护保险标的安全义务

(一) 维护保险标的安全义务的意义

所谓维护保险标的安全义务,是指保险合同的投保人、被保险人为保障保险标的的安全,避免或减少损失的发生而为或不为一定行为。投保人与保险人订立保险合同后,虽然保险标的的占有并未转移给保险人,但标的的特定风险将转移给保险人,保险标的发生保险事故,被保险人可以从保险人处获得经济损失补偿。所以,若被保险人在保险合同生效后即对保险标的的安全不承担义务,极易导致被保险人漠视保险标的的安全,其结果必然是保险事故大量发生,不利于保险人的经营与社会财富的维护。正是基于此,要求投保人、被保险人承担维护保险标的安全的法定义务,有助于减少甚至避免危险的发生,对于被保险人、保险人乃至整个社会而言均有重要意义。由此,我国《保险法》第51条规定:"被保险人应当遵守国家有关消防、安全、生产操作、劳动保护等方面的规定,维护保险标的的安全。保险人可以按照合同约定对保险标的的安全状况进行检查,及时向投保人、被保险人提出消除不安全因素和隐患的书面建议。投保人、被保险人未按照约定履行其对保险标的的安全应尽责任的,保险人有权要求增加保险费或者解除合同。保险人为维护保险标的的安全,经被保险人同意,可以采取安全预防措施。"

(二) 维护保险标的安全义务的适用范围

关于维护保险标的安全义务的规定,我国《保险法》将其置于"财产保险合同"部分中,由此,按照体系解释,该义务仅适用于财产保险合同。我国有学者认为,该项义务应当也适用于人身保险合同,因为在人身保险合同中,投保人、被保险人也负有注意安全、避免发生人身伤亡的义务[1]。虽然这符合保险制度原理,但鉴于该义务的规定并未出现在《保险法》"一般规定"或"人身保险合同"部分中,所以,仅财产保险合同的投保人、被保险人负有维护保险标的安全的义务。

(三) 维护保险标的安全义务的履行

依据《保险法》第 51 条的规定,维护保险标的安全义务的履行主体是投保人和被保险人。投保人、被保险人应当遵守国家有关消防、安全、生产操作、劳动保护等方面的规定,维护保险标的的安全。财产保险是以财产及其有关利益为保险标的的保险,而这些保险标的往往处于被保险人的控制之下,由此,被保险人负有维护保险标的安全义务是最为合理的。投保人可以为被保险人,即使投保人与被保险人并非同一人,投保人作为与保险人订立保险合同、为保险标的投保并按照合同约定负有支付保险费义务的人,一般应当与被保险人或保险标的有某种利害关系,由此,为全面实现维护保险标的安全的立法目的,投保人也应负有维护保险标的安全义务。

依据《保险法》第 51 条的规定,维护保险标的安全义务的履行,主要体现为以下三个方面:一是被保险人遵守国家有关消防、安全、生产操作、劳动保护等方面的规定,维护保险标的的安全;二是被保险人应配合保险人对保险标的的安全状况进行检查,但保险人对保险标的的安全状况进行检查必须"按照合同约定"进行;三是投保人、被保险人应当对保险人提出的消除不安全因素和隐患的书面建议采取整改措施。

需要注意的是,依据《保险法》第 51 条第 4 款的规定,为维护保险标的的安全,保险人可以采取安全预防措施,如增加具体安全措施、改造现有设施等,但保险人采取安全措施必须经被保险人同意,所以该规定主要是一种倡导性规范。

(四) 违反维护保险标的安全义务的后果

《保险法》第 51 条第 3 款规定:"投保人、被保险人未按照约定履行其对保险标的的安全应尽责任的,保险人有权要求增加保险费或者解除合同。"投保人、被保险人不按照合同约定履行其维护保险标的安全的义务,意味着保险事故发生的可能性增加,订立合同时保险费计算的基础发生变化,此时,为平衡投保人和保险人之间的权益,应赋予保险人增加保险费或者解除合同的权利。

三、危险增加通知义务

(一) 危险增加通知义务的意义

所谓危险增加通知义务,是指在保险合同订立后,在保险期间内保险标的的危险程度显

---

[1] 温世扬:《保险法》,法律出版社 2016 年版,第 153 页。

著增加时,被保险人负有将该危险程度显著增加情况通知保险人的义务。法律规定被保险人负有危险增加通知义务是基于民法上的公平原则以及合同法上的情势变更原则与对价平衡原则①。保险标的的危险程度是保险人决定是否承保以及确定保险费率的重要依据。保险合同订立后,保险标的的危险仍处于不断的变化中,而保险人无法掌握或控制保险标的的危险,若危险严重程度显著超过订立合同时的承保标准,保险事故发生的概率增加,无疑会加重保险人的义务,若继续维持原保险合同的内容及效力,将产生对保险人不公平的法律后果,破坏对价平衡原则。基于上述原因,《保险法》第52条规定:"在合同有效期内,保险标的的危险程度显著增加的,被保险人应当按照合同约定及时通知保险人,保险人可以按照合同约定增加保险费或者解除合同。保险人解除合同的,应当将已收取的保险费,按照合同约定扣除自保险责任开始之日起至合同解除之日止应收的部分后,退还投保人。"

需要注意的是,只有保险标的发生变化的危险程度对保险赖以存在的"对价平衡"产生实质影响的,被保险人才应当按照合同约定及时通知保险人。何为保险标的危险程度显著增加?我们认为危险程度显著增加,应当满足以下三个构成要件。

(1)危险程度变化的重要性。保险合同订立后,保险标的危险程度所发生的变化,足以影响保险人决定是否同意继续承保或者提高保险费率的,就属于危险程度变化具有重要性。危险程度的变化是否具有重要性,应当根据一般观念或者特定险种的性质,以及是否谨慎的保险人在此种危险程度变化的情形下都会选择提高保险费或者解除保险合同的思考路径,予以判断②。

(2)危险程度变化的持续性。对保险的"对价平衡"关系有影响的危险程度改变这一状况应当持续一段时间,如果危险只是一时性的变化,须臾又恢复到原状,则不属于危险程度显著增加。例如,对于火灾保险项下的仓库,被保险人将易燃易爆化学品存放于此处,如果持续放置的时间非常短暂,即使发生火灾事故,被保险人的行为仍不构成危险程度显著增加,但持续放置可能增加仓库发生火灾危险的,即使没有发生保险事故,仍属于危险程度显著增加。至于危险程度变化的持续性的判断,应当根据具体的险种及保险标的的具体情形予以判定。

(3)危险程度变化的不可预见性。危险程度变化的不可预见性是指危险程度增加必须超出保险人在订立合同之时对危险程度变化的预期,不在保险人估算的危险范围之内。如果保险标的的危险程度虽然增加,但增加的危险属于保险合同订立时保险人预见或者应当预见的保险合同承保范围,则不构成危险程度显著增加。原因是若保险人对危险程度的变化已经有所预料或估计,则其应当在保费的计算中考虑了该危险变化的因素,不会对保险合同的"对价平衡"产生实质性影响,被保险人不必就该危险变化通知保险人。

另外,对于判断保险标的是否"危险程度显著增加"时,应当综合考虑以下因素:① 保险标的用途的改变;② 保险标的的使用范围的改变;③ 保险标的的所处环境的变化;④ 保险标的因改装等原因引起的变化;⑤ 保险标的的使用人或者管理人的改变;⑥ 危险程度增加持续的时间;⑦ 其他可能导致危险程度显著增加的因素③。

---

① 最高人民法院保险法司法解释起草小组:《〈中华人民共和国保险法〉保险合同章条文理解与适用》,中国法制出版社2010年版,第342页。
② 邹海林:《保险法》,社会科学文献出版社2017年版,第343页。
③ 参见保险法司法解释(四)第4条。

(二)危险增加通知义务的适用范围

与维护保险标的安全义务一样,关于危险增加通知义务的规定,我国《保险法》将其置于"财产保险合同"部分中,由此,该义务仅适用于财产保险合同。有学者认为,按照危险增加通知义务的立法意旨来考量,它应当同样适用于人身保险合同方为妥当。况且在人身保险合同成立后,危险增加的情况是客观存在的,如被保险人从事了更危险的工作等,为维护对价平衡关系和公平起见,不应否定危险增加通知义务在人身保险合同中的适用[①]。虽然这种观点有其合理之处,但鉴于该义务的规定并未出现在"一般规定"或"人身保险合同"部分中,所以,危险增加通知义务的适用范围仍应限定于财产保险合同。

(三)危险增加通知义务的履行

1. 义务主体

《保险法》第52条规定,在合同有效期内,保险标的的危险程度显著增加的,被保险人负有危险增加通知义务。这是因为被保险人是财产保险标的的所有人或其他利害关系人,其直接管控保险标的,对保险标的危险程度的变化最为了解,由其作为危险增加通知义务的主体最为合适。在投保人和被保险人为同一人之时,投保人也为该义务主体。但投保人和被保险人不是同一人时,投保人往往对保险标的危险程度的变化并不清楚,将该义务加于投保人过于严苛,不应认定投保人是危险增加通知义务人。但若危险增加已为投保人所知而被保险人尚未知晓,或是由投保人的行为引起,则根据最大诚信原则,投保人应当将危险显著增加的情况通知保险人。

2. 通知时间

《保险法》第52条规定,在合同有效期内,保险标的的危险程度显著增加的,被保险人应当按照合同约定及时通知保险人。即法律并没有规定具体的通知时间,仅要求被保险人应将危险程度显著增加的状况"及时"通知保险人。对何为"及时",立法也没有明确解释。我们认为,合同对"及时通知"有约定时限的,应当按照合同约定判断;合同没有相关约定的,应当在合理期间内通知保险人,合理期间可以结合险种和个案的具体情况予以判定,一般情况下,被保险人知悉危险显著增加的状况后应当立即通知保险人。

3. 通知方式

我国《保险法》并未明确规定危险显著增加的通知方式。依据意思自治原则,若当事人对通知方式在保险合同中有约定,应依照约定的方式通知;如没有约定,被保险人无论以口头方式还是书面方式通知,均为有效。

(四)保险标的危险显著增加的法律后果

1. 已履行通知义务的法律后果

依据《保险法》第52条第1款的规定,被保险人按照合同约定将保险标的的危险程度显著增加的情况及时通知保险人,保险人可以按照合同约定增加保险费或者解除合同。保险人增加保险费而投保人不接受的,保险人可以解除保险合同。保险人也可以选择不增加保

---

① 温世扬:《保险法》,法律出版社2016年版,第153页。

险费,径直解除保险合同。保险人解除合同的,应当将已收取的保险费,按照合同约定扣除自保险责任开始之日起至合同解除之日止应收的部分后,退还投保人。需要注意的是,保险人增加保险费或者解除合同的权利均以合同约定为基础,保险合同中未约定保险人在危险显著增加时具有增加保险费的权利或者合同解除权的,则保险人不享有该权利。如果保险人接到保险标的危险程度显著增加的通知后,未为增加保险费或者解除合同的行为,那么保险合同继续有效,因保险标的危险程度显著增加引发保险事故,保险人需承担保险责任。

2. 怠于履行通知义务的法律后果

依据《保险法》第 52 条第 2 款的规定,被保险人未履行危险增加通知义务的,因保险标的的危险程度显著增加而发生的保险事故,保险人不承担赔偿保险金的责任。但保险事故的发生,并非因保险标的危险程度显著增加导致的,则被保险人未履行危险增加通知义务并未导致或扩大损失,保险人仍应按合同约定承担保险责任。

案例导读 8-2

保险标的危险程度显著增加,保险人不承担保险责任[①]

案情

2015 年 7 月 28 日下午,被告张涛通过打车软件接到网约车订单一份,订单内容为将乘客从南瑞集团送至恒大绿洲小区。张涛驾驶其自有轿车至南瑞集团,接到网约车乘客。17 时 5 分许,张涛驾车搭载网约车乘客,沿前庄路由西向东行驶至清水亭东路丁字路口往南右转弯过程中,遇原告程春颖驾驶电动自行车沿清水亭东路由北向南通过该路口,两车碰撞,致程春颖受伤、车辆损坏。

原告程春颖受伤住院治疗,医院诊断其为急性闭合性重型颅脑损伤。经鉴定,原告程春颖颅脑损伤导致轻度精神障碍,日常活动能力部分受限,构成九级伤残;颅骨缺损 6 cm² 以上,构成十级伤残;误工期限 180 日,护理期限 90 日,营养期限 90 日。经审查确认,原告因本次事故产生医疗费 99 122.26 元(其中张涛垫付 59 321 元,人保南京分公司垫付 10 000 元)、住院伙食补助费 560 元、营养费 1 350 元、误工费 3 427.48 元、护理费 7 650 元、残疾赔偿金 156 126.6 元、精神损害抚慰金 10 500 元、交通费 500 元,合计 279 236.34 元。

被告张涛驾驶的轿车行驶证上的使用性质为"非营运"。2015 年 3 月 27 日,张涛在被告人保南京分公司为该车投保了交强险、保额为 100 万元的商业三者险,保险期间均自 2015 年 3 月 28 日起至 2016 年 3 月 27 日止。保单上的使用性质为"家庭自用汽车"。

裁判

一审法院审理认为:在当前车辆保险领域中,保险公司根据被保险车辆的用途,将其分为家庭自用和营运车辆两种,并设置了不同的保险费率。相较于家庭自用车辆,营运车辆的运行里程多,使用频率高,发生交通事故的概率也自然更大,这既是社会常识也是保险公司对风险的预估,车辆的危险程度与保险费是对价关系,家庭自用车辆的风险小,支付的保费低;营运车辆风险大,支付的保费高。以家庭自用名义投保的车辆,从事营运活动,车辆的风险显著增加,投保人应当及时通知保险公司,保险公司可以增加保费或者解除合同并返还剩余保费,投保人未通知保险公司而要求保险公司赔偿营运造成的事故损失,显失公平。张涛的营运行为使被保险车辆危险程度显著增加,张涛应当及时通知人保南京分公司,人保南京分公司可以增加保险费或者解除合同返还剩余保险费。张涛未

---

① 参见江苏省南京市江宁区(县)人民法院(2016)苏 0115 民初 5756 号民事判决书。

履行通知义务,而且其营运行为导致了本次交通事故的发生,人保南京分公司在商业三者险内不负赔偿责任。

评析

《保险法》第52条规定,在合同有效期内,保险标的的危险程度显著增加的,被保险人应当及时通知保险人,保险人可以增加保险费或者解除合同;被保险人未通知的,因保险标的危险程度显著增加而发生的保险事故,保险人不承担赔偿责任。以家庭自用名义投保的车辆从事营运活动,改变了车辆用途,显著增加了车辆的危险程度,被保险人应当依法及时通知保险公司,被保险人未通知的,因营运发生的交通事故,保险公司可以危险程度增加未依法通知为由抗辩,不承担赔付保险金的责任。

四、重复保险通知义务

(一) 重复保险通知义务的意义

保险制度的功能在于分散风险、填补损害,重复保险制度作为一项防范投保人道德风险的基本制度,对保险功能的发挥具有重要作用。重复保险通知义务是指重复保险的投保人将订立重复保险合同的事实通知各保险人。对投保人课以重复保险通知义务,防止投保人为牟取不正当利益分别向不同保险人投保。《保险法》第56条第1款规定:"重复保险的投保人应当将重复保险的有关情况通知各保险人。"可见,重复保险通知义务是投保人的法定义务。

(二) 通知的内容

关于通知的内容,《保险法》只概括性规定为"重复保险的有关情况",对何为"重复保险的有关情况"未予明确。有学者认为,这里的"有关情况",应该至少包括其他保险人的名称及保险金额。将其他保险人的名称列为通知内容,是为了有不确定事项时,保险人可以随时向其他保险人求证,或者在保险事故发生后,便利保险人之间确定保险金给付事宜[1]。我们认为,关于通知事项的确定,应结合其他国家(地区)的法律规定以及重复保险制度的立法目的进行分析。如韩国商法规定,投保人应当向各保险人通知各个保险合同的内容,在解释上应当包括保险人的名称和住所、保险标的、保险价值、保险费、保险金额、保险责任范围、保险期间、保险金的给付等。我国《保险法》将重复保险界定为投保人对同一保险标的、同一保险利益、同一保险事故分别与两个以上保险人订立保险合同,而且保险金额总和超过保险价值的保险,则同一保险标的、同一保险利益、同一保险事故、多个保险人、保险金额总和超过保险价值为构成重复保险的要件。因此,投保人有必要对上述内容进行通知。另外,由于责任免除内容关系到保险人实际承担保险责任与否,故还应包括该部分。当然,实务中更为妥当和完善的做法是在通知的同时附上其他保险合同,以便其他保险人全面了解重复保险情况[2]。

---

[1] 温世扬:《保险法》,法律出版社2016年版,第78页。
[2] 最高人民法院保险法司法解释起草小组:《〈中华人民共和国保险法〉保险合同章条文理解与适用》,中国法制出版社2010年版,第367页。

(三) 通知方式

关于投保人履行重复保险通知义务的方式,我国《保险法》亦未作明确规定,由此,除非保险合同当事人有特别约定,投保人可选择口头方式或书面方式通知保险人。

投保人履行通知义务,不以保险人的询问为前提,投保人应主动将订立重复保险合同的事实通知各保险人。但保险人已经知道或者在通常业务活动中应当知道的重复保险的有关情况,或者经保险人申明无须告知的重复保险的有关情况,投保人不必通知保险人①。

(四) 通知时间

我国《保险法》未规定投保人履行重复保险通知义务的具体时间。一般而言,投保人应于发生重复保险事实时立即通知保险人。投保人订立多个保险合同的,在订立后一个保险合同时,应将先前订立保险合同的有关情况通知该保险人;后一个保险合同订立后,应将后订立保险合同的有关情况通知之前与其订立保险合同的各保险人。

(五) 违反重复保险通知义务的法律后果

我国《保险法》对投保人违反重复保险通知义务的法律后果未加规定,但这并不意味着投保人不承担任何法律责任。一般而言,投保人未履行重复保险通知义务,虽然不影响各个保险合同的整体效力,但保险金额总和超过保险价值的部分无效。有司法实务人员认为,我国《保险法》未区分恶意重复保险和善意重复保险对保险合同效力的影响,其立法目的在于简化处理方式,避免司法实务中出现争议。但投保人的通知义务为法定义务,对于其故意违反该义务的行为如果没有相应的制裁措施,对相关利害关系人保护不利。应区分司法实务中的不同情形,对其法律后果进行规定。例如,应考虑未履行通知义务是否给其他保险人造成损失,其他保险人若知晓重复保险的事实是否会签订保险合同、是否会作特殊约定等来明确投保人的责任以及保险合同的效力等②。

五、施救义务

(一) 施救义务的意义

所谓施救义务,又称为减损义务,是指保险事故发生之后,投保人、被保险人应当采取必要的合理的措施,防止或者减少损失的义务。我国《保险法》第 57 条第 1 款规定:"保险事故发生时,被保险人应当尽力采取必要的措施,防止或者减少损失。"保险法之所以规定被保险人的减损义务,主要是考虑到如下原因:一是一般而言,保险事故发生时,被保险人对保险标的状况、事故的原因及发展态势最为了解,若被保险人尽力采取必要措施,通常能够减免损失;二是这也有利于避免浪费社会财富,对被保险人、全体投保大众及保险人都是有益的;三是这是最大诚信原则的要求,保险合同当事人及关系人在保险合同的订立、履行过程中,

---

① 邹海林:《保险法》,社会科学文献出版社 2017 年版,第 357 页。
② 最高人民法院保险法司法解释起草小组:《〈中华人民共和国保险法〉保险合同章条文理解与适用》,中国法制出版社 2010 年版,第 371 页。

都应遵循这一原则行事。由此,大多数国家的保险法均规定了投保人、被保险人的施救义务。需要注意的是,施救义务是合同法上"减轻损失规则"在保险法上的具体运用,具有法定性,因此,当事人不能通过约定加以变更或排除其适用①。

(二) 施救义务的义务人

依据《保险法》第 57 条的规定,施救义务的主体是被保险人。这是因为在财产保险合同中,被保险人与保险标的联系更为紧密,在保险事故发生时,其能够更及时、更有效地采取必要的措施以防止或者减少损失,所以由被保险人作为该义务的主体是合理的。

(三) 履行施救义务的法律后果

《保险法》第 57 条第 2 款规定,保险事故发生后,被保险人为防止或者减少保险标的的损失所支付的必要的、合理的费用,由保险人承担;保险人所承担的费用数额在保险标的的损失赔偿金额以外另行计算,最高不超过保险金额的数额。即被保险人适当地履行施救义务后,有权请求保险人承担其支出的必要、合理的施救费用。保险人承担施救费用应符合以下三个方面的要件。

(1) 施救时间是保险事故发生之时。保险事故未发生或将发生时,被保险人并无施救义务,被保险人在保险事故发生前采取的防灾措施不属于履行施救义务,由此支出的合理的、必要的费用,保险人不予以补偿。

(2) 被保险人为防止或者减少保险标的的损失而采取的措施是必要的。一是主观上要求被保险人以防止或减少损失为目的对保险标的采取措施;二是被保险人采取的措施应当是必要的,但被保险人毕竟不是专业的防灾减损机构,通常情况下,其注意义务应该是一般注意义务②。至于被保险人采取的措施能否真正起到防止或减少损失的效果,不是判断被保险人为防灾减损而采取的措施是否必要的标准。

(3) 被保险人支出的费用是必要的、合理的,不鼓励"过度"的施救行为。保险人承担施救费用是为鼓励被保险人在危险发生时主动地、尽最大可能地去施救,不必担心额外支出施救费用而犹豫,进而使损失进一步扩大。但为避免过度施救,保险法对施救费用规定了一定的限制,费用数额虽可在保险标的损失赔偿金额以外另行计算,但最高不超过保险金额的数额。

(四) 违反施救义务的法律后果

《保险法》第 57 条未规定被保险人违反施救义务的法律后果,但是否意味着即使被保险人违反了施救义务,也不需要承担任何不利法律后果呢?答案是否定的,否则施救义务就丧失了其存在的价值。实际上,被保险人的施救义务是一种不真正义务,被保险人违反此种义务,虽并不能免除保险人赔付保险金的义务,但保险人可以对扩大的损失部分不承担保险责任。

---

① 温世扬:《保险法》,法律出版社 2016 年版,第 159 页。
② 最高人民法院保险法司法解释起草小组:《〈中华人民共和国保险法〉保险合同章条文理解与适用》,中国法制出版社 2010 年版,第 378 页。

六、出险通知义务

(一) 出险通知义务的意义

出险通知义务是指在保险合同有效期内,合同约定的保险事故发生后,投保人、被保险人或者受益人应当将出险事实通知保险人的义务。此义务规定在我国《保险法》第 21 条,该条规定投保人、被保险人或者受益人知道保险事故发生后,应当及时通知保险人。法律之所以作此规定,主要是由于出险通知对保险人非常重要,保险人在得知保险事故发生后,可运用其危险管理技术,采取必要措施以防止损失进一步扩大,保全保险标的的残余价值,另外也可调查事实、收集证据,否则时间拖得越久,调查、取证将愈加困难,不利于理算和确定损失数额[1]。应当说,出险通知义务是索赔和理赔程序的第一个环节,是投保人、被保险人或者受益人的重要义务。

(二) 出险通知义务人

依据《保险法》第 21 条,出险通知义务人范围较为广泛,包括投保人、被保险人以及受益人。投保人作为保险合同当事人,理应负有出险通知义务。被保险人作为保险合同关系人,与保险标的联系最为紧密,而且是保险事故发生的直接受损失之人,也应负有该义务。受益人也是保险合同关系人,但受益人制度仅在人身保险中有,因此,此处负有出险通知义务的受益人仅指人身保险合同的受益人。投保人、被保险人或者受益人,只要其中一人或多人通知了保险人出险情况,就视为全部义务人已经履行出险通知义务。

(三) 通知期限

关于出险通知期限,我国《保险法》未规定具体时限,仅规定义务人应从速"及时"通知保险人。法律不规定具体时限,虽然不够明确,但是可以灵活适用于不同险种及各种具体出险情况,同时,保险法并不禁止保险合同当事人自行约定出险通知时限。若有约定,则从其约定;若无约定,"及时"应指保险事故发生后能够通知的"最短合理时间内"。

(四) 通知方式

《保险法》并未对出险通知的方式予以明确规定,义务人可以口头形式或书面形式通知保险人。但保险合同当事人在合同中约定某种特定形式的,应从其约定。

(五) 通知内容

保险事故发生后,义务人应该通知的事项就是保险事故发生的事实,只要将该事实告知保险人,就应认定义务人已履行出险通知义务,而无须将损失范围、程度或数额等详细内容向保险人通告。

---

[1] 江朝国:《保险法基础理论》,中国政法大学出版社 2002 年版,第 262 页。

（六）违反出险通知义务的法律后果

《保险法》第 21 条规定，投保人、被保险人或者受益人因故意或者因重大过失未及时向保险人通知出险事故，致使保险事故的性质、原因、损失程度等难以确定的，保险人对无法确定的部分，不承担赔偿或者给付保险金的责任，但保险人通过其他途径已经及时知道或者应当及时知道保险事故发生的除外。依据该条规定，义务人违反出险通知义务的，保险人一般免于承担保险责任，但应符合以下三个条件。

（1）义务人因故意或者因重大过失而未通知。只有在义务人主观有故意或者重大过失的情况下，保险人才有权拒绝承担赔偿或者给付保险金的责任。投保人、被保险人或者受益人因一般过失或者不可抗力未及时通知的，保险人应承担赔偿或者给付保险金的责任。

（2）保险事故的性质、原因、损失程度等难以确定。投保人、被保险人或者受益人虽未及时通知保险人发生保险事故，但不影响保险人查勘与确定保险事故的性质、原因、损失程度的，保险人仍应承担赔偿或者给付保险金的责任。

（3）义务人因故意或者因重大过失而未通知与保险事故的性质、原因、损失程度等难以确定之间存在因果关系。即怠于通知行为导致保险事故的性质、原因、损失程度等难以确定。

一旦符合以上条件，保险人可免于承担保险责任，但免责范围仅限于保险人无法确定的部分，对于能确定的部分，保险人仍应承担保险责任。另外，即使符合上述条件，但保险人通过其他途径已经及时知道或者应当及时知道保险事故发生的，保险人仍应承担赔偿或者给付保险金的责任。例如，交通事故发生后，保险人仍能够从交警处获得相关证据，进而查明保险事故的性质、原因、损失程度的，被保险人仍可要求保险人承担保险责任，这属于保险人免责的例外。

七、证明、资料提供义务

（一）证明、资料提供义务意义

《保险法》第 22 条第 1 款规定，证明、资料提供义务是指保险事故发生后，按照保险合同请求保险人赔偿或者给付保险金时，投保人、被保险人或者受益人应当向保险人提供其所能提供的与确认保险事故的性质、原因、损失程度等有关的证明和资料的义务。例如：被保险人发生死亡、伤残的保险事故，须提供死亡证明和伤残鉴定书；门诊治疗须提供门诊处方笺、病历等。法律之所以要求投保人、被保险人或者受益人承担该义务，目的是使保险人能够正确估计损失范围和确定事故发生原因，为其履行保险金给付义务做准备。但资料与证明的提供应以投保人、被保险人或者受益人能够提供为限，如果有些证明、资料难以为投保人、被保险人或者受益人所掌握或获得，则保险人不得要求投保人、被保险人或者受益人提供。另外，保险事故发生后，投保人、被保险人或者受益人的证明、资料提供义务是法定义务，当事人不得约定排除。

（二）违反证明、资料提供义务的法律后果

《保险法》规定了投保人、被保险人或者受益人的证明、资料提供义务，但并未规定义务人违反该义务的法律后果。保险实务中，投保人、被保险人或者受益人违反证明、资料提供

义务主要表现为两种情形：一是未提供证明和资料；二是提供虚假证明和资料。由此，这两种情形的法律后果也应区别对待。

（1）未提供证明和资料。如上所述，法律规定投保人、被保险人或者受益人负有证明、资料提供义务是为了能够使保险人及时准确地查勘定损、从速保全证据，其立法目的与《保险法》第21条的出险通知义务类似。因此，当义务人未提供证明和资料时，可以类推适用第21条的规定，即投保人、被保险人或者受益人未提供证明和资料，致使保险事故的性质、原因、损失程度等难以确定的，保险人对无法确定的部分，不承担赔偿或者给付保险金的责任。

（2）提供虚假证明和资料。投保人、被保险人、受益人提供虚假证明和资料的，应属保险欺诈，可分为两种情况：一是未发生保险事故，被保险人或者受益人谎称发生了保险事故，向保险人提出赔偿或者给付保险金请求的，保险人有权解除合同，并不退还保险费；二是保险事故发生后，投保人、被保险人或者受益人以伪造、变造的有关证明、资料或者其他证据，编造虚假的事故原因或者夸大损失程度的，保险人对其虚报的部分不承担赔偿或者给付保险金的责任。投保人、被保险人或者受益人有上述行为之一，致使保险人支付保险金或者支出费用的，应当退回或者赔偿[①]。

八、协助义务

（一）协助义务的意义

《保险法》第63条规定："保险人向第三者行使代位请求赔偿的权利时，被保险人应当向保险人提供必要的文件和所知道的有关情况。"该条规定了被保险人在保险人行使代位求偿权时的协助义务。此处必要的文件和所知道的情况应包括：一是证明第三者对保险标的的损害而造成保险事故的相关文件和情况；二是证明保险事故发生后，被保险人已经从第三者获得损害赔偿的相关文件和情况；三是证明保险人和被保险人之间存在保险关系的相关文件和情况。

（二）违反协助义务的法律后果

保险人向第三者行使代位请求赔偿的权利时，被保险人未向保险人提供必要的文件和所知道的有关情况，此时，可以参照《保险法》第61条第3款的规定："被保险人故意或者因重大过失致使保险人不能行使代位请求赔偿的权利的，保险人可以扣减或者要求返还相应的保险金。"

第二节 保险人义务的履行

一、签发保险单证义务

所谓签发保险单证义务，是指保险人在保险合同成立后向投保人交付正本保单或其他保险凭证的义务。《保险法》第13条第1款规定："投保人提出保险要求，经保险人同意承

[①] 参见《保险法》第27条。

保,保险合同成立。保险人应当及时向投保人签发保险单或者其他保险凭证。"可见,签发保险单证是保险人在保险合同成立后对投保人负担的法定义务,保险人无正当理由不得怠于交付保险单或其他保险凭证。

保险合同是不要式合同,保险单或者其他保险凭证的交付不是保险合同成立的必要条件。但是,保险单或者其他保险凭证明确载明当事人双方约定的合同内容,作为书面合同的表现形式,有利于明确各方的权利义务关系,同时也具有重要的证据意义。原则上,保险合同成立后,保险人应当向投保人交付保险单,不得以交付其他保险凭证代替交付保险单。保险合同对保险人交付保险单证期间有约定的,保险人应当在约定的期间内向投保人交付。保险合同对保险人交付保险单证期间没有约定的,保险人应当及时向投保人签发保险单或者其他保险凭证,此处"及时"应当理解为合同成立后的"合理期间"。合理期间应根据个案判断。

二、危险承担义务

(一) 危险承担义务的意义

保险合同是双务合同,投保人负有交付保险费的义务,保险人负有危险承担的义务。危险承担义务也称为风险承担义务,是指保险合同订立后,保险人负担保险标的可能发生的危险。"所谓危险承担之精义,不仅显现于保险事故发生后保险人负有保险赔偿之义务——不论是填补具体损害或抽象损害,而且亦于保险契约发生效力后保险事故发生前即发挥其作用。换言之,于保险事故发生前借由保险人之危险承担,被保险人得免于精神上或经济上之忧虑,如经由责任保险契约之订立,而无须自己准备损害赔偿金,或因工程保证保险契约之订立而得免缴保证金等等,而因此,亦具有隐藏性之对价。"[1]即在保险事故发生之前,保险人依保险合同负担提供保险保障的义务为危险承担义务,在保险事故发生之后,保险人的潜在危险承担即转化为保险金实际给付,危险承担义务是给付保险金义务的前提与基础。我国《保险法》第 14 条规定:"保险合同成立后,投保人按照约定交付保险费,保险人按照约定的时间开始承担保险责任。"其中的"保险责任"即危险承担义务。

(二) 保险人承担的危险责任范围

对保险人而言,依照约定承担危险责任是其基本合同义务。基于危险的多样性和复杂性,投保人投保的险种各不相同,由此,保险人承担的责任内容和责任范围也不同。一般而言,按照保险人承担的责任范围和承担责任的条件,危险责任可以分为基本责任和特约责任。

保险人承担的基本责任主要是保险当事人在保险合同中约定的可能发生的事故因其发生所造成的被保险人的财产损失或者人身伤亡。这里可能发生的事故主要是不可抗力或不可预料之事故,如洪水、冰雹、车祸等。此外,基本责任范围还包括因投保人或被保险人非主观故意所致损失、履行道德义务所致损失、履行施救义务所致损失等。保险人所承保的危险应为偶然意外发生的损失,若损失是出于投保人或被保险人主观故意或计划,属于道德风

---

[1] 江朝国:《保险法基础理论》,中国政法大学出版社 2002 年版,第 281 页。

险,保险人不承担保险责任。道德义务是指法律没有强制性规定,但行为人基于善良风俗,为保护他人合法权益,从事社会倡导的行为。例如,人寿保险合同中的被保险人冲入火场救助受困人员,虽然该被保险人对于自己死伤的结果在主观上应有所预见,但其动机良善,为鼓励此类善行,保险人应承担给付保险金责任。但需要注意的是,若被保险人故意先造成需要救助的情形,再实施救助,则保险公司不应承担保险责任,以防诱发保险欺诈行为。

除了以上基本的危险责任以外,保险合同当事人还可以根据特殊需要约定扩大危险承担范围,即特约责任。特约责任是指投保人与保险人约定扩大基本危险承担范围而承保的危险。当事人在保险合同中就扩大的危险范围有明确约定的,从其约定。

三、通知义务

(一) 通知义务的意义

保险合同是一类专业性很强的合同,能够完全了解保险合同内容的投保人、被保险人和受益人非常有限,他们大多欠缺保险专业知识,极有可能违反了应尽义务而不自知,最终导致其丧失保险保障。因此,为了保护投保人、被保险人和受益人的保险权益,法律要求保险人须承担对投保人、被保险人和受益人的通知义务,这也是保险合同是最大诚信合同的一种体现。

(二) 通知事项

依据我国《保险法》的规定,保险人须履行通知义务的事项,主要包括以下三个事项。

(1) 补充证明和资料的通知。《保险法》第 22 条规定:"保险事故发生后,按照保险合同请求保险人赔偿或者给付保险金时,投保人、被保险人或者受益人应当向保险人提供其所能提供的与确认保险事故的性质、原因、损失程度等有关的证明和资料。保险人按照合同的约定,认为有关的证明和资料不完整的,应当及时一次性通知投保人、被保险人或者受益人补充提供。"该条规定主要包含两部分内容:一是投保人、被保险人或者受益人提供保险事故证明和资料的义务;二是保险人通知投保人、被保险人或者受益人补充资料的义务。保险人通知义务是以投保人、被保险人和受益人的提交证明和资料义务为前提的。具体而言,保险人认为投保人、被保险人和受益人提供的有关证明和资料不完整的,不能拒绝赔付,而应当通知其补充证明和资料,并且为避免出现保险人为了故意拖延赔偿时间,反复让投保人、被保险人、受益人补充资料的情况,保险人必须"及时一次性通知",不能多次通知。至于有些重大、复杂的保险事故,如果定损理赔需要投保人、被保险人和受益人提供的证明和资料随着情势发生变化,超出了保险合同的约定,则不受"一次性"的约束,保险人认为确有必要且在合理范围的,仍可要求投保人、被保险人和受益人提供[①]。保险人的通知方式可以是口头的,也可以是书面的。

(2) 赔付核定结果的通知。保险人收到被保险人或者受益人的赔偿或者给付保险金的请求后,应当及时作出核定;情形复杂的,应当在 30 日内作出核定,但合同另有约定的除外。保险人应当将核定结果通知被保险人或者受益人。对属于保险责任的,在与被保险人或者

---

① 最高人民法院保险法司法解释起草小组:《〈中华人民共和国保险法〉保险合同章条文理解与适用》,中国法制出版社 2010 年版,第 153 页。

受益人达成赔偿或者给付保险金的协议后 10 日内,履行赔偿或者给付保险金义务[①]。对不属于保险责任的,应当自作出核定之日起 3 日内向被保险人或者受益人发出拒绝赔偿或者拒绝给付保险金通知书,并说明理由[②]。

(3) 保险标的部分受损时解除保险合同的通知。《保险法》第 58 条第 1 款规定:"保险标的发生部分损失的,自保险人赔偿之日起三十日内,投保人可以解除合同;除合同另有约定外,保险人也可以解除合同,但应当提前十五日通知投保人。"即只要在财产保险合同中没有对保险人解除权的限制性约定,在保险标的发生部分损失时,保险人履行了赔偿保险金责任后,其有权解除保险合同,但应提前 15 日向投保人履行通知义务。这主要是为了便于投保人为未受损部分的保险标的寻求新的保险保障做准备。

(三) 违反通知义务的法律后果

保险人未在法定期限内履行通知义务的,被保险人、受益人因此受到的损失或支出的合理费用,应由保险人赔偿。

四、保险金给付义务

(一) 保险金给付义务的意义

所谓保险金给付义务,是指保险事故发生后,保险人按照保险合同约定给付保险金。保险金给付义务是保险人的主要义务,是保险人危险承担义务的具体化。保险事故的发生又称出险,是保险人履行保险金给付义务的前提。没有保险事故的发生,保险人就不必履行保险金给付义务。保险事故是当事人在保险合同中约定保险人应当承担保险责任的事件或原因,如被保险人死亡、伤残、疾病或者达到合同约定的年龄、期限等。保险期间内一旦发生保险事故,保险人承担的保险金给付义务由应然状态转化为实际履行。

(二) 给付范围

依据《保险法》第 23 条第 1 款,保险人收到被保险人或者受益人的赔偿或者给付保险金的请求后,应当及时确定保险金的给付范围。一般而言,在定额保险的保险事故发生后,保险人直接以合同约定的金额为保险金给付义务的履行即可。在损失保险中,保险人应给付的范围只限于实际产生的损失数额,但最高不得超过合同双方当事人所约定的保险金额。另外,在损失范围确定后,由于存在不足额保险的情况,所以还须考虑保险金额和保险价值之间的关系,保险金额低于保险价值的,则须按比例给付。

(三) 给付方式

保险人履行给付义务以金钱给付为原则,以替代给付为例外。金钱给付是保险给付的基本方式,即向被保险人和受益人给付合同约定的保险金。替代给付是指保险合同约定不以给付金钱为履行保险给付义务的方式,包括修理、更换、重置方式。如保险人可在合同中

---

① 参见《保险法》第 23 条。
② 参见《保险法》第 24 条。

约定,若损毁可恢复,以修复至损毁发生前与原状相似的状况为给付。保险合同对替代给付没有约定的,保险人应当以支付金钱为给付方式。

(四) 给付对象

依据《保险法》第 23 条第 1 款的规定,保险人给付保险金的对象是被保险人或者受益人。在财产保险合同中,保险金的给付对象是被保险人;在人身保险合同中,保险金的给付对象是被保险人或受益人。一般而言,若人身保险合同中,保险事故包括被保险人死亡、伤残和生存到约定的年龄,在合同中虽载明了受益人,除另有约定外,生存保险金受益人为被保险人本人,受益人一般仅是死亡保险金的受益人,生存保险金和残疾保险金的请求权仍由被保险人行使。即在人身保险业务实务中,对受益人如不加限定和说明,则仅指死亡保险金受益人。保险人一般应向被保险人履行给付保险金义务,只有在被保险人死亡的情况下,才能将保险金给付受益人。另外,《保险法》第 42 条规定,被保险人死亡后,没有指定受益人或者受益人指定不明无法确定的,受益人先于被保险人死亡又没有其他受益人的,受益人依法丧失受益权或者放弃受益权又没有其他受益人的,保险金将作为被保险人的遗产,由保险人向被保险人的继承人履行给付保险金的义务。

(五) 保险金给付期限

明确保险金给付期限,对于督促保险人及时履行保险金给付义务,维护投保人、被保险人和受益人的合法权益有重要意义。《保险法》第 23 条第 1 款规定:"保险人收到被保险人或者受益人的赔偿或者给付保险金的请求后,应当及时作出核定;情形复杂的,应当在三十日内作出核定,但合同另有约定的除外。保险人应当将核定结果通知被保险人或者受益人;对属于保险责任的,在与被保险人或者受益人达成赔偿或者给付保险金的协议后十日内,履行赔偿或者给付保险金义务。保险合同对赔偿或者给付保险金的期限有约定的,保险人应当按照约定履行赔偿或者给付保险金义务。"即若保险合同对保险金给付期限有约定,应依约定,否则保险人应在与被保险人或者受益人达成赔偿或者给付保险金的协议后 10 日内履行该义务。

《保险法》第 23 条规定的 30 日核定期间,应自保险人初次收到索赔请求及投保人、被保险人或者受益人提供的有关证明和资料之日起算。保险人可主张扣除投保人、被保险人或者受益人补充提供有关证明和资料期间。扣除期间自保险人要求补充提供有关证明和资料通知到达投保人、被保险人或者受益人之日起,至投保人、被保险人或者受益人按照通知要求补充提供的有关证明和资料到达保险人之日止[①]。

(六) 保险金的先行赔付

保险金具有经济补偿、资金融通和社会管理的功能。保险实务中,被保险人一旦发生保险事故,被保险人正常的生产或生活往往会受到较大干扰,甚至陷入困顿的境况;而保险人的理赔过程因个体案件具体情况的不同,有时会相当漫长。此时,若被保险人能够提前得到保险金,微观上有利于被保险人恢复生产生活,甚至救被保险人的生命和健康于危难之中,

---

① 参见保险法司法解释(二)第 15 条。

宏观上也有利于社会秩序的稳定。我国《保险法》第 25 条规定:"保险人自收到赔偿或者给付保险金的请求和有关证明、资料之日起六十日内,对其赔偿或者给付保险金的数额不能确定的,应当根据已有证明和资料可以确定的数额先予支付;保险人最终确定赔偿或者给付保险金的数额后,应当支付相应的差额。"

(七) 违反保险金给付义务的法律后果

保险金给付义务(包含保险金先行赔付义务)属于保险人的法定义务,保险人不履行或不及时履行此项义务的,除支付保险金外,应当赔偿被保险人或者受益人因此受到的损失[①]。

五、必要合理费用给付义务

(一) 施救费用

财产保险中,为减少保险标的损失、避免社会财富的不当减少,大多数国家的保险立法要求投保人、被保险人在保险事故发生后,应当采取必要的、合理的措施以防止或者减少损失。相应地,为鼓励投保人、被保险人积极主动履行施救义务,免除后顾之忧,法律规定保险人应在一定限额内承担被保险人因采取必要的、合理的措施而发生的费用。《保险法》第 57 条第 2 款规定:"保险事故发生后,被保险人为防止或者减少保险标的的损失所支付的必要的、合理的费用,由保险人承担;保险人所承担的费用数额在保险标的的损失赔偿金额以外另行计算,最高不超过保险金额的数额。"一般而言,施救费用主要包括两方面。一是保险事故发生时,为抢救保险标的或者避免灾害蔓延而直接损毁保险标的本身所造成的损失。例如,为防止火灾蔓延而将作为保险标的的房屋的一部分拆除所致损失等。二是为救护保险标的所支出的合理费用。施救费用应与保险人给付的保险金分开计算,最高不得超过保险金额,即保险人给付被保险人的金额最高为合同约定的保险金额的两倍。另外,保险人履行给付施救费用义务,不以被保险人施救行为产生实际效果为前提。保险法司法解释(四)第 6 条规定:"保险事故发生后,被保险人依照保险法第五十七条的规定,请求保险人承担为防止或者减少保险标的的损失所支付的必要、合理费用,保险人以被保险人采取的措施未产生实际效果为由抗辩的,人民法院不予支持。"

(二) 勘验费用

《保险法》第 64 条规定:"保险人、被保险人为查明和确定保险事故的性质、原因和保险标的的损失程度所支付的必要的、合理的费用,由保险人承担。"依据该条规定,保险人承担勘验保险事故损失的相关费用。查明和确定保险事故的性质、原因和保险标的的损失程度是保险人理赔工作的一部分,由此产生花费本应由保险人承担。被保险人原本对于保险事故的性质、原因和保险标的的损失程度没有调查义务,但被保险人的协助有利于提高理赔的效率、降低理赔的成本。为了鼓励被保险人帮助进行调查,保险法规定由保险人承担勘验费用[②]。

[①] 参见《保险法》第 23 条第 2 款。
[②] 安建:《〈中华人民共和国保险法(修订)〉释义》,法律出版社 2009 年版,第 105 页。

（三）责任保险的仲裁或诉讼费

《保险法》第66条规定："责任保险的被保险人因给第三者造成损害的保险事故而被提起仲裁或者诉讼的，被保险人支付的仲裁或者诉讼费用以及其他必要的、合理的费用，除合同另有约定外，由保险人承担。"即投保人和保险人可以在保险合同中约定必要的、合理的费用的范围及承担者。若有约定，则按照约定处理；若无约定或约定无效，则由保险人承担。

必要合理的减损费用由保险人额外支付①

案情

2015年5月，某运输公司与某保险公司签订《保险合同》，约定：某运输公司将其所有的渝GB3725重型半挂牵挂引车在某保险公司投保商业险和交强险；双方确认，投保车辆新车购置价为30万元，车辆损失险限额20万元；机动车全损或推定全损，保险金额高于出险时的实际价值时，赔款＝（出险时的实际价值－应由机动车交通事故责任强制保险赔偿的金额）×（事故责任比例）×（1－事故责任免赔率）×（1－绝对免赔率）；第三者商业责任限额100万元；保险事故发生时，被保险人或其代表为防止或者减少保险机动车损失而采取施救、保护措施所支出的必要合理的费用，保险人负责赔偿，本项费用最高赔偿金额以保险金额为限。某运输公司依约向某保险公司交纳保险费。2016年4月15日，渝GB3725车沿G93高速公路由重庆往泸州方向行驶至G93线512 km处，车头与路边上护栏发生碰撞，导致该车辆烧毁、路产受损。某运输公司为将该车拖离事故现场支付施救费16 400元。交警部门认定车方承担事故全部责任。某运输公司诉至一审法院，请求判决某保险公司赔付机动车损失款20万元、施救费16 400元、第三方财产损失32 690元，共计249 090元。

裁判

重庆市垫江县人民法院经审理认为：本案保险合同合法有效，双方应全面履行。新车价值30万元按约定折旧办法计算，车辆发生事故时价值为220 800元，超出车损限额20万元，应以20万元为赔偿限额。施救费16 400元属车损险赔偿范围，应在车损险限额内赔偿，本案车损赔偿已达限额，施救费不予赔偿。第三方损失32 690元属合同约定的商业三者险赔偿范围，某保险公司应予以赔偿。故判决某保险公司向某运输公司赔偿保险金232 690元，保险车辆残值归某保险公司所有。

某运输公司以必要、合理的施救费应在保险标的损失赔偿金额以外另行计算为由，向重庆市第三中级人民法院提起上诉。

重庆三中院认为：保险人放弃对保险标的价值调查核实而作出承保的行为表明其认可保险合同约定的标的价值，应以保险合同约定的标的价值理赔。根据《保险法》第57条第2款的规定，为激励被保险人履行减损义务，实际是否起到减损效果不是保险人承担施救费的前提，只要采取的措施是必要、合理的，该费用仍应由保险人在保险标的损失赔偿额以外另行支付，但不得超过保险金数额。故撤销一审判决，改判某保险公司向某运输公司赔偿保险金249 090元，保险车辆残值归某保险公司所有。

---

① 陈江平：《必要合理的减损费用由保险人额外支付——重庆三中院判决某运输公司与某保险公司保险合同案》，《人民法院报》2017年11月2日第6版。

> **评析**
>
> 被保险人为防止或者减少保险财产损失而采取施救、保护、整理等措施,通常会有一定的费用支出。由于被保险人的财产已经投保,从某种意义上说,被保险人的这些费用是为保险人的利益而支出。因此,为鼓励被保险人积极减损,被保险人为防止或者减少保险标的的损失而支付的必要、合理的费用,应当由保险人来承担。本案中,投保车辆发生保险事故,遗留在高速公路上,本身就形成了新的危险,拖离现场到安全地方,本身就是对保险标的合理、必要的处理。故某保险公司应对某运输公司支付的施救费 16 400 元予以赔偿。

六、保密义务

投保人与保险人缔结保险合同时,依照最大诚信原则,需要根据保险人的询问履行如实告知义务。保险人及其工作人员由此得知投保人、被保险人的个人信息、财务状况乃至被保险人的身体状况,这部分信息会涉及投保人、被保险人的商业秘密及个人隐私,如个人家庭住址、身份证号码、病史等。保险人及其工作人员掌握这些信息后,应当履行保密义务。《保险法》第 116 条第 12 项规定,保险公司及其工作人员在保险业务活动中不得泄露在业务活动中知悉的投保人、被保险人的商业秘密。保险人及其工作人员违反保密义务,给投保人和被保险人造成损失的,应承担损害赔偿责任。

第三节 保险合同的解释

所谓保险合同的解释,是对保险合同的条款内容使用的语言文字予以释明的行为。虽然保险合同的缔结以最大诚信原则为圭臬,但是在保险合同成立后,当事人在主张权利和履行义务的过程中,也会因保险合同的专业性、自然语言的多义性以及当事人利益的冲突性引发争议,进而影响保险合同的履行。即保险合同的解释往往以保险合同的内容产生争议为前提,以保险合同内容的不明确为条件,保险合同的解释对象就是有争议的保险合同的内容。为了探求保险合同当事人的真实意思,确保当事人正确地履行合同义务,保护双方当事人和关系人的合法权益,及时化解合同纠纷,应确立保险合同的解释原则与解释方法。

一、保险合同的解释原则

结合我国《民法典》第 142 条与第 466 条的规定,当事人对合同条款的理解有争议的,有相对人的意思表示的解释,应当按照所使用的词句,结合相关条款、行为的性质和目的、习惯以及诚信原则,确定意思表示的含义。无相对人的意思表示的解释,不能完全拘泥于所使用的词句,而应当结合相关条款、行为的性质和目的、习惯以及诚信原则,确定行为人的真实意思。合同文本采用两种以上文字订立并约定具有同等效力的,对各文本使用的词句推定具有相同含义。各文本使用的词句不一致的,应当根据合同的相关条款、性质、目的以及诚信原则等予以解释。保险合同作为合同的一种,除非保险法对保险合同的解释另有规定,否则在解释原则上,应当遵循合同解释的一般原则,即意图解释原则,就是应当以探求投保人和保险人缔约时的真实意思为目标,通过说明、推理和阐述来释明保险合同不明确的内容,找出当事人缔约时的真实意思,不得通过解释随意扩充或缩小保险合同的内容。

二、保险合同的解释方法

保险合同是投保人和保险人经过磋商而订立的,无论投保人还是保险人为意思表示时均是向相对人作出的,由此,保险合同条款有争议时,应当按照所使用的词句,结合相关条款、行为的性质和目的、习惯以及诚信原则来解释,确定意思表示的含义,进而确定争议条款的含义。即保险合同的解释一般情况下应遵循一般合同的解释方法来进行,同时基于保险合同的特殊性,它也有自己的特殊解释方法。前者包括文义解释、体系解释、目的解释、补充解释、诚信解释。后者主要是疑义不利解释。

(一) 文义解释

文义解释又称语义解释,是指按照保险合同条款用语或用词在一般语言习惯上被理解的含义去解释保险合同内容的方法。解释保险合同必须先进行文义解释,文义解释方法是保险合同解释最基本的方法。判断保险合同条款所用一般词语是否有争议,应当以普通人的通常理解为标准进行判断,而不是以法律或保险等专业人士的认知为标准对合同条款用语或用词进行判断。但保险合同条款中,也常会出现一些法律、医学、气象学、保险等"专业术语",此时其含义一般应当按该行业通用的专业含义来进行解释。

(二) 体系解释

体系解释又称整体解释,是指将保险合同全部条款和构成部分看作一个统一整体,从各个合同条款及构成部分的相互关系、所处的地位和总体联系上阐明当事人有争议的合同用语的含义。当仅依靠文义解释不能阐明保险合同内容时,体系解释可以更客观地阐明合同内容。例如,财产保险合同对于"不保财产"约定如下:"金银、珠宝、玉器、首饰、古玩、古书、古画、邮票、艺术品、稀有金属和其他珍贵财物。"究竟什么样的财物可以被解释为"其他珍贵财物"?这时应当结合前文所列举的珍贵财物的种类作出解释:与前文所列举的珍贵财物同类的财物属于"其他珍贵财物";非同类的财物即使珍贵,也不属于"其他珍贵财物"[①]。

(三) 目的解释

目的解释是指保险合同内容的解释应当符合当事人订立保险合同的目的。目的解释往往适用于保险合同条款用语含糊不清,导致当事人对同一条款内容理解有分歧的情况。若文字表述清楚,应采用文义解释方法,即目的解释应以文义解释为基础。

保险合同内部不同组成部分之间也会出现冲突现象,这是因为保险合同的构成远比一般合同复杂。"投保单、保险单以及保险人签发的其他保险凭证均对投保人与保险人的权利

---

① 常敏:《保险法学》,法律出版社 2012 年版,第 112—113 页。

义务关系作出了约定,都属于保险合同的组成部分,同时,也是被保险人或受益人要求保险赔偿以及保险人进行保险理赔的凭证和依据。"[1]保险合同中记载的内容不一致的,为推定当事人缔约的真实意图,可按照下列规则认定:① 投保单与保险单或者其他保险凭证不一致的,以投保单为准,但不一致的情形系经保险人说明并经投保人同意的,以投保人签收的保险单或者其他保险凭证载明的内容为准;② 非格式条款与格式条款不一致的,以非格式条款为准;③ 保险凭证记载的时间不同的,以形成时间在后的为准;④ 保险凭证存在手写和打印两种方式的,以双方签字、盖章的手写部分的内容为准[2]。

(四) 补充解释

补充解释是指当保险合同条款约定内容有漏洞,当事人的意图仅依照保险合同的条款难以确定时,应当依据商业习惯、国际惯例,在诚信原则和公平原则的基础上,对保险合同的内容进行合法、合理、务实的补充,以探求当事人的真实意图,力求合同效力能够持续。

(五) 诚信解释

所谓诚信解释,是指解释合同应遵循诚实信用原则。最大诚信原则是保险法的基本原则,它在保险合同的订立、履行和终止等诸多环节都非常重要。同样,解释和适用保险合同也应遵循最大诚信原则。

(六) 疑义不利解释

格式条款是当事人为了重复使用而预先拟订,并在订立合同时未与对方协商的条款。疑义不利解释是指在合同当事人对合同格式条款产生争议,运用文义解释、体系解释、目的解释仍无法消除该格式条款的歧义时,应对合同格式条款及其用语作出对提供格式条款一方不利的解释。我国《民法典》第498条规定:"对格式条款的理解发生争议的,应当按照通常理解予以解释。对格式条款有两种以上解释的,应当作出不利于提供格式条款一方的解释。格式条款和非格式条款不一致的,应当采用非格式条款。"疑义不利解释来自古罗马的法谚:"有疑义应为表意人不利益之解释",又称"疑义利益解释"。

保险合同是典型的格式合同。保险实务中,保险人为了达到交易简便、迅捷的目的,缔约过程通常是投保人附和保险人所提供的格式文本,使保险交易行为标准化、定型化,进而简化交易程序。但格式条款是由缔约能力较强的保险人提供的,为公平确定当事人之间的权利和义务,《保险法》第30条明确规定:"采用保险人提供的格式条款订立的保险合同,保险人与投保人、被保险人或者受益人对合同条款有争议的,应当按照通常理解予以解释。对合同条款有两种以上解释的,人民法院或者仲裁机构应当作出有利于被保险人和受益人的解释。"根据本条规定,疑义不利解释方法的适用范围限定为格式保险合同条款的解释,不能适用于保险合同当事人通过协商订立的特约条款的解释。另外,当出现争议时,应当先按照通常理解来解释,仍无法解决争议的情况下,才可将疑义不利解释规则作为一种辅助手段进行解释。

---

[1] 《中国保险监督管理委员会关于投保单内容的认定等有关问题的复函》(保监办函〔2003〕85号)第1条。
[2] 参见保险法司法解释(二)第14条。

案例导读 8-4

保险合同中疑义不利解释规则的适用①

案情

2012年4月8日,原告新疆奇台博峰伟业公司(以下简称博峰伟业公司)向被告中国人民财产保险股份有限公司昌吉回族自治州分公司(以下简称昌吉公司)购买财产基本险(2009)一份,保险标的项目为"固定资产",总保险金额为606万元,保险费6 000.85元。4月22日17时50分许,博峰伟业公司剥壳车间西侧的副料堆垛发生火灾。事故发生后,博峰伟业公司与昌吉公司就理赔数额发生争议,博峰伟业公司遂诉至法院,要求昌吉公司履行保险合同,赔偿其损失共计4 636 458元。

裁判

新疆维吾尔自治区昌吉回族自治州中级人民法院认为,本案保险单填写的内容不规范,并未对保险标的的具体名称、价值作出描述,也没有对保险价值确定的依据作出记载。根据昌吉公司提交的证据认定,博峰伟业公司设备损失部分的理赔额为442 844.65元,当年建设剥壳车间造价597 951元,原材料油葵、产成品葵仁等2 339 392元,上述损失合计3 380 187.65元。遂判决昌吉公司给付博峰伟业公司保险金3 380 187.65元。

昌吉公司不服一审判决,提起上诉。

新疆维吾尔自治区高级人民法院经审理认为,双方对于"固定资产"含义的理解产生争议。根据《企业所得税法实施条例》《增值税暂行条例实施细则》《个体工商户个人所得税计税办法(试行)》《企业会计制度》等规定,原材料及产成品不属于固定资产。因此,博峰伟业公司所主张的原材料及产成品不属于固定资产的范畴,原审法院判令昌吉公司向博峰伟业公司赔偿原材料及产成品保险金损失2 339 392元不当。遂改判昌吉公司赔偿博峰伟业公司保险金1 040 795.65元。

评析

本案博峰伟业公司的火灾受损事实存在,但一、二审法院对于"固定资产"和疑义不利解释规则的理解不同,导致了不同的裁判结果。我国《民法典》第498条和《保险法》第30条都规定了疑义不利解释规则,一、二审法院的差距在于对疑义不利解释规则的理解不同,导致裁判尺度的不一致。

(1) 穷尽一般解释原则是疑义不利解释规则适用的前提。对于格式合同的解释,应优先适用普通解释原则,在其他解释原则无法确定合同条款含义的情况下方可采用不利解释。《民法典》和《保险法》都明确规定,对格式条款的理解发生争议时,应首先按"通常理解"予以解释,如果依据文义解释等基本方法可以消除当事人的理解歧义,就无须再适用疑义不利解释规则。如果具有正常理解能力的第三者对保险合同条款并未看出歧义,即使合同双方当事人对该条款理解存在争议,也应当视为合同条款意思清晰明白,而不能适用疑义不利解释规则。

(2) 疑义不利解释规则的适用要满足合同当事人的合理期待。一般情况下,法院会按照地位较弱一方当事人的期待来对格式合同进行阐述。只要被保险人有充分理由认为自己购买了保险保障,就应当将这种保障还给被保险人。当保险合同当事人就合同内容的解释发生争议时,应以投保人或被保险人对于合同缔约目的的合理期待为出发点对保险合同进行解释。

(3) 疑义不利解释规则的适用应平衡各方当事人的利益。疑义不利解释原则本身就是一种价值衡量,即不采取有利于保险人的措施,而要保护与其利益相对的一方。这种价值取向有其正当性基础,因为保险公司以追求盈利为目标,而投保人以风险保障为目的。在司法实践中,应根据保险人

---

① 刘琼、李渭红:《保险合同中不利解释原则的适用——新疆高院判决博峰伟业公司诉昌吉公司财产保险合同纠纷案》,《人民法院报》2015年4月9日第6版。

> 和被保险人交易实力的强弱决定是否适用疑义不利解释规则。如果被保险人的地位与保险人相当，则不应适用疑义不利解释规则。博峰伟业公司作为商业主体，其对于保险风险的防范能力要远远高于自然人，而且保险公司提供的相应保险单均注明了投保范围为固定资产，在此情况下，运用疑义不利解释规则来确定博峰伟业公司的损失是不合适的。

第四节 索赔与理赔

一、索赔和理赔概述

（一）索赔的意义

索赔是指保险金给付请求权人向保险人请求支付保险金的意思表示或行为。依据《保险法》第12条和第18条，被保险人和受益人在保险事故发生后享有保险金请求权。即一般而言，被保险人和受益人可以向保险人索赔，但依照合同约定或法律规定，其他享有保险金请求权的人也可以向保险人索赔。例如，在没有指定受益人或者受益人指定不明无法确定、受益人先于被保险人死亡又没有其他受益人、受益人依法丧失受益权或者放弃受益权又没有其他受益人等情形下，保险金作为被保险人的遗产，由被保险人的继承人向保险人索赔[①]。

索赔是被保险人或受益人行使保险金给付请求权的具体行为，是他们实现保险合同权益的重要步骤，也是保险合同履行的有机组成部分，其本质是一种债权。

（二）理赔的意义

理赔是指保险人根据保险金请求权人的索赔请求，核实损失、审定责任归属、履行给付保险金义务的行为。我国《保险法》第23条规定，保险人收到被保险人或者受益人的赔偿或者给付保险金的请求后，应当及时作出核定，履行赔偿或者给付保险金义务。

理赔是保险人履行保险金给付义务的具体行为，是保险人向被保险人或受益人提供保险保障、实现保险功能的决定性步骤，也是保险合同履行的有机组成部分，其本质是一种债务。

二、索赔的条件和程序

（一）索赔的条件

被保险人或受益人进行索赔时，应符合以下三个方面的条件。

1. 保险合同应合法有效

合法有效的保险合同是被保险人和受益人享有保险金请求权的法律基础。无效的保险

---

① 参见《保险法》第42条。

合同不具有法律约束力，保险人自然也不会理会此类"被保险人""受益人"的索赔。

2. 保险事故确已发生且造成保险标的的损失或者保险合同期限届满

这是被保险人或受益人能够对保险人提出索赔请求的前提。一方面，发生的事故应属于合同约定的特定范围或种类的危险，而且保险事故确已造成保险标的的损失。但若保险事故发生并造成保险标的损失属于合同约定的保险人除外责任之情形，如投保人、被保险人故意造成保险事故发生并引发保险标的损失，则保险人有权拒绝承担保险责任。另一方面，以期限届满作为给付保险金条件的保险合同，应当在保险合同期限届满之时，被保险人或受益人才可索赔。

3. 应在索赔时效内提出索赔请求

为促使权利人积极行使权利、稳定法律秩序、避免诉讼上举证困难，民法设有时效制度。保险索赔时效是指被保险人、受益人提出请求赔偿或给付保险金的期间，也是被保险人、受益人行使请求权的时间。在保险合同中，当保险事故发生或者保险合同约定的年龄、期限届满时，被保险人或者受益人有权向保险人提出给付保险金的请求，这一请求权应当在一定的期限内行使，否则被保险人或者受益人将失去该项权利。保险法之所以设定被保险人和受益人的索赔时效，也是为了督促他们积极行使权利，利于及时、顺利定损理赔，尽快补偿经济损失，稳定社会秩序。鉴于财产保险以及意外伤害等非寿险的人身保险一般属于短期保险合同，而人寿保险大多属于长期合同，这两种保险合同当事人的索赔时效有所不同。财产保险以及意外伤害等非寿险的人身保险的索赔时效较短，人寿保险的索赔时效则较长[①]。《保险法》第26条规定："人寿保险以外的其他保险的被保险人或者受益人，向保险人请求赔偿或者给付保险金的诉讼时效期间为二年，自其知道或者应当知道保险事故发生之日起计算。人寿保险的被保险人或者受益人向保险人请求给付保险金的诉讼时效期间为五年，自其知道或者应当知道保险事故发生之日起计算。"依据本条规定，财产保险以及非寿险的人身保险的索赔时效为2年，人寿保险的索赔时效为5年，起算点均为被保险人或者受益人知道或者应当知道保险事故发生之日。如车辆损失保险的索赔时效从被保险人知道被保险机动车发生交通事故之日起计算。

需要注意的是，2017年10月1日起施行的《中华人民共和国民法总则》（以下简称《民法总则》，现已被废止，改为《民法典》总则编）第188条第1款规定："向人民法院请求保护民事权利的诉讼时效期间为三年。法律另有规定的，依照其规定。"2021年1月1日起施行的《民法典》第188条延续了这一规定。《民法总则》将普通诉讼时效期间由《中华人民共和国民法通则》（以下简称《民法通则》）中的2年修订为3年，那么这一修订能否适用于《保险法》？就《民法总则》和《民法典》总则编与《保险法》的关系而言，前二者为一般法，后者为特别法，根据法律适用的原理，特别法优于一般法，在某事项有特别法规定时应适用特别法，而不适用一般法，只有无特别法规定时才能适用一般法。依此原理，鉴于《保险法》已将除人寿保险之外的其他险种的诉讼时效规定为2年，那么似乎应适用《保险法》2年诉讼时效的规定。本书认为，财产保险以及非寿险的人身保险的索赔时效应为3年，人寿保险的索赔时效应为5年。这是因为虽然《民法典》有关诉讼时效期间的规定与民事单行法中有关诉讼时效期间的

[①] 最高人民法院保险法司法解释起草小组：《〈中华人民共和国保险法〉保险合同章条文理解与适用》，中国法制出版社2010年版，第176页。

规定属于一般法与特别法的关系,按照特别法优于一般法的原则,在《民法总则》施行后仍应优先适用民事单行法中有关诉讼时效期间的规定,但 2017 年 9 月 30 日之前施行的民事单行法中规定的诉讼时效为 2 年的,其性质与《民法通则》规定的 2 年普通诉讼时效无异,故根据新法优于旧法的原则,在《民法总则》施行后应适用 3 年的诉讼时效期间①。即普通民事法律关系的主体都获得了 3 年的诉讼时效期间,之前诉讼时效期间与之相同的财产保险以及非寿险人身保险的被保险人或者受益人,诉讼时效期间也不应短于普通民事法律关系的主体。另外,从立法意旨来分析,《民法总则》将普通诉讼时效由 2 年期限延长至 3 年的立法目的,是"适应社会生活中新的情况不断出现,交易方式与类型不断创新,权利义务关系更趋复杂的现实情况与司法实践,有利于建设诚信社会,更好地保护债权人合法权益"②。因此,从立法目的而言,立法者的意图是延长诉讼时效期间以保障债权人的合法权益。所以,该条文中的"法律另有规定的,依照其规定",应当限缩理解为规定了更长期间的特别诉讼时效期间的法律规范相较于《民法总则》关于普通诉讼时效期间的规定优先适用③。

另外,我国民法规定的诉讼时效的中止、中断制度也适用于索赔时效。在索赔时效期间的最后 6 个月内,被保险人、受益人因为不可抗力或者其他障碍不能行使保险给付请求权的,时效中止;自中止时效的原因消除之日起满 6 个月,索赔时效期间届满。被保险人、受益人向保险人提出保险给付请求,保险人同意履行保险给付义务,被保险人、受益人提起诉讼或者申请仲裁等,索赔时效中断,从中断、有关程序终结时起,索赔时效期间重新计算。

(二) 索赔的程序

基于投保人投保的险种不同,被保险人和受益人索赔的程序也不尽相同,一般而言,包括以下五个程序。

1. 出险通知和提出索赔要求

这是索赔程序的首要环节。在保险事故发生后,被保险人或者受益人应将保险事故发生的时间、地点、原因以及造成的损失情况,以最快方式通知保险人,便于保险人及时调查核实、确认责任。同时,被保险人或受益人也应把保险单证号码、保险标的、保险的险种险别、保险期限等事项一并告知保险人。为了避免因失误而使索赔期限届满,被保险人或受益人在通知出险的同时,应向保险人提出索赔请求。以保险合同期限届满作为给付保险金条件的,被保险人或受益人在具备该条件时,应通知保险人,告知保险单证的号码、保险期限等,并提出索赔要求。

2. 合理施救并接受保险人的检查

施救义务是被保险人的法定义务,本章已经详尽论述过,在此不再赘述。保险事故发生后,为保证保险人能够及时、准确地查明事故的起因和损失的范围,被保险人和受益人应积极配合保险人的查勘定损工作,接受保险人对保险事故现场和保险标的的检查。

---

① 参见《北京市高级人民法院民一庭关于〈民法总则〉施行后适用诉讼时效制度的意见》第 1 条。
② 参见 2017 年 3 月 8 日全国人大常委会在第十二届全国人民代表大会第五次会议上作的《关于〈中华人民共和国民法总则(草案)〉的说明》。
③ 参见广州市中级人民法院(2019)粤 01 民终 6889 号《中国太平洋财产保险股份有限公司广州市新塘支公司、钟剑广保险合同纠纷二审民事判决书》。

3. 提供索赔单证

保险事故发生后,投保人、被保险人或者受益人提供证明、资料的义务是其法定义务,也是保险人进行核赔工作的审查依据。对此,本章已经详尽论述过,在此不再赘述。

4. 开具权益转让证书

保险的主要功能在于填补损害,即使被保险人因保险事故所遭受的损失得到补偿,但补偿范围不得超出其实际的损失数额。在财产保险中,保险标的因第三人的责任发生保险事故而导致损失,为防止被保险人不当得利,禁止被保险人从保险人和第三人处获得双重受偿。保险人向被保险人赔偿保险金后,被保险人应当向保险人开具权益转让证书,证明其已经将向第三人索赔的权利转让给保险人。

5. 领取保险金

保险金一般以现金形式给付,但保险合同对保险给付方式有特殊约定的,也可采取修复、更换、重置的方式。

三、理赔的程序

我国《保险法》第 23 条规定,保险理赔是保险人收到被保险人或者受益人的索赔申请后,依据法律或保险合同,对保险事故和损害事实进行勘查核实、核定保险责任并赔付保险金的行为。保险理赔的程序一般包括受理理赔申请、审核保险单证和有关证明资料、查勘现场评估损失、核定责任、确定保险金额、赔付保险金。

(一) 立案检验,现场勘查

保险人接到出险通知后,应立即查对保险单,无论应否赔付,都应当编号立案。立案时,应将被保险人姓名,保险单号码,出险的时间、地点、原因以及损失约数等详细记录下来,并由被保险人填写出险通知书。对出险案件,保险人应先查明索赔人是否有保险单,然后应核查其他单证,如损失证明、所有权证明、商业单据、运输单证等。检查的主要内容包括对保险合同的真实性及有效性进行检查,对索赔请求人的资格及保险标的进行检查,以及对出险的时间、地点及原因进行检查。检查后发现所发生的保险事故不在承保范围之内或出险地点并非保险单规定的地点,或发现要求赔偿者根本无权提出此项要求的,保险人应中断其理赔工作[①]。

接到出险通知后,保险人应及时派员或聘请公估人到出险现场进行查勘,详细了解事故发生原因、现场情况、施救工作、标的受损程度、是否有第三人需要承担损害赔偿责任等。现场勘查完成,检验人应制作并提交检验报告。实地查勘可以使保险人掌握第一手材料和证据,为以后的责任认定及赔偿范围提供依据。

(二) 责任核定

责任核定是理赔工作的主要内容。保险人结合投保人、被保险人提供的证明和资料以

---

① 最高人民法院保险法司法解释起草小组:《〈中华人民共和国保险法〉保险合同章条文理解与适用》,中国法制出版社 2010 年版,第 195 页。

及自己查勘工作的报告,进行责任审核。审核的内容包括:危险事故是否属于保险事故,是否属于除外责任范畴;事故发生时间是否在保险期间内;保险事故与损害后果之间是否符合近因原则;施救费用是否合理、必要;等等。保险人认为不属于保险责任的,应当自作出核定之日起3日内向被保险人或者受益人发出拒绝赔偿或者拒绝给付保险金通知书,并说明理由。

(三) 保险人赔偿或给付保险金

保险人在查证损失原因确属保险责任范围后,应履行给付保险金的义务。保险人应在核实保险标的本身损失以及用于施救、检验、诉讼的各项费用的基础上,结合保险合同中保险金额、保险价值、免赔额等条款,确定最终保险金赔偿额或给付数额。保险人应当将核定结果通知被保险人或者受益人,在与被保险人或者受益人达成赔偿或者给付保险金的协议后10日内,履行赔偿或者给付保险金义务。保险合同对赔偿或者给付保险金的期限有约定的,保险人应当按照约定履行赔偿或者给付保险金义务。任何单位和个人不得非法干预保险人履行赔偿或者给付保险金的义务,也不得限制被保险人或者受益人取得保险金的权利。

重要概念

维护保险标的安全义务　危险增加通知义务　施救义务　疑义不利解释　索赔　理赔

思考题

1. 危险增加通知义务的立法目的是什么?危险增加的判断标准是什么?违反危险增加通知义务的法律后果是什么?
2. 具备什么条件时,保险人应先予给付?
3. 被保险人未履行施救义务的法律后果是什么?
4. 保险合同的解释方法有哪些?
5. 如何适用保险合同的疑义不利解释规则?
6. 索赔的条件和程序是什么?
7. 理赔的程序是什么?

案例习题

1. 腾发建筑公司为其名下的一辆起重吊车向太平洋保险公司投保了车辆损失险、第三者责任险和无过失责任险,保险期限为2018年8月7日至2019年8月7日。其中有关被保险人的义务规定如下:在保险合同有效期内,保险车辆变更用途或增加危险程度,被保险人应当事先书面通知保险人并申请办理批改。被保险人不履行此项规定的义务,保险人有权拒绝赔偿或自书面通知之日起解除保险合同。2019年9月,案外人某弹跳设备有限公司租用腾发建筑公司的起重吊车,用于大型游艺娱乐活动中的高空弹跳娱乐项目,即蹦极。同月27日,因腾发建筑公司工作人员操作不慎,造成案外人沈某在蹦极中快速下落而致残。法院判决腾发建筑公司向沈某承担医疗、伤残及抚慰金等各项费用54万元。嗣后,腾发建筑公司就上述款项向太平洋保险公司索赔遭拒,遂提起诉讼。

问题:
(1) 太平洋保险公司能否拒绝腾发建筑公司的索赔?其理由是什么?
(2) 太平洋保险公司具体该如何操作本案?

2. 甲服装公司以其厂房向乙财产保险股份有限公司投保火灾保险,合同中约定应加装防火喷水装置,并确保其能够正常使用。在该合同订立后,甲服装公司并未配备相应人员对该设施进行日常检查,也没有采取相应的维护措施。后因发生火灾,启动喷水设施时发现没有反应,导致其厂房全部焚毁。甲服装公司向乙财产保险股份有限公司请求保险给付时,保险人以甲服装公司未尽施救义务而拒绝保险给付。

问题:结合《保险法》的有关规定,思考如何处理本案?

第九章　人身保险合同

> **学习目标**
>
> 1. 了解人身保险合同的概念与特征。
> 2. 熟悉人身保险合同的分类。
> 3. 掌握人身保险合同的特殊条款。
> 4. 掌握人寿保险合同、健康保险合同、意外伤害保险合同的概念及分类。

第一节　人身保险合同概述

一、人身保险合同概念与特征

(一) 人身保险合同的概念

我国《保险法》第 12 条第 3 款规定:"人身保险是以人的寿命和身体为保险标的的保险。"可见,投保人和保险人以被保险人的寿命和身体为保险标的而订立的保险合同,为人身保险合同。依照人身保险合同,投保人向保险人支付保险费,当被保险人在保险期间内发生保险责任范围内的死亡、伤残、疾病等保险事故或者达到合同约定的年龄、期限等条件时,保险人承担给付保险金责任。

(二) 人身保险合同的特征

人身保险合同除具有保险合同的共有属性外,由于人身保险的保险标的的特殊性,使人身保险合同具有与财产保险合同不同的特点,主要表现为以下六点。

(1) 人身保险合同的保险标的具有人格化属性。人身保险的保险标的是被保险人的寿命和身体,其存在形式为保险利益,此种利益实质上属于人格利益,不能用金钱来衡量,具有不可估价性,属于非财产利益。

(2) 人身保险合同一般是定额给付型保险合同。保险标的的人格化,使得人身保险的保险标的不能用金钱来衡量和估价,即人身保险无所谓保险价值问题。一般而言,人身保险合同的保险金额由当事人在订立合同时协商确定,保险金额通常受投保人交费能力、保障要求、被保险人的工作状况及相关法律法规等因素的影响。这也决定了人身保险合同一般不会发生超额保险、重复保险的情形,原则上也不适用代位求偿权制度。但在人身保险合同的个别种类中,如健康保险合同中的费用补偿型医疗保险合同,可采取实际医疗费给付方式,即不定额给付。

(3) 人身保险合同的保险期限具有长期性。随着人身保险合同中被保险人年龄的增加和合同约定的期限的接近，保险事故发生的可能性逐步增大，而同时，由于年老体弱等原因，其交费能力却在下降。如果要求投保人一方（包括被保险人）每年续保，将会造成健康者不愿意续保，而急需保险保障的年老者无能力续保的局面。为降低费用和保障年老者的权益，人身保险合同一般采取长期保险的形式，保险期间短则数年，长则十几年、几十年，甚至人的一生，但人身保险合同中的意外伤害保险、短期的健康保险合同的保险期限往往比较短。

(4) 人身保险合同的保险责任准备金具有储蓄性。订立人身保险合同不仅使被保险人得到了保险保障，还使投保人取得投资和储蓄的权益，人寿保险合同是这一特点的典型例证。人寿保险合同采取的是均衡保费制，投保人每次交纳的保险费除应付本期危险的发生外，还存在相当大一部分作为储蓄金①。历年储蓄保险费积存的终值成为责任准备金。在保险期限届满时，保险人须返还责任准备金。同时，正由于人寿保险合同含有储蓄性因素，投保人享有保单质押贷款、解除合同返还现金价值等权利。需要指出的是，在意外伤害保险合同和健康保险合同中，除了死亡、伤残的赔付具有定额给付性质外，被保险人的医疗费用、失能收入、护理费用等方面的给付，均具有突出的损失填补性、短期性等特征，因而不具有储蓄性，也不存在保单的现金价值②。

(5) 人身保险合同的被保险人具有限定性。由于人身保险合同的保险标的是人的寿命和身体，寿命和身体只能为自然人所有，法人和其他组织不能拥有寿命和身体。所以，人身保险合同的被保险人只能是自然人，不能是法人和其他组织。

(6) 人身保险合同的保险费计算基础具有技术性。人身保险合同以生命表或伤残表作为承保技术基础。生命表或伤残表是指对从属于某一范围内的人在一定时间内的生命现象或伤残情况作综合考察，然后将与死亡率或伤残率有关的事项通过表的形式所固定的规律。根据生命表和伤残表计算所测定的保险费率，能够保证人身保险经营的科学性与稳定性。因此，与财产保险合同相比，人身保险合同保险费的计算基础具有更强的技术性。

二、人身保险合同的作用

（一）为人们提供经济保障

人身保险合同是以人的寿命或身体为保险标的的保险合同。正所谓"人有旦夕祸福"，人们在日常生活中常会遇到疾病或者意外，致使家庭和个人的经济生活陷入困顿，难以为继。人身保险合同的作用之一就是在发生危险时，能够为被保险人或者其家属的生活带来经济上的安定。例如，某家庭的主要经济来源者因为意外事故或疾病导致伤残、死亡或丧失工作能力而使家庭经济陷入困境，或者由于年老而丧失劳动能力不能为自己提供良好的养老保证。此时，人们可以通过与保险人订立人身保险合同的方式，将死亡、伤残、疾病、年老等危险转嫁给保险人，当发生保险事故的时候，能够得到及时的保障。

---

① 朱铭来：《保险法学》，高等教育出版社 2014 年版，第 117 页。
② 温世扬：《保险法》，法律出版社 2016 年版，第 179 页。

(二) 成为重要的投资手段

长期寿险的储蓄性使得订立人身保险合同成为一种良好的投资手段,特别是一些分红保险、投资连结保险等新型寿险产品,在向投保人与被保险人一方提供保险保障的同时,还可以向保单持有人提供投资收益,分享保险公司的经营成果。随着保险业的不断发展以及保险消费者保险观念的不断提升,具有投资功能的人身保险合同,特别是分红保险合同,逐步成为人身保险合同的重要组成部分[①]。

(三) 维持社会的稳定

人身保险合同可以在发生保险事故前给予投保人和被保险人心理安全感,也可以在发生保险事故后给予被保险人和受益人经济支持,而社会是由众多的人员组成的,如果人人都能够安居乐业、无后顾之忧,则社会的不稳定因素自然会减少,社会秩序将得以稳定。

三、人身保险合同的分类

人身保险合同按照不同的划分标准,可以分为不同的种类。常见的分类方式包括以下三种。

(一) 人寿保险合同、健康保险合同、意外伤害保险合同

依据《保险法》第95条,根据保险的保障范围不同,人身保险可以划分为人寿保险、健康保险、意外伤害保险。这是人身保险最主要的分类。与此分类相对应,人身保险合同可划分为人寿保险合同、健康保险合同和意外伤害保险合同。

(1) 人寿保险合同。人寿保险是指以人的寿命为保险标的的人身保险。人寿保险合同是以被保险人的寿命为保险标的,以被保险人的生存或死亡为给付保险金条件的人身保险合同。根据保险人给付保险金的条件或期限的不同,其又可以划分为死亡保险合同、生存保险合同和生死两全保险合同。

(2) 健康保险合同。健康保险是指以被保险人因健康原因或者医疗行为的发生导致损失为给付保险金条件的人身保险。健康保险合同是指以被保险人的身体为保险标的,以被保险人在疾病、分娩或意外伤害所致伤亡或残疾为给付保险金条件的人身保险合同。根据承保危险的不同,可分为疾病保险合同、医疗保险合同、失能收入损失保险合同、护理保险合同和医疗意外保险合同。

(3) 意外伤害保险合同。意外伤害保险是指以被保险人因意外事故而导致身故、残疾或者发生保险合同约定的其他事故为给付保险金条件的人身保险。意外伤害保险合同是指以被保险人的身体为保险标的,以被保险人因意外事故而导致身故、残疾或者发生保险合同约定的其他事故为给付保险金条件的人身保险合同。根据其承保危险的不同,可分为普通意外伤害保险和特定意外伤害险。

需要指出的是,中国保监会2011年10月11日颁布施行、2015年修订的《人身保险公司保险条款和保险费率管理办法》(保监会令2011年第3号、2015年第3号)将人身保险划分

---

① 丁继锋:《保险学》,西南财经大学出版社2019年版,第167页。

为人寿保险、年金保险、健康保险、意外伤害保险。年金保险是指以被保险人生存为给付保险金条件,并按约定的时间间隔分期给付生存保险金的人身保险。年金保险合同是指以被保险人生存为给付保险金条件,并按约定的时间间隔分期给付生存保险金的人身保险合同。年金保险合同可以视为生存保险合同的特例。

(二) 个人保险合同、团体保险合同、联合保险合同

按照被保险人的人数的不同,人身保险合同可以划分为个人保险合同、团体保险合同和联合保险合同。

(1) 个人保险合同。个人保险合同是指以个人为投保人,以投保人本人、投保人家庭成员或者与投保人具有保险利益的其他人为被保险人的人身保险合同。这是最普遍、最常见的一种人身保险合同。

(2) 团体保险合同。团体保险合同是指以团体或自然人为投保人,以特定团体成员或者团体成员的家庭成员为被保险人的人身保险合同。这里的特定团体是指法人、非法人组织以及其他不以购买保险为目的而组成的团体。特定团体属于法人或非法人组织的,投保人应为该法人或非法人组织;特定团体属于其他不以购买保险为目的而组成的团体的,投保人可以是特定团体中的自然人[①]。

(3) 联合保险合同。联合保险合同是指将存在利害关系的两个或两个以上的人视为一个被保险人的人身保险合同。

(三) 长期保险合同、短期保险合同

按照保险期间的不同,人身保险合同可以划分为长期保险合同和短期保险合同。

(1) 长期保险合同。长期保险合同是指保险期间为1年以上的人身保险合同。人寿保险合同一般为长期保险合同,保险期间为几年、十几年、几十年,甚至被保险人的终身。

(2) 短期保险合同。短期保险合同是指保险期间为1年以下(包含1年)的人身保险合同。健康保险合同、意外伤害保险合同多为短期保险合同。

第二节 人身保险合同的特殊条款

依据《保险法》第18条,结合人身保险合同的特殊性,人身保险合同除应包含当事人、保险标的、保险责任、除外责任、保险期间、保险金额、保险费的交纳、保险金的支付等基本条款外,还应包括下述适用于人身保险合同的特殊条款。

一、不可抗辩条款

不可抗辩条款又称为"不可争议条款""两年后不否定条款",是指投保人违反如实告知义务,保险人超过合同约定或法律规定的期间后不得解除保险合同的条款。我国《保险法》

---

① 参见《中国保监会关于促进团体保险健康发展有关问题的通知》第1条。

对此规则亦有所规定。我国《保险法》第16条第3款规定,投保人未履行如实告知义务的,保险人有权解除合同,该合同解除权,自保险人知道有解除事由之日起,超过30日不行使而消灭。自合同成立之日起超过2年的,保险人不得解除合同;发生保险事故的,保险人应当承担赔偿或者给付保险金的责任。同时,依据《保险法》第32条规定,投保人申报的被保险人年龄不真实,并且其真实年龄不符合合同约定的年龄限制的,保险人可以行使合同解除权,并可适用上述《保险法》第16条第3款的规定。

不可抗辩条款是长期人身保险合同尤其是人寿保险合同的特殊条款。我国保险立法中将"不可抗辩条款"的规定置于保险合同章节的"一般规定"之中,可能是考虑到其与如实告知义务规定的关联性[1],但其在保险实务中仍主要适用于长期人身保险合同之中。

在我国,不可抗辩条款的示例如下。中国人民健康保险股份有限公司《人保健康鑫享如意重大疾病保险条款》第6.1条规定:"订立本合同时,本公司应向投保人说明本合同的内容。本公司就投保人和被保险人的有关情况提出询问,投保人应当如实告知。如果投保人故意或者因重大过失未履行前款规定的如实告知义务,足以影响本公司决定是否同意承保或者提高保险费率的,本公司有权解除本合同。如果投保人故意不履行如实告知义务,对于本合同解除前发生的保险事故,本公司不承担给付保险金的责任,并不退还保险费。如果投保人因重大过失未履行如实告知义务,对保险事故的发生有严重影响的,对于本合同解除前发生的保险事故,本公司不承担给付保险金的责任,但应当退还保险费。本公司在合同订立时已经知道投保人未如实告知的情况的,本公司不得解除合同;发生保险事故的,本公司承担给付保险金的责任。"第6.2条规定:"前条规定的合同解除权,自本公司知道有解除事由之日起,超过30日不行使而消灭。自本合同成立之日起超过2年的,本公司不得解除合同;发生保险事故的,本公司承担给付保险金的责任。"

需要注意的是,依据《保险法》第16条第3款的文义,只要自人身保险合同成立之日起超过两年的,保险人就不得对被保险人或受益人作出解除合同、拒绝给付保险金的抗辩。但若如此解读法律,将在根本上违背法律的本意,并且严重违背了诚实信用原则。保险实务中也将会不可避免地出现投保人(被保险人)"带病投保"并利用不可抗辩条款要求保险公司理赔的情况,即投保人订立合同时违反如实告知义务,即使在合同成立两年内发生保险事故,保险金请求权人也等待至保险合同成立两年之后再向保险人提出理赔,其目的是依据不可抗辩条款的规定,使保险人的解除权因两年除斥期间届满而归于消灭,进而不得拒绝理赔。此时若机械援用《保险法》第16条第3款的规定,将变相鼓励恶意骗保行为,违背"任何人不得从自己的违法行为中获利"的法谚。司法实务中,可以适用民法中的意思表示瑕疵制度来解决此问题。《民法典》第148条规定:"一方以欺诈手段,使对方在违背真实意思的情况下实施的民事法律行为,受欺诈方有权请求人民法院或者仲裁机构予以撤销。"合同解除权和撤销权是两个独立的请求权,并非一律为法律适用上的排斥关系[2]。即投保人在订立保险合同时未履行如实告知义务,保险人解除保险合同的权利超过《保险法》第16条第3款规定的行使期限,保险人仍可以投保人存在欺诈为由请求人民法院或者仲裁机构撤销保险合同。

---

[1] 樊启荣:《保险法诸问题与新展望》,北京大学出版社2015年版,第485页。
[2] 参见北京市高级人民法院(2015)高民(商)申字第00691号民事裁定书。

不可抗辩条款不应扩张解释至任意情形[①]

案情

2009年12月2日,李立彬与保险公司签订保险合同,内容如下:投保人、被保险人为李立彬;保险公司承保"关爱专家定期重疾个人疾病保险";保险金额为20万元;保险期间20年;保险费1 020元,缴费频次为年缴;合同生效时间为2009年12月10日0时。合同签订后,保险公司向李立彬交付了保险单、保险条款、投保单。李立彬交纳了2009—2011年的保费。保险条款中关于重大疾病的名词定义第12项载明:终末期肾病(或称慢性肾功能衰竭尿毒症期)是指,双肾功能慢性不可逆性衰竭,达到尿毒症期,经诊断后已经进行了至少90天的规律性透析治疗或实施了肾脏移植手术。保险责任载明:自保险合同生效之日起因意外伤害原因,或自保险合同生效之日起180天后因意外伤害之外的其他原因,被保险人初次发生本合同约定的重大疾病,本公司按照保险金额给付重大疾病保险金,本合同效力终止。在投保单的告知事项中针对"是否曾住院检查或治疗""是否有其他未告知的疾病或功能不全"等问题,李立彬勾选的答案均为"否"。在投保书"声明与授权"栏中,保险公司印制了以下文字:本人声明已经书面告知并回答投保书所列之询问。如本人违反告知义务,并足以影响承保决定,贵公司有权根据《保险法》的规定处理,其中包括解除本合同和拒绝赔付。李立彬在该栏目内签字确认。保险条款约定的保险责任之一是重大疾病保险金,具体保险责任是:"自保险合同生效之日起(保险合同复效的则自最后一次复效之日起)因意外伤害原因,或自保险合同生效之日起(保险合同复效的则自最后一次复效之日起)180天后因意外伤害之外的其他原因,被保险人初次发生本合同约定的重大疾病,本公司按照保险金额给付重大疾病保险金,本合同效力终止。"保险条款之名词释义第12项载明:"终末期肾病(或称慢性肾功能衰竭尿毒症期)是指,双肾功能慢性不可逆性衰竭,达到尿毒症期,经诊断后已经进行了至少90天的规律性透析治疗或实施了肾脏移植手术。"2012年12月26日,李立彬向保险公司申请理赔。2013年1月8日,保险公司在处理理赔时发现:2007年,李立彬在开滦医院被诊断为慢性肾小球肾炎、慢性肾功能衰竭等;2008—2010年,李立彬在开滦医院被诊断为慢性肾小球肾炎、慢性肾功能衰竭尿毒症期等;2012年,开滦医院病情诊断证明书写明,李立彬患有慢性肾炎、尿毒症、高血压、贫血,长期维持血液透析及对症治疗。由此,保险公司拒赔。后李立彬诉至法院,诉讼请求为:① 请求法院判令保险公司给付李立彬保险金20万元;② 请求法院判令保险公司负担本案诉讼费用。

裁判

法院经审理认为:我国《保险法》在其第一章"总则"中规定:保险活动当事人行使权利、履行义务应当遵循诚实信用原则。由此可见,诚实信用原则是《保险法》的基本原则。保险合同是射幸合同,具有不确定性。所谓射幸合同,即当事人全体或其中的一人取决于不确定的事件,对财产取得利益或遭受损失的一种相互的协议。对于射幸合同,保险人决定是否承保及如何确定保险费率,全依赖于对保险标的的客观判断。只有当合同约定的风险事故发生时,作为保险合同一方的保险人才需要根据保险合同约定承担给付保险金的责任;如果风险不发生,则无须支付保险金。因此,保险合同与一般的经济合同当中风险由当事人自己承担有着本质的区别。现代保险的经营是依据"大数法则"为基础开展的,在"大数法则"下,被保险人所交纳的保险费构成用于承担保险风险的保险基金;该保险基金是每个被保险人所共有的,每个被保险人的利益是一致的,任何一个人都不能随意去占

[①] 参见北京市第二中级人民法院(2013)二中民终字第15882号民事判决书。

> 有和破坏;同样,任何一个被保险人的恶意行为所导致的向保险人提出索赔的损害,其实质不是损害保险人的利益,而是通过破坏保险基金的稳定,直接影响了每一个被保险人的利益。故保险合同双方都必须遵循最大诚信原则,严格履行保险合同。本案中,李立彬在患有慢性肾功能衰竭尿毒症期、肾性高血压、肾性贫血、双肾多发囊肿,已属患重大疾病的情况下,与保险公司订立保险合同。事实上,李立彬投保的已经不再是"不确定事件",而是确定的重大疾病,是已经发生的致损事件,不属于保险意义上的危险,不构成保险事故。在"大数法则"下,如果李立彬的赔偿请求得到支持,将会影响每个被保险人在"保险基金"当中利益的一致性,影响其他被保险人的合法利益,也将违背《保险法》的基本原则即诚实信用原则。一审判决驳回原告李立彬的诉讼请求。二审驳回上诉,维持原判。
>
> **评析**
>
> 保险合同是射幸合同,当保险合同约定的风险事故发生时,保险人根据合同的约定支付保险金;如果风险不发生,则保险人无须支付保险金。"大数法则"为维护每个被保险人的利益,被保险人都应该遵循诚实信用的原则,如实履行告知义务。被保险人违背诚实信用原则未如实履行告知义务的,不应适用不可抗辩条款,保险人对于发生的保险事故不承担赔偿责任。

二、年龄误告条款

年龄误告条款是指保险合同订立时,投保人申报的被保险人年龄不真实,保险人依法或依约解除保险合同,或调整保险费或保险金额的条款。在人身保险合同中,被保险人的年龄对于保险人是否承保以及确定保险费率十分重要,保险人以被保险人的年龄为参照值,根据生命表测算出死亡率表,并按被保险人不同的年龄段来确定投保人应交纳的保险费率。投保人未如实告知被保险人真实年龄时,根据投保人申报被保险人年龄不真实对保险人的不同影响将产生不同的法律效力:投保人申报的被保险人年龄不真实,并且其真实年龄不符合合同约定的年龄限制的,保险人可以解除合同,并按照合同约定退还保险单的现金价值,保险人行使合同解除权,受不可抗辩权和弃权规则的限制;投保人申报的被保险人年龄不真实,致使投保人支付的保险费少于应付保险费的,保险人有权更正并要求投保人补交保险费,或者在给付保险金时按照实付保险费与应付保险费的比例给付;投保人申报的被保险人年龄不真实,致使投保人支付的保险费多于应付保险费的,保险人应当将多收的保险费退还投保人[①]。

在我国,年龄误告条款的示例如下。中国人民健康保险股份有限公司《人保健康鑫享如意重大疾病保险条款》第6.6条规定:"被保险人的投保年龄按周岁计算。投保人应在投保本保险时将被保险人的真实年龄在投保单上填明,如果发生错误,除本合同另有约定外,本公司按照下列规则处理:(1)投保人申报的被保险人年龄不真实,并且其真实年龄不符合本合同约定投保年龄限制的,本公司有权解除合同,并对合同解除前发生的保险事故不承担给付保险金的责任。解除本合同的,本公司向投保人退还本合同的现金价值。本公司行使合同解除权适用本条款第6.2条'本公司合同解除权的限制'的规定。(2)投保人申报的被保险人年龄不真实,致使投保人实付保险费少于应付保险费的,本公司有权更正并要求投保人补交保险费。若已经发生保险事故,在给付保险金时按实付保险费和应付保险费的比例给

---

① 参见《保险法》第32条。

付。(3)投保人申报的被保险人年龄不真实,致使投保人实付保险费多于应付保险费的,本公司会将多收的保险费无息退还给投保人。"

三、宽限期条款

宽限期条款是指在人身保险合同中约定的,保险人对投保人未按时交纳续期保费所给予宽限时间的条款。宽限期条款是长期人身保险合同中的常见条款,主要是为了应对在长期交付保险费的过程中,投保人可能因经济困难、疏忽等原因而未能及时交纳保险费的情况。若保险人不给予投保人一定的交费宽限期,可能导致保险合同并非因投保人的意愿而失效,使投保人订立保险合同的目的落空,损害被保险人的保险权益。

我国《保险法》第36条第1款规定:"合同约定分期支付保险费,投保人支付首期保险费后,除合同另有约定外,投保人自保险人催告之日起超过三十日未支付当期保险费,或者超过约定的期限六十日未支付当期保险费的,合同效力中止,或者由保险人按照合同约定的条件减少保险金额。"依该条规定,宽限期的产生方式有三种,分别是保险合同约定的期限、保险人催告之日起30日、超过约定的期限60日,前者为约定期限,后两者为法定期限。保险实务中适用该条款时,应遵循有约定按约定、无约定按法定的原则。宽限期制度是法律强制性规定,保险人不得以约定排除《保险法》第36条关于宽限期的规定,如有排除应属无效[1]。

在我国,宽限期条款的示例如下。中国人民健康保险股份有限公司《人保健康鑫享如意重大疾病保险条款》第4.3条规定:"投保人选择分期支付保险费的,若投保人到期未支付保险费,自保险费约定交纳日的次日零时起60日为宽限期。如果被保险人在宽限期内发生保险事故,本公司仍承担保险责任,但在给付保险金时须扣除投保人所欠交的保险费。"

四、复效条款

复效条款是指在人身保险合同中约定的,保险合同效力中止后一定时间内,经保险人与投保人协商并达成协议,在投保人补交保险费后,合同效力恢复的条款。保险合同中止是指由于投保人在合同约定的宽限期内未足额交纳续期保险费,造成保险合同暂停履行的情形。复效条款是人身保险合同的一项特殊条款,通过限制保险人的解除权,给予投保人在一段期限内请求保险人恢复保险合同效力的机会。

我国《保险法》第37条规定,人身保险合同效力因投保人超过宽限期仍未交纳当期保险费中止的,经保险人与投保人协商并达成协议,在投保人补交保险费后,合同效力恢复;但是,自合同效力中止之日起满2年双方未达成协议的,保险人有权解除合同。同宽限期制度一样,复效制度是法律强制性规定,保险人不得以约定排除《保险法》第37条关于保险合同复效的规定,如有排除应属无效。

在我国,复效条款的示例如下。中国人民健康保险股份有限公司《人保健康鑫享如意重大疾病保险条款》第4.4条规定:"如果宽限期结束时投保人仍未支付保险费,自宽限期满日

---

[1] 最高人民法院保险法司法解释起草小组:《〈中华人民共和国保险法〉保险合同章条文理解与适用》,中国法制出版社2010年版,第243页。

的24时起合同效力中止,合同效力中止期间本公司不承担保险责任。自本合同效力中止之日起2年内,投保人可向本公司申请恢复合同效力。本公司有权对被保险人的健康状况进行核保。经本公司与投保人协商并达成协议,自投保人补交所欠的保险费和利息的次日零时起,本合同效力恢复。但是,自本合同效力中止之日起满2年双方未达成协议的,本公司有权解除本合同。本公司解除合同的,向投保人退还本合同的现金价值。"

五、不丧失价值条款

不丧失价值条款又称为现金价值条款,是指人身保险合同中,投保人因交纳保险费而可以自由选择有利于自己的方式处置现金价值的条款。长期人寿保险一般根据实际需要采用均衡保险费率,在合同生效后一段期间内,投保人交纳的保险费超过当时的自然保险费,预交的保险费加上利息形成责任准备金。当投保人交付一定时期(通常为两年)保险费后,人寿保险合同就产生了现金价值,即现金价值是根据保险合同的约定,保单累积的实际价值。投保人可以在合同有效期内选择有利于自己的方式处理保险单的现金价值,一般包括四种方式:① 退保。此时按照现金价值领取退保金。② 减额交清。这是指当投保人不能按合同约定交纳保险费时,为保持原保险合同的保险责任、保险期限不变,将当时保单现金价值作为趸交保费,计算新的保险金额的一种保单处理方式。此时,投保人仍可以退保,保单并不因此丧失现金价值。③ 展期保险。这是指当投保人不能按合同约定交纳保费时,为保持原保险合同的保险金额不变,将当时保险合同保单现金价值作为趸交保费,计算新的保险期限的一种保单处理方式。即将原保单改为展期保单,将现金价值作为趸缴保险费,改为与原保单保险金额相同的死亡保险,保险期限相应缩短。④ 自动垫交保费。投保人逾期未交付续期保费,且在宽限期内仍未交付,保险人可以按照合同约定,在保单价值净额内,自动扣除投保人到期应交的保险费,以维持保险合同的效力。

我国《保险法》涉及退还保单现金价值的法条有:① 第32条,投保人申报的被保险人年龄不真实,并且其真实年龄不符合合同约定的年龄限制的,保险人可以解除合同,并按照合同约定退还保险单的现金价值。② 第37条,自人身保险合同效力中止之日起满2年双方未达成复效协议的,保险人有权解除合同,应按照合同约定退还保险单的现金价值。③ 第43条,投保人故意造成被保险人死亡、伤残或者疾病的,保险人不承担给付保险金的责任。投保人已交足2年以上保险费的,保险人应当按照合同约定向其他权利人退还保险单的现金价值。④ 第44条,以被保险人死亡为给付保险金条件的合同,自合同成立或者合同效力恢复之日起2年内,被保险人自杀的,保险人不承担给付保险金的责任,但被保险人自杀时为无民事行为能力人的除外。保险人依照前款规定不承担给付保险金责任的,应当按照合同约定退还保险单的现金价值。⑤ 第45条,因被保险人故意犯罪或者抗拒依法采取的刑事强制措施导致其伤残或者死亡的,保险人不承担给付保险金的责任。投保人已交足2年以上保险费的,保险人应当按照合同约定退还保险单的现金价值。

在我国,不丧失价值条款的示例如下。中国人民健康保险股份有限公司《人保健康鑫享如意重大疾病保险条款》第2.4条规定:"因下列情形之一引起的保险事故,本公司不承担给付保险金的责任:(1) 投保人对被保险人的故意杀害、故意伤害;(2) 被保险人故意自伤、故意犯罪或者抗拒依法采取的刑事强制措施……因上述情况导致被保险人身故或初次发生本合同约定的重大疾病、轻症疾病的,本合同效力终止,本公司向投保人退还本合同的现金价值。若因投保人对被保险人的故意杀害、故意伤害导致被保险人身故或初次发生本合同约定的重大疾病、轻症疾病的,本公司向其他权利人退还本合同的现金价值,其他权利人按照被保险人(第一顺位)、被保险人继承人(第二顺位)的顺序确定。"

六、保单贷款条款

保险贷款条款是指在人寿保险合同约定的,保险人以保单的现金价值作为担保向投保人提供贷款的条款。对于在财务上短期需要资金周转的投保人,与退保相比,保单质押贷款对投保人更加有利,既有助于解决投保人短期财务问题,又可以继续维持保险合同的效力,按合同约定得到保险保障。

我国《保险法》对保单贷款没有直接的条文规定,仅在第34条第2款有相关规定:"按照以死亡为给付保险金条件的合同所签发的保险单,未经被保险人书面同意,不得转让或者质押。"在保险实务中,保单贷款条款一般存在于长期人寿保险合同中。在保险合同中约定保单质押,是保险合同当事人的民事权利,有关国家和地区的保险立法对此有明确授权规定。在监管实践中,一直将保单贷款条款视为保险合同当事人的约定,属于意思自治,监管政策上也是允许的[①]。投保人以保单质押贷款后,应按期归还贷款本金及利息。如果在还款前或到期日前发生了保险事故,保险人在支付保险金时可以扣除贷款本息;如果投保人未按时还款,当贷款本息达到保单现金价值额时,保险合同效力自动中止,合同效力中止期间,保险人不承担保险责任。在合同中止后两年内,经投保人申请,保险人与投保人协商并达成协议,投保人偿还保单贷款及利息后,合同效力恢复。

在我国,保单贷款条款的示例如下。中国人民健康保险股份有限公司《人保健康鑫享如意重大疾病保险条款》第6.3条规定:"在本合同有效期内,被保险人未发生保险事故,投保人经被保险人同意可向本公司提出书面申请,经本公司审核同意后可办理保单贷款。贷款金额不得超过本合同的现金价值扣除各项欠款后余额的80%,每次贷款期限最长不超过6个月,保单贷款利率按投保人与本公司签订的贷款协议中约定的利率执行。贷款本息在贷款到期时一并归还。若投保人到期未能足额偿还贷款本息,则投保人所欠的贷款本息将作为新的贷款本金计息。当未还贷款本息加上其他各项欠款达到本合同的现金价值时,本合同的效力中止。"

七、自杀条款

自杀条款是指在人身保险合同中约定的,被保险人于合同成立或复效两年内自杀的,保险人是否承担给付保险金义务的条款。自杀条款适用于以死亡为给付保险金条件的人身保险合同,其适用目的是避免被保险人通过人身保险合同为其遗属谋求保险金的道德风险。但同时,为在被保险人自杀的情况下救济被保险人遗属的生活,法律往往设置一个"自杀免责期",被保险人在免责期后自杀的,保险人应给付保险金。

---

① 参见《关于寿险保单质押贷款业务有关问题的复函》(保监厅函〔2008〕66号)第2条。

我国《保险法》第 44 条规定:"以被保险人死亡为给付保险金条件的合同,自合同成立或者合同效力恢复之日起二年内,被保险人自杀的,保险人不承担给付保险金的责任,但被保险人自杀时为无民事行为能力人的除外。保险人依照前款规定不承担给付保险金责任的,应当按照合同约定退还保险单的现金价值。"由此,我们在理解该条款时应该注意以下几个问题:一是被保险人自杀时是无民事行为能力人的,无论自杀行为是否发生于保险合同成立或者合同效力恢复之日起两年(免责期)内,保险人都应当承担给付保险金责任;二是被保险人在保险合同成立或者合同效力恢复之日起两年内自杀(免责期)的,保险人都不承担给付保险金责任;三是被保险人在免责期内自杀的,保险人应退还保单的现金价值。

司法实务中,被保险人自杀案件的核心问题是判定被保险人的死亡原因。自杀是指基于自我意志,故意采取各种手段终结自己生命的行为。行为人在结束自己生命时应处于精神自由的状态,自主决定结束自己的生命,如果行为人受他人胁迫,迫不得已结束自己的生命,就不能算作自杀,例如,甲以杀害乙的亲人为由逼迫乙自杀,乙在被胁迫状态下结束了自己生命的行为不构成保险意义上的自杀。此外,被保险人自杀未必亲自实施结束自己生命的行为。例如,甲不堪忍受病痛,请求乙结束自己的生命,乙再三思考下杀死了甲。对甲而言,其行为构成保险意义上的自杀;对乙而言,其行为构成故意杀人①。在被保险人自杀的举证责任分配上,应依据保险法司法解释(三)第 21 条的规定:"保险人以被保险人自杀为由拒绝给付保险金的,由保险人承担举证责任。受益人或者被保险人的继承人以被保险人自杀时无民事行为能力为由抗辩的,由其承担举证责任。"

在我国,自杀条款的示例如下。中国人民健康保险股份有限公司《人保健康鑫享如意重大疾病保险条款》第 2.4 条规定:"因下列情形之一引起的保险事故,本公司不承担给付保险金的责任:……(3)被保险人自本合同成立或者合同效力恢复之日起 2 年内自杀,但被保险人自杀时为无民事行为能力人的除外。"

保险法意义上的"自杀"应具有主观故意②

案情

1998 年 9 月 30 日,张敏华与新余保险公司签订保险合同。合同约定,被保险人梁虹霞,女,1974 年 11 月 11 日生。投保人张敏华,男,1971 年 5 月 10 日生,与被保险人系配偶关系。受益人张敏华,受益份额 100%。保险名称为重大疾病终身保险,基本保险金额 30 000 元,保险期间为终身,保险责任起止时间为 1998 年 9 月 30 日零时至终身,交费期 20 年,交费方式为年交保费 765 元,并以重大疾病终身保险条款作为保险合同的组成部分。合同第 8 条规定,在本合同有效期内,被保险人因意外伤害而身故或身体高度残疾,或于本合同生效或复效之日起 180 日以后因疾病而身故或身体高度残疾时,保险公司按保险单所载保险金额的 3 倍给付身故保险或身体高度残疾保险金。合同签订同

---

① 最高人民法院保险法司法解释起草小组:《〈中华人民共和国保险法〉保险合同章条文理解与适用》,中国法制出版社 2010 年版,第 302 页。

② 吴庆宝:《保险合同案件应适用不利解释原则——对一起因自杀引起的保险索赔纠纷案件的分析》,《人民司法》2002 年第 6 期,第 67 页。

时,张敏华向新余保险公司交保险费 765 元,1999 年 11 月 29 日交第二年保险费 765 元。1997 年 7 月 1 日,被保险人在医院生育一女孩。1999 年 12 月 10 日,因小孩生病,被保险人感到紧张,于 2000 年 1 月 25 日生病住进了新余市第二人民医院,经诊断,被保险人患有产后抑郁症。被保险人在住院前在家多次打开煤气开关,用布上吊等轻生。2000 年 3 月 12 日,被保险人在医院住院期间随张敏华请假回家后独自到北湖水库溺水身亡。2000 年 3 月 14 日,新余市第二人民医院出具居民死亡医院证明,证明被保险人直接导致死亡的疾病是产后抑郁症,发病到死亡四月许。被保险人死亡后,张敏华向新余保险公司要求按合同给付保险金,新余保险公司于 2000 年 4 月 4 日作出拒付案件通知书称:"经审核在合同订立或复效之日起二年内自杀不属于保险责任范围,此案拒付。"为此,张敏华向法院起诉。

裁判

江西省新余市渝水区人民法院经审理认为,本案属保险合同理赔纠纷。我国《保险法》规定"自杀"这一除外责任条款,无疑是为了避免蓄意自杀者通过保险谋取保险金,防止诈保。因此,保险法意义上的"自杀"应当是具有主观上的故意,企图剥夺自己生命的行为。本案被保险人自杀系精神失常不能自已的行为,其情形不符合保险法所特指的蓄意自杀。保险公司依法应当给付张敏华保险金,不能免责。

新余保险公司上诉后,新余市中级人民法院为正确审理本案,对如何理解《保险法》中"自杀"的含义,特向上级法院请示。江西省高级人民法院经审委会讨论,倾向性意见是:《保险法》中"自杀"仅指故意自杀,不包括精神失常的自杀。产后抑郁症经咨询专家属一种精神病,病人临床表现自杀意图明显。从保险法立法目的来解释,法律规定被保险人在合同订立后两年内自杀的,保险公司免责只是为了防止道德危险的发生。本案被保险人自杀不是故意的,保险公司应给付保险金。另一种意见认为,《保险法》明确规定被保险人在投保后两年内自杀的,保险公司可免除保险责任。这里的"自杀"含义是无论被保险人精神正常与否,如果由于本人的行为而造成死亡,保险公司只负返还已交保险费的责任。江西高院随即向最高人民法院书面请示。

最高人民法院就此做出答复:"本案被保险人在投保后两年内因患精神病,在不能控制自己行为的情况下溺水身亡,不属于主动剥夺自己生命的行为,亦不具有骗取保险金的目的,故保险人应按合同约定承担保险责任。"①

评析

从《保险法》的立法本意解释,法律规定被保险人在两年内自杀的,保险公司免责,只是为了防止道德危险的发生,避免蓄意自杀者通过保险谋取保险金。人寿保险的目的是保障受益人或被保险人遗属的利益,如果对不是由于谋取保险金的原因而发生的"自杀",一概不予给付,必将影响受益人及其遗属的生活,有违保险本意。规定在保险单生效后若干年内所发生的自杀行为的除外责任,目的是通过一定期间的"冷却",使欲通过自杀谋取保险金的人放弃预谋。自杀条款中的"自杀"仅指故意自杀,不包括在精神失常情况下的轻生行为。

八、故意犯罪不赔条款

故意犯罪不赔条款是指在人身保险合同中约定的,被保险人故意犯罪或者抗拒依法采

---

① 《最高人民法院关于如何理解〈中华人民共和国保险法〉第六十五条"自杀"含义的请示的答复》〔2001〕民二他字第 18 号。

取的刑事强制措施导致死伤的,保险人不承担给付保险金责任的条款。被保险人不能从自己的犯罪行为后果中得到保险补偿是保险法中一项传统的公共政策,这不仅是"维护社会公共秩序善良风俗"的需要,也是"避免保险制度遭滥用而成为犯罪之后盾"的要求。

我国《保险法》第45条规定:"因被保险人故意犯罪或者抗拒依法采取的刑事强制措施导致其伤残或者死亡的,保险人不承担给付保险金的责任。投保人已交足二年以上保险费的,保险人应当按照合同约定退还保险单的现金价值。"由此,我们在理解该条款时应该注意四个要点。一是被保险人所实施的犯罪行为必须是故意犯罪,被保险人因过失犯罪或一般违法行为导致其自身死伤的,保险人不能免除给付保险金的责任。一般而言,被保险人因故意犯罪而导致死亡或者伤残,具体包括以下几种情形:① 被保险人所实施的犯罪行为,由于具有高度危险性,直接造成其死亡伤残结果发生,如在被保险人高楼破窗入室盗窃,不慎坠楼致死亡或伤残;② 被保险人实施犯罪行为,被害人正当防卫,使被保险人致死致残;③ 被保险人因犯罪被判处并执行死刑[①]。二是被保险人因抗拒依法采取的刑事强制措施导致其伤残或者死亡时,并不要求此抗拒依法采取的刑事强制措施的行为构成犯罪。三是被保险人故意犯罪或者抗拒依法采取的刑事强制措施与其死亡或伤残之间应存在直接、必然的因果关系。若被保险人故意犯罪或者抗拒依法采取的刑事强制措施与其死亡或伤残之间不存在直接、必然的因果关系,则不能认定被保险人的死亡或者伤残是由其故意犯罪行为或抗拒依法采取的刑事强制措施的行为所造成,保险人应承担给付保险金的义务。例如,被保险人在商场实施盗窃,因地震致商场垮塌而死亡,盗窃与死亡之间没有直接、必然因果关系,保险人应承担给付保险金的责任。保险人主张不承担给付保险金责任的,应当证明被保险人的死亡、伤残结果与其实施的故意犯罪或者抗拒依法采取的刑事强制措施的行为之间存在因果关系。被保险人在羁押、服刑期间因意外或者疾病造成伤残或者死亡,保险人应承担给付保险金的责任[②]。四是在保险人不承担给付保险金责任的情况下,投保人已交足两年以上保险费的,保险人应当按照合同约定退还保险单的现金价值。

被保险人的行为是否构成故意犯罪行为,是保险纠纷中保险人和保险金请求权人的争议焦点。对此问题,可依据最高人民法院保险法司法解释(三)第22条的内容来判定,该条规定:"保险法第四十五条规定的'被保险人故意犯罪'的认定,应当以刑事侦查机关、检察机关和审判机关的生效法律文书或者其他结论性意见为依据。"

在我国,故意犯罪不赔条款的示例如下。中国人民健康保险股份有限公司《人保健康鑫享如意重大疾病保险条款》第2.4条规定:"因下列情形之一引起的保险事故,本公司不承担给付保险金的责任:……(2)被保险人故意自伤、故意犯罪或者抗拒依法采取的刑事强制措施……"

九、犹豫期条款

犹豫期条款是指在人身保险合同中约定的,投保人在合同成立后约定的期间内解除合

[①] 最高人民法院保险法司法解释起草小组:《〈中华人民共和国保险法〉保险合同章条文理解与适用》,中国法制出版社2010年版,第304页。

[②] 参见最高人民法院保险法司法解释(三)第23条。

同可收回全额保险费的条款。超过犹豫期,投保人虽仍可解除保险合同,但不能收回其所交的全额保险费,保险人只需要向投保人退还部分保险费。在合同约定的犹豫期内,保险合同有效,发生保险事故,保险人应按照约定向被保险人或受益人承担保险责任。

在我国,犹豫期条款的示例如下。中国人民健康保险股份有限公司《人保健康鑫享如意重大疾病保险条款》第3.2条规定:"自投保人签收保险单之日起有15天的犹豫期。如投保人在犹豫期内申请撤销本合同,应填写撤销合同申请书并向本公司提供下列资料:(1)保险合同;(2)投保人的有效身份证件。自本公司收到撤销合同申请书时起,本合同撤销,本合同不产生效力,本公司将不承担任何保险责任。投保人犹豫期内撤销合同,本公司将无息退还投保人所交的保险费。"

第三节　人身保险合同的类型

一、人寿保险合同

(一)人寿保险合同的概念

人寿保险是指以被保险人的生存或者死亡作为保险人给付保险金条件的人身保险。由此,人寿保险合同是指投保人和保险人约定,若被保险人在保险期间内身故,或者生存到合同约定的年龄,则由保险人按照约定向受益人或者被保险人承担给付保险金责任的一种人身保险合同。

人寿保险合同是人身保险合同的主要类型。人身保险合同区别于财产保险合同的诸多特征,如定额性、长期性、储蓄性等都集中体现在人寿保险合同中。此外,一般情况下,人寿保险合同中不存在超额保险的问题,投保人可以为被保险人同时订立几份人寿保险合同,一旦发生保险事故,受益人可以凭借每个保险合同获得约定的保险金[①]。人寿保险合同中也不存在代位求偿权的问题,如果被保险人的死亡是由第三人所造成的,其受益人除可以向第三人索赔外,还可以从保险人处取得保险金,保险人不得行使代位求偿权。

(二)人寿保险合同的分类

保险实务中,人寿保险合同种类繁多,各个险种的保障的侧重点各有不同。根据不同的标准,可将人寿保险合同作以下划分。

1. 死亡保险合同、生存保险合同和生死两全保险合同

以保险责任为标准,可以将人寿保险合同划分为死亡保险合同、生存保险合同和生死两全保险合同。

(1)死亡保险合同。死亡保险合同是指投保人和保险人约定,以被保险人在保险期间内的死亡为给付保险金条件的人寿保险合同。被保险人死亡时,保险人应当按照保险合同

[①] 参见《保险法》第33条:投保人不得为无民事行为能力人投保以死亡为给付保险金条件的人身保险,保险人也不得承保。父母为其未成年子女投保的人身保险,不受前款规定限制。但是,因被保险人死亡给付的保险金总和不得超过国务院保险监督管理机构规定的限额。

的约定给付死亡保险金或者身故保险金。根据保险合同约定的保险期限的不同,死亡保险合同又有定期死亡保险合同和终身死亡保险合同两种。

① 定期死亡保险合同。定期死亡保险合同又称定期寿险合同,是指投保人与保险人约定,以被保险人死亡为给付保险金条件,而且保险期间为固定年限的人寿保险合同。定期死亡保险合同承保被保险人在合同约定的保险期间内的死亡危险,若被保险人在合同约定的期间死亡,保险人给付保险金;若保险期间届满而被保险人仍生存,保险人不承担给付保险金的责任,亦不退还保险费。

② 终身死亡保险合同。终身死亡保险合同又称终身寿险合同,是指投保人与保险人约定,以被保险人死亡为给付保险金条件,而且保险期限为终身的人寿保险合同。终身死亡保险合同以被保险人的生存期间为保险期间,只要被保险人死亡,保险人就承担给付保险金的责任;在被保险人生存期间保险合同解除的,保险人应当依照合同约定退还保险单的现金价值。

死亡保险合同的保险事故是被保险人在保险期间内发生死亡这一事实。自然人的死亡,除了自然死亡之外,还有宣告死亡。宣告死亡是指自然人下落不明达到法定期限,经利害关系人申请,人民法院宣告其死亡的法律制度。宣告死亡是法律事实,是一种推定,即从自然人下落不明达到法定期限的事实,推定他已死亡的事实①。我国《民法典》第46条规定:"自然人有下列情形之一的,利害关系人可以向人民法院申请宣告该自然人死亡:(一)下落不明满四年;(二)因意外事件,下落不明满二年。因意外事件下落不明,经有关机关证明该自然人不可能生存的,申请宣告死亡不受二年时间的限制。"第48条进一步规定:"被宣告死亡的人,人民法院宣告死亡的判决作出之日视为其死亡的日期;因意外事件下落不明宣告死亡的,意外事件发生之日视为其死亡的日期。"那么在被保险人被宣告死亡后,保险人是否需要理赔? 保险法司法解释(三)第24条给出了明确的答案。投保人为被保险人订立以死亡为给付保险金条件的人身保险合同,被保险人被宣告死亡后,当事人要求保险人按照保险合同约定给付保险金的,人民法院应予支持。被保险人被宣告死亡之日在保险责任期间之外,但有证据证明下落不明之日在保险责任期间之内,当事人要求保险人按照保险合同约定给付保险金的,人民法院应予支持。

宣告死亡制度可以适用于死亡保险合同②

案情

冯学礼、徐赤卫系冯志刚之父母。1997年3月30日,徐赤卫作为投保人,为其子冯志刚在保险公司投保5份少儿终身幸福平安保险,被保险人及受益人均为冯志刚,徐赤卫依约交纳了保险费。徐赤卫持有的中国平安保险公司少儿终身平安保险条款(试行)第5条第(6)项约定:"被保险人在保险单生效时起至22周岁前因意外伤害事故死亡,给付死亡保险金6 000元,保险责任终止;若被保险

---

① 魏振瀛:《民法》,北京大学出版社2006年版,第72页。
② 参见陕西省西安市雁塔区人民法院(2007)雁民二初字第712号判决书;陕西省西安市中级人民法院(2008)西民四终字第029号判决书。

人在 22 周岁至 25 周岁期间因意外事故死亡,给付死亡保险金 10 000 元,保险责任终止。"保险公司提供的中国平安人寿保险股份有限公司少儿终身幸福平安保险条款第 5 条第(6)项中约定:"被保险人在保险单生效时起至 22 周岁前因意外伤害事故死亡,给付死亡保险金 6 000 元,保险责任终止;若被保险人在 22 周岁至 25 周岁期间因意外伤害事故死亡,给付死亡保险金 10 000 元,保险责任终止。"被保险人冯志刚于 1984 年 1 月 6 日出生,2001 年 10 月 23 日外出后下落不明。经徐赤卫申请,陕西省西安市灞桥区人民法院于 2007 年 3 月 8 日作出(2006)灞民特字第 418 号民事判决,宣告冯志刚死亡。徐赤卫据此向保险公司提出理赔申请,保险公司以理赔申请不符合保险合同约定为由拒赔。徐赤卫、冯学礼遂向陕西省西安市雁塔区人民法院提起诉讼,请求判令保险公司支付死亡赔偿金 50 000 元。保险公司辩称:双方保险合同约定的死亡性质是"因意外伤害事故死亡",而原告之子冯志刚是因下落不明而被宣告死亡,不属于保险条款的理赔范围,徐赤卫、冯学礼的诉请不能成立。

判决

陕西省西安市雁塔区人民法院一审认为,徐赤卫与保险公司订立的少儿终身平安保险合同有效。双方争议的焦点是被保险人冯志刚被法院以下落不明而宣告死亡是否属于保险合同约定的保险责任范围。徐赤卫、冯学礼诉请的依据是合同约定若被保险人在 22 周岁至 25 周岁期间因意外伤害事故死亡,给付死亡保险金 10 000 元,保险责任终止。遭受外来的、突发的、非本意的、不能为行为人控制的使身体受到伤害的客观事件,由此引起被保险人死亡的,才构成保险合同约定的保险事故,同时保险事故必须是明确的、已实际发生的客观事实。本案被保险人冯志刚因外出打工、下落不明而被依法宣告死亡,此种死亡是从法律制度上所设定的方式,并不是双方保险合同中所约定的"因意外伤害事故死亡"的方式。因此,被保险人冯志刚因下落不明被法院宣告死亡不属于双方保险合同所约定的保险责任范围,徐赤卫、冯学礼要求给付死亡保险金的请求不能成立。一审判决驳回徐赤卫、冯学礼的诉讼请求。一审宣判后,徐赤卫、冯学礼不服原审判决,提起上诉。

二审法院陕西省西安市中级人民法院审理认为,被保险人冯志刚被宣告死亡是否属于保险合同约定的意外事故死亡,是确定保险公司应否承担赔偿责任的关键。首先,争讼保险合同系保险公司提供的制式合同,由保险单、保险条款、批单等构成。关于保险条款,由于保险公司不能说明其现在提交的保险条款的适用时间,而该条款与徐赤卫持有的保险条款的内容有所不同,故应以徐赤卫持有的保险条款作为处理本案保险合同纠纷的依据。依据《保险法》第 17 条第 1 款的规定,保险公司负有解释说明保险合同条款的义务。但是,保险公司对保险条款中何谓意外事故死亡既没有作出明确的解释,亦未罗列意外事故死亡的情形,导致投保人与保险人对该条款的理解产生歧义,保险公司作为拟约方,负有相应责任。其次,徐赤卫作为投保人,在签订保险合同时由于自身专业知识的缺陷以及受阅读理解时间不足等因素的影响,要求其对制式保险条款中意外事故死亡的内涵以及情形作出与保险人一致的理解与判断,有失公允。从常人的理解与判断,22 周岁至 25 周岁的青年,除疾病原因之外的死亡,通常被认为属于非正常死亡,即意外死亡。故被保险人冯志刚的宣告死亡,一般应理解为意外死亡,属于意外事故死亡的范围。再次,保险公司提供的保险条款中已罗列了保险人免除保险责任的各种情形,但是宣告死亡并不包含在保险人免除责任的范围之内,因此,应当认定保险合同约定的免责范围之外的其他意外死亡的情形,亦应当属于保险事故范围。最后,《保险法》第 31 条已明确规定了对保险合同条款发生争议时的处理原则。现徐赤卫与保险公司对格式保险条款中意外事故死亡的理解发生争议,应作出有利于徐赤卫、冯学礼的解释。综上,被保险人冯志刚被宣告死亡属于本案争讼的保险合同约定的保险事故范围,保险公司依约应向被保险人冯志刚的法定继承人徐赤卫、冯学礼支付赔偿金 50 000 元。二审判决:① 撤销西安市雁塔区人民法院(2007)雁民二初字第 712 号民事判决;② 保险公司于本判决生效后 10 日内向徐赤卫、冯学礼支付被保险人冯志刚死亡赔偿金 50 000 元。

> **评析**
>
> 被宣告死亡与自然死亡产生相同的法律后果;保险条款规定的不负保险责任的情形中不包括宣告死亡,保险人应承担理赔责任。另外,基于保险法的特殊性、专业性和信息的不对称性等特点,明确说明是指保险人对于免责条款,除了在保险单上提示投保人注意外,还应当对有关免责条款的概念、内容及法律后果等以书面或口头的形式向投保人作出解释,以使投保人明了该条款的真实含义和法律后果。对保险合同条款有争议的,应当按照通常理解予以解释,对合同条款有两种以上解释的,人民法院应作出有利于被保险人和受益人的解释[①]。

(2) 生存保险合同。生存保险合同是指投保人与保险人约定,以被保险人在保险期间内的生存为给付保险金条件的人寿保险合同。该合同下,被保险人生存到保险合同约定期日,保险人应当按照合同约定给付生存保险金。生存保险合同不承保被保险人的死亡危险,若被保险人死亡,则保险合同的效力终止,保险人不承担给付保险金的责任。年金保险合同为典型的生存保险合同。

(3) 生死两全保险合同。生死两全保险合同又称"混合保险合同",是指投保人与保险人约定,以被保险人在保险期间内死亡或者生存到合同约定日为给付保险金条件的人寿保险合同。生死两全保险合同兼具生存保险和死亡保险的双重保障功能。在该合同下,被保险人生存到保险合同约定期日,保险人应当按照合同约定给付生存保险金;若被保险人死亡,保险人仍应当承担给付保险金的责任。在现代保险实务上,生死两全保险合同已经是人寿保险合同的主要形式,以养老保险合同最为常见。

2. 单独人寿保险合同、联合人寿保险合同和团体人寿保险合同

以被保险人的人数为标准,可以将人寿保险合同划分为单独人寿保险合同、联合人寿保险合同和团体人寿保险合同。

(1) 单独人寿保险合同是指被保险人为一个自然人的人寿保险合同,它也是最常见、最典型的人寿保险合同。

(2) 联合人寿保险合同是指将存在利害关系的两个或两个以上的人视为一个被保险人的人寿保险合同。此类人寿保险合同将相互存在一定利害关系的两个或两个以上的自然人,如夫妻、父母子女、兄弟姐妹或合伙人等作为一个被保险人承保。在该合同下,若其中任何一人在保险期间死亡或者生存至保险期间届满,保险人向生存的人给付保险金;若保险期间届满时无人死亡,保险人向联合被保险人给付保险金。保险人给付保险金后,保险合同即行终止。

(3) 团体人寿保险合同是指以团体或自然人为投保人,以团体成员或者团体成员的家庭成员为被保险人的人寿保险合同。一般保险人只需要向投保人签发总保险单,每个被保险人则持有记载被保险人的姓名、受益人姓名、保险费、保险金额等内容的保险凭证作为保险关系的证明。

3. 资金保险合同和年金保险合同

以保险金的给付方式为标准,可以将人寿保险合同划分为资金保险合同和年金保险合同。

---

① 宫邦友:《宣告死亡在保险合同诉讼中的若干问题》,《人民司法》2009年第2期,第50—52页。

(1) 资金保险合同又称一次性给付保险合同,是指发生保险事故时,保险人向被保险人或受益人一次性给付全额保险金的人寿保险合同。一般情况下,普通人寿保险合同如无特别约定,均属于资金保险合同,应采取一次性给付方式。

(2) 年金保险合同又称分期支付保险合同,是指以被保险人生存为给付保险金条件,并按约定的时间间隔分期给付生存保险金的人寿保险合同。保险实务中,年金保险一般为生死两全保险。在保险期间内,被保险人死亡,保险人应当承担给付死亡保险金的责任;当被保险人生存到合同约定年龄或者约定期日时,保险人依照合同约定承担向被保险人给付年金的义务。

4. 分红人寿保险合同和不分红人寿保险合同

以是否对保险单分配红利为标准,可以将人寿保险合同划分为分红人寿保险合同和不分红人寿保险合同。

(1) 分红人寿保险合同是指保险人将其实际经营成果优于定价假设的盈余,按一定比例分配给被保险人的人寿保险合同。分红人寿保险合同兼具保障与赢利的双重功能,即被保险人(受益人)除享有传统的保险保障,还可分享保险人经营成果。

(2) 不分红人寿保险合同是指被保险人无权向保险人主张盈余分配的人寿保险合同。被保险人(受益人)在保险事故发生或者达到保险合同约定的年龄、期限条件时,只能从保险人处获得保险金,不参与保险人的盈余分配。不分红人寿保险合同仅具有传统保险保障功能。

保险实务中,保险期限较短、保险金额较低的人寿保险合同,一般不予分红。保险期限较长、保险金额较高的人寿保险合同,也不一定都要予以分红。投保人寿保险是否参与分红,在订立保险合同时就要订明。

二、健康保险合同

(一) 健康保险合同的概念

健康保险是指由保险人对被保险人因健康原因或者医疗行为的发生给付保险金的保险。由此,健康保险合同是指投保人和保险人约定,保险人对被保险人因健康原因或者医疗行为的发生给付保险金的一种人身保险合同。依照健康保险合同,被保险人在保险期间内罹患合同约定的疾病或分娩时,由保险人按照合同约定向被保险人或受益人承担给付合同约定的保险金的责任。

需要注意的是,与人寿保险合同的保险金所具有的给付性特性不同,费用补偿型医疗保险合同的保险金具有补偿性质。费用补偿型医疗保险合同强调对被保险人因疾病所致的医疗花费提供补偿,与人寿保险合同中在发生保险事故后直接给付事先约定的保险金不同,费用补偿型医疗保险合同类似于财产保险合同,可以适用代位求偿权制度。我国《保险法》第95条第2款明确规定,经营财产保险业务的保险公司经国务院保险监督管理机构批准,可以经营短期健康保险业务。

(二) 健康保险合同的分类

保险实务中,健康保险合同种类繁多,各个险种的保障的侧重点各有不同。根据不同的标准,可将健康保险合同作如下划分。

1. 长期健康保险合同和短期健康保险合同

以保险期限为标准,可以将健康保险合同划分为长期健康保险合同和短期健康保险合同。

(1) 长期健康保险合同是指保险期间超过一年或者保险期间虽不超过一年但含有保证续保条款的健康保险合同,但长期护理保险合同的保险期间不得低于5年。保证续保条款是指在前一保险期间届满前,投保人提出续保申请,保险公司必须按照原条款和约定费率继续承保的合同约定。含有保证续保条款的健康保险合同,应当明确约定保证续保条款的生效时间,而且不得约定在续保时保险公司有减少保险责任和增加责任免除范围的权利。另外,长期健康保险合同应当包含犹豫期条款并列明投保人在犹豫期内的权利。长期健康保险合同的犹豫期不得少于15天。

(2) 短期健康保险合同是指保险期间为1年以及1年以下且不含有保证续保条款的健康保险合同。

2. 医疗保险合同、疾病保险合同、失能收入损失保险合同、护理保险合同、医疗意外保险合同

以承保危险为标准,可以将健康保险合同划分为医疗保险合同、疾病保险合同、失能收入损失保险合同、护理保险合同和医疗意外保险合同。

(1) 医疗保险合同是指以保险合同约定的医疗行为的发生为给付保险金条件的健康保险合同。医疗保险合同为被保险人的医疗、康复等提供保障。医疗保险合同不得包含死亡保险责任,但因疾病引发的死亡保险责任除外。医疗保险合同也不得包含生存保险责任。医疗保险合同按照保险金的给付性质分为定额给付型医疗保险合同和费用补偿型医疗保险合同。定额给付型医疗保险合同是指保险人按照约定的数额给付保险金的医疗保险合同。费用补偿型医疗保险合同是指保险人根据被保险人实际发生的医疗、康复费用支出,按照约定的标准确定保险金数额的医疗保险合同。费用补偿型医疗保险合同的给付金额不得超过被保险人实际发生的医疗、康复费用金额。

(2) 疾病保险合同是指以被保险人发生保险合同约定的疾病为给付保险金条件的健康保险合同。疾病保险金的给付为定额给付,不具有补偿性。疾病保险合同不得包含生存保险责任。长期疾病保险合同可以包含死亡保险责任条款,长期疾病保险的死亡给付金额不得高于疾病最高给付金额。短期疾病保险合同不得包含死亡保险责任,但因疾病引发的死亡保险责任除外。

(3) 失能收入损失保险合同是指以合同约定的疾病或者意外伤害导致工作能力丧失为给付保险金条件,为被保险人在一定时期内收入减少或者中断提供保障的健康保险合同。失能收入损失保险合同为被保险人因丧失工作能力导致收入丧失或减少提供经济上的保障,但不承担被保险人因疾病或意外伤害所发生的医疗费用。失能收入损失保险合同不得包含死亡保险责任,但因疾病引发的死亡保险责任除外。

(4) 护理保险合同是指以合同约定的被保险人日常生活能力障碍引发护理需要为给付保险金条件的健康保险合同。该合同下,若在保险期间届满前给付生存保险金,应当以被保险人因保险合同约定的日常生活能力障碍引发护理需要为前提。护理保险合同不得包含死亡保险责任,但因疾病引发的死亡保险责任除外。

（5）医疗意外保险合同是指以发生合同约定的不能归责于医疗机构、医护人员责任的医疗损害为给付保险金条件的健康保险合同。医疗意外保险合同可以包含死亡保险责任，但不得包含生存保险责任。

3. 个人健康保险合同和团体健康保险合同

以被保险人的人数为标准，可以将健康保险合同划分为个人健康保险合同和团体健康保险合同。

（1）个人健康保险合同是以个人作为投保人且只对一个被保险人提供健康保障的健康保险合同。

（2）团体健康保险合同是保险人与团体或单位订立的，以团体或单位的成员为被保险人的健康保险合同。有的团体健康保险合同的保障对象还可以包括团体或单位成员的家属和子女。

三、意外伤害保险合同

（一）意外伤害保险合同的概念

意外伤害保险是指以被保险人因意外事故而导致身故、残疾或者发生保险合同约定的其他事故为给付保险金条件的人身保险。由此，意外伤害保险合同是指投保人和保险人约定，以被保险人遭受意外事故而死亡、残废或者发生约定的其他事故为保险人给付保险金条件的人身保险合同。

依照意外伤害保险合同，被保险人在保险期间发生合同约定的意外伤害，由保险人按照约定向受益人或者被保险人承担给付意外身故保险金或意外残疾保险金的责任。这里的意外伤害是指在被保险人没有预见到或者违背被保险人意愿的情况下，突然发生的外来致害物对被保险人的身体造成明显侵害的客观事实，这种客观事实具有外来性、突发性、非自愿性。意外伤害保险合同的保险期间一般较短，可以是1年，也可以是特定期间，如旅行期间或乘坐交通工具期间，此类保险单不具有现金价值。但保险实务中，保险人也推行长期的意外伤害保险，此类保险单依照约定具有现金价值，当保险人依照合同约定不承担给付保险金责任时，应当依照约定退还保险单的现金价值。意外伤害保险合同属于定额保险合同，不具有补偿性，不适用代位求偿制度。第三人的行为造成被保险人伤残或身故的，被保险人或受益人等保险给付请求权人可以向保险人要求给付残疾保险金或者身故保险金，还有权向第三人请求赔偿。意外伤害保险合同约定保险代位求偿权条款的，其约定无效[①]。

（二）意外伤害保险合同的分类

保险实务中，意外伤害保险合同种类繁多，各个险种的保障的侧重点各有不同。根据不同的标准，可将意外伤害保险合同作如下划分。

1. 自愿意外伤害保险合同、强制意外伤害保险合同

以投保动因为标准，可以将意外伤害保险合同划分为自愿意外伤害保险合同和强制意

---

① 邹海林：《保险法》，社会科学文献出版社2017年版，第298页。

外伤害保险合同。

(1) 自愿意外伤害保险合同是指投保人和保险人在自愿基础上通过平等协商订立意外伤害保险合同。投保人可以根据个人需求自由选择是否投保以及向哪位保险人投保,保险人也可以选择是否承保。只有双方意思表示一致时才能使保险合同成立。

(2) 强制意外伤害保险合同又称法定意外伤害保险合同,这是投保人和保险人基于法律、法规的强制性规定而订立的意外伤害保险合同。投保人是否投保、保险人是否承保并不取决于他们的意愿。

2. 普通意外伤害保险合同、特定意外伤害保险合同

以承保危险范围为标准,可以将意外伤害保险合同划分为普通意外伤害保险合同和特定意外伤害保险合同。

(1) 普通意外伤害保险合同又称一般意外伤害保险合同,该类保险合同承保的危险是在保险期限内由一般危险引发的各种意外伤害。其保险期间较短,多为1年或者少于1年。例如,中小学生平安保险合同就属于此类意外伤害保险合同。

(2) 特定意外伤害保险合同。该类保险合同承保的危险是由特定时间、特定地点或特定原因引发的意外伤害。例如,保险危险只限定于在矿井下发生的意外伤害、在建筑工地发生的意外伤害、在电梯上发生的意外伤害、在驾驶机动车辆中发生的意外伤害等。

3. 个人意外保险合同、团体意外保险合同

以被保险人的人数为标准,可以将意外伤害保险合同划分为个人意外保险合同、团体意外保险合同。

(1) 个人意外伤害保险合同是个人作为投保人且只对一个被保险人提供意外伤害保障的保险合同。个人意外伤害保险合同有时可以由有关单位(如旅馆、饭店、公共游乐场所等)代为办理投保。

(2) 团体意外伤害保险合同是由团体或单位作为投保人,以其成员作为被保险人的意外伤害保险合同。与个人意外伤害保险合同相比,团体意外伤害保险合同具有手续简化、节省费用、有效防止逆选择等优势。因此,在保险责任相同的条件下,团体意外伤害保险合同的保险费率要比个人意外伤害保险合同低。

喝酒导致死亡不属于意外身故[①]

案情

2015年12月24日,基泰物业公司为赵开先等26人向被告联泰保险公司投保了团体意外伤害保险(F款),合同相关条款主要内容包括:保险期间自2015年12月18日0时起至2016年12月17日24时止,其中普通意外身故指被保险人遭受意外伤害事故,且自该意外伤害事故发生之日起180日内因该事故为直接且单独原因导致身故的,联泰保险公司将按合同约定的保险金额12万元给付

---

① 《赵青、朱玉芳诉中美联泰大都会人寿保险有限公司意外伤害保险合同纠纷案》,《最高人民法院公报》2017年第9期,第47页。

意外身故保险金;保险合同中将意外伤害定义为遭受外来的、突发的、非本意的、非疾病的使身体受到伤害的客观事件;保险合同没有指定受益人,意外身故保险金视为被保险人之遗产。基泰物业公司在投保前已取得被保险人同意,联泰保险公司已就保险合同中保险责任、责任免除等条款向基泰物业公司进行了提示说明。2016年1月27日晚,赵开先任职的基泰物业公司年终聚餐,赵开先饮酒过多,留宿在公司未回家。次日4:00左右,赵开先同事观察其状况不正常,拨打120急救,120急救中心到达现场后查体发现赵开先已经死亡。南京市急救中心院前医疗急救病历主诉记载"酒精中毒后呼吸心跳停止,具体时间不详"。南京市公安局玄武分局新街口派出所接处警工作登记表记载:"2016年1月28日5:08,中山东路9号天时商务中心1楼大厅,有个员工严重醉酒,120已经到,称人快不行了,现在需要民警过来一下。由民警周斌斌到现场了解情况,调取现场监控录像,联系120,120将其带往医院急救,后120宣布该人已死亡。后民警联系死者家属,死者家属对死因没有异议,双方约好下星期先来派出所协商解决,如果协商解决不成,准备通过司法途径解决。"2016年2月19日,南京市公安局法医中心开具赵开先死亡证明,死亡原因载明"酒后意外死亡"。赵青、朱玉芳系赵开先的第一顺位继承人。后赵青、朱玉芳向联泰保险公司申请理赔遭拒,遂诉至法院。

裁判

南京市鼓楼区人民法院一审认为:原告赵青、朱玉芳对赵开先生前喝酒的事实无异议,根据南京市急救中心院前医疗急救病历和接处警工作登记表的记载,可以证实赵开先系醉酒导致死亡,上述记载并未出现其他外在因素的介入。原告提供的死亡证明仅记载了死亡原因为"酒后意外死亡",并未记载导致死亡的其他意外因素,故其认定的意外因素为"酒后"。至于喝酒致死是否属于意外身故,则需要根据案涉保险合同的约定加以认定。根据保险合同约定,意外伤害是指遭受外来的、突发的、非本意的、非疾病的使身体受到伤害的客观事件。喝酒过量有害身体健康属生活常识,赵开先作为完全民事行为能力人,完全可以控制是否需要喝酒及喝酒量的多少,故喝酒行为本身不符合意外伤害定义中的外来的、突发的和非本意的因素,不属于意外伤害。在赵开先喝酒死亡过程中,并无证据表明存在外部因素的介入,故其喝酒导致死亡不属于意外身故,原告主张被告联泰保险公司承担意外身故保险金责任于法无据,法院不予支持。

评析

意外伤害是指由于外来的、突发的、非本意的、非疾病的原因导致身体受到伤害的客观事件。饮酒过量有害身体健康属生活常识,被保险人作为完全民事行为能力人,对此完全可以控制、避免,故饮酒过量导致身体损害不是基于外来的、突发的和非本意的因素,不属于意外伤害,保险公司不承担保险责任。

✓ 重要概念

人身保险合同　年龄误告条款　宽限期条款　复效条款　自杀条款　人寿保险合同　健康保险合同　意外伤害保险合同

思考题

1. 人身保险合同的概念和特征是什么?
2. 人身保险合同有哪些特殊条款?

3. 什么是年龄误告条款?
4. 自杀条款的适用条件是什么?
5. 如何理解意外伤害保险合同中的"意外伤害"?
6. 人寿保险合同、健康保险合同、意外伤害保险合同的保险事故都可能包括被保险人死亡的情形,这三种保险合同中对"死亡"的要求有何不同?

 案例习题

1. 胡某投保人身意外伤害保险一份(5万元),附加一份医疗保险(8 000元)。一日,因意外交通事故致使胡某发生不幸,经医院抢救脱险后留下终身残疾(假定残疾程度80%)。经交警部门裁定,肇事车主张某已承担对胡某的民事损害赔偿责任,其中包括伤残金一笔(4万元)和医疗费用赔偿金(1万元)。胡某出院后持其所投保的意外伤害保险合同和附加医疗保险合同向保险人提出索赔。保险人以车主已承担对被保险人赔偿责任为由拒绝承担责任。

问题:本案应如何处理?

2. 2018年11月12日,某单位为全体职工投保了简易人身险,每个职工1份(5年期),月交保险费30元。2020年5月,该单位职工付某因交通事故不幸死亡,他的家人带着单位开出的介绍信及相关的证明资料,到保险公司申领保险金。保险公司在查验这些单证时,发现被保险人付某投保时所填写的年龄与其户口簿上所登记的不一致,投保单上所填写的64岁显然是不真实的。实际上,投保时付某已有67岁,超出了简易人身险条款规定的最高投保年龄(65岁)。于是,保险公司以单位投保时申报的被保险人的年龄已超出了保险合同约定的年龄限制为理由,拒付该笔保险金,并在扣除手续费后,向该单位退还了付某的保险费。

问题:
(1) 人身保险合同中,保险人能否对被保险人的年龄进行限定?
(2) 人身保险中,年龄误告条款的内容是什么?
(3) 案件中投保人是否能获得保险金?
(4) 如果投保时付某的实际年龄是60岁,该案件又该如何处理?

第十章 财产保险合同

> 学习目标

1. 掌握财产保险合同的概念与特征。
2. 能区分财产保险合同不同的分类。
3. 了解财产保险合同的功能。
4. 掌握财产保险合同基本条款的主要内容。
5. 掌握财产保险不同种类合同的概念与法律特征。

第一节 财产保险合同概述

一、财产保险合同的概念与特征

（一）财产保险合同的概念

我国《保险法》第12条第4款规定："财产保险是以财产及其有关利益为保险标的的保险。"可见，财产保险合同是投保人与保险人之间所达成的，由投保人缴付保险费，保险人对于承保的财产及其有关利益因保险事故造成的损失承担赔偿责任的保险合同。它与人身保险合同并存，是保险合同的两大基本种类之一。

依保险标的的不同，财产保险合同有损失保险合同、责任保险合同、信用保险合同、保证保险合同等种类。依保险价值确定方式、保障程度的不同，财产保险合同可以分为定值保险合同与不定值保险合同，足额保险合同、不足额保险合同与超额保险合同等。依多份保险合同之间的从属关系分类，财产保险合同可以分为主保险合同与附加保险合同。主保险合同是指可单独投保的险别而形成的合同，如企业财产保险基本险合同、综合险合同、一切险合同等。附加保险合同是指依附在主保险合同或基本保险合同之上的合同，其成立须以主保险合同或基本保险合同的成立为条件，如利润损失保险合同要附加在企业财产保险主保险合同基础之上才能成立[1]。

（二）财产保险合同的特征

财产保险是保险业务的重要组成部分，财产保险合同则是独立的保险合同类型。作为保险双方法律关系的凭证，财产保险合同是规范保险双方行为的直接依据。财产保险活动

---

[1] 许飞琼、郑功成：《财产保险》，中国金融出版社2020年版，第45页。

的全过程,实际上就是建立财产保险关系、履行保险合同的过程。财产保险合同作为保险合同的一大基本种类,在具备一般保险合同属性的同时,还具有以下六个自身特征。

1. 财产保险合同是损害补偿合同

财产保险合同承保的是财产及其有关利益,保险人对保险事故造成的被保险人财产损失承担补偿责任,这是财产保险合同的适用目的,即在财产保险合同中,保险人承担的保险责任是以赔偿保险标的因保险事故所致损失为内容的。因此,保险人履行该保险责任的前提,必须是财产保险合同的保险标的因保险事故而遭受实际的、可以用货币加以计算的经济损失。保险人针对保险财产的损失,应按照财产保险合同约定的条件和保险财产的实际损失程度履行保险责任。相应地,被保险人可以通过财产保险合同获得的保险赔偿,能够弥补其因此遭受的经济损失,但不能取得额外收益,故又称其为损害保险合同。这一特点与以给付为目的的人身保险合同截然不同。

2. 财产保险合同是射幸合同

与等价交换的交换合同相对,射幸合同是指以机会利益为标的的合同(故又称机会合同)[①],既可能"一本万利",也可能"一无所获"。从总体上讲,保险人收取的纯保险费与被保险人索赔总额是大致相等的,但危险事故的不确定性决定了单个保险合同的射幸性,也就决定了单个被保险人与保险人之间的保险费与保险金的不对等性。这也是财产保险合同与人身保险合同及一般商事合同的重要区别。

3. 财产保险合同根据承保财产的价值确定保险金额

不同于人身保险合同,财产保险合同的保险金额决定于保险财产的保险价值,因为保险财产的保险价值是被保险人对于保险财产享有的保险利益的货币表现。基于财产保险合同的补偿性质,保险人与投保人应在保险财产的实际价值范围内或通过双方协商约定保险金额,保险人只能在保险金额范围内承担保险赔偿责任。所以,保险财产的保险价值是确定财产保险合同保险金额的根据,是保险人承担保险赔偿责任的最高限额。

4. 强调保险标的因保险事故致损之时保险利益的存在

保险利益的存在是保险合同订立和履行的基础,相比较而言,人身保险合同严格要求投保人在投保时应当具有保险利益,而在给付保险金时则不以保险利益为必备条件。在财产保险合同中,根据《保险法》的相关规定,则强调被保险人在保险标的因保险事故遭受损失之时,必须对保险标的具有保险利益[②]。

5. 财产保险合同一般是短期性保险合同

财产保险合同约定保险期限一般有两种方式,一种以时间为保险期限,如 1 个月、1 年;另一种是以某一事件的持续过程为保险期限,如航程、工期等。与人身保险合同比较,财产保险合同的保险期限相对较短,一般为一年或一年以内。

6. 代位求偿和委付是财产保险合同特有的理赔环节

财产保险合同的补偿性使其理赔中适用代位求偿和委付等特有制度。它们的核心内容都着眼于被保险人因发生保险事故而遭受财产损失时,通过财产保险合同取得不超过保险金额的保险赔偿,以便补偿实际的财产损失,并防止被保险人利用财产保险合同获取额外利

---

① 傅廷中:《保险法学》,清华大学出版社 2015 年版,第 34 页。
② 参见《保险法》第 12 条第 2 款,第 48 条。

益。与此不同,具有返还性和给付性的人身保险合同在保险人承担保险责任的过程中,则不存在上述制度的适用。

二、财产保险合同的功能

历经数百年,财产保险的发展轨迹始终围绕着填补损失的主题展开,财产保险合同作为保险合同的一大基本种类,其保险保障功能在于损失补偿[①]。即保险人与被保险人之间建立财产保险合同关系,保险人根据合同的约定,收取保险费,承保保险财产因保险事故而遭受损失的危险。当该危险实际发生的时候,保险人依合同约定向被保险人支付保险赔偿金,用以补偿被保险人的经济损失。财产保险合同的损失补偿功能由此得到体现。

为确保损失补偿功能的体现,保险立法确立了专门适用于财产保险合同制度的补偿原则,作为调整财产保险合同关系的依据。根据补偿原则的要求,保险人在履行保险赔偿责任时:① 应当使被保险人依据合同获得充分的补偿;② 应当在保险金额范围内,按照保险标的实际损失予以补偿;③ 被保险人获得的保险赔偿金,一般应当能够满足恢复保险标的原有状态的需要,但是,被保险人不能因保险赔偿获取额外的收益。

因此,保险人履行保险赔偿责任时,应当符合以下四个标准。

1. 以保险标的的实际损失为限进行保险赔偿

基于补偿原则,保险财产必须因保险事故而遭受实际损失,保险人才应履行保险赔偿责任。而且,保险人按照保险标的的实际损失数额支付保险赔偿金。因此,保险标的没有损失的,保险人无须承担保险赔偿责任;不属于保险标的的损失,保险人亦不承担保险赔偿责任。

2. 以保险金额为限进行保险赔偿

双方当事人在财产保险合同中约定的保险金额是保险人承担保险赔偿责任的最高限额。保险人针对保险财产的实际损失实际支付的保险赔偿金只能低于或等于保险金额,不能高于保险金额。即使保险财产发生实际全损,而且受损之时的实际价值(市价)高于保险金额,保险人的保险赔偿责任也限于保险金额范围内。

3. 以被保险人对保险标的拥有的保险利益为限进行保险赔偿

财产保险合同保障的是被保险人对于保险标的具有的保险利益,为防止出现不当得利和道德危险,保险人向被保险人支付的保险赔偿金不能超过被保险人对保险标的具有的保险利益。

4. 被保险人不得利用保险赔偿获取额外利益

损失补偿原则的适用,表明财产保险合同是被保险人寻求保险保障的方法,而不是获取额外利益的手段。这在财产保险合同制度的诸多规则上得到体现。例如:① 因第三者的责任引起保险事故致保险财产损失的,被保险人获取保险赔偿后,必须将其对第三人的追偿权转让给保险人,而不能另行从第三人处得到民事赔偿;② 受损的保险财产的残值部分,保险人在支付保险赔偿金时,应当相应地予以扣除;③ 投保人将同一保险标的同一保险利益、同一保险事故分别与两个以上保险人订立保险合同的重复保险,被保险人不得获取超过保险财产之保险价值的赔偿,而适用分摊责任的方法,即各保险人按照各自保险金额与保险金额

[①] 邹海林:《保险法学的新发展》,中国社会科学出版社2015年版,第37页。

总和的比例承担保险责任[1]。

第二节　财产保险合同的内容

各类财产保险合同的具体内容不尽相同,但是,概括各类财产保险合同的共性,保险标的、保险金额、保险费、保险责任、保险期限等均是财产保险合同不可缺少的主要内容。保险合同的内容是指保险合同当事人双方依法协商确定的各自的权利和义务,通常以条款的形式表现。一般保险合同的内容主要由基本条款和特约条款组成。不论是哪一种类型的保险合同,基本条款都是必须具备的条款[2],我国《保险法》于第 18 条以列举方式说明了基本条款的内容。下面就财产保险合同的保险标的、保险金额、保险责任与责任免除、保险赔偿方式等内容进行重点分析。

一、财产保险合同的保险标的

财产保险合同的保险标的是投保人予以投保而寻求保险保障的对象,也是保险人同意承保并负担保险责任的目标,因而保险标的是财产保险合同的首要条款[3]。

(一) 财产保险合同保险标的的构成条件

构成财产保险合同保险标的的财产及其有关利益,必须符合以下四个条件。

1. 投保的财产或利益应当具有能够用货币衡量的价值

这决定于财产保险合同的补偿性质,因为用货币才能将投保的财产和利益加以量化,是保险人确定赔偿金额的唯一方法,否则保险人无法履行保险赔偿责任。因此,不能用货币加以衡量的物质或利益就不能成为财产保险合同的保险标的。

2. 投保的财产或利益必须与被保险人之间存在保险利益

财产保险合同的订立和履行是以被保险人对保险标的具有保险利益为前提的。如果被保险人对于保险标的没有保险利益的,就不会出现经济损失,故不存在保险保障的需要。

3. 投保的财产或利益必须是合法的

投保的财产是法律允许被保险人所有或经营管理的财产及与之相关的利益。违法持有的财产或利益不能成为财产保险合同的保险标的。

4. 投保的财产或利益必须经保险人同意承保

财产保险合同是以双方当事人协商一致为基础的,因此,只有保险人接受投保人的投保要求,同意对其投保的财产予以承保时,相应的投保财产才能称为财产保险合同的保险标的。否则,即使符合以上条件的财产或利益,未经保险人同意,也不能成为财产保险合同的

---

[1] 贾林青:《保险法》,中国人民大学出版社 2020 年版,第 210 页。
[2] 傅廷中:《保险法学》,清华大学出版社 2015 年版,第 37 页。
[3] 贾林青:《保险法》,中国人民大学出版社 2020 年版,第 212 页。

保险标的。

运用上述法律条件确认财产保险合同的保险标的范围,涉及各类社会财富。而且,从现代保险市场的发展来看,财产保险合同的适用范围日益广泛的原因就在于其保险标的范围的不断扩大。

(二) 财产保险合同保险标的的分类

在保险实务中,广义的财产保险合同的保险标的,可以概括为两大类。

1. 物质财产

物质财产是指各种有形财产,是财产保险合同最为常见的保险标的,包括生产过程涉及的财产(如厂房、设备、原材料、产成品等)、流通过程中涉及的财产(如运输中的货物、运输工具等)、消费过程涉及的财产(如各种家庭财产)、建造过程中涉及的财产(如在建工程、安装工程、在造船舶等)、高科技工程涉及的财产(如钻井石油平台、航天工程等)。物质财产是财产保险合同最为常见的保险标的。

2. 与财产有关的利益

作为财产保险合同的保险标的,这种与财产有关的利益属于无形财产,具体表现为运费损失、利润损失、经济权益、民事赔偿责任、信用等。

(三) 财产保险合同保险标的的范围

虽然财产保险合同的保险标的的范围广泛,但是并非一切财产和利益都可以成为其保险标的,而且各类财产保险合同的保险标的的范围也不一样。这取决于保险人在具体的财产保险合同中同意承保的财产范围。依此标准,各种财产和利益在具体的财产保险合同中,分为可保财产、特保财产和不保财产①。

1. 可保财产

凡保险人依财产保险合同规定同意承保的财产是可保财产。投保人在此范围内投保的财产或利益,可成为财产保险合同的保险标的。

2. 特保财产

凡需要保险人与投保人进行协商,约定特别条件后,才予以承保的财产和利益,是特保财产,实际上它是可保财产范围的扩大。因为特保财产具有某种特殊性质,如金银、珠宝、首饰、电脑资料等,其价值高、风险大,不易管理,故在通常情况下,保险人不予承保。但是经投保人和保险人进行协商,附加特别条件后,保险人即可予以承保。保险实践中,这种特约条件可以是增加特殊的安全措施,也可以是提高保险费率。

3. 不保财产

这是保险人不予承保的财产。此类财产一般表现为无法估定价值的财产、不属于一般商品的财产,或者不便于确定其损失金额的财产等。例如,有价证券、票证、货币、文件、账册、图表、电脑软件等。

当然,各类财产保险合同的保险保障内容不尽相同,它们各自承保的财产范围也就有所区别。当事人应当根据各类财产保险合同的特点和要求,相应地确定可保财产、特保财产和

---

① 温世扬:《保险法》,法律出版社 2016 年版,第 226 页。

不保财产的范围。

（四）财产保险合同保险标的损失的分类

财产保险合同保险标的的损失是指财产保险合同承保的财产及其有关利益因保险事故发生所造成的损坏或灭失。但是，就具体的财产保险合同而言，保险事故导致的保险财产的损失情况和程度不尽相同，保险人的赔偿方式也有区别。为了正确确定保险人所应承担的保险责任的内容和范围，保险立法将财产保险合同保险标的的损失分为全部损失和部分损失，全部损失又包括实际全损和推定全损。

1. 全部损失

全部损失是指财产保险合同的保险标的因保险事故的发生而遭受的全部损失状态。全部损失可分为实际全损和推定全损。

（1）实际全损。实际全损是指保险标的的根本不能恢复，或完全灭失或不可避免地要完全灭失。我国《海商法》第245条把实际全损界定为"保险标的发生保险事故后灭失，或者受到严重损坏完全失去原有形体、效用，或者不能再归被保险人所拥有"。

基于上述法律规定，财产保险合同保险标的的实际全损包括以下四种情况。

① 保险标的在保险事故发生后已经完全灭失损毁。例如，机动车辆保险合同所承保的机动车辆被大火焚烧后变为灰烬。

② 保险标的受到严重损坏而完全失去原有形体、效用。例如，货物运输保险合同承保的货物被水浸泡而失去原有商品属性和使用价值。

③ 被保险人对于丧失的保险标的不能再归其所拥有。例如，保险标的被政府没收。

④ 保险标的的失踪达到法定期限而不知下落的，按实际全损处理。

（2）推定全损。推定全损是指保险标的在保险事故发生后的受损程度虽未完全损毁，但已无法补救，故按完全损失处理的情况。

在国际保险市场上，下列四种情况往往被确认为推定全损。

① 保险标的损失严重，构成实际全损已无法避免。

② 为了防止保险标的的实际全损而需要支付的费用（如施救费用、救助费用等）将超过保险标的的价值。

③ 保险标的受损后，虽可修复但所需修复费用将超过保险标的的保险价值（不包括残值）。

④ 货物运输保险合同的承保货物受损后，被保险人丧失了对其享有的所有权，而收回该所有权所需费用将超过保险标的的价值。

财产保险合同保险标的依法构成推定全损的，被保险人可以按全部损失或者部分损失向保险人请求赔偿。被保险人要求全损赔偿的，则适用委付制度。

2. 部分损失

部分损失是指保险标的的损失未达到全部损失程度的一种损失状态，部分损失是相对于全部损失而言的，所以我国《海商法》第247条规定："不属于实际全损和推定全损的损失，为部分损失。"

对于财产保险合同保险标的的部分损失，保险人在保险金额范围内按实际损失数额予以赔偿。

二、财产保险合同的保险金额

(一)保险金额的含义和作用

我国《保险法》第18条规定:"保险金额是指保险人承担赔偿或者给付保险金责任的最高限额。"

保险金额作为财产保险合同的又一主要内容具有重要的作用,因为保险金额是保险人向被保险人履行保险赔偿责任的最高限额。一般情况下,除另有约定外,保险金额并非保险人认定的承保财产的价值,也不是保险人承诺在保险标的因保险事故致损时必然赔付的数额。但是财产保险合同的保险金额是以保险财产的保险价值为基础确定的。在发生保险事故时,保险人是在财产保险合同约定的保险金额范围内,就保险标的的实际损失向被保险人进行赔偿,并以约定的保险金额作为赔付的最高限额。对于保险标的超过保险金额的损失部分,保险人不承担保险赔偿责任。

(二)保险金额的确定方法

正确确定保险金额,对于财产保险合同的订立和履行的意义重大。

财产保险合同的补偿性质决定了其保险金额根据保险标的的保险价值来确定。在保险经营实践中,财产保险合同的保险金额可以通过下述方法予以确定。

1. 以定值方法确定保险金额,称为定值保险

投保人和保险人在订立财产保险合同时,约定以保险标的的保险价值来确定金额。保险人依此进行保险赔付,无须考虑保险标的在发生保险事故致损之时的实际价值。

2. 以不定值方法确定保险金额,称为不定值保险

它表现为投保人和保险人在订立财产保险合同时不具体确定保险标的的实际价值,只是列明保险金额作为保险赔偿责任的最高限额。保险人在进行保险赔付时则以保险标的的在发生保险事故之时的实际价值(市价)计算赔偿数额。若此时保险标的的市场价值低于财产保险合同所列保险金额,保险人按保险标的的实际价值赔付。若保险标的此时的价值高于所列保险金额,则按照该保险金额与保险标的的实际价值的比例予以赔偿。财产保险合同多采用不定值方法确定保险金额。

3. 以重置价值的方法确定保险金额

它是指按照保险标的的重置价值或重建价值来确定保险金额的一种方法,所谓重置价值,是指重新购置或重建某项财产所需的全部费用。按重置价值确定保险金额,可以使被保险人的损失得到足额的补偿,但有可能诱发道德风险。

4. 以第一危险保险方法确定保险金额

它是经投保人和保险人协商后,不按保险财产的全部实际价值确定保险金额,而是将第一次保险事故发生可能造成的最高损失金额约定为保险金额。在此方法中,保险财产的价值分为两部分,其中,第一次危险造成的损失部分是足额保险,由保险人按保险金额足额赔付,其余价值部分视为"第二危险",由被保险人自行负担其损失。因此,当发生第一次保险事故时,不论实际损失与全部财产价值的比例,保险人均视为足额投保而在约定的保险金额范围内按实际损失承担保险赔偿责任,不适用比例分摊。

5. 以原值加成方法确定保险金额

在保险双方协商一致的情况下,按照保险财产投保时的账面原值附加一定成数,使之趋近于重置价值。此方法适用于投保标的的账面原值与实际价值差额较大的情况。

(三)保险金额的适用

投保人在订立财产保险合同时,根据投保财产的实际情况、危险发生的概率和自身的具体条件,选择投保相应的保险金额。因此,在财产保险实务中,因投保人投保的保险金额不同而可能出现三种情况。

1. 足额保险

投保人以保险标的的全部保险价值作为保险金额向保险人投保,使得财产保险合同的保险金额等于或接近于保险财产的实际价值,即足额保险,又称全额保险或等额保险。基于足额保险,被保险人在保险财产全损时,可获得等于或接近于保险财产价值的足额赔偿。

2. 不足额保险

投保人以保险标的保险价值的一部分作为保险金额向保险人投保,使得财产保险合同的保险金额小于保险财产的实际价值,即不足额保险。这意味着保险财产的实际价值与保险金额的差额部分由被保险人自行负担。因此,被保险人保险财产遭受损失,并且实际损失金额大于保险金额时,被保险人只能在保险金额范围内按比例获得保险赔偿。

3. 超额保险

投保人以高于保险标的的保险价值作为保险金额向保险人投保,使得财产保险合同的保险金额大于保险财产的实际价值,即超额保险。保险人在保险标的的实际价值范围内承担赔偿责任,而其超额部分则归于无效,保险人不负保险责任。

三、财产保险合同的保险责任与责任免除

保险责任就是保险人对于保险事故造成保险标的损失的,依财产保险合同的约定进行赔偿的义务。保险责任在财产保险合同中具有重要意义。它是被保险人寻求保险保障的目的所在,也是保险人经营财产保险业务的基本义务。

从保险法上讲,保险责任分为基本责任、责任免除和特约责任。当然,各种财产保险合同的内容不同,上述保险责任分类的适用情况也不一样。明确起见,财产保险合同一般采用列举方式规定基本责任、责任免除以及特约责任,以便双方当事人遵守执行[①]。

(一)基本责任

基本责任即保险责任,是指财产保险合同中载明的保险人承担保险赔偿责任的危险范围。虽然各类财产保险合同具体承保的危险范围并不一样,但是,基本责任一般可概括为三大类。

(1)自然灾害。一般包括暴风、暴雨、洪水、海啸、雪灾、冰雹等。

---

① 贾林青:《保险法》,中国人民大学出版社2020年版,第217页。

(2) 不可预见的意外事故。一般包括火灾、爆炸,因自然灾害或意外事故导致的停水、停电、停气损失等。

(3) 为了抢救保险财产或者防止灾害损失的扩大而采取必要措施所发生的施救、保护、整理等合理费用的支出。

(二) 责任免除

责任免除是指保险人不承担保险赔偿责任的风险损失。

一方面,财产保险合同的责任免除条款中列明的灾害事故造成的损失,保险人不承担保险赔偿责任。一般来说,战争、军事行动、暴力行为、核辐射污染、被保险人的故意行为等,多列入责任免除条款。

另一方面,基本责任(保险责任)条款未列明,又未列入特约责任条款的灾害事故造成的损失,也属于责任免除。

(三) 特约责任

特约责任又称附加责任,是指经投保人和保险人协商,将基本责任以外的灾害事故附加一定条件予以承保的赔偿责任。它实质上是特约扩大的保险责任,目的是满足被保险人特殊的保险保障需要。

四、财产保险合同的保险赔偿方式

作为补偿性质的财产保险合同,保险人所负保险责任的内容就是在保险财产因保险事故而遭受损失时,按约定的赔偿方法向被保险人支付保险赔偿金。因此,财产保险合同一般都明确规定相应的赔偿方法,即计算保险赔偿数额的方式。

财产保险合同经常采用的赔偿方式有以下三种。

(一) 比例责任赔偿方法

比例责任赔偿方法分为不定值与定值比例赔偿方式。不定值赔偿方式是按照财产保险合同的保险金额与保险财产在出险时的实际价值的比例计算赔偿金额。采用该赔偿方法的财产保险合同,只规定保险金额而不规定保险财产的保险价值,从而保险财产出险时的实际价值是影响赔偿金额的重要因素。保险金额越接近保险财产的实际价值,赔偿金额就越接近损失金额,使被保险人获得足额赔偿。但是,若保险金额低于保险财产的实际价值,保险人获得的赔偿金额也就低于损失金额。可见,比例责任赔偿方法对于不足额保险具有重要作用,其目的在于促使投保人按财产的实际价值足额投保。财产保险合同涉及市场价格变动较大的财产时,经常适用该方法计算赔偿金额。

定值赔偿方式是指以约定的保险价值作为确定保险金额、计算保险赔偿金额的基础。该赔偿方法的特点在于保险金额是依据双方约定的保险价值来确定,无须考虑保险财产在受损之时的实际价值。若保险财产因保险事故而全部损失,保险人按保险金额予以赔偿;若保险财产因保险事故而部分损失,保险人只需要确定损失程度,按损失程度的比例(保险金额乘以损失成数)予以赔偿,省却了对受损财产实际价值的评估。海上货物运输保险合同通常采用该赔偿方法。

(二) 第一危险损失赔偿方式

在保险金额范围内,首先遭受保险事故的保险财产的损失金额即保险赔偿金额。该赔偿方法实际上将保险财产的价值分两个部分。第一部分是保险金额范围内的保险价值,首先发生的保险事故造成其损失的,保险人承担全部赔偿责任,按实际损失予以赔偿,即赔偿金额等于实际损失金额,但不超过保险金额,故称为第一危险责任。第二部分是超过保险金额的价值,该部分损失由被保险人自行承担,保险人不负赔偿责任。该赔偿方法的特点是被保险人在第一危险范围内可获足额赔偿,第一危险赔偿方式在家庭财产保险合同的适用较为普遍。

(三) 限额赔偿方式

保险人在双方约定的限额范围内承担保险赔偿责任,该赔偿方法经常适用于机动车辆保险合同、农业保险合同、工程保险合同和责任保险合同。

限额赔偿方法在适用中,具体分为两种方式。

1. 限额责任赔偿方式

即超过约定限额的损失部分不予赔偿。双方当事人在财产保险合同中规定承担保险责任的赔偿限额,保险人对于未达到约定限额的损失部分承担赔偿责任,超过约定限额的则不予赔偿。限额责任赔偿方式主要适用于农业保险合同、工程保险合同和责任保险合同。

2. 免赔额(免赔率)责任赔偿方式

即保险标的损失超过约定限额的予以赔偿。双方当事人在财产保险合同中约定一个免赔额(或免赔率),保险人对于保险财产未达到免赔额的损失不承担赔偿责任。根据免赔内容的不同,免赔额又分为绝对免赔额和相对免赔额。绝对免赔额就是保险财产的损失超过约定的免赔额(或免赔率)时,保险人仅对超过免赔额的损失部分予以赔偿;而相对免赔额就是保险财产的损失达到或超过约定的免赔额(或免赔率)时,保险人对全部损失承担赔偿责任。该种赔偿方法主要适用于出险率较高的财产保险合同,如机动车辆保险合同,目的是被保险人和保险人共同分担高风险的灾害后果,促使被保险人提高风险防范意识。

除了上述保险赔偿方法以外,当事人根据财产保险合同的实际情况,还可以采用修复置换、分摊赔偿(如用于共同保险合同或重复保险合同)等保险赔偿方法。

第三节 财产保险合同的类型

财产保险合同的分类标准以及各类险种的名称多因保险制度的历史演变而形成。其中:有的根据保险事故发生的区域而命名,如海上保险合同;有的根据承保的保险事故而命名,如火灾保险合同;更多的则根据保险标的来命名。同时,早期的各类财产保险合同仅承保单一保险事故而造成的保险标的的直接损失,而当今的财产保险合同则多是综合保险合同。我国保险立法根据中国的保险市场实践,对于财产保险合同从不同角度进行了如下分类。

一、企业财产保险合同和家庭财产保险合同

（一）企业财产保险合同和家庭财产保险合同的概念和法律特点

企业财产保险合同是以各类企业、国家机关、事业单位、社会团体作为投保人，对处于合同约定的固定地点的财产及其产生的特定利益因发生保险事故所造成的损失负保险责任的财产保险合同。家庭财产保险合同是以城乡居民家庭、个体工商户、农村承保经营户作为投保人，以其住宅或合同约定的存放在固定场所的物质财产因发生保险事故所造成的损失负保险责任的财产保险合同。

在现代保险业务中，财产损失保险是由火灾保险发展演变而来的。因为早期的财产保险主要是以火灾作为承保风险的，故又称为火灾保险。随着社会经济的发展和保险经营技术的改进，火灾保险承保的保险责任扩展到各种自然灾害和意外事故，形成了目前的承保范围。不过，很多国家仍然沿用火灾保险的名称。我国保险公司现在开办的企业财产保险、家庭财产保险等保险业务都是在火灾保险基础上，通过扩大保险责任范围和简化实务手续而形成的。

企业财产保险合同和家庭财产保险合同的突出特色在于其保险标的。与其他财产保险合同相比较，企业或家庭财产保险合同的保险标的具有一般性，而其他各类财产保险合同所承保的均是特定范围内的财产。例如，运输工具保险合同承保营运中的运输工具，货物运输保险合同承保在途运输的货物。企业财产保险合同和家庭财产保险合同的保险标的则为其他各类财产保险承保的特定有形财产以外的一般性的有形财产，包括动产和不动产、固定资产和流动资产、生产资料和生活资料。而且，这些标的相对静止地处于保险合同约定的固定地点。

（二）企业财产保险合同和家庭财产保险合同的适用范围

企业财产保险合同适用于我国各类企事业单位、国家机关、社会团体所有或者经营管理的固定资产和流动资产。与很多国家习惯称其为火灾保险不同，我国保险实务因其承保的责任范围不限于火灾，改变了按保险事故冠名的方法，按投保人的分类，长期以来称其为企业财产保险。但在保险实践中，此类财产保险合同的投保人除了各类企业，还有国家机关、事业单位、社会团体等。

家庭财产保险合同适用于我国城乡居民家庭的财产保险，是专门为个人和家庭的财产提供保险保障的。我国从1979年恢复国内保险业务后，家庭财产保险的业务量得到迅速增长。家庭财产保险的开展不仅能够为财产保险人带来新的业务来源，而且通过对那些遭遇灾害事故损失的家庭的经济补偿，可以维护城乡居民生活的安定。家庭财产保险的另一层意义还在于，它的开展和普及程度标志着国民的保险意识水平，并能够带动其他财产保险业务的发展。

二、货物运输保险合同

（一）货物运输保险合同的概念和法律特征

货物运输保险合同是以运输途中的货物作为保险标的，承保货物在运输过程中由于自

然灾害和意外事故遭受的损失的保险合同。货物运输保险合同所承保的货物，主要是指具有商品性质的贸易货物，一般不包括个人行李或随运输所耗的各种供应和储备物品。货物运输保险合同的特点如下。

1. 承保标的具有流动性

货物运输保险合同的保险标的是在途运输的各种货物，其特点是货物的流动性和与被保险人的分离性（货物在运输过程中处于承运人的直接控制下）。因此，在货物运输保险合同中，保险标的不是控制在被保险人手中，而是控制在第三方即对货物的运输具有承运责任的承运方手中，货物一旦交付运输，被保险人即不再对货物具有安全管理责任。这种现象表明，承运方对货物运输保险的影响很大。

2. 承保风险具有广泛性

货物运输保险合同除负责灾害事故造成的保险标的的直接损失和施救、救助费用、共同海损费用分摊等损失外，还负责系列外来原因造成的保险标的的损失，如偷窃、提货不着、淡水雨淋、短量等。

3. 保险估价具有定值性

货物运输保险合同采取定值保险，保险金额是货物的结论性价值，一经确定不受市场价格变动的影响，这是由货物的流动性所决定的。

4. 保险单可以随提货单背书转让

由于贸易经营的需要，保险人通常同意货物运输保险合同可以空白背书，即保险合同可以随提货单的转移而转让。我国的《保险法》对此有专门的法律规定。在财产保险实务中，无论火灾保险合同还是各种运输工具保险合同，或其他任何财产保险合同，保险单均不能自由转让，而货物运输保险合同是例外，即它可以不经过保险人同意就背书转让。

5. 保险期限采用"仓至仓条款"

货物运输保险合同采用"仓至仓条款"，每一批投保货物的保险责任起讫均以约定的运输途程为标准，即从被保险货物离开起运地点的仓库或储存处所开始，直至到达目的地收货人的仓库或储存处所时终止。因此，货物运输保险一般不受具体时间的约束。

（二）货物运输保险合同的适用范围

货物运输保险合同适用范围广泛，因此，保险法对于货物运输保险合同予以多种分类。其中，按运输方式，分为水上运输货物保险合同、陆上运输货物保险合同、航空运输货物保险合同、邮包保险合同和联运保险合同等。按适用范围，分为国内运输货物保险合同和国际运输货物保险合同等。

三、运输工具保险合同

（一）运输工具保险合同的概念和法律特征

运输工具保险合同是以各类合法运营的运输工具作为保险标的的合同，包括船舶保险合同、机动车辆保险合同、飞机保险合同等。与其他财产保险合同相比，运输工具保险的特点如下。

(1) 其保险标的限于投入合法营运的各种交通运输工具,而且,符合有关法律、行政法规规定条件的交通运输工具才为保险人承保。

(2) 其投保人和被保险人应当是交通运输工具的法定权利人。凡是交通运输工具的所有权人、经营权人、使用权人等均可以投保运输工具保险合同,而上述权利人或者运输工具的驾驶人员为交通运输工具保险合同的被保险人。

(3) 其赔偿方法原则上适用修理、恢复原状的方法。当运输工具因保险事故造成损坏时,可以通过修理而使其恢复正常的营运状态;如果需要更换残损的零件,保险人一般按照约定承担赔付责任[①]。

(二) 运输工具保险合同的适用范围

运输工具保险合同适用于各种交通运输工具,包括各种汽车、拖拉机、火车、船舶、飞机以及其他飞行器、非机动的畜力车、人力车,甚至涉及卫星和其他航天器等。相应地,在保险实务中,运输工具保险合同按照承保的交通运输工具的种类,可以分为机动车辆保险合同、非机动车辆保险合同、飞机保险合同、船舶保险合同以及航天保险合同等。

运输工具保险合同的保险保障范围,不仅包括保险人承保的各种交通运输工具本身因自然灾害或者意外事故造成的损失,还将交通运输工具造成的第三者的人身伤害和财产损失纳入保险保障范围。

在现代经济生活中,交通运输工具的价值较高、运行速度极快,因而其发生的交通事故往往产生较为严重的损害结果,影响社会生产和生活的正常秩序。因此,世界上很多国家的保险业开办了各种交通运输工具保险的险种,并大多实行强制保险。同时,航空航天事业的发展也进一步扩展了运输工具保险的适用范围。

四、工程保险合同

(一) 工程保险合同的概念和法律特征

工程保险合同是指以各种工程项目为主要承保对象的保险合同,包括建筑工程保险合同、安装工程保险合同、科技工程保险合同等。工程保险合同作为财产保险合同的具体类型,具有诸多的法律特征。

1. 保险标的是在建工程项目

保险标的必须是处于施工状态下尚未完成的,包括在建的建筑物和与兴建建筑物有关的各种大型机器设备的安装工程等。传统的工程保险合同分为建筑工程保险合同和安装工程保险合同两大类,是承保工程项目的两个相辅相成的工程保险险种,它们各自承保的侧重点有所区别。进入20世纪以后,许多科技工程活动获得了迅速的发展,随之逐渐形成了科技工程保险。

2. 承保的风险具有广泛性和综合性

其广泛性在于:① 工程保险合同承保被保险人的财产面临的自然风险、意外事故、人为风险、责任风险等;② 工程保险合同承保的保险标的大多裸露于工程现场,处于一种无防备

---

① 贾林青:《保险法》,中国人民大学出版社2020年版,第237页。

的风险状态,相应地,其抵御风险的能力大大低于普通财产保险合同的保险标的;③ 工程保险合同承保的工程在施工过程中始终处于一种动态过程。同时,各种风险因素错综复杂,加上人为因素的影响,必然使其面临的风险程度加大。

3. 被保险人具有广泛性

在工程保险中,由于同一个工程项目涉及多个具有经济利害关系的人,如工程所有人、工程承包人、各种技术顾问及其他有关利益方(如贷款银行等),均对该工程项目承担不同程度的风险,所以,凡对于工程保险标的具有保险利益者,均具备对该工程项目进行投保的资格,并且均能成为该工程保险中的被保险人,受保险合同及交叉责任条款的规范和制约,同时避免了被保险人之间不必要的代位追偿。

4. 保险标的的价值和保险金额具有变动性

因为工程项目的价值因建设进度而不断增加,其保险金额亦具有变动性,从而使得工程保险合同确定保险金额的方法不同于其他财产保险合同,较多情况是以完工时的价值或者承包合同的承包金额作为保险金额,当然,若工程项目中保险期限内的市场价值或承包金额发生变化,保险金额也应当进行相应的改变。

5. 保险期限具有不确定性

与普通财产保险合同的保险期限相对固定(通常是 1 年)不同,工程保险合同的保险期限一般情况下根据工程的工期长短来确定,可以是几年,也可以是十几年。同时,因受工期的影响,工程保险合同的保险期限的起止点也不是确定的具体日期,而是根据保险单的规定和工程的具体情况来确定的。因此,工程保险采用工期费率,而不是年度费率。

(二) 工程保险合同的适用范围

在各国保险实务中,就保险标的而言,工程保险合同适用于各类民用、工业用和公共事业的建筑工程项目,以及新建、扩建或改建工矿企业涉及的机器设备或者钢结构项目的兴建和安装。

就被保险人来说,工程保险合同适用于与建筑工程项目或者机器设备、钢结构建筑物安装项目有关的各方关系人,包括工程所有人(业主)、工程承包人(主承包人和分承包人)、供货人、机器设备的制造人、工程所有人雇佣的技术顾问(如建筑师、设计师、工程师、工程监理等)、贷款银行以及其他债权人等。适应各国经济建设等发展,工程保险合同的适用范围出现不断扩大的趋势。出现了以各种重大科技工程或科技产业为保险标的的综合性财产保险,科技工程保险标的巨大、价值高昂、性质特殊,与当代高、精、尖科学技术紧密联系在一起,通常被视为现代保险业中最高级的业务,需要由实力雄厚、技术精良的大保险公司来承保。

五、农业保险合同

(一) 农业保险合同的概念和法律特征

农业保险合同是以农、林、牧、渔为保险标的的保险合同,主要包括种植业保险合同和养殖业保险合同等。虽然农业保险在许多国家还是由商业保险公司经营,但鉴于它的制度特性,并且由于它通常能得到政府的支持,又被称为"政府支持的农业保险"或者"政策性农业保险"。农业保险合同虽然属于财产保险合同的一种,但基于农业生产活动的特点,农业保险合同具有如下特征。

1. 农业保险合同的保险标的大多是有生命的动植物

农业保险合同的标的大多是有生命的植物或动物,因此,农业保险标的与以非生命体作为保险标的的财产保险差异很大。一方面,农业保险合同保险标的价值始终处于变化中,只有当它成熟或收获时才能最终确定,在此之前,保险标的只能说处于价值的孕育阶段,而不具备独立的价值形态。另一方面,农产品的鲜活性特点使农业保险受损现场易灭失,对农业保险查勘时机和索赔时效产生约束。如果被保险人在出险后不及时报案,则会失去查勘定损的机会,农业保险合同如果对时效不专门加以约定,势必会增加保险人的经营风险。

2. 农业保险合同的保险责任具有高风险性和高赔付性

农业保险合同承保的自然风险结构很特殊,主要包括各种气象灾害和生物灾害,如水灾、旱灾、冰雹、低温灾害、干热风灾、病虫害、疫病灾害等。这些风险的发生往往会造成保险标的很高的损失概率。相应地,保险人基于农业保险合同予以赔付的可能性很大,赔付的比例亦较高。

3. 农业保险合同确定保险金额的方法灵活多样

农业生产及农业灾害的地域性,决定了农业保险合同也具有较强的地域性。农业保险在险种类别、标的种类等表现出在某一区域内的相似性和区域外明显的差异性。为了适应这些特点,保险人在确定农业保险合同的保险金额时采取了灵活多样的方法,而且一般实行低额承保。

4. 农业保险合同的政策性

一方面,农业保险合同的政策性体现在农业保险的非营利性,即国家开办农业保险的目的是为农业提供保障,而不是营利,国家还必须拨付一定的财政资金用以扶持农业保险的开展;另一方面,农业保险合同的政策性体现在农业保险对政府推动力的依赖性,即农业保险作为国家的农业保护政策,是一定的政府行为,其实施必须依靠政府强制力加以推动。如果缺少必要的法律、经济及必要的行政上的支持,农业保险将难以开展,也难以达到保护农业的目的。

(二) 农业保险合同的适用范围

农业保险合同本来是商业性财产保险合同中的一个类别,与其他非寿险业务合同如企业财产保险合同、家庭财产保险合同、机动车辆保险合同、工程保险合同等并列。但如今的农业保险已成为一种超越商业保险活动的制度安排,即无论在中国还是在其他国家,农业保险不仅仅为农业生产者提供农、林、牧、渔等财产风险保障,更主要是成为各国政府管理本国农业风险、维持本国农业等稳定发展、提高农业竞争力、减少农民收入波动、提高农民社会福利的重要农业政策工具或者特殊的农业风险管理制度。按农业生产的对象分类,农业保险合同主要分为以下两大类。

(1) 种植业保险合同:承保植物性生产的保险标的的保险合同,如农作物保险合同、林木保险合同等。

(2) 养殖业保险合同：承保动物性生产的保险标的的保险合同，如牲畜保险合同、家禽保险合同、水产养殖保险合同等。

六、责任保险合同

(一) 责任保险合同的概念和法律特征

责任保险合同是以被保险人依法应承担的民事赔偿责任作为保险标的的保险合同。我国《保险法》对责任保险的定义是："责任保险是指以被保险人对第三者依法应负的赔偿责任为保险标的的保险。"责任保险合同属于广义财产保险合同，具有广义财产保险合同的一般特征，但又具有自己的法律特征。

1. 责任保险合同的保险标的特殊

责任保险合同承保的是各种民事法律风险，没有实体的标的。责任风险损失是在社会科学以及法律的基础上进行评估，在考虑行为人过错及疏忽的程度时，主要是对现在适用的法律以及法官判断的阐释。很明显，这个过程受到了社会以及政治环境发展变化的影响，因而在任何确定的程度范围内预测责任损失的平均值及其变化都相对存在困难。同时，由于责任保险合同承保的标的是没有实体的各种民事法律风险，保险人承担的责任只能采用赔偿限额的方式进行确定。

2. 责任保险合同补偿对象特殊

责任保险合同的直接补偿对象虽然也是与保险人签订责任保险合同的被保险人，被保险人无损失则保险人亦无须补偿；但被保险人的利益损失又首先表现为因被保险人的行为导致第三方的利益损失为基础，即第三方利益损失的客观存在并依法应由被保险人负责赔偿时才会产生被保险人的利益损失。因此，责任保险合同是由保险人直接保障被保险人的利益、间接保障受害人利益的一种保障合同。

3. 责任保险合同承保方式特殊

责任保险合同是一类独立的保险合同，从保险市场来看，其承保方式主要有三种[①]。

(1) 作为完全独立的责任保险单独承保。在这种承保方式下，保险人单独就责任风险进行承保，与特定的财产没有了保险意义上的直接关系，如公众责任保险、产品责任保险、雇主责任保险、职业责任保险等。

(2) 作为与财产损失保险相联系的险种独立承保。在这种承保方式下，保险人签发专门的保险单。投保人投保了财产损失保险之后，可以投保与之相关的责任保险，也可以不投保，可以向同一保险人投保，也可以向不同保险人投保。例如，机动车辆第三者责任保险（世界上大多数国家将该险种列为法定保险）、飞机第三者责任保险等。

(3) 作为财产损失保险的组成部分或附加险来承保。在这种承保方式下，责任保险与财产损失保险的关系十分紧密，投保人必须投保财产基本险，才能得到责任风险的保障。例如，在船舶保险中，碰撞责任就被列入基本保险单的保险责任范围，即只要投保了船舶保险，其责任风险同时也就自动得到了保障。又如，建筑、安装工程保险的第三者责任保险，一般作为附加险来承保，也即投保人在投保了建筑工程和安装工程基本险基础上才能附加投保

---

① 许飞琼、郑功成：《财产保险》，中国金融出版社2020年版，第312—313页。

第三者责任保险。

4. 责任保险合同赔偿处理特殊

与一般的财产保险和人身保险业务相比,责任保险合同的赔偿要复杂得多:① 每一起责任保险合同赔偿案的出现,均以被保险人对第三方的损害并依法应承担经济赔偿责任为前提条件,从而必然要涉及受害的第三者,这表明责任保险合同的赔偿处理较为复杂,并非像一般财产保险或人身保险赔案一样只是保险双方的事情。② 第三者的直接请求权。《保险法》第65条第2款规定:"责任保险的被保险人给第三者造成损害,被保险人对第三者应负的赔偿责任确定的,根据被保险人的请求,保险人应当直接向该第三者赔偿保险金。被保险人怠于请求的,第三者有权就其应获赔偿部分直接向保险人请求赔偿保险金。"该规定明确赋予了责任保险合同中第三者直接请求权:如果被保险人的赔偿责任是确定的,同时在被保险人怠于向保险公司请求赔偿的前提条件下,第三者拥有直接向保险公司请求赔偿保险金的权利[①]。③ 保险人具有参与处理责任事故的权利。责任保险中因是保险人代替致害人承担对受害人的赔偿责任,被保险人对各种责任事故处理的态度往往关系到保险人的利益,因而保险人可以参与到责任事故的处理中去。

(二) 责任保险合同的适用范围

作为一类自成体系的保险业务,责任保险的适用范围是十分广泛的,即适用于一切可能造成他人财产损失与人身伤亡的各种单位、家庭或个人。具体而言,责任保险合同的适用范围包括以下六部分[②]。

1. 各种公众活动场所的所有者、经营管理者

各公共场所的所有者、经营管理者对在其相关公众活动场所中遭受意外伤害的社会公众负有法定的损害赔偿责任。如体育场、电影院、银行、城市各种公用设施等,均有可能导致公众的人身或财产损害,这些地方的所有者或经营管理者就负有相应的法定赔偿责任,从而需要且可以通过订立责任保险合同的方式向保险公司转嫁。

2. 各种产品的生产者、销售者、维修者

产品的生产者、销售者、维修者对产品导致的各种意外责任事故后果负有直接的经济赔偿责任。其中,产品的生产者负有最大且最后的责任,产品销售者和维修者仅对其改变产品造成的责任事故负责。

3. 各种运输工具的所有者、经营管理者或驾驶员

运输工具的责任事故风险极大,在许多国家均采用普遍强制保险的方式承保。因此,各种运输工具的所有者、经营管理者或驾驶员对运输工具的事故责任风险具有保险利益,他们构成了投保责任保险的又一客户群体。

4. 各种需要雇用员工的单位

任何用工单位均应依法对劳动者的安全承担法律责任,这种法律责任不是通过工伤社会保险的方式强制推行,就是通过雇主责任保险的方式强制推行。因此,任何用工单位均对其雇用的劳动者的工作性伤害具有保险利益,从而亦适用于责任保险合同。

[①] 粟榆、岑敏华:《赋予第三者直接请求权与责任保险的风险管控》,《中央财经大学学报》,2011年第1期,第80页。
[②] 许飞琼、郑功成:《财产保险》,中国金融出版社2020年版,第314页。

5. 各种提供职业技术服务的单位

各种职业技术服务团体因其提供的各种技术服务存在着某种缺陷而造成合同对方的损害时,必须依法承担相应的经济赔偿责任,这一法律原则使任何提供技术服务的团体均存在职业责任风险的保险利益,从而使各种职业责任保险合同的订立成为必要。

6. 城乡居民家庭或个人

对于城乡居民家庭或个人而言,亦存在着广泛的责任风险,如个人的侵权行为、家庭或个人饲养的动物造成他人损害、家庭或个人雇佣保姆之类的劳工在被雇佣期间遭受人身伤害或财产损失、家庭或个人所有或管理的静物(如房屋等)因意外失事造成他人的损害等,均要求家庭或个人承担起相应的经济赔偿责任,这种家庭或个人责任风险的客观存在,使订立家庭或个人责任保险合同成为必要的风险转嫁工具。因此,责任保险合同同时还适用于城乡居民家庭或个人。

此外,在各种工程项目的建设过程中也存在着民事责任事故风险,建设工程的所有者、承包者等亦对相关责任事故风险具有保险利益;各单位场所(即非公众活动场所)也存在着公众责任风险,企业等单位亦有投保公众责任险的必要性。

七、信用保险合同和保证保险合同

(一) 信用保险合同和保证保险合同的概念和法律特征

信用保险合同和保证保险合同都是以特定的信用风险作为承保对象的财产保险合同。信用保险合同是以债权人为投保人,当债务人不能或不愿清偿而致权利人受损失时,由保险方负赔偿责任的保险合同。保证保险合同是指保险人作为被保险人的保证人提供担保而成立的保险合同。在该合同项下,投保人按照约定向保险人支付保险费,因被保证人的行为或不行为致使被保险人遭到损失的,由保险人负赔偿责任[①]。信用保险合同和保证保险合同与一般的财产保险合同相比,具有自身的法律特征。

(1) 信用保险合同和保证保险合同的首要特点是其所承保的保险标的为商品交易中债务人的信用,这是一种无形的经济利益。因此,该两类保险合同属于无形财产保险合同的具体类型。

(2) 信用保险合同和保证保险合同的第二个特点在于其主体构成。信用保险合同和保证保险合同的当事人为保险人和投保人,其中,信用保险合同的投保人是债权人,保证保险合同的投保人是债务人。信用保险合同和保证保险合同的关系人为被保险人,是对保险人享有保险赔偿金请求权的人,仅限于债权人或与债权人具有同等地位的其他利害关系人[②]。

(3) 信用保险合同和保证保险合同的第三个特点是其承保风险的不规律性。相比较而言,一般的财产保险合同各自承保的风险都可以在运用大数法则计算的科学基础上掌握其发生的规律性。信用保险合同和保证保险合同的承保风险包括各种主客观原因,例如,债务人不履行债务的原因,或者是出于主观过错,或者是出于战争、政府征用等客观原因。这些

---

① 邹海林:《保险法教程》,首都经济贸易大学出版社2002年版,第147页。
② 邹海林:《保险法学的新发展》,中国社会科学出版社2015年版,第498页。

原因无规律可言,不使用大数法则,而是依靠市场信息资料,从而使得该两类保险合同的承保风险是不规律的。

(4) 信用保险合同和保证保险合同厘定费率一般不以大数法则为基础,因为不同的债务人其信用不同,一般以信用风险的等级为基础;而厘定一般财产保险合同的费率要以大数法则为基础。

(二) 信用保险合同和保证保险合同的适用范围

现代市场经济条件下,信用存在于各类社会活动,因此,信用风险广泛存在决定了信用保险合同和保证保险合同的适用范围广泛。

1. 信用保险合同的适用范围

从信用保险的业务内容看,信用保险合同可以适用于国内商业信用、出口信用和海外投资等方面。

(1) 国内商业信用。在市场经济条件下,商业活动中的信用行为是一种普遍的现象,一方当事人的违约和失信都会造成另一方当事人的商业利益损失。为了防范这种不测的损失事件,当事人除在签订商业合同过程中通过严密的合同条款保护自己外,还期望通过采取某种除了法律手段之外的经济措施来保护自己的利益。因此,对于商业信用提供保险的方式来保证权利人的利益就成为市场经济条件下,权利人进行自我保护的重要形式。

(2) 出口信用。承保出口商在经营出口业务的过程中因进口商方面的商业风险或进口国方面的政治风险而遭受损失的一种特殊的保险合同。根据保险合同,投保人交纳保险费,保险人将赔偿出口商因债务人不能履行合同规定支付到期的部分或全部债务而遭受的经济损失。由于此类保险所要承担的风险特别巨大,而且难以使用统计方法测算损失概率,故一般的保险公司均不愿经营这种保险。

(3) 海外投资。投资保险合同是承保被保险人(投资人)因投资所在国政治局势动荡或政府法令变动所引起的投资损失的保险合同,又称政治风险保险合同或海外投资保证保险合同。其承保对象一般是海外投资者。投资保险合同的政治风险是指东道国政府没收或征用外国投资者的财产,实行外汇管制,撤销进出口许可证,以及内战、绑架等风险而使投资者遭受投资损失的风险。

2. 保证保险合同的适用范围

(1) 合同保证保险合同。合同保证保险合同又称履约保证保险合同,是指因被保险人不履行合同义务而造成债权人经济损失时,由保险人代被保证人进行赔偿的一种保险合同。合同保证保险合同可以分为建筑保证保险合同、完工保证保险合同、供给保证保险合同等。

(2) 产品质量保证保险合同。产品质量保证保险合同是以被保险人因制造或销售的产品丧失或不能达到合同规定的效能而应对买主承担的赔偿责任为保险标的的保险合同。《中华人民共和国产品质量法》等法律法规明确了产品生产者和销售者对于产品的质量承担潜在的法律法规风险,产品质量保证保险合同能够为产品生产者和销售者提供有效的风险转嫁渠道。

(3) 忠诚保证保险合同。忠诚保证保险合同又称雇员忠诚保险合同,是一种在权利人因被保证人的不诚实行为而遭受经济损失时,由保险人作为保证人承担赔偿责任的保险合同。通常为雇主(权利人)提供保险,以被保证人(雇员)的诚实信用为保险标的,当雇员由于偷盗、侵占、伪造、私用、非法挪用、故意误用等不诚实行为造成雇主受损时，由保险人负责赔偿。

重要概念

财产保险合同　主保险合同　附加保险合同　超额保险合同　实际全损　推定全损　部分损失　比例赔偿方式　第一危险赔偿方式　限额赔偿方式　责任保险合同　信用保险合同　保证保险合同

思考题

1. 什么是财产保险合同？财产保险合同具有哪些特征？
2. 财产保险合同保险标的损失分类有哪些？
3. 财产保险合同赔偿方式有哪些？
4. 从中国保险市场经营实务可以将财产保险合同分为哪些？试阐述每种财产保险合同的概念与法律特征。

案例习题

1. 李华就其房屋一栋，为自己利益向某财产保险股份有限公司投保火灾保险。保险合同上载明该房屋保险价值为人民币 900 万元，并约定以该保险价值为保险金额。在保险期间内，该房屋因火灾而烧毁一部分，当时正逢房屋市场价格下降，其市场价格为人民币 600 万元，该房屋因火灾所受损失约为 300 万元。

问题：

(1) 李华与财产保险股份有限公司之间的保险合同为定值保险合同还是不定值保险合同？

(2) 财产保险股份有限公司应如何向李华给付保险金？

2. 2020 年年初，广州某公司策划在上海某百货商场举办某产品专柜特卖活动月。该公司通过某人才市场，雇用了 5 人担任此次活动的推销员。某天，该公司急需将价值 5 万多人民币的货物从公司驻沪办事处运往商场。公司专用送货车辆均外出未归，负责这次活动的业务员便安排推销员甲叫一辆出租车送货，同时联系商场派人在商场门口接货。后推销员及此笔货物失踪，该公司立即向当地派出所报了案。公安部门对所有线索进行追查，但没有结果，该公司事后向保险公司提出了索赔申请。保险公司向该公司的有关人员进行了调查取证，并根据保险单所列明的条款，要求被保险人提供对雇用推销员甲受雇前情况进行查询所获得的证明资料。但事实表明，该公司在雇用甲时未对其受雇前情况进行必要的查询。

问题：

(1) 根据题目，广州某公司与保险公司订立的是何种保险合同？

(2) 保险公司是否需要理赔？为什么？

第十一章　保险业法概述

> **学习目标**
>
> 1. 掌握保险业法的概念和意义。
> 2. 掌握保险业法的立法体例和内容体系。

第一节　保险业法的概念与意义

一、保险业法的概念

保险业法又称保险业监督法或保险监管法,是指国家对保险企业以及对保险市场进行监督、管理的法律规范制度。

保险业法是各国保险法的重要组成部分,保险业法的调整对象一般包括:① 国家对保险企业的组织形式的监管关系;② 国家对保险企业内部管理的监管关系;③ 国家对保险企业间合作、竞争等活动的监管关系;④ 国家对保险中介组织的监管关系。

二、保险业法的意义

随着市场经济的高度发展,以及从各国的保险立法和保险实践来看,保险已经成为各国国民经济中危险管理制度的重要方式。保险业的稳健经营不仅关系着社会经济的稳定、保险人自身的经济利益,还关系着广大保险消费者的利益。因此,保险业法的制定具有重要的意义。

(一) 保证保险人有充足的偿付能力

保险人的偿付能力是衡量保险人能否支付保单持有人到期债务的重要指标,它等于保险人的实际具有资本与法定要求应对风险而须具有的资本之差。简言之,保险人必须具备充足的偿付能力,以满足保险理赔之需[1]。由此可见,保险公司的偿付能力主要用来衡量保险公司是否有足够的资本能用于保障保单持有人的利益。因此,保险公司自身的偿付能力风险关系着广大保险消费者的切身利益,一直是监管机构关注的焦点[2]。保险业法通过对保

---

[1] 王艳、方璐、万里虹:《偿付能力监管约束下保险公司融资行为研究》,《保险研究》2019年第10期,第47页。
[2] 欧阳越秀、严奕杨、李夏晴:《我国财产保险公司偿付能力风险管理问题研究——基于内控视角及灰色关联分析法》,《保险研究》2019年第2期,第16—18页。

险人资本金的数额、保证金的提取、各项责任准备金的提存等一系列措施,来保证保险人具备充足的偿付能力,从而使广大保险消费者的合法权益得到有效的保障。

(二) 维护保险业的公平竞争,规范保险市场的竞争秩序

在保险经营中,若保险人在市场交易中违反自愿、平等、公平原则和职业道德,不仅会损害其他保险经营者的合法权益,还会损害保险消费者的合法权益,更为甚者,会加大整个保险业的经营风险[①]。因此,可以通过保险业法的相关规定,如保险人的市场准入制度、竞争行为的监管等措施为保险业依法经营、公平竞争创造良好的市场环境。

(三) 防止保险欺诈的发生

投保人未如实告知而诱使保险人承保,或是保险人在不具备充足的偿付能力的情况下经营保险业务,前者属于投保人欺诈,后者属于保险人欺诈。防止保险欺诈是保险法的一项重要内容。可以通过如实告知义务、保险利益原则等防止投保人欺诈;可以通过对保险人偿付能力、保险资金运用的监管防止保险人欺诈。

(四) 有利于提高保险业经营的科学性

在当今社会,新的风险时常出现,这就对保险人的承保技术、理赔技术提出了较高的要求,如果保险人在面对新出现的风险时束手无策,将极大地挫伤保险消费者对保险人的信任感。因此,保险人应当借助现代的科学手段提高服务能力和效率,建立科学合理的经营机制[②],而保险业法可以为此提供相应的法律保障。

第二节 保险业法的立法体例与内容体系

一、保险业法的立法体例

综观世界各国保险业法的立法体例,一般分为两种:一种是采取单行法的模式,即制定独立的保险业法;另一种是采取将保险业法纳入保险法典或商法典的模式。我国《保险法》采取的是将保险合同法与保险业法合并立法的模式,我国《保险法》自1995年颁布以来,即将保险合同法与保险业法合为一体。

从立法背景来看,我国《保险法》于1995年制定之初,草案起草者之所以选择合并立法模式,并非出于理性,而是出于实用或者便利。换言之,采取合并立法模式,在立法时只需要制定通过一部保险法,而不是保险合同法与保险业法两部法律,只需要一次立法程序即可完成,降低了立法成本,有助于提高立法效率[③]。但是也有学者认为,采取保险合同法与保险业

---

① 陈韬、刘卉:《浅谈我国保险行业的不正当竞争及其矫正对策》,《保险职业学院学报(双月刊)》2012年第6期,第41页。

② 吴定富:《完善偿付能力监管 强化市场行为监管 切实保护被保险人利益》,《上海保险》2010年第21期,第12页。

③ 李祝用:《中国保险立法体例研究》,《河北法学》2006年第12期,第111—115页。

法合并立法的模式,不利于保险业与保险监管制度的全面建立和完善,因为保险业法和保险合同法"同处一室",难免受到掣肘。保险业及其监管十分重要,应当单独立法调整①。保险合同的规范与保险业的监管,两者的性质截然不同。保险合同法以规范当事人权利义务为目的,重在权利义务的平衡与法的安定性;而保险业法是以赋予主管机关监督保险业之权限与准则为宗旨,重在保险业的健全发展与法之适应性。由此可见,单行法模式与合并立法模式各有长短,孰优孰劣,难以取舍,关键在于立法者的价值取向:是偏向于实用主义,还是更青睐科学性②。

二、保险业法的内容体系

一般来说,保险业法主要由以下三个部分构成。

(一)保险监管法律制度

保险监管法律制度是国家调整保险业监督管理关系的法律规范,主要包括保险组织监管和保险业务经营监管两个方面。我国保险业法规定的相应内容包括保险组织的形式、保险组织的设立条件和程序、保险业务的许可、保险组织的破产及清算、保险中介人的组织条件及设立条件等③。

(二)保险行业自律制度

我国的保险业监管体系应当构建一套由政府监管、行业自律等组成的,多层次、全方位的监管体系④。保险行业自律是保险市场主体为了维护共同利益而在保险行业中达成共同的规范,以约束保险企业的行为,促进保险业的健康发展⑤。

(三)保险机构信用评级制度

保险机构信用评级制度被越来越多国家的保险监管机关所采纳。以保险公司信用评级为例,保险公司信用评级即评级机构通过对保险公司公开披露的信息和提供的部分内部信息进行综合分析,按照某种量化标准,将各家保险公司的信用状况按等级进行划分。保险监管机构和保险消费者根据评级结果可以直观地判断保险公司的信用风险状况。保险公司信用评级是政府监管保险市场的重要辅助手段之一⑥。借助保险机构信用评级制度,可以提高保险市场经营运作的透明度和安全性,它属于预防性监管措施,具有保险风险的预警作用⑦。

---

① 邢海宝:《新〈保险法〉解读》,《法学杂志》2009 年第 5 期,第 144 页。
② 李祝用:《中国保险立法体例研究》,《河北法学》2006 年第 12 期,第 116 页。
③ 赵佩璋:《浅谈我国保险业的规范化和法制化》,《中外企业家》2009 年第 20 期,第 175 页。
④ 杜焱:《保险业监管的国际比较及中国的战略调整》,《湖南农业大学学报》(社会科学版)2006 年第 2 期,第 41 页。
⑤ 赵荣:《保险的行业自律与反垄断》,《中国保险》2015 年第 5 期,第 31 页。
⑥ 张宁:《我国寿险公司信用评级制度研究》,博士学位论文,湖南大学,2012 年,第 21—22 页。
⑦ 贾林青:《保险法》,中国人民大学出版社 2014 年版,第 290 页。

 重要概念

保险业法 保险业法的立法体例

 思考题

1. 保险业法的意义是什么？
2. 我国保险业法的立法体例是怎样的？
3. 保险业法的内容体系包括什么？

第十二章 保险组织

学习目标

1. 掌握我国保险组织的基本形式。
2. 掌握我国保险公司的设立、变更和终止。
3. 掌握我国保险公司的整顿和接管。

第一节 保险组织的基本形式

一、保险组织形式概述

保险组织形式是指保险人以何种模式来经营保险业务[1]。保险组织是专门经营风险的，所以各国一般都对保险业务实行严格的经营许可证特许管理，特别规定经营者的资格[2]。一般而言，经营保险业务的组织可以分为公司形态保险组织和非公司形态保险组织两大类。其中公司形态保险组织又可分为股份有限保险公司、有限责任保险公司、相互保险公司等，非公司形态保险组织又可分为相互保险社、保险合作社等[3]。

二、公司形态保险组织

（一）股份有限保险公司

股份有限保险公司是指由国家保险监管机关批准设立、经营保险业务的股份有限公司。股份有限保险公司是我国保险公司的重要组织形式之一[4]。股份有限保险公司的组织模式和经营机制非常适合保险经营的特点。一方面，股份有限公司可以通过发行股票的方式，广泛吸收社会资金积聚成符合保险业法规定的巨额的公司资本。我国《保险法》第69条规定："设立保险公司，其注册资本的最低限额为人民币二亿元。国务院保险监督管理机构根据保险公司的业务范围、经营规模，可以调整其注册资本的最低限额，但不得低于本条第一款规定的限额。保险公司的注册资本必须为实缴货币资本。"另一方面，保险的经营极具专业性。

---

[1] 徐康平、董彪、徐冉：《保险法学》，中国财富出版社2015年版，第213页。
[2] 黎建飞：《保险法新论》，北京大学出版社2014年版，第369页。
[3] 李玉泉：《保险法》，法律出版社2019年版，第258页。
[4] 温世扬：《保险法》，法律出版社2007年版，第407页。

股份有限公司所采取的所有权与经营权相分离的经营方式,确立了投资者行使股权,而具体的经营活动则由专业的管理人员实施,提高了股份有限保险公司的管理水平和市场竞争力①。

(二) 有限责任保险公司

有限责任保险公司是指由国家保险监管机关批准设立、经营保险业务的有限责任公司。其中,国有独资保险公司是针对我国国情设立的一种特殊类型的有限责任保险公司。国有独资保险公司是指国家单独出资、由国务院或者地方人民政府授权本级人民政府国有资产监督管理机构履行出资人职责的有限责任保险公司。国有独资保险公司曾经是我国保险公司的主要组织形式②。

(三) 相互保险公司

相互保险公司是指在平等自愿、民主管理的基础上,由全体会员持有并以互助合作方式为会员提供保险服务的法人组织,或者说,它是由具有相同保险需要的社会成员作为股东出资设立并为组织成员提供风险保障的保险组织③。

相互保险公司的投保人具有双重身份,即相互保险公司股东、保单持有人的地位与股份公司的股东地位类似,公司为他们所拥有。他们既是公司所有人,又是公司的顾客;既是投保人或被保险人,同时又是保险人。他们只要缴纳保险费,就可以成为公司成员,而一旦解除保险关系,也就自然脱离公司,成员资格随之消失。相互保险公司不以营利为目的,而是重视互助和分红。公司的责任准备金由各成员缴纳的保费形成,同时,各成员以其所缴纳的保费为依据,参与公司的盈余分配和承担公司发生亏空时的弥补额④。

三、非公司形态保险组织

(一) 相互保险社

相互保险社是保险组织的原始形式,作为独立法人的相互保险公司就是由其演变而来的。相互保险社是指针对一定的危险而具有同一保险保障需求的个人或者单位以交纳会费的方式所组成的合作团体。其成员既是被保险人,也是保险人,他们相互之间提供保险保障⑤。

(二) 保险合作社

保险合作社是指按照地域或者行业,由一些具有相同保险需求的人组织起来、共同经营的相互保险组织。保险合作社是保险领域的合作,强调"人"的组合,而非"资本"的结合,是非营利组织⑥。

---

① 贾林青:《保险法》,中国人民大学出版社 2014 年版,第 310 页。
② 李玉泉:《保险法》,法律出版社 2019 年版,第 258 页。
③ 范健、王建文、张莉莉:《保险法》,法律出版社 2017 年版,第 314 页。
④ 黎建飞:《保险法新论》,北京大学出版社 2014 年版,第 372 页。
⑤ 贾林青:《保险法》,中国人民大学出版社 2014 年版,第 314 页。
⑥ 范健、王建文、张莉莉:《保险法》,法律出版社 2017 年版,第 317 页。

(三)个人保险组织

个人保险组织形式最早存在于英国,伦敦的劳合社是世界上最大的个人保险组织。劳合社不是保险公司,本身并不承保业务,而是一个保险社会团体组织,只向其成员提供保险交易场所和各种服务[①]。

第二节 保险公司的设立、变更和终止

一、保险公司的设立

(一)保险公司的设立条件

保险业是一种特殊行业,各国保险立法一般都对保险公司的设立进行了全面严格的规定。根据我国《保险法》第68条的规定,在我国设立保险公司,应当具备下列条件。

(1)主要股东具有持续盈利能力,信誉良好,最近3年内无重大违法违规记录,净资产不低于人民币2亿元。保险公司是经营风险的特殊行业,因而在诚信方面,对保险公司的经营管理者提出了更高的要求。

(2)有符合《保险法》规定的注册资本。我国《保险法》第69条规定:"设立保险公司,其注册资本的最低限额为人民币二亿元。国务院保险监督管理机构根据保险公司的业务范围、经营规模,可以调整其注册资本的最低限额,但不得低于本条第一款规定的限额。保险公司的注册资本必须为实缴货币资本。"

(3)有符合我国《保险法》和《公司法》规定的章程。公司章程是规定公司权利义务关系的基本准则,是保险公司赖以设立及开展各项业务的基本法律文件。

(4)有具备任职专业知识和业务工作经验的董事、监事和高级管理人员。保险行业的专业性和技术性较强,因而需要有具备相应专业保险知识和业务工作经验的董事、监事和高级管理人员。我国《保险法》第81条规定:"保险公司的董事、监事和高级管理人员,应当品行良好,熟悉与保险相关的法律、行政法规,具有履行职责所需的经营管理能力,并在任职前取得保险监督管理机构核准的任职资格。保险公司高级管理人员的范围由国务院保险监督管理机构规定。"此外,我国《保险法》第82条规定:"有《中华人民共和国公司法》第一百四十六条规定的情形或者下列情形之一的,不得担任保险公司的董事、监事、高级管理人员:(一)因违法行为或者违纪行为被金融监督管理机构取消任职资格的金融机构的董事、监事、高级管理人员,自被取消任职资格之日起未逾五年的;(二)因违法行为或者违纪行为被吊销执业资格的律师、注册会计师或者资产评估机构、验证机构等机构的专业人员,自被吊销执业资格之日起未逾五年的。"

(5)有健全的组织机构和管理制度。保险公司的有序运营需要有健全的组织机构和管理制度作为依托。

(6)有符合要求的营业场所和与经营业务有关的其他设施。保险公司的经营是相对稳

[①] 温世扬:《保险法》,法律出版社2007年版,第409页。

定和连续的,因此,保险公司需要有适合其经营和发展的营业场所。

(7) 法律、行政法规和国务院保险监督管理机构规定的其他条件。

(二) 保险公司的设立程序

1. 申请筹建

根据我国《保险法》第70条的规定,申请设立保险公司,应当向国务院保险监督管理机构提出书面申请,并提交下列材料:

(1) 设立申请书,申请书应当载明拟设立的保险公司的名称、注册资本、业务范围等;
(2) 可行性研究报告;
(3) 筹建方案;
(4) 投资人的营业执照或者其他背景资料,经会计师事务所审计的上一年度财务会计报告;
(5) 投资人认可的筹备组负责人和拟任董事长、经理名单及本人认可证明;
(6) 国务院保险监督管理机构规定的其他材料。

2. 筹建

我国《保险法》第71条规定:"国务院保险监督管理机构应当对设立保险公司的申请进行审查,自受理之日起六个月内作出批准或者不批准筹建的决定,并书面通知申请人。决定不批准的,应当书面说明理由。"与此同时,我国《保险法》第72条规定:"申请人应当自收到批准筹建通知之日起一年内完成筹建工作;筹建期间不得从事保险经营活动。"

3. 开业申请

我国《保险法》第73条规定:"筹建工作完成后,申请人具备本法第六十八条规定的设立条件的,可以向国务院保险监督管理机构提出开业申请。国务院保险监督管理机构应当自受理开业申请之日起六十日内,作出批准或者不批准开业的决定。决定批准的,颁发经营保险业务许可证;决定不批准的,应当书面通知申请人并说明理由。"

4. 登记

我国《保险法》第77条规定:"经批准设立的保险公司及其分支机构,凭经营保险业务许可证向工商行政管理机关办理登记,领取营业执照。"

二、保险公司的变更

(一) 保险公司变更的概念和内容

我国《保险法》第84条规定:"保险公司有下列情形之一的,应当经保险监督管理机构批准:(一) 变更名称;(二) 变更注册资本;(三) 变更公司或者分支机构的营业场所;(四) 撤销分支机构;(五) 公司分立或者合并;(六) 修改公司章程;(七) 变更出资额占有限责任公司资本总额百分之五以上的股东,或者变更持有股份有限公司股份百分之五以上的股东;(八) 国务院保险监督管理机构规定的其他情形。"由此可知,保险公司的变更是指保险公司名称、注册资本、公司章程、营业场所的变动,以及组织的分立或者合并等。

(二) 保险公司的分立

保险公司的分立是指一个保险公司出于经营管理的需要,依法分成两个或两个以上保险公司的法律行为。保险公司的分立依法可以采取新设分立和派生分立两种方式。新设分立也称解散分立,是指一个保险公司依法分解为两个或两个以上的保险公司,原保险公司解散并设立两个或两个以上新的保险公司。这种分立一般是保险公司将其全部资产分割,依法分别划归两个或两个以上新的保险公司,原保险公司不复存在。派生分立也称存续分立,是指一个保险公司依法分成两个或两个以上保险公司,原保险公司继续存在。一般情况下,这种分立是保险公司将其一部分资产或业务依法分立出去,成立一个或几个新的保险公司[1]。

(三) 保险公司的合并

保险公司的合并是指两个或者两个以上的保险公司依照法定程序并成一个保险公司的法律行为。保险公司的合并包括新设合并和吸收合并。新设合并是两个或者两个以上的保险公司通过合并成立一个新保险公司,同时合并各方随新保险公司的成立而终止的合并形式。吸收合并是两个或者两个以上的保险公司合并中,其中一个保险公司吸收了其他保险公司而继续存在,而被吸收的保险公司则归于消灭的合并形式[2]。

三、保险公司的终止

(一) 保险公司的解散及其清算

1. 保险公司解散的概念

保险公司解散是指已经成立的保险公司,因为公司章程的规定或者法定事由的出现,而终止公司业务经营活动,开始公司的清算,处理未了结事务并使公司的法人资格消灭的法律行为[3]。

2. 保险公司解散的条件

我国《保险法》第 89 条第 1 款和第 2 款规定:"保险公司因分立、合并需要解散,或者股东会、股东大会决议解散,或者公司章程规定的解散事由出现,经国务院保险监督管理机构批准后解散。经营有人寿保险业务的保险公司,除因分立、合并或者被依法撤销外,不得解散。"需要特别注意的是,根据我国《保险法》第 89 条第 2 款的规定,经营有人寿保险业务的保险公司的解散有着严格的限定,除因分立、合并或者被依法撤销外,不得解散。

3. 保险公司解散的清算

我国《保险法》第 89 条第 3 款规定:"保险公司解散,应当依法成立清算组进行清算。"由此可知,只有经过清算,保险公司解散后,才能终结公司现存的法律关系,而且在清算期间,保险公司不能再进行以营业为目的的任何活动。

---

[1] 李玉泉:《保险法》,法律出版社 2019 年版,第 271 页。
[2] 黎建飞:《保险法新论》,北京大学出版社 2014 年版,第 381—382 页。
[3] 范健、王建文、张莉莉:《保险法》,法律出版社 2017 年版,第 323—324 页。

(二) 保险公司的破产

1. 保险公司破产的概念

保险公司破产是指保险公司不能清偿到期债务,并且资产不足以清偿全部债务或者明显缺乏清偿能力的,经保险监督管理机构同意,由债权人或保险公司向法院提出破产申请,由法院依法审理并宣告保险公司破产,而终止保险公司业务经营活动并消灭其法人资格的一种法律行为。

2. 保险公司破产的条件

我国《保险法》第90条规定:"保险公司有《中华人民共和国企业破产法》第二条规定情形的,经国务院保险监督管理机构同意,保险公司或者其债权人可以依法向人民法院申请重整、和解或者破产清算;国务院保险监督管理机构也可以依法向人民法院申请对该保险公司进行重整或者破产清算。"由此可知,保险公司的破产,必须具备两个条件:其一是保险公司不能支付到期债务;其二是经保险监督管理机构同意。

3. 人寿保险公司破产的特别规定

我国《保险法》第92条规定:"经营有人寿保险业务的保险公司被依法撤销或者被依法宣告破产的,其持有的人寿保险合同及责任准备金,必须转让给其他经营有人寿保险业务的保险公司;不能同其他保险公司达成转让协议的,由国务院保险监督管理机构指定经营有人寿保险业务的保险公司接受转让。转让或者由国务院保险监督管理机构指定接受转让前款规定的人寿保险合同及责任准备金的,应当维护被保险人、受益人的合法权益。"

《保险法》第92条是关于人寿保险公司破产的特别规定。很多人寿保险合同保险期间较长,甚至贯穿被保险人一生。如合同提前终止,被保险人因健康状况有所下降或年龄增大,可能无法找到替代保单或者不得不付出更多的保费。因此,保险合同的延续至关重要[1]。

4. 保险公司破产的清偿顺序

我国《保险法》第91条规定:"破产财产在优先清偿破产费用和共益债务后,按照下列顺序清偿:(一)所欠职工工资和医疗、伤残补助、抚恤费用,所欠应当划入职工个人账户的基本养老保险、基本医疗保险费用,以及法律、行政法规规定应当支付给职工的补偿金;(二)赔偿或者给付保险金;(三)保险公司欠缴的除第(一)项规定以外的社会保险费用和所欠税款;(四)普通破产债权。破产财产不足以清偿同一顺序的清偿要求的,按照比例分配。破产保险公司的董事、监事和高级管理人员的工资,按照该公司职工的平均工资计算。"

第三节　保险公司的整顿和接管

一、保险公司的整顿

(一) 保险公司整顿的概念

保险公司整顿是指经营管理不善的保险公司,不能限期改正其违法行为,保险监督管理

---

[1] 龙翔:《保险保障基金保单持有人救济制度的完善》,《保险研究》2011年第3期,第97页。

机构通过整顿措施促其改善经营状况的行为。

(二) 保险公司整顿的条件

我国《保险法》第139条规定:"保险公司未依照本法规定提取或者结转各项责任准备金,或者未依照本法规定办理再保险,或者严重违反本法关于资金运用的规定的,由保险监督管理机构责令限期改正,并可以责令调整负责人及有关管理人员。"《保险法》第140条规定:"保险监督管理机构依照本法第一百三十九条的规定作出限期改正的决定后,保险公司逾期未改正的,国务院保险监督管理机构可以决定选派保险专业人员和指定该保险公司的有关人员组成整顿组,对公司进行整顿。整顿决定应当载明被整顿公司的名称、整顿理由、整顿组成员和整顿期限,并予以公告。"

根据我国《保险法》第139条和第140条的规定可知,我国保险公司整顿的条件有三:其一,保险公司有未依照《保险法》规定提取或者结转各项责任准备金,或者未依照《保险法》规定办理再保险,或者严重违反《保险法》关于资金运用的规定的行为;其二,保险监督管理机构已经做出责令保险公司限期改正的决定;其三,保险公司逾期未改正其上述违法行为。

(三) 保险公司整顿的具体实施

我国《保险法》第141条规定:"整顿组有权监督被整顿保险公司的日常业务。被整顿公司的负责人及有关管理人员应当在整顿组的监督下行使职权。"《保险法》第142条规定:"整顿过程中,被整顿保险公司的原有业务继续进行。但是,国务院保险监督管理机构可以责令被整顿公司停止部分原有业务、停止接受新业务,调整资金运用。"由此可知:整顿组可以监督被整顿公司的日常业务;被整顿的保险公司,在整顿期间,其原有业务继续进行;但国务院保险监督管理机构可以责令被整顿公司停止部分原有业务、停止接受新业务,调整资金运用。

(四) 保险公司整顿的结束

我国《保险法》第143条规定:"被整顿保险公司经整顿已纠正其违反本法规定的行为,恢复正常经营状况的,由整顿组提出报告,经国务院保险监督管理机构批准,结束整顿,并由国务院保险监督管理机构予以公告。"

二、保险公司的接管

(一) 保险公司接管的概念

保险公司接管是指保险公司违反保险法的规定,导致其偿付能力严重不足,危害社会公共利益时,保险监督管理机构成立接管组,介入该保险公司,对其公司财产和营业行为进行全面的接收和支配的行为。

(二) 保险公司接管的条件

我国《保险法》第144条规定:"保险公司有下列情形之一的,国务院保险监督管理机构可以对其实行接管:(一)公司的偿付能力严重不足的;(二)违反本法规定,损害社会公共利益,可能严重危及或者已经严重危及公司的偿付能力的。"由此可知,保险公司被接管的情形都是针对保险公司的偿付能力问题而言的,并且偿付能力的问题必须已经达到或者可能达到严重的程度,如偿付能力严重不足;违反法律规定,损害社会公共利益,可能严重危及或者已经严重危及公司的偿付能力。

(三) 保险公司接管的具体实施

我国《保险法》第 145 条规定:"接管组的组成和接管的实施办法,由国务院保险监督管理机构决定,并予以公告。"《保险法》第 146 条规定:"接管期限届满,国务院保险监督管理机构可以决定延长接管期限,但接管期限最长不得超过二年。"由此可知,保险监督管理机构是接管的主体。与此同时,对保险公司的接管不能无期限地进行,接管的具体期限由决定实施接管的机关确定。当这一接管期限届满后,保险公司如果仍未恢复正常经营,则保险监督管理机构可以决定延期,但是,接管的期限最长不得超过 2 年。

(四) 保险公司接管的结束

我国《保险法》第 147 条规定:"接管期限届满,被接管的保险公司已恢复正常经营能力的,由国务院保险监督管理机构决定终止接管,并予以公告。"如果被接管的保险公司在接管期限届满后,仍然不能恢复正常的经营能力,我国《保险法》第 148 条规定:"被整顿、被接管的保险公司有《中华人民共和国企业破产法》第二条规定情形的,国务院保险监督管理机构可以依法向人民法院申请对该保险公司进行重整或者破产清算。"

延伸阅读 12-1

中国银保监会依法对天安财产保险股份有限公司等六家机构实施接管的公告①

鉴于天安财产保险股份有限公司、华夏人寿保险股份有限公司、天安人寿保险股份有限公司、易安财产保险股份有限公司触发了《中华人民共和国保险法》第 144 条规定的接管条件,新时代信托股份有限公司、新华信托股份有限公司触发了《中华人民共和国银行业监督管理法》第 38 条和《信托公司管理办法》第 55 条规定的接管条件,为保护保险活动当事人、信托当事人合法权益,维护社会公共利益,中国银行保险监督管理委员会(以下简称"银保监会")决定对上述六家机构实施接管。

一、接管期限。自 2020 年 7 月 17 日起至 2021 年 7 月 16 日止,可依法适当延长。

二、接管组织。银保监会派驻接管组。

三、接管内容。从接管之日起,被接管机构股东大会、董事会、监事会停止履行职责,相关职能全部由接管组承担。接管组行使被接管机构经营管理权,接管组组长行使被接管机构法定代表人职责。

接管组依据相关法律委托中国太平洋财产保险股份有限公司、国寿健康产业投资有限公司、新华人寿保险股份有限公司、中国人民财产保险股份有限公司、中信信托有限责任公司、交银国际信托有限公司组建六个托管组,按照托管协议分别托管天安财产保险股份有限公司、华夏人寿保险股份

---

① 中国银行保险监督管理委员会官网, http://www.cbirc.gov.cn/cn/view/pages/ItemDetail.html?docId=917190&itemId=915&generaltype=0。

有限公司、天安人寿保险股份有限公司、易安财产保险股份有限公司、新时代信托股份有限公司、新华信托股份有限公司业务。

接管后,被接管机构继续照常经营,公司债权债务关系不因接管而变化。接管组将依法履职,保持公司稳定经营,依法保护保险活动当事人、信托当事人等各利益相关方的合法权益。

中国银行保险监督管理委员会
2020 年 7 月 17 日

 **重要概念**

保险组织形式　保险公司解散　保险公司破产　保险公司整顿　保险公司接管

 思考题

1. 设立保险公司需要具备哪些条件?
2. 保险公司的设立程序包括哪些内容?
3. 保险公司解散的条件有哪些?
4. 保险公司破产的条件有哪些?
5. 人寿保险公司破产的特别规定是什么?
6. 保险公司整顿的条件是什么?
7. 保险公司接管的条件是什么?

第十三章 保险监管

> **学习目标**
>
> 1. 理解保险监管的含义,了解保险监管的目标、模式以及方式。
> 2. 了解保险监管机构。
> 3. 熟悉保险监管内容。

第一节 保险监管概述

一、保险监管的概念

在现代经济社会中,经济活动越来越频繁且日趋复杂化,垄断竞争、不正当竞争、非对称信息引致的纷争层出不穷。为了满足社会的公平公正需要,达成缓和周期性的经济波动、保证充分就业以及其他目标,政府对经济活动进行适当干预成为一种必然。保险业也不例外,甚至因保险行业的特殊性受到更为严格的监管。

按照监管主体划分,保险监管也有广义与狭义之分。广义的保险监管是指政府行政管理机构、保险行业自律组织、保险机构内部监管部门以及社会力量对保险市场以及保险市场主体经营活动的监督管理[①]。狭义的保险监管仅是政府行政管理机构对保险市场、保险市场主体经营活动的监督管理。保险监管主要研究狭义保险监管。因此,所谓保险监管,就是政府对保险业的监督管理,是保险监管机构依据现行法律对保险主体、保险市场进行监督管理,以确保达到保护保险消费者的合法权益、维护公平竞争的市场秩序,防范和化解保险业风险、促进保险业健康发展的整个过程。

二、保险监管的目标

保险监管的目标是保险监管机构通过保险监管行为力求达到的最终目的。不同国家基于不同国情对于保险监管的目标呈现出差异性,同一国家基于保险业发展的不同阶段也会对保险监管的目标各有侧重,并会随着保险业发展适时调整。目前,中国的保险监管目标大致可包括以下四个方面。

---

① 丁继锋:《保险学》,西南财经大学出版社2019年版,第251—252页。

(一) 保护保险消费者的合法权益

这是保险监管的基本目标,也是保险业坚持以人为本的必然要求。保护消费者的利益,一方面要求保险公司从供给导向转变为需求导向,开发真正符合人们需要、定价合理的多样化保险产品,努力做好各项保险服务,不断满足人们日益增长的保险需求;另一方面要求监管部门加大监管力度,严厉惩处各种侵害保险消费者合法权益的行为。此外,保险产品是一类专业性较强的金融产品,普通的保险消费者一般对保险公司和保险产品的认知程度较为有限,因而需要保险监管机构对保险公司的行为进行必要监督并强制其披露必要信息,进而保护保险消费者的知情权。同时,也要鼓励保险消费者掌握更多保险专业知识,在提高判断力的同时对自己的选择和判断承担相应风险。

(二) 维护公平竞争的市场秩序

市场经济强调竞争。只有存在竞争经济才能有活力、有繁荣、有公平,但是竞争必须有规则,没有规则或不遵守规则参与竞争则是不正当的竞争,其最后结果是损害多数人的利益。保险监管机构需要制定并维护公平竞争的市场秩序,完善保险市场进入与退出机制,进而提高保险市场的运行效率。

(三) 防范和化解保险业风险

保险市场是一个直接与危险相关联的市场,因而防范和化解风险至关重要,这也是维护保险市场安全与稳定的重要基础。通过规范保险公司的市场行为、关注保险公司的治理结构以及监管保险公司的偿付能力等措施可以降低保险公司的经营风险。对于不同发展阶段的保险公司,这一方面的监管目标会存在差异,例如,新成立的保险公司应着重防范经营风险,经营时间较长的公司则防范和化解经营风险都应关注。此外,随着我国金融领域对外开放程度的逐渐加大以及市场化程度的不断加深,我国保险业所面临的风险种类日益增加,风险因素更为复杂,保险监管也越来越关注保险业系统性风险。

(四) 促进保险业健康发展

促进保险业健康发展是保险监管的根本目标,也是保险监督管理机构的重要工作目标。《保险法》第1条规定:"为了规范保险活动,保护保险活动当事人的合法权益,加强对保险业的监督管理,维护社会经济秩序和社会公共利益,促进保险事业的健康发展,制定本法。"保险业的健康发展要坚持全面协调可持续发展、坚持市场趋向的发展、坚持有秩序并充满活力的发展以及坚持有广度和深度的发展、坚持高质量发展等多个方面。

三、保险监管的模式

根据政府对保险监管的侧重程度以及严格程度,保险监管模式一般可划分为弱势监管模式、强势监管模式以及折中式监管模式等三类。

(一) 弱势监管模式

弱势监管,顾名思义,是政府对保险业的监管相对弱势。当保险公司经营符合一定条件时,政府并不会对其经营进行过多干预。在这种监管模式下,保险监管的重点一般是关注保险公司的财务状况和偿付能力,保险公司拥有费率确定、保险条款设置等方面的较大自主权。只要保险公司能够保证其财务状况和偿付能力符合监管标准,它们的经营一般不会受到过多干预。这种监管模式从理论上分析,能够更好地发挥保险公司的积极性,促进保险产品多样化,但由于保险中介承担了保证市场透明度、指导保险消费者购买合适产品的任务,则需要加强对保险中介机构的监管。欧洲的英国、荷兰的保险监管长期采用这一模式。

(二) 强势监管模式

强势监管则是政府对保险业的监管相对强势,保险监管机构对市场行为、偿付能力以及信息披露等多个方面都有相当严格的要求。保险监管机构对保险公司的费率、保险条款、保单利率以及红利分配等方面均有明文规定,并且保险产品投放市场前都受到严格且系统的监督。采用强势监管模式能够较好地保护保险消费者,但有可能会限制保险公司的创新,导致保险产品差异变小,从而不利于应对新风险。在欧洲单一保险市场开始建立以前,以德国为代表的多数国家都采用这种模式。

(三) 折中式监管模式

折中式监管结合了强势监管模式和弱势监管模式的特点。在这种监管模式下,政府对保险业的监管主要以保险公司偿付能力为核心,兼及市场行为和信息披露等方面。折中式监管模式一方面可以给予保险公司一定的自由,另一方面也能同时对保险公司进行一定约束。但这种监管模式也存在一定问题,一旦保险监管机构对已发行的不合理保单采取措施,将会引致保险市场某种程度的混乱,降低保险公司在消费者心中的地位。目前,世界大多数国家都采用这种保险监管模式。

四、保险监管的手段

保险监管的手段可分为现场监管和非现场监管两种。我国《保险公司管理规定》第59条也指出,对保险机构的监督管理采取现场监管和非现场监管相结合的方式。

(一) 现场监管

现场监管是指保险监管机构到各保险机构进行实地调查,检查其经营情况、遵守法律和监管规定的情况。现场监管可以采用全面监管和重点监管两种方式。它的主要内容可以包括:机构设立、变更是否依法经批准或者向保险监督管理机构报告;董事、监事、高级管理人员任职资格是否依法经核准;行政许可的申报材料是否真实;资本金、各项准备金是否真实、充足;公司治理和内控制度建设是否符合保险监督管理机构的规定;偿付能力是否充足;资金运用是否合法;业务经营和财务情况是否合法,报告、报表、文件、资料的披露是否及时、完整、真实;是否按规定对使用的保险条款和保险费率报经审批或者备案;与保险中介的业务往来是否合法;信息化建设工作是否符合规定;需要事后报告的其他事项是否按照规定报告以及其他事项;等等。

(二)非现场监管

非现场监管主要是通过收集保险机构以及保险行业整体的业务活动和风险状况的报表数据、经营管理情况及其他内外部资料等信息,对保险机构以及保险行业整体风险状况和服务实体经济情况进行分析,做出评价,并采取相应措施的持续性监管过程。非现场监管是保险监管的重要手段,在监管流程、风险识别判断、监管行动制定和实施中发挥核心作用。非现场监管通常贯彻风险为本的监管理念,督促保险机构完善内部控制和全面风险管理体系,切实承担风险管理主体责任,持续提高风险管控和服务实体经济的能力。同时,非现场监管也会根据保险机构风险状况、业务规模及复杂程度、系统重要性程度等因素,实施差异化监管。现代科技手段的发展也给非现场监管带来积极影响,通过加强信息系统建设,强化基础信息收集,提升信息审核和分析技术水平,在捕捉苗头性、趋势性风险信号等方面提高了风险预警能力和监管有效性。

第二节 保险监管机构

一、保险监管中的机构定位

保险业的监管机构通常会涉及立法机构、司法机构和行政机构。在保险监管机制中,这三类机构分层次运作。

(一)立法机构在保险监管中的定位

立法机构是保险监管机制中的第一层次。立法机构要通过颁布法律建立保险监管的法律基础和法律体系,明确执行保险法律的监管机构及其法定的职责范围。各国保险法中有关保险监管的规定是有所差别的,但一般来说,监管事项大多包括各类保险和再保险机构的设立执照许可,代理人和经纪人的执照许可,保险费率的登记或审批,投保书和保单格式的登记或审批,对未经授权的保险行为和不公平行为的制裁,保险人的财务报告、财务审查以及其他财务要求,保险机构的整顿和清算等。

(二)司法机构在保险监管中的定位

司法机构是保险监管机制中的第二层次。法院在保险监管活动中起着重要作用:一是解决保险人和保单持有人之间的争议;二是通过判定违反保险法律行为的主体承担民事或刑事责任,以保证保险法律的实施。

(三)行政机构在保险监管中的定位

行政机构是保险监管机制中的第三层次。由于保险所特有的复杂性、专业性,立法机构往往会授权具体的行政机构来实施对保险业的监管。经立法机构授权执行保险法律的机构一般享有广泛的行政权、准立法权和准司法权。

当然,也有一些国家的保险监管还从评议机构获取支持,该类评议机构通常由保险公司代表、消费者团体、保险专家以及其他与保险有利益联系的有关各方组成。该机构就某些重要决定向监管机构提出建议,有些国家还规定在采取重要措施之前必须向这类机构咨询。

二、中国保险监管机构沿革

保险监管的具体职责由政府行政机构来履行,即通常意义上的保险监管机构是依法履行保险监管职责的行政机构。多数国家都会在有关政府部门中设立相应的内设专门机构具体负责保险监管事宜,也有一些国家和地区会直接设立专门的保险监管机构。与此同时,保险监管机构并没有统一的模式,也不是一成不变,会根据各国历史、国情以及社会发展而变化。中华人民共和国成立以来,经济社会不断变迁,保险业的监管机构也随之几度变更,历经财政部商贸司、中国人民银行海外业务局、中国人民银行保险处、中国人民银行保险司、中国保险监督管理委员会、中国银行保险监督管理委员会,其监管机构变迁史大体上可分为以下五个阶段。

(一) 1949—1979 年的第一阶段

1949 年 5 月 27 日上海解放,上海市军事监管委员会下设财政经济接管委员会金融处保险组,负责对上海市中外各保险机构接管或监理,这也成为 1949 年后中国最早的保险监管部门。1949 年 10 月,中国人民保险公司成立,并直接受中国人民银行领导。1950 年 1 月,《中国人民保险公司组织条例》规定中国人民保险公司依照条例经营各种保险业务,并负责领导和监督全国保险业。从 1950 年 1 月下旬起,保险监管再次改由中国人民银行金融管理部门负责。受当时苏联模式的影响,1952 年起,保险业又划归财政部领导。1959 年开始,中国的国内保险业务(除个别地区外)全部停办,中国人民保险公司被划归中国人民银行领导,成为中国人民银行国外局下面的保险处。1965 年,中国人民银行、财政部发出通知,明确国内保险业务(主要是上海、哈尔滨)由财政部管理,国际业务由中国人民银行管理。

(二) 1980—1997 年的第二阶段

1979 年 4 月,国务院批准的《中国人民银行全国分行行长会议纪要》做出"逐步恢复国内保险业务"的重大决策。1981 年 4 月,中国人民保险公司行政建制改为专业公司,实行独立核算,各级保险公司受同级中国人民银行和总公司双重领导。1983 年 9 月发布的《国务院关于中国人民银行专门行使中央银行职能的决定》规定:"专业银行和保险公司分支机构受专业银行总行、保险公司垂直领导,但在业务上要接受中国人民银行分支机构的协调、指导、监督和检查。"在此期间,多个相关法律法规都表明中国人民银行是保险业的监管机构,最初的内设监管机构是中国人民银行金融管理司的保险信用合作处,1994 年 4 月改为非银行金融机构管理司的保险处。1995 年《保险法》颁布之后,同年 7 月,中国人民银行成立保险司,专门对中资保险公司进行监管,对外资保险公司及外国保险公司在华代表机构的监管工作则由中国人民银行外资金融机构管理司的保险处负责,对保险公司的稽核工作由中国人民银行稽核局负责。同时,中国人民银行加强了系统保险监管机构的建设,要求中国人民银行省级分行设立保险科,省以下分支行配备专门的保险监管人员。

(三) 1998—2001 年的第三阶段

随着国内保险业的发展和国外保险机构的进入,保险工作的复杂性和重要性日益突出,而作为中央银行的中国人民银行的主要任务是执行货币政策,保险监管越来越不适应保险业发展的现实需要和风险的防范。特别是 1997 年 7 月东南亚金融危机爆发以后,党中央、国务院高度重视金融风险的防范和化解工作,认真吸取东南亚金融危机的深刻教训,及时召开了全国金融工作会议,做出了加快金融体制改革、努力防范和化解金融风险的一系列重大决策,确立了金融业实行"分业经营、分业监管"的重要方针。之后印发的《中共中央、国务院关于深化金融改革,整顿金融秩序,防范金融风险的通知》(中发〔1997〕19 号)和《国务院关于成立中国保险监督管理委员会的通知》(国发〔1998〕37 号)决定设置中国保险监督管理委员会,为国务院直属事业单位。1998 年 11 月成立的中国保监会是全国商业保险的主管部门,根据国务院授权履行行政管理职能,依照法律法规统一监督管理全国保险市场。它的成立标志着中国保险监管走向了专业化、规范化的新阶段。1999 年年底开始,为了加强和完善保险监管组织和队伍建设,保监会陆续在全国各省、自治区、直辖市设立派出机构,到 2001 年 4 月,派出机构全部设立,全国保险监管组织体系开始逐步形成。

(四) 2002—2017 年的第四阶段

2003 年,为了进一步加强和改进保险监管,中共十六届二中全会决定,将保监会调整为国务院直属正部级事业单位,并相应增加职能部门、派出机构和人员编制。部门新增发展改革部、资金运用监管部、统计信息部、派出机构管理部,由原来的 10 个增加到 14 个,进一步统合保险监管资源、促进行业平衡发展。此外,将各地派出机构统一更名为"保监局",并在大连、青岛、宁波、厦门、深圳 5 个计划单列市设立派出机构。

(五) 2018 年至今的第五阶段

随着金融业的快速发展,金融机构也趋向多元化经营,跨市场、跨行业的业务链条延长,金融风险跨部门、跨领域、跨行业传递并放大的特点明显,出现了部分领域监管不到位、监管空白,并且监管套利的情况。2015 年的股市大跌、宝万之争、侨兴债等重大事件更是对分业监管的监管体系提出了挑战,系统性金融风险防范超出了单个领域监管部门的能力范围。为了更好地适应当今金融业混业经营的发展趋势,防止规避监管的行为发生,我国政府开始对金融监管机构进行改革。2017 年 11 月,国务院金融稳定发展委员会(以下简称"金稳会")正式成立,办公室设在中国人民银行,这意味着在"一行三会"之上,金融决策和监管有了更高层次的协调机构。2018 年 3 月,第十三届全国人民代表大会第一次会议表决通过了关于国务院机构改革方案的决定,根据中共十九届三中全会审议通过的《国务院机构改革方案》以及国务院发布的《关于国务院机构改革方案的说明》,决定整合中国银行监督管理委员会和中国保险监督管理委员会职责,组建中国银行保险监督管理委员会(以下简称"银保监会"),同时将中国银行业监督管理委员会和中国保险监督管理委员会拟定银行业、保险业的重要法律法规草案和审慎监管基本制度职责划入中国人民银行。2018 年 4 月,中国银保监会正式挂牌,中国银行业监督管理委员会和中国保险监督管理委员会成为历史。2018 年 11 月,中国银保监会职能配置、内设机构和人员编制规定发布。自此,我国"一行三会"时代正式宣告落幕,"一委一行两会"格局成型。

三、中国保险监管机构的职责

(一)中国保险监管机构的组织架构

目前,中国保险监管的机构为中国银保监会,这个机构属于国务院直属正部级事业单位,统一监管银行业和保险业。中国银保监会内设办公厅、政研局、法规部、统信部、财会部(偿付能力部)、普惠金融部、公司治理部、银行检查局、非银检查局、风险处置局(安全保卫局)、创新部、消保局、打非局、政策银行部、大型银行部、股份制银行部、城市银行部、农村银行部、国际部(港澳台办)、财险部(再保部)、人身险部、中介部、资金部、信托部、非银部、机关部、人事部等 27 个职能部门和机关服务中心、培训中心等 2 个所属事业单位,以及北京、河北、广东等 31 个省市和大连、宁波、厦门、青岛、深圳等 5 个计划单列市的派出机构。

(二)中国保险监管机构的具体职责

中国银保监会中的财险部(再保部)、人身险部、中介部、资金部等职能部门专门针对保险业务的监管。财险部(再保部)的部门职责一方面包括承担财产保险、再保险机构的准入管理,另一方面包括开展非现场监测、风险分析和监管评级,根据风险监管需要开展现场调查,也包括提出个案风险监控处置和市场退出措施并承担组织实施具体工作。人身险部的部门职责包括承担人身保险机构的准入管理,开展非现场监测、风险分析和监管评级,根据风险监管需要开展现场调查以及提出个案风险监控处置和市场退出措施并承担组织实施具体工作。中介部的部门职责包括承担保险中介机构的准入管理,制定保险中介从业人员行为规范和从业要求,检查规范保险中介机构的市场行为,查处违法违规行为。资金部的部门职责则包括承担建立保险资金运用风险评价、预警和监控体系的具体工作,承担保险资金运用机构的准入管理,和开展非现场监测、风险分析和监管评级,根据风险监管需要开展现场调查,以及提出个案风险监控处置和市场退出措施并承担组织实施具体工作。

第三节 保险监管内容

一、保险组织监管

世界各国通常基于各自国情与发展状况允许不同的保险公司组织形式。保险组织监管即对保险市场上保险公司组织准入与退出保险市场的监管,其具体监管内容主要涉及保险公司组织的设立、整顿、解散、清算、破产以及高级管理人员的任职资格等。

(一)保险公司及其分支机构的监管

保险公司及其分支机构的设立实行核准制。我国《保险法》第 67 条规定:"设立保险公司应当经国务院保险监督管理机构批准。"保险公司根据自身业务发展需要可以在国内外设立分支机构,但应当经保险监督管理机构批准,同时,保险公司的分支机构不具有法人资格,其民事责任由保险公司总公司承担。

(二) 保险公司整顿和接管的监管

此部分已在本书第十二章第三节有详尽介绍,在此不再赘述。

(三) 保险公司解散、撤销和破产的监管

关于保险公司解散与破产的监管问题,本书已在第十二章第二节有详尽介绍,在此不再赘述,仅对保险公司撤销的监管内容加以说明。

保险公司的撤销是保险公司由于不遵守相关法律法规,被保险监管机构强制吊销经营保险业务许可证,不得不终止营业的行为。我国《保险法》第149条规定:"保险公司因违法经营被依法吊销经营保险业务许可证的,或者偿付能力低于国务院保险监督管理机构规定标准,不予撤销将严重危害保险市场秩序、损害公共利益的,由国务院保险监督管理机构予以撤销并公告,依法及时组织清算组进行清算。"

(四) 保险公司董事、监事和高级管理人员任职资格的监管

保险是专业性和技术性较强的行业,合格的高级管理人员对保险公司乃至保险业的发展至关重要。保险公司的高级管理人员是指对保险机构经营管理活动和风险控制具有决策权或重大影响的人员,主要包括总公司总经理、副总经理和总经理助理,总公司董事会秘书、合规负责人、总精算师、财务负责人和审计负责人,分公司、中心支公司总经理、副总经理和总经理助理,支公司、营业部经理,以及与上述高级管理人员具有相同职权的管理人员。目前,我国对保险机构董事、监管和高级管理人员的任职资格都实行核准制度,应当在任职前取得国务院保险监督管理机构的核准。根据保险业发展的现实需求,中国银保监会也会不断调整保险机构董事、监事和高级管理人员任职资格要求。

(五) 外资保险公司及其代表处设立的监管

保险业是我国金融业对外开放时间较早、开放程度较大的行业。2020年6月,我国境内首家外商独资人身保险公司友邦人寿保险有限公司的成立表明这一进程在加快。为了适应对外开放和经济发展需要,我国对外资保险公司的监管也在逐步完善。外资保险公司的设立须经国务院保险监督管理机构批准,其设立形式、外资比例由国务院保险监督管理机构按照有关规定确定。同时,国务院保险监督管理机构也有权检查外资保险公司的业务状况、财务状况及资金运用状况,有权要求外资保险公司在规定的期限内提供有关文件、资料和书面报告,有权对违法违规行为依法进行处罚、处理。

保险公司的代表处是负责咨询、联络、市场调查等非经营性活动的保险公司派出机构,其设立同样须经国务院保险监督管理部门的批准,并接受其管理和检查。外资保险机构申请在华设立代表处的,首要条件是其为经过所在国家或地区有关主管当局批准设立的保险机构且在中国境内设立两个及以上代表处,未设立总代表处的须指定一个代表处负责与国务院保险监督管理机构进行日常联络。当发生更换首席代表、变更名称、展期、变更地址以及撤销代表处等事项时,也应报国务院保险监督管理机构批准。

二、保险业务监管

保险业务的监管主要是指国务院保险监督管理机构对保险公司的营业范围、保险条款和费率、再保险业务、跨境保险业务以及互联网保险业务等内容的监督和管理。

(一) 保险业务范围监管

为了保障广大被保险人的利益,大多数国家一般会对保险公司的业务范围有所限制。我国《保险法》第95条规定了保险公司的业务范围,可分为三个大类:一是人身保险业务,包括人寿保险、健康保险、意外伤害保险等保险业务;二是财产保险业务,包括财产损失保险、责任保险、信用保险、保证保险等保险业务;三是国务院监督管理机构批准的与保险有关的其他业务。同时,由于人身保险业务和财产保险业务在经营技术基础、保费计算方式以及偿付能力要求等方面存在较大差异,为了保障保险公司的财务稳定性以及充分保护被保险人的利益,多数国家会禁止保险公司兼营人身保险业务和财产保险业务。

我国《保险法》第95条也规定:"保险人不得兼营人身保险业务和财产保险业务。但是,经营财产保险业务的保险公司经国务院保险监督管理机构批准,可以经营短期健康保险业务和意外伤害保险业务。保险公司应当在国务院保险监督管理机构依法批准的业务范围内从事保险经营活动。"我国允许经营财产保险业务的保险公司在经国务院保险监督管理机构批准后从事短期健康保险业务和意外伤害保险业务,主要是因为财产保险业务和短期健康保险业务、意外伤害保险业务都属于短期保险业务,在承保技术和财务要求方面差异不大,并大多适用保险的损失补偿原则。

(二) 保险条款和保险费率的监管

保险条款是保险合同的核心内容,是保险人和投保人双方关于主要权利和义务的约定。保险费率是保险产品的价格,其厘定与保险标的危险状况、损失概率、保险责任、预期经营成本、保险期限等多个因素密切相关。保险合同是一种附和合同,而且条款专业性强,同时,合理的保险费率不仅要保证保险人在维持充足偿付能力的前提下保有合理利润,还需要使保险产品保持市场竞争力。鉴于此,为了维护投保人的合法权益以及防止保险公司设计条款时过于从自身利益出发,世界各国保险监督管理机构都会不同程度地对保险条款内容进行监管、对保险费率的厘定实施相应的监管和引导。

我国《保险法》第135条规定:"关系社会公众利益的保险险种、依法实行强制保险的险种和新开发的人寿保险险种等的保险条款和保险费率,应当报国务院保险监督管理机构批准。国务院保险监督管理机构审批时,应当遵循保护社会公众利益和防止不正当竞争的原则。其他保险险种的保险条款和保险费率,应当报保险监督管理机构备案。保险条款和保险费率审批、备案的具体办法,由国务院保险监督管理机构依照前款规定制定。"《保险法》第136条规定:"保险公司使用的保险条款和保险费率违反法律、行政法规或者国务院保险监督管理机构的有关规定的,由保险监督管理机构责令停止使用,期限修改;情节严重的,可以在一定期限内禁止申报新的保险条款和保险费率。"同时,按照《保险公司管理规定》的要求,保险公司经营过程中,不得将其保险条款、保险费率与其他保险公司的类似保险条款、保险费率或者金融机构的存款利率等进行片面比较①。随着我国市场化改革的深入,保险条款和保险费率的监管有逐步放松的势头,保险费率市场化的趋势加强。

(三)再保险业务的监管

再保险能够在很大程度上提高直接保险人的承保能力,改善直接保险人的财务状况和风险组合。再保险的存在有助于稳定保险市场。《保险法》第103条规定:"保险公司对每一危险单位,即对一次保险事故可能造成的最大损失范围所承担的责任,不得超过其实有资本金加公积金总和的百分之十;超过的部分应当办理再保险。"《保险法》第105条规定:"保险公司应当按照国务院保险监督管理机构的规定办理再保险,并审慎选择再保险接收人。"我国对再保险人实行资格准入制度。《保险法》第96条规定:"经国务院保险监督管理机构批准,保险公司可以经营本法第九十五条规定的保险业务的下列再保险业务:(一)分出保险;(二)分入保险。"

(四)跨境保险业务的监管

随着保险国际化进程的不断发展,跨境保险业务迅速增加。为了维护全球保险市场的公平有效以及在更大范围内保护保险消费者的利益,各国保险监管机构越来越需要加强协作。国际保险监督官协会曾于1999年颁布国际保险机构和保险集团跨国业务的监管原则,主要包括不同监管机构应进行合作、任何外国保险机构不得逃避监管、所有国际保险集团和国际保险机构都应服从有效监管、跨国设立保险机构须同时征得东道国和母国监管机构的同意等。《中华人民共和国外资保险公司管理条例》等法律法规,我国保险监管机构与美国、德国、新加坡等国家以及中国香港地区、中国澳门地区保险监管机构签订的监管交流协作谅解备忘录,以及其他相关规定都对跨境保险业务的监管有一些明确具体的规定。

(五)互联网保险业务的监管

互联网技术的迅速发展给保险行业带来巨大的活力,不仅提高了效率,也解决了一些长期困扰行业发展的问题。但是,互联网保险发展过程中也出现不少不容忽视的问题,如果不加以规范、约束和制止,将极易影响互联网保险的健康发展,甚至有可能对整个保险业带来不利影响。同时,互联网保险本身所具有的一定的不确定性和不稳定性对保险监管的基础理念、方法和技术产生了巨大挑战,致使保险监管变得较为困难。国际保险监督官协会提出了针对互联网保险业务实施有效监管的三个基本原则,即监管方法的一致性原则、透明度和信息披露原则以及合作监管原则。2015年,我国实施《互联网保险业务监管暂行办法》,对监督和引导我国互联网保险的发展起到了积极作用。2020年12月,中国银保监会出台《互联网保险业务监管办法》,重点内容包括:厘清互联网保险业务本质,明确制度适用和衔接政策;规定互联网保险业务经营要求,强化持牌经营原则,定义持牌机构自营网络平台,规定持牌机构经营条件,明确非持牌机构禁止行为;规范保险营销宣传行为,规定管理要求和业务行为标准;全流程规范售后服务,改善消费体验;按经营主体分类监管,在规定"基本业务规则"的基础上,针对互联网保险公司、保险公司、保险中介机构、互联网企业代理保险业务,

---

① 丁继锋:《保险学》,西南财经大学出版社2019年版,第265页。

分别规定了"特别业务规则";创新完善监管政策和制度措施,做好政策实施过渡安排。

三、保险财务监管

(一)保险资本金和保证金的监管

保险公司资本金是保险公司股东对保险公司的投资额,从职能上可划分为设立公司的最低资本金和经营中匹配风险资本金两大类。最低资本金是相对静态的资本要求,与保险公司业务性质和种类有关[①];经营中匹配风险资本金是相对动态的资本要求,与保险公司业务量相关。保险保证金则是保险公司清偿债务的保证,目的是确保保险公司具有一定数额的变现资金。

我国《保险法》第 69 条规定:"设立保险公司,其注册资本的最低限额为人民币二亿元。国务院保险监督管理机构根据保险公司的业务范围、经营规模,可以调整其注册资本的最低限额,但不得低于本条第一款规定的限额。保险公司的注册资本必须为实缴货币资本。"《保险法》第 102 条规定:"经营财产保险业务的保险公司当年自留保险费,不得超过其实有资本金和公积金总和的四倍。"《保险法》第 97 条规定:"保险公司应当按照其注册资本总额的百分之二十提取保证金,存入国务院保险监督管理机构指定的银行,除公司清算时用于清偿债务外,不得动用。"

(二)保险准备金的监管

保险准备金是为了保证保险公司能够按时按期履行保险合同赔偿或给付义务,从而依照法律规定从保险费收入中提存的一种资金准备。我国保险准备金可分为未到期责任准备金、未决赔款准备金、寿险责任准备金、长期健康险责任准备金、总准备金等类别[②]。

我国《保险法》第 98 条规定:"保险公司应当根据保障被保险人利益、保障偿付能力的原则,提取各项责任准备金。保险公司提取和结转责任准备金的具体办法,由国务院保险监督管理机构制定。"保险公司未按照规定提取和结转责任准备金,将由国务院保险监督管理机构责令其限期改正,并可以责令调整负责人及有关管理人员。

(三)保险保障基金的监管

保险公司稳健经营极为重要,一旦保险公司出现破产等情形就会对被保险人产生严重影响,甚至危害社会稳定发展。为此,国务院保险监督管理机构于 2004 年发布的《保险保障基金管理办法》中建立了保险保障基金制度。保险保障基金是保险行业的风险救助金,其主要来源是国内保险公司依法缴纳的保险保障基金、保险保障基金公司依法从破产保险公司清算财产中获得的受偿收入、捐赠、上述资金的投资收益,以及其他合法收入[③]。2008 年,经国务院批准成立中国保险保障基金有限责任公司,负责保险保障基金的筹集、管理和使用。保险保障基金既可以对破产清算保险公司提供及时救助,支付保险赔偿或给付保险金,也可

---

① 丁继锋:《保险学》,西南财经大学出版社 2019 年版,第 267 页。
② 丁继锋:《保险学》,西南财经大学出版社 2019 年版,第 267 页。
③ 丁继锋:《保险学》,西南财经大学出版社 2019 年版,第 268 页。

以对财产状况较差的保险公司保单提供必要救助。

我国《保险法》第 100 条规定:"保险公司应当缴纳保险保障基金。保险保障基金应当集中管理,并在下列情形下统筹使用:(一)在保险公司被撤销或者被宣告破产时,向投保人、被保险人或者受益人提供救济;(二)在保险公司被撤销或者被宣告破产时,向依法接收其人寿保险合同的保险公司提供救济;(三)国务院规定的其他情形。保险保障基金筹集、管理和使用的具体办法,由国务院制定。"目前,我国保险保障基金的管理主要适用 2008 年 9 月实施的《保险保障基金管理办法》,其对保险保障基金公司、保险保障基金的筹集、保险保障基金的使用以及监督和管理都做了相应规定。

(四)保险资金运用的监管

保险资金一般是指保险集团(控股)公司、保险公司以本外币计价的资本金、公积金、未分配利润、各项准备金以及其他资金。保险资金运用必须以服务保险业为主要目标,坚持稳健审慎和安全性原则,符合偿付能力监管要求,根据保险资金性质实行资产负债管理和全面风险管理,实现集约化、专业化、规范化和市场化。与此同时,保险资金运用应当坚持独立运作。对保险资金运用进行监管的目的主要是规范保险资金运用行为、防范保险资金运用风险、保护保险当事人合法权益以及维护保险市场秩序。国务院保险监督管理机构对保险资金运用的监督管理采取现场监管与非现场监管相结合的方式,并可以授权其派出机构行使保险资金运用监管职权;同时,需要根据公司治理结构、偿付能力、投资管理能力和风险管理能力,按照内控与合规计分等有关监管规则,对保险集团(控股)公司、保险公司保险资金运用实行分类监管、持续监管、风险监测和动态评估,强化对保险公司的资本约束,确定保险资金运用风险监管指标体系,并根据评估结果,采取相应监管措施,防范和化解风险。

我国保险资金运用必须坚持稳健审慎和安全性原则,其运用形式多样化并且随保险业发展而动态变化。我国《保险法》第 106 条规定:"保险公司的资金运用限于下列形式:(一)银行存款;(二)买卖债券、股票、证券投资基金份额等有价证券;(三)投资不动产;(四)国务院规定的其他资本运用形式。"2018 年实施的《保险资金运用管理办法》明确加入了"投资股权"这一形式,拓宽了保险资金运用的范围。《保险法》第 107 条规定:"经国务院保险监督管理机构会同国务院证券监督管理机构批准,保险公司可以设立保险资产管理公司。保险资产管理公司从事证券投资活动,应当遵守《中华人民共和国证券法》等法律、行政法规的规定。"2018 年实施的《保险资金运用管理办法》对资金运用形式、决策运行机制、风险管理、监督管理等内容都有详细的规定。

四、保险公司偿付能力监管

(一)偿付能力及偿付能力监管概述

偿付能力的概念出现较早,作为保险业的核心指标,其有时可称为偿付能力边际、最低自由准备金、财务可靠性等。国际保险监督官协会将偿付能力定义为"任何时候保险公司都能履行其所有合同义务(负债)的能力",英文原文为"ability of insurer to meet its obligation (liabilities) under all contracts at anytime"(IAIS2003A)。一般来说,所谓"偿付能力",就是保险公司偿付保险合同相关负债的能力。偿付能力监管有广义与狭义之分：狭义上的偿付能力监管即保险监督管理部门对保险公司履行负债能力所实施的一系列监管行为，主要目的是保证保险公司具有足够的偿付能力；广义上的偿付能力监管则还包括保险公司内部对自身履行负债能力的一系列监管行为。目前，我国保险监管体系的核心就是保险偿付能力的监管。

（二）中国偿付能力监管发展沿革

我国保险公司的偿付能力监管起步较晚，但发展比较快。1995年颁布实施的《保险法》首次提出与偿付能力监管相关的规定，其第97条指出："保险公司应当具有与其业务规模相适应的最低偿付能力。保险公司的实际资产减去实际负债的差额不得低于金融监督管理部门规定的数额；低于规定数额的，应当增加资本金，补足差额。"这条法规虽未定义"什么是偿付能力"，但明确了保险公司如何确定其实际资本。2001年，原中国保监会根据当年全国保险工作会议及保险监管工作会议的要求，决定在所有保险公司中试行《保险公司最低偿付能力及监管指标管理规定》（保监发〔2001〕53号），通过统一计算口径来如实反映各公司偿付能力状况。但我国真正意义上进入偿付能力监管始于2003年发布与实施的《保险公司偿付能力额度及监管指标管理规定》（保监会令〔2003〕1号）。这一年，原中国保监会开始建设中国第一代偿付能力监管制度体系，直到2007年才基本构建一套较为完整的偿付能力监管预警指标体系和偿付能力监管制度框架，包括保险公司内部风险管理制度、偿付能力评估标准和报告制度、财务风险和检查制度、监管干预制度、破产救济制度五个部分。2008年，《保险公司偿付能力管理规定》（保监会令〔2008〕1号）正式印发并实施。随着我国保险市场的快速发展，第一代偿付能力监管制度体系逐渐不能适应，原中国保监会在2012年启动"中国风险导向偿付能力体系"（China Risk Oriented Solvency System，C-ROSS）建设，即中国第二代偿付能力监管制度体系（简称"偿二代"）建设。2013年，《中国第二代偿付能力监管制度体系整体框架》的正式发布标志着"偿二代"顶层设计的完成。2015年，《保险公司偿付能力监管规则（1—17号）》以及《中国保监会关于中国风险导向偿付能力体系实施过渡期有关事项的通知》（保监财会〔2015〕15号）等系列文件的印发则表明我国保险业由此进入"偿二代"过渡期。经过一年的试运行，2016年发布的《中国保监会关于正式实施中国风险导向的偿付能力体系有关事项的通知》（保监发〔2016〕10号）决定结束保险业偿付能力监管体系"双轨并行"的过渡期状态，我国保险业监管正式切换至"偿二代"。2021年，银保监会为了贯彻落实第五次全国金融工作会议精神、防范化解金融风险、补齐监管制度短板，重新修订并实施《保险公司偿付能力管理规定》（银保监会令〔2021〕1号），其吸收了"偿二代"建设实施的成果，将"偿二代"监管规则中原则性、框架性要求上升为部门规章，同时进一步完善了相关监管措施。

（三）中国偿付能力监管的主要内容

根据2013年公布的《中国第二代偿付能力监管制度体系整体框架》，中国第二代偿付能力监管制度体系的整体框架由制度特征、监管基础和监管要素三大部分构成。其制度特征包括三个方面：一是统一监管，国务院保险监督管理机构（原中国保监会，现中国银保监会）对全国所有保险公司的偿付能力实施统一监督和管理；二是新兴市场，偿二代更加注重保险公司的资本成本、定性监管,制度建设的市场适应性和动态性、监管政策的执行力和约束力以及注重各项制度的可操作性;三是风险导向兼顾价值,偿二代的资产负债评估要能适时、恰当地反映保险公司面临的实际风险状况及变动,资本要求要更加全面、准确地反映保险公司的各类风险,监管措施要更加具有风险针对性,同时对风险的防范要具有底线思维,并且平衡风险预警目标和价值评估目标。监管基础主要体现在两个方面:一是内部偿付能力管理是外部偿付能力监管的前提、基础和落脚点;二是内部偿付能力管理是保险公司的"免疫系统"和"反应系统"。监管要素则是偿付能力监管的三支柱,是偿付能力监管的重要组成部分。第一支柱注重定量资本要求,主要包括保险风险资本要求、市场风险资本要求、信用风险资本要求、宏观审慎监管资本要求以及调控性资本要求。第二支柱注重定性监管,主要包括风险综合评级、保险公司风险管理要求与评估、监管检查和分析以及监管措施。第三支柱是市场约束机制,主要包括两项内容:一是通过对外信息披露手段,充分利用除监管部门之外的市场力量,对保险公司进行约束;二是监管部门通过多种手段,完善市场约束机制,优化市场环境,促进市场力量更好地发挥对保险公司风险管理和价值评估的约束作用。与保险公司内部偿付能力管理不同,三个支柱都是保险公司外部的偿付能力监管。三个支柱相互配合,相互补充,成为完整的风险识别、分类和防范的体系。与此同时,三支柱的监管要素同样适用于保险集团监管。

2021年3月1日起施行的《保险公司偿付能力管理规定》进一步明确了偿付能力监管的三支柱框架体系。第一支柱为定量监管要求,即通过对保险公司提出量化资本要求,防范保险风险、市场风险、信用风险三类可资本化风险;第二支柱为定性监管要求,即在第一支柱基础上,防范操作风险、战略风险、声誉风险和流动性风险四类难以资本化的风险;第三支柱为市场约束机制,即在第一支柱和第二支柱的基础上,通过公开信息披露、提高透明度等手段,发挥市场的监督约束作用,防范依靠常规监管工具难以防范的风险。三支柱相互联系、共同作用,构成保险业完整的偿付能力风险防范网[①]。

五、保险中介监管

保险中介是保险市场不可或缺的重要组成部分,是保险公司和保险消费者之间进行保险活动的媒介。我国保险中介机构一般包括保险专业中介机构和保险兼业代理机构,其中,保险专业中介机构有保险专业代理机构、保险经纪人和保险公估人。保险代理人可以是机构也可以是个人,一般分为保险专业代理机构、保险兼业代理机构以及个人保险代理人三类。有效的保险中介制度对促进保险业健康发展具有重要意义。各国对保险中介的监管严格程度不一,国际保险监督官协会也对保险中介监管有所涉及,其制定的《保险监管核心原则》对保险中介的监管内容主要涉及保险中介的职业资格、专业素质和能力、客户利益保障和执法管理手段等方面。我国对保险中介的监管主要依据的是《保险法》《保险代理人监管规定》《保险经纪人监管规定》以及《保险公估人监管规定》等法律法规。对此,本书在第五章第三节中已有详尽介绍,在此不再赘述。

[①] 见中国银保监会有关部门负责人就《保险公司偿付能力管理规定》答记者问。

 **重要概念**

保险监管　公告管理方式　规范管理方式　实体管理方式　现场监管　非现场监管

 思考题

1. 保险监管的概念是什么?
2. 保险监管的目标是什么?
3. 保险监管的模式有几种?各自有什么特征?
4. 我国保险监管机构的组织结构是什么?具体职能有哪些?
5. 保险监管的内容主要包括哪些?
6. 简述我国关于保险偿付能力的有关规定。

 **案例习题**

人身保险电话销售中保险消费者合法权益被侵犯。近年,监管机构在"亮剑行动"专项检查中发现,某人身保险公司在电话销售过程中主要存在以下违规行为:一是夸大保险责任;二是对与保险业务相关的法律、法规、政策作虚假宣传;三是对投保人隐瞒与保险合同有关的重要情况;四是违规销售万能保险产品。

问题:

1. 这些人身保险电话销售业务存在什么样的风险?
2. 若保险消费者合法权益被侵犯,如何向保险监管机构投诉?
3. 保险监管机构针对这些问题会作出怎样的处理,其依据又是什么?

附录

中华人民共和国保险法

（1995年6月30日第八届全国人民代表大会常务委员会第十四次会议通过，根据2002年10月28日第九届全国人民代表大会常务委员会第三十次会议《关于修改〈中华人民共和国保险法〉的决定》第一次修正，2009年2月28日第十一届全国人民代表大会常务委员会第七次会议修订，根据2014年8月31日第十二届全国人民代表大会常务委员会第十次会议《关于修改〈中华人民共和国保险法〉等五部法律的决定》第二次修正，根据2015年4月24日第十二届全国人民代表大会常务委员会第十四次会议《关于修改〈中华人民共和国计量法〉等五部法律的决定》第三次修正）

第一章 总 则

第一条 为了规范保险活动，保护保险活动当事人的合法权益，加强对保险业的监督管理，维护社会经济秩序和社会公共利益，促进保险事业的健康发展，制定本法。

第二条 本法所称保险，是指投保人根据合同约定，向保险人支付保险费，保险人对于合同约定的可能发生的事故因其发生所造成的财产损失承担赔偿保险金责任，或者当被保险人死亡、伤残、疾病或者达到合同约定的年龄、期限等条件时承担给付保险金责任的商业保险行为。

第三条 在中华人民共和国境内从事保险活动，适用本法。

第四条 从事保险活动必须遵守法律、行政法规，尊重社会公德，不得损害社会公共利益。

第五条 保险活动当事人行使权利、履行义务应当遵循诚实信用原则。

第六条 保险业务由依照本法设立的保险公司以及法律、行政法规规定的其他保险组织经营，其他单位和个人不得经营保险业务。

第七条 在中华人民共和国境内的法人和其他组织需要办理境内保险的，应当向中华人民共和国境内的保险公司投保。

第八条 保险业和银行业、证券业、信托业实行分业经营、分业管理，保险公司与银行、证券、信托业务机构分别设立。国家另有规定的除外。

第九条 国务院保险监督管理机构依法对保险业实施监督管理。

国务院保险监督管理机构根据履行职责的需要设立派出机构。派出机构按照国务院保险监督管理机构的授权履行监督管理职责。

第二章 保险合同

第一节 一般规定

第十条 保险合同是投保人与保险人约定保险权利义务关系的协议。

投保人是指与保险人订立保险合同,并按照合同约定负有支付保险费义务的人。

保险人是指与投保人订立保险合同,并按照合同约定承担赔偿或者给付保险金责任的保险公司。

第十一条　订立保险合同,应当协商一致,遵循公平原则确定各方的权利和义务。

除法律、行政法规规定必须保险的外,保险合同自愿订立。

第十二条　人身保险的投保人在保险合同订立时,对被保险人应当具有保险利益。

财产保险的被保险人在保险事故发生时,对保险标的应当具有保险利益。

人身保险是以人的寿命和身体为保险标的的保险。

财产保险是以财产及其有关利益为保险标的的保险。

被保险人是指其财产或者人身受保险合同保障,享有保险金请求权的人。投保人可以为被保险人。

保险利益是指投保人或者被保险人对保险标的具有的法律上承认的利益。

第十三条　投保人提出保险要求,经保险人同意承保,保险合同成立。保险人应当及时向投保人签发保险单或者其他保险凭证。

保险单或者其他保险凭证应当载明当事人双方约定的合同内容。当事人也可以约定采用其他书面形式载明合同内容。

依法成立的保险合同,自成立时生效。投保人和保险人可以对合同的效力约定附条件或者附期限。

第十四条　保险合同成立后,投保人按照约定交付保险费,保险人按照约定的时间开始承担保险责任。

第十五条　除本法另有规定或者保险合同另有约定外,保险合同成立后,投保人可以解除合同,保险人不得解除合同。

第十六条　订立保险合同,保险人就保险标的或者被保险人的有关情况提出询问的,投保人应当如实告知。

投保人故意或者因重大过失未履行前款规定的如实告知义务,足以影响保险人决定是否同意承保或者提高保险费率的,保险人有权解除合同。

前款规定的合同解除权,自保险人知道有解除事由之日起,超过三十日不行使而消灭。自合同成立之日起超过二年的,保险人不得解除合同;发生保险事故的,保险人应当承担赔偿或者给付保险金的责任。

投保人故意不履行如实告知义务的,保险人对于合同解除前发生的保险事故,不承担赔偿或者给付保险金的责任,并不退还保险费。

投保人因重大过失未履行如实告知义务,对保险事故的发生有严重影响的,保险人对于合同解除前发生的保险事故,不承担赔偿或者给付保险金的责任,但应当退还保险费。

保险人在合同订立时已经知道投保人未如实告知的情况的,保险人不得解除合同;发生保险事故的,保险人应当承担赔偿或者给付保险金的责任。

保险事故是指保险合同约定的保险责任范围内的事故。

第十七条　订立保险合同,采用保险人提供的格式条款的,保险人向投保人提供的投保单应当附格式条款,保险人应当向投保人说明合同的内容。

对保险合同中免除保险人责任的条款,保险人在订立合同时应当在投保单、保险单或者其他保险凭证上作出足以引起投保人注意的提示,并对该条款的内容以书面或者口头形式向投保人作出明确说明;未作提示或者明确说明的,该条款不产生效力。

第十八条　保险合同应当包括下列事项:

(一)保险人的名称和住所;

(二)投保人、被保险人的姓名或者名称、住所,以及人身保险的受益人的姓名或者名称、住所;

(三)保险标的;

(四)保险责任和责任免除;

(五)保险期间和保险责任开始时间;

(六)保险金额;

(七)保险费以及支付办法;

(八)保险金赔偿或者给付办法;

(九)违约责任和争议处理;

(十)订立合同的年、月、日。

投保人和保险人可以约定与保险有关的其他事项。

受益人是指人身保险合同中由被保险人或者投保人指定的享有保险金请求权的人。投保人、被保险人可以为受益人。

保险金额是指保险人承担赔偿或者给付保险金责任的最高限额。

第十九条　采用保险人提供的格式条款订立的保险合同中的下列条款无效:

(一)免除保险人依法应承担的义务或者加重投保人、被保险人责任的;

(二)排除投保人、被保险人或者受益人依法享有的权利的。

第二十条　投保人和保险人可以协商变更合同内容。

变更保险合同的,应当由保险人在保险单或者其他保险凭证上批注或者附贴批单,或者由投保人和保险人订立变更的书面协议。

第二十一条　投保人、被保险人或者受益人知道保险事故发生后,应当及时通知保险人。故意或者因重大过失未及时通知,致使保险事故的性质、原因、损失程度等难以确定的,保险人对无法确定的部分,不承担赔偿或者给付保险金的责任,但保险人通过其他途径已经及时知道或者应当及时知道保险事故发生的除外。

第二十二条　保险事故发生后,按照保险合同请求保险人赔偿或者给付保险金时,投保人、被保险人或者受益人应当向保险人提供其所能提供的与确认保险事故的性质、原因、损失程度等有关的证明和资料。

保险人按照合同的约定,认为有关的证明和资料不完整的,应当及时一次性通知投保人、被保险人或者受益人补充提供。

第二十三条　保险人收到被保险人或者受益人的赔偿或者给付保险金的请求后,应当及时作出核定;情形复杂的,应当在三十日内作出核定,但合同另有约定的除外。保险人应当将核定结果通知被保险人或者受益人;对属于保险责任的,在与被保险人或者受益人达成赔偿或者给付保险金的协议后十日内,履行赔偿或者给付保险金义务。保险合同对赔偿或者给付保险金的期限有约定的,保险人应当按照约定履行赔偿或者给付保险金义务。

保险人未及时履行前款规定义务的,除支付保险金外,应当赔偿被保险人或者受益人因此受到的损失。

任何单位和个人不得非法干预保险人履行赔偿或者给付保险金的义务,也不得限制被保险人或者受益人取得保险金的权利。

第二十四条　保险人依照本法第二十三条的规定作出核定后,对不属于保险责任的,应当自作出核定之日起三日内向被保险人或者受益人发出拒绝赔偿或者拒绝给付保险金通知书,并说明理由。

第二十五条　保险人自收到赔偿或者给付保险金的请求和有关证明、资料之日起六十日内,对其赔偿或者给付保险金的数额不能确定的,应当根据已有证明和资料可以确定的数额先予支付;保险人最终确定赔偿或者给付保险金的数额后,应当支付相应的差额。

第二十六条　人寿保险以外的其他保险的被保险人或者受益人,向保险人请求赔偿或者给付保险金的诉讼时效期间为二年,自其知道或者应当知道保险事故发生之日起计算。

人寿保险的被保险人或者受益人向保险人请求给付保险金的诉讼时效期间为五年,自其知道或者应当知道保险事故发生之日起计算。

第二十七条　未发生保险事故,被保险人或者受益人谎称发生了保险事故,向保险人提出赔偿或者给付保险金请求的,保险人有权解除合同,并不退还保险费。

投保人、被保险人故意制造保险事故的,保险人有权解除合同,不承担赔偿或者给付保险金的责任;除本法第四十三条规定外,不退还保险费。

保险事故发生后,投保人、被保险人或者受益人以伪造、变造的有关证明、资料或者其他证据,编造虚假的事故原因或者夸大损失程度的,保险人对其虚报的部分不承担赔偿或者给付保险金的责任。

投保人、被保险人或者受益人有前三款规定行为之一,致使保险人支付保险金或者支出费用的,应当退回或者赔偿。

第二十八条　保险人将其承担的保险业务,以分保形式部分转移给其他保险人的,为再保险。

应再保险接受人的要求,再保险分出人应当将其自负责任及原保险的有关情况书面告知再保险接受人。

第二十九条　再保险接受人不得向原保险的投保人要求支付保险费。

原保险的被保险人或者受益人不得向再保险接受人提出赔偿或者给付保险金的请求。

再保险分出人不得以再保险接受人未履行再保险责任为由,拒绝履行或者迟延履行其原保险责任。

第三十条　采用保险人提供的格式条款订立的保险合同,保险人与投保人、被保险人或者受益人对合同条款有争议的,应当按照通常理解予以解释。对合同条款有两种以上解释的,人民法院或者仲裁机构应当作出有利于被保险人和受益人的解释。

第二节　人身保险合同

第三十一条　投保人对下列人员具有保险利益:

(一) 本人;

(二) 配偶、子女、父母;

(三) 前项以外与投保人有抚养、赡养或者扶养关系的家庭其他成员、近亲属;

(四) 与投保人有劳动关系的劳动者。

除前款规定外,被保险人同意投保人为其订立合同的,视为投保人对被保险人具有保险利益。

订立合同时,投保人对被保险人不具有保险利益的,合同无效。

第三十二条 投保人申报的被保险人年龄不真实,并且其真实年龄不符合合同约定的年龄限制的,保险人可以解除合同,并按照合同约定退还保险单的现金价值。保险人行使合同解除权,适用本法第十六条第三款、第六款的规定。

投保人申报的被保险人年龄不真实,致使投保人支付的保险费少于应付保险费的,保险人有权更正并要求投保人补交保险费,或者在给付保险金时按照实付保险费与应付保险费的比例支付。

投保人申报的被保险人年龄不真实,致使投保人支付的保险费多于应付保险费的,保险人应当将多收的保险费退还投保人。

第三十三条 投保人不得为无民事行为能力人投保以死亡为给付保险金条件的人身保险,保险人也不得承保。

父母为其未成年子女投保的人身保险,不受前款规定限制。但是,因被保险人死亡给付的保险金总和不得超过国务院保险监督管理机构规定的限额。

第三十四条 以死亡为给付保险金条件的合同,未经被保险人同意并认可保险金额的,合同无效。

按照以死亡为给付保险金条件的合同所签发的保险单,未经被保险人书面同意,不得转让或者质押。

父母为其未成年子女投保的人身保险,不受本条第一款规定限制。

第三十五条 投保人可以按照合同约定向保险人一次支付全部保险费或者分期支付保险费。

第三十六条 合同约定分期支付保险费,投保人支付首期保险费后,除合同另有约定外,投保人自保险人催告之日起超过三十日未支付当期保险费,或者超过约定的期限六十日未支付当期保险费的,合同效力中止,或者由保险人按照合同约定的条件减少保险金额。

被保险人在前款规定期限内发生保险事故的,保险人应当按照合同约定给付保险金,但可以扣减欠交的保险费。

第三十七条 合同效力依照本法第三十六条规定中止的,经保险人与投保人协商并达成协议,在投保人补交保险费后,合同效力恢复。但是,自合同效力中止之日起满二年双方未达成协议的,保险人有权解除合同。

保险人依照前款规定解除合同的,应当按照合同约定退还保险单的现金价值。

第三十八条 保险人对人寿保险的保险费,不得用诉讼方式要求投保人支付。

第三十九条 人身保险的受益人由被保险人或者投保人指定。

投保人指定受益人时须经被保险人同意。投保人为与其有劳动关系的劳动者投保人身保险,不得指定被保险人及其近亲属以外的人为受益人。

被保险人为无民事行为能力人或者限制民事行为能力人的,可以由其监护人指定受益人。

第四十条 被保险人或者投保人可以指定一人或者数人为受益人。

受益人为数人的,被保险人或者投保人可以确定受益顺序和受益份额;未确定受益份额的,受益人按照相等份额享有受益权。

第四十一条　被保险人或者投保人可以变更受益人并书面通知保险人。保险人收到变更受益人的书面通知后,应当在保险单或者其他保险凭证上批注或者附贴批单。

投保人变更受益人时须经被保险人同意。

第四十二条　被保险人死亡后,有下列情形之一的,保险金作为被保险人的遗产,由保险人依照《中华人民共和国继承法》的规定履行给付保险金的义务:

（一）没有指定受益人,或者受益人指定不明无法确定的;

（二）受益人先于被保险人死亡,没有其他受益人的;

（三）受益人依法丧失受益权或者放弃受益权,没有其他受益人的。

受益人与被保险人在同一事件中死亡,且不能确定死亡先后顺序的,推定受益人死亡在先。

第四十三条　投保人故意造成被保险人死亡、伤残或者疾病的,保险人不承担给付保险金的责任。投保人已交足二年以上保险费的,保险人应当按照合同约定向其他权利人退还保险单的现金价值。

受益人故意造成被保险人死亡、伤残、疾病的,或者故意杀害被保险人未遂的,该受益人丧失受益权。

第四十四条　以被保险人死亡为给付保险金条件的合同,自合同成立或者合同效力恢复之日起二年内,被保险人自杀的,保险人不承担给付保险金的责任,但被保险人自杀时为无民事行为能力人的除外。

保险人依照前款规定不承担给付保险金责任的,应当按照合同约定退还保险单的现金价值。

第四十五条　因被保险人故意犯罪或者抗拒依法采取的刑事强制措施导致其伤残或者死亡的,保险人不承担给付保险金的责任。投保人已交足二年以上保险费的,保险人应当按照合同约定退还保险单的现金价值。

第四十六条　被保险人因第三者的行为而发生死亡、伤残或者疾病等保险事故的,保险人向被保险人或者受益人给付保险金后,不享有向第三者追偿的权利,但被保险人或者受益人仍有权向第三者请求赔偿。

第四十七条　投保人解除合同的,保险人应当自收到解除合同通知之日起三十日内,按照合同约定退还保险单的现金价值。

第三节　财产保险合同

第四十八条　保险事故发生时,被保险人对保险标的不具有保险利益的,不得向保险人请求赔偿保险金。

第四十九条　保险标的转让的,保险标的的受让人承继被保险人的权利和义务。

保险标的转让的,被保险人或者受让人应当及时通知保险人,但货物运输保险合同和另有约定的合同除外。

因保险标的转让导致危险程度显著增加的,保险人自收到前款规定的通知之日起三十日内,可以按照合同约定增加保险费或者解除合同。保险人解除合同的,应当将已收取的保险费,按照合同约定扣除自保险责任开始之日起至合同解除之日止应收的部分后,退还投保人。

被保险人、受让人未履行本条第二款规定的通知义务的,因转让导致保险标的危险程度显著增加而发生的保险事故,保险人不承担赔偿保险金的责任。

第五十条　货物运输保险合同和运输工具航程保险合同,保险责任开始后,合同当事人不得解除合同。

第五十一条　被保险人应当遵守国家有关消防、安全、生产操作、劳动保护等方面的规定,维护保险标的的安全。

保险人可以按照合同约定对保险标的的安全状况进行检查,及时向投保人、被保险人提出消除不安全因素和隐患的书面建议。

投保人、被保险人未按照约定履行其对保险标的的安全应尽责任的,保险人有权要求增加保险费或者解除合同。

保险人为维护保险标的的安全,经被保险人同意,可以采取安全预防措施。

第五十二条　在合同有效期内,保险标的的危险程度显著增加的,被保险人应当按照合同约定及时通知保险人,保险人可以按照合同约定增加保险费或者解除合同。保险人解除合同的,应当将已收取的保险费,按照合同约定扣除自保险责任开始之日起至合同解除之日止应收的部分后,退还投保人。

被保险人未履行前款规定的通知义务的,因保险标的的危险程度显著增加而发生的保险事故,保险人不承担赔偿保险金的责任。

第五十三条　有下列情形之一的,除合同另有约定外,保险人应当降低保险费,并按日计算退还相应的保险费:

(一)据以确定保险费率的有关情况发生变化,保险标的的危险程度明显减少的;

(二)保险标的的保险价值明显减少的。

第五十四条　保险责任开始前,投保人要求解除合同的,应当按照合同约定向保险人支付手续费,保险人应当退还保险费。保险责任开始后,投保人要求解除合同的,保险人应当将已收取的保险费,按照合同约定扣除自保险责任开始之日起至合同解除之日止应收的部分后,退还投保人。

第五十五条　投保人和保险人约定保险标的的保险价值并在合同中载明的,保险标的发生损失时,以约定的保险价值为赔偿计算标准。

投保人和保险人未约定保险标的的保险价值的,保险标的发生损失时,以保险事故发生时保险标的的实际价值为赔偿计算标准。

保险金额不得超过保险价值。超过保险价值的,超过部分无效,保险人应当退还相应的保险费。

保险金额低于保险价值的,除合同另有约定外,保险人按照保险金额与保险价值的比例承担赔偿保险金的责任。

第五十六条　重复保险的投保人应当将重复保险的有关情况通知各保险人。

重复保险的各保险人赔偿保险金的总和不得超过保险价值。除合同另有约定外,各保险人按照其保险金额与保险金额总和的比例承担赔偿保险金的责任。

重复保险的投保人可以就保险金额总和超过保险价值的部分,请求各保险人按比例返还保险费。

重复保险是指投保人对同一保险标的、同一保险利益、同一保险事故分别与两个以上保险人订立保险合同,且保险金额总和超过保险价值的保险。

第五十七条　保险事故发生时,被保险人应当尽力采取必要的措施,防止或者减少损失。

保险事故发生后,被保险人为防止或者减少保险标的的损失所支付的必要的、合理的费用,由保险人承担;保险人所承担的费用数额在保险标的损失赔偿金额以外另行计算,最高不超过保险金额的数额。

第五十八条　保险标的发生部分损失的,自保险人赔偿之日起三十日内,投保人可以解除合同;除合同另有约定外,保险人也可以解除合同,但应当提前十五日通知投保人。

合同解除的,保险人应当将保险标的未受损失部分的保险费,按照合同约定扣除自保险责任开始之日起至合同解除之日止应收的部分后,退还投保人。

第五十九条　保险事故发生后,保险人已支付了全部保险金额,并且保险金额等于保险价值的,受损保险标的的全部权利归于保险人;保险金额低于保险价值的,保险人按照保险金额与保险价值的比例取得受损保险标的的部分权利。

第六十条　因第三者对保险标的的损害而造成保险事故的,保险人自向被保险人赔偿保险金之日起,在赔偿金额范围内代位行使被保险人对第三者请求赔偿的权利。

前款规定的保险事故发生后,被保险人已经从第三者取得损害赔偿的,保险人赔偿保险金时,可以相应扣减被保险人从第三者已取得的赔偿金额。

保险人依照本条第一款规定行使代位请求赔偿的权利,不影响被保险人就未取得赔偿的部分向第三者请求赔偿的权利。

第六十一条　保险事故发生后,保险人未赔偿保险金之前,被保险人放弃对第三者请求赔偿的权利的,保险人不承担赔偿保险金的责任。

保险人向被保险人赔偿保险金后,被保险人未经保险人同意放弃对第三者请求赔偿的权利的,该行为无效。

被保险人故意或者因重大过失致使保险人不能行使代位请求赔偿的权利的,保险人可以扣减或者要求返还相应的保险金。

第六十二条　除被保险人的家庭成员或者其组成人员故意造成本法第六十条第一款规定的保险事故外,保险人不得对被保险人的家庭成员或者其组成人员行使代位请求赔偿的权利。

第六十三条　保险人向第三者行使代位请求赔偿的权利时,被保险人应当向保险人提供必要的文件和所知道的有关情况。

第六十四条　保险人、被保险人为查明和确定保险事故的性质、原因和保险标的的损失程度所支付的必要的、合理的费用,由保险人承担。

第六十五条　保险人对责任保险的被保险人给第三者造成的损害,可以依照法律的规定或者合同的约定,直接向该第三者赔偿保险金。

责任保险的被保险人给第三者造成损害,被保险人对第三者应负的赔偿责任确定的,根据被保险人的请求,保险人应当直接向该第三者赔偿保险金。被保险人怠于请求的,第三者有权就其应获赔偿部分直接向保险人请求赔偿保险金。

责任保险的被保险人给第三者造成损害,被保险人未向该第三者赔偿的,保险人不得向被保险人赔偿保险金。

责任保险是指以被保险人对第三者依法应负的赔偿责任为保险标的的保险。

第六十六条 责任保险的被保险人因给第三者造成损害的保险事故而被提起仲裁或者诉讼的,被保险人支付的仲裁或者诉讼费用以及其他必要的、合理的费用,除合同另有约定外,由保险人承担。

第三章 保险公司

第六十七条 设立保险公司应当经国务院保险监督管理机构批准。

国务院保险监督管理机构审查保险公司的设立申请时,应当考虑保险业的发展和公平竞争的需要。

第六十八条 设立保险公司应当具备下列条件:

(一)主要股东具有持续盈利能力,信誉良好,最近三年内无重大违法违规记录,净资产不低于人民币二亿元;

(二)有符合本法和《中华人民共和国公司法》规定的章程;

(三)有符合本法规定的注册资本;

(四)有具备任职专业知识和业务工作经验的董事、监事和高级管理人员;

(五)有健全的组织机构和管理制度;

(六)有符合要求的营业场所和与经营业务有关的其他设施;

(七)法律、行政法规和国务院保险监督管理机构规定的其他条件。

第六十九条 设立保险公司,其注册资本的最低限额为人民币二亿元。

国务院保险监督管理机构根据保险公司的业务范围、经营规模,可以调整其注册资本的最低限额,但不得低于本条第一款规定的限额。

保险公司的注册资本必须为实缴货币资本。

第七十条 申请设立保险公司,应当向国务院保险监督管理机构提出书面申请,并提交下列材料:

(一)设立申请书,申请书应当载明拟设立的保险公司的名称、注册资本、业务范围等;

(二)可行性研究报告;

(三)筹建方案;

(四)投资人的营业执照或者其他背景资料,经会计师事务所审计的上一年度财务会计报告;

(五)投资人认可的筹备组负责人和拟任董事长、经理名单及本人认可证明;

(六)国务院保险监督管理机构规定的其他材料。

第七十一条 国务院保险监督管理机构应当对设立保险公司的申请进行审查,自受理之日起六个月内作出批准或者不批准筹建的决定,并书面通知申请人。决定不批准的,应当书面说明理由。

第七十二条 申请人应当自收到批准筹建通知之日起一年内完成筹建工作;筹建期间不得从事保险经营活动。

第七十三条 筹建工作完成后,申请人具备本法第六十八条规定的设立条件的,可以向国务院保险监督管理机构提出开业申请。

国务院保险监督管理机构应当自受理开业申请之日起六十日内,作出批准或者不批准开业的决定。决定批准的,颁发经营保险业务许可证;决定不批准的,应当书面通知申请人并说明理由。

第七十四条　保险公司在中华人民共和国境内设立分支机构,应当经保险监督管理机构批准。

保险公司分支机构不具有法人资格,其民事责任由保险公司承担。

第七十五条　保险公司申请设立分支机构,应当向保险监督管理机构提出书面申请,并提交下列材料:

(一)设立申请书;
(二)拟设机构三年业务发展规划和市场分析材料;
(三)拟任高级管理人员的简历及相关证明材料;
(四)国务院保险监督管理机构规定的其他材料。

第七十六条　保险监督管理机构应当对保险公司设立分支机构的申请进行审查,自受理之日起六十日内作出批准或者不批准的决定。决定批准的,颁发分支机构经营保险业务许可证;决定不批准的,应当书面通知申请人并说明理由。

第七十七条　经批准设立的保险公司及其分支机构,凭经营保险业务许可证向工商行政管理机关办理登记,领取营业执照。

第七十八条　保险公司及其分支机构自取得经营保险业务许可证之日起六个月内,无正当理由未向工商行政管理机关办理登记的,其经营保险业务许可证失效。

第七十九条　保险公司在中华人民共和国境外设立子公司、分支机构,应当经国务院保险监督管理机构批准。

第八十条　外国保险机构在中华人民共和国境内设立代表机构,应当经国务院保险监督管理机构批准。代表机构不得从事保险经营活动。

第八十一条　保险公司的董事、监事和高级管理人员,应当品行良好,熟悉与保险相关的法律、行政法规,具有履行职责所需的经营管理能力,并在任职前取得保险监督管理机构核准的任职资格。

保险公司高级管理人员的范围由国务院保险监督管理机构规定。

第八十二条　有《中华人民共和国公司法》第一百四十六条规定的情形或者下列情形之一的,不得担任保险公司的董事、监事、高级管理人员:

(一)因违法行为或者违纪行为被金融监督管理机构取消任职资格的金融机构的董事、监事、高级管理人员,自被取消任职资格之日起未逾五年的;
(二)因违法行为或者违纪行为被吊销执业资格的律师、注册会计师或者资产评估机构、验证机构等机构的专业人员,自被吊销执业资格之日起未逾五年的。

第八十三条　保险公司的董事、监事、高级管理人员执行公司职务时违反法律、行政法规或者公司章程的规定,给公司造成损失的,应当承担赔偿责任。

第八十四条　保险公司有下列情形之一的,应当经保险监督管理机构批准:

(一)变更名称;
(二)变更注册资本;
(三)变更公司或者分支机构的营业场所;
(四)撤销分支机构;

（五）公司分立或者合并；

（六）修改公司章程；

（七）变更出资额占有限责任公司资本总额百分之五以上的股东，或者变更持有股份有限公司股份百分之五以上的股东；

（八）国务院保险监督管理机构规定的其他情形。

第八十五条　保险公司应当聘用专业人员，建立精算报告制度和合规报告制度。

第八十六条　保险公司应当按照保险监督管理机构的规定，报送有关报告、报表、文件和资料。

保险公司的偿付能力报告、财务会计报告、精算报告、合规报告及其他有关报告、报表、文件和资料必须如实记录保险业务事项，不得有虚假记载、误导性陈述和重大遗漏。

第八十七条　保险公司应当按照国务院保险监督管理机构的规定妥善保管业务经营活动的完整账簿、原始凭证和有关资料。

前款规定的账簿、原始凭证和有关资料的保管期限，自保险合同终止之日起计算，保险期间在一年以下的不得少于五年，保险期间超过一年的不得少于十年。

第八十八条　保险公司聘请或者解聘会计师事务所、资产评估机构、资信评级机构等中介服务机构，应当向保险监督管理机构报告；解聘会计师事务所、资产评估机构、资信评级机构等中介服务机构，应当说明理由。

第八十九条　保险公司因分立、合并需要解散，或者股东会、股东大会决议解散，或者公司章程规定的解散事由出现，经国务院保险监督管理机构批准后解散。

经营有人寿保险业务的保险公司，除因分立、合并或者被依法撤销外，不得解散。

保险公司解散，应当依法成立清算组进行清算。

第九十条　保险公司有《中华人民共和国企业破产法》第二条规定情形的，经国务院保险监督管理机构同意，保险公司或者其债权人可以依法向人民法院申请重整、和解或者破产清算；国务院保险监督管理机构也可以依法向人民法院申请对该保险公司进行重整或者破产清算。

第九十一条　破产财产在优先清偿破产费用和共益债务后，按照下列顺序清偿：

（一）所欠职工工资和医疗、伤残补助、抚恤费用，所欠应当划入职工个人账户的基本养老保险、基本医疗保险费用，以及法律、行政法规规定应当支付给职工的补偿金；

（二）赔偿或者给付保险金；

（三）保险公司欠缴的除第（一）项规定以外的社会保险费用和所欠税款；

（四）普通破产债权。

破产财产不足以清偿同一顺序的清偿要求的，按照比例分配。

破产保险公司的董事、监事和高级管理人员的工资，按照该公司职工的平均工资计算。

第九十二条　经营有人寿保险业务的保险公司被依法撤销或者被依法宣告破产的，其持有的人寿保险合同及责任准备金，必须转让给其他经营有人寿保险业务的保险公司；不能同其他保险公司达成转让协议的，由国务院保险监督管理机构指定经营有人寿保险业务的保险公司接受转让。

转让或者由国务院保险监督管理机构指定接受转让前款规定的人寿保险合同及责任准备金的，应当维护被保险人、受益人的合法权益。

第九十三条　保险公司依法终止其业务活动,应当注销其经营保险业务许可证。

第九十四条　保险公司,除本法另有规定外,适用《中华人民共和国公司法》的规定。

第四章　保险经营规则

第九十五条　保险公司的业务范围:

(一)人身保险业务,包括人寿保险、健康保险、意外伤害保险等保险业务;

(二)财产保险业务,包括财产损失保险、责任保险、信用保险、保证保险等保险业务;

(三)国务院保险监督管理机构批准的与保险有关的其他业务。

保险人不得兼营人身保险业务和财产保险业务。但是,经营财产保险业务的保险公司经国务院保险监督管理机构批准,可以经营短期健康保险业务和意外伤害保险业务。

保险公司应当在国务院保险监督管理机构依法批准的业务范围内从事保险经营活动。

第九十六条　经国务院保险监督管理机构批准,保险公司可以经营本法第九十五条规定的保险业务的下列再保险业务:

(一)分出保险;

(二)分入保险。

第九十七条　保险公司应当按照其注册资本总额的百分之二十提取保证金,存入国务院保险监督管理机构指定的银行,除公司清算时用于清偿债务外,不得动用。

第九十八条　保险公司应当根据保障被保险人利益、保证偿付能力的原则,提取各项责任准备金。

保险公司提取和结转责任准备金的具体办法,由国务院保险监督管理机构制定。

第九十九条　保险公司应当依法提取公积金。

第一百条　保险公司应当缴纳保险保障基金。

保险保障基金应当集中管理,并在下列情形下统筹使用:

(一)在保险公司被撤销或者被宣告破产时,向投保人、被保险人或者受益人提供救济;

(二)在保险公司被撤销或者被宣告破产时,向依法接受其人寿保险合同的保险公司提供救济;

(三)国务院规定的其他情形。

保险保障基金筹集、管理和使用的具体办法,由国务院制定。

第一百零一条　保险公司应当具有与其业务规模和风险程度相适应的最低偿付能力。保险公司的认可资产减去认可负债的差额不得低于国务院保险监督管理机构规定的数额;低于规定数额的,应当按照国务院保险监督管理机构的要求采取相应措施达到规定的数额。

第一百零二条　经营财产保险业务的保险公司当年自留保险费,不得超过其实有资本金加公积金总和的四倍。

第一百零三条　保险公司对每一危险单位,即对一次保险事故可能造成的最大损失范围所承担的责任,不得超过其实有资本金加公积金总和的百分之十;超过的部分应当办理再保险。

保险公司对危险单位的划分应当符合国务院保险监督管理机构的规定。

第一百零四条　保险公司对危险单位的划分方法和巨灾风险安排方案,应当报国务院保险监督管理机构备案。

第一百零五条　保险公司应当按照国务院保险监督管理机构的规定办理再保险,并审慎选择再保险接受人。

第一百零六条　保险公司的资金运用必须稳健,遵循安全性原则。

保险公司的资金运用限于下列形式:

(一)银行存款;

(二)买卖债券、股票、证券投资基金份额等有价证券;

(三)投资不动产;

(四)国务院规定的其他资金运用形式。

保险公司资金运用的具体管理办法,由国务院保险监督管理机构依照前两款的规定制定。

第一百零七条　经国务院保险监督管理机构会同国务院证券监督管理机构批准,保险公司可以设立保险资产管理公司。

保险资产管理公司从事证券投资活动,应当遵守《中华人民共和国证券法》等法律、行政法规的规定。

保险资产管理公司的管理办法,由国务院保险监督管理机构会同国务院有关部门制定。

第一百零八条　保险公司应当按照国务院保险监督管理机构的规定,建立对关联交易的管理和信息披露制度。

第一百零九条　保险公司的控股股东、实际控制人、董事、监事、高级管理人员不得利用关联交易损害公司的利益。

第一百一十条　保险公司应当按照国务院保险监督管理机构的规定,真实、准确、完整地披露财务会计报告、风险管理状况、保险产品经营情况等重大事项。

第一百一十一条　保险公司从事保险销售的人员应当品行良好,具有保险销售所需的专业能力。保险销售人员的行为规范和管理办法,由国务院保险监督管理机构规定。

第一百一十二条　保险公司应当建立保险代理人登记管理制度,加强对保险代理人的培训和管理,不得唆使、诱导保险代理人进行违背诚信义务的活动。

第一百一十三条　保险公司及其分支机构应当依法使用经营保险业务许可证,不得转让、出租、出借经营保险业务许可证。

第一百一十四条　保险公司应当按照国务院保险监督管理机构的规定,公平、合理拟订保险条款和保险费率,不得损害投保人、被保险人和受益人的合法权益。

保险公司应当按照合同约定和本法规定,及时履行赔偿或者给付保险金义务。

第一百一十五条　保险公司开展业务,应当遵循公平竞争的原则,不得从事不正当竞争。

第一百一十六条　保险公司及其工作人员在保险业务活动中不得有下列行为:

(一)欺骗投保人、被保险人或者受益人;

(二)对投保人隐瞒与保险合同有关的重要情况;

(三)阻碍投保人履行本法规定的如实告知义务,或者诱导其不履行本法规定的如实告知义务;

(四)给予或者承诺给予投保人、被保险人、受益人保险合同约定以外的保险费回扣或者其他利益;

（五）拒不依法履行保险合同约定的赔偿或者给付保险金义务；

（六）故意编造未曾发生的保险事故、虚构保险合同或者故意夸大已经发生的保险事故的损失程度进行虚假理赔，骗取保险金或者牟取其他不正当利益；

（七）挪用、截留、侵占保险费；

（八）委托未取得合法资格的机构从事保险销售活动；

（九）利用开展保险业务为其他机构或者个人牟取不正当利益；

（十）利用保险代理人、保险经纪人或者保险评估机构，从事以虚构保险中介业务或者编造退保等方式套取费用等违法活动；

（十一）以捏造、散布虚假事实等方式损害竞争对手的商业信誉，或者以其他不正当竞争行为扰乱保险市场秩序；

（十二）泄露在业务活动中知悉的投保人、被保险人的商业秘密；

（十三）违反法律、行政法规和国务院保险监督管理机构规定的其他行为。

第五章　保险代理人和保险经纪人

第一百一十七条　保险代理人是根据保险人的委托，向保险人收取佣金，并在保险人授权的范围内代为办理保险业务的机构或者个人。

保险代理机构包括专门从事保险代理业务的保险专业代理机构和兼营保险代理业务的保险兼业代理机构。

第一百一十八条　保险经纪人是基于投保人的利益，为投保人与保险人订立保险合同提供中介服务，并依法收取佣金的机构。

第一百一十九条　保险代理机构、保险经纪人应当具备国务院保险监督管理机构规定的条件，取得保险监督管理机构颁发的经营保险代理业务许可证、保险经纪业务许可证。

第一百二十条　以公司形式设立保险专业代理机构、保险经纪人，其注册资本最低限额适用《中华人民共和国公司法》的规定。

国务院保险监督管理机构根据保险专业代理机构、保险经纪人的业务范围和经营规模，可以调整其注册资本的最低限额，但不得低于《中华人民共和国公司法》规定的限额。

保险专业代理机构、保险经纪人的注册资本或者出资额必须为实缴货币资本。

第一百二十一条　保险专业代理机构、保险经纪人的高级管理人员，应当品行良好，熟悉保险法律、行政法规，具有履行职责所需的经营管理能力，并在任职前取得保险监督管理机构核准的任职资格。

第一百二十二条　个人保险代理人、保险代理机构的代理从业人员、保险经纪人的经纪从业人员，应当品行良好，具有从事保险代理业务或者保险经纪业务所需的专业能力。

第一百二十三条　保险代理机构、保险经纪人应当有自己的经营场所，设立专门账簿记载保险代理业务、经纪业务的收支情况。

第一百二十四条　保险代理机构、保险经纪人应当按照国务院保险监督管理机构的规定缴存保证金或者投保职业责任保险。

第一百二十五条　个人保险代理人在代为办理人寿保险业务时，不得同时接受两个以上保险人的委托。

第一百二十六条　保险人委托保险代理人代为办理保险业务，应当与保险代理人签订委托代理协议,依法约定双方的权利和义务。

第一百二十七条　保险代理人根据保险人的授权代为办理保险业务的行为,由保险人承担责任。

保险代理人没有代理权、超越代理权或者代理权终止后以保险人名义订立合同,使投保人有理由相信其有代理权的,该代理行为有效。保险人可以依法追究越权的保险代理人的责任。

第一百二十八条　保险经纪人因过错给投保人、被保险人造成损失的,依法承担赔偿责任。

第一百二十九条　保险活动当事人可以委托保险公估机构等依法设立的独立评估机构或者具有相关专业知识的人员,对保险事故进行评估和鉴定。

接受委托对保险事故进行评估和鉴定的机构和人员,应当依法、独立、客观、公正地进行评估和鉴定,任何单位和个人不得干涉。

前款规定的机构和人员,因故意或者过失给保险人或者被保险人造成损失的,依法承担赔偿责任。

第一百三十条　保险佣金只限于向保险代理人、保险经纪人支付,不得向其他人支付。

第一百三十一条　保险代理人、保险经纪人及其从业人员在办理保险业务活动中不得有下列行为:

(一)欺骗保险人、投保人、被保险人或者受益人;

(二)隐瞒与保险合同有关的重要情况;

(三)阻碍投保人履行本法规定的如实告知义务,或者诱导其不履行本法规定的如实告知义务;

(四)给予或者承诺给予投保人、被保险人或者受益人保险合同约定以外的利益;

(五)利用行政权力、职务或者职业便利以及其他不正当手段强迫、引诱或者限制投保人订立保险合同;

(六)伪造、擅自变更保险合同,或者为保险合同当事人提供虚假证明材料;

(七)挪用、截留、侵占保险费或者保险金;

(八)利用业务便利为其他机构或者个人牟取不正当利益;

(九)串通投保人、被保险人或者受益人,骗取保险金;

(十)泄露在业务活动中知悉的保险人、投保人、被保险人的商业秘密。

第一百三十二条　本法第八十六条第一款、第一百一十三条的规定,适用于保险代理机构和保险经纪人。

第六章　保险业监督管理

第一百三十三条　保险监督管理机构依照本法和国务院规定的职责,遵循依法、公开、公正的原则,对保险业实施监督管理,维护保险市场秩序,保护投保人、被保险人和受益人的合法权益。

第一百三十四条　国务院保险监督管理机构依照法律、行政法规制定并发布有关保险业监督管理的规章。

第一百三十五条　关系社会公众利益的保险险种、依法实行强制保险的险种和新开发的人寿保险险种等的保险条款和保险费率,应当报国务院保险监督管理机构批准。国务院保险监督管理机构审批时,应当遵循保护社会公众利益和防止不正当竞争的原则。其他保险险种的保险条款和保险费率,应当报保险监督管理机构备案。

保险条款和保险费率审批、备案的具体办法,由国务院保险监督管理机构依照前款规定制定。

第一百三十六条　保险公司使用的保险条款和保险费率违反法律、行政法规或者国务院保险监督管理机构的有关规定的,由保险监督管理机构责令停止使用,限期修改;情节严重的,可以在一定期限内禁止申报新的保险条款和保险费率。

第一百三十七条　国务院保险监督管理机构应当建立健全保险公司偿付能力监管体系,对保险公司的偿付能力实施监控。

第一百三十八条　对偿付能力不足的保险公司,国务院保险监督管理机构应当将其列为重点监管对象,并可以根据具体情况采取下列措施:

(一)责令增加资本金、办理再保险;
(二)限制业务范围;
(三)限制向股东分红;
(四)限制固定资产购置或者经营费用规模;
(五)限制资金运用的形式、比例;
(六)限制增设分支机构;
(七)责令拍卖不良资产、转让保险业务;
(八)限制董事、监事、高级管理人员的薪酬水平;
(九)限制商业性广告;
(十)责令停止接受新业务。

第一百三十九条　保险公司未依照本法规定提取或者结转各项责任准备金,或者未依照本法规定办理再保险,或者严重违反本法关于资金运用的规定的,由保险监督管理机构责令限期改正,并可以责令调整负责人及有关管理人员。

第一百四十条　保险监督管理机构依照本法第一百三十九条的规定作出限期改正的决定后,保险公司逾期未改正的,国务院保险监督管理机构可以决定选派保险专业人员和指定该保险公司的有关人员组成整顿组,对公司进行整顿。

整顿决定应当载明被整顿公司的名称、整顿理由、整顿组成员和整顿期限,并予以公告。

第一百四十一条　整顿组有权监督被整顿保险公司的日常业务。被整顿公司的负责人及有关管理人员应当在整顿组的监督下行使职权。

第一百四十二条　整顿过程中,被整顿保险公司的原有业务继续进行。但是,国务院保险监督管理机构可以责令被整顿公司停止部分原有业务、停止接受新业务,调整资金运用。

第一百四十三条　被整顿保险公司经整顿已纠正其违反本法规定的行为,恢复正常经营状况的,由整顿组提出报告,经国务院保险监督管理机构批准,结束整顿,并由国务院保险监督管理机构予以公告。

第一百四十四条　保险公司有下列情形之一的,国务院保险监督管理机构可以对其实行接管:

(一)公司的偿付能力严重不足的;

（二）违反本法规定，损害社会公共利益，可能严重危及或者已经严重危及公司的偿付能力的。

被接管的保险公司的债权债务关系不因接管而变化。

第一百四十五条　接管组的组成和接管的实施办法，由国务院保险监督管理机构决定，并予以公告。

第一百四十六条　接管期限届满，国务院保险监督管理机构可以决定延长接管期限，但接管期限最长不得超过二年。

第一百四十七条　接管期限届满，被接管的保险公司已恢复正常经营能力的，由国务院保险监督管理机构决定终止接管，并予以公告。

第一百四十八条　被整顿、被接管的保险公司有《中华人民共和国企业破产法》第二条规定情形的，国务院保险监督管理机构可以依法向人民法院申请对该保险公司进行重整或者破产清算。

第一百四十九条　保险公司因违法经营被依法吊销经营保险业务许可证的，或者偿付能力低于国务院保险监督管理机构规定标准，不予撤销将严重危害保险市场秩序、损害公共利益的，由国务院保险监督管理机构予以撤销并公告，依法及时组织清算组进行清算。

第一百五十条　国务院保险监督管理机构有权要求保险公司股东、实际控制人在指定的期限内提供有关信息和资料。

第一百五十一条　保险公司的股东利用关联交易严重损害公司利益，危及公司偿付能力的，由国务院保险监督管理机构责令改正。在按照要求改正前，国务院保险监督管理机构可以限制其股东权利；拒不改正的，可以责令其转让所持的保险公司股权。

第一百五十二条　保险监督管理机构根据履行监督管理职责的需要，可以与保险公司董事、监事和高级管理人员进行监督管理谈话，要求其就公司的业务活动和风险管理的重大事项作出说明。

第一百五十三条　保险公司在整顿、接管、撤销清算期间，或者出现重大风险时，国务院保险监督管理机构可以对该公司直接负责的董事、监事、高级管理人员和其他直接责任人员采取以下措施：

（一）通知出境管理机关依法阻止其出境；

（二）申请司法机关禁止其转移、转让或者以其他方式处分财产，或者在财产上设定其他权利。

第一百五十四条　保险监督管理机构依法履行职责，可以采取下列措施：

（一）对保险公司、保险代理人、保险经纪人、保险资产管理公司、外国保险机构的代表机构进行现场检查；

（二）进入涉嫌违法行为发生场所调查取证；

（三）询问当事人及与被调查事件有关的单位和个人，要求其对与被调查事件有关的事项作出说明；

（四）查阅、复制与被调查事件有关的财产权登记等资料；

（五）查阅、复制保险公司、保险代理人、保险经纪人、保险资产管理公司、外国保险机构的代表机构以及与被调查事件有关的单位和个人的财务会计资料及其他相关文件和资料；对可能被转移、隐匿或者毁损的文件和资料予以封存；

（六）查询涉嫌违法经营的保险公司、保险代理人、保险经纪人、保险资产管理公司、外国保险机构的代表机构以及与涉嫌违法事项有关的单位和个人的银行账户；

（七）对有证据证明已经或者可能转移、隐匿违法资金等涉案财产或者隐匿、伪造、毁损重要证据的，经保险监督管理机构主要负责人批准，申请人民法院予以冻结或者查封。

保险监督管理机构采取前款第（一）项、第（二）项、第（五）项措施的，应当经保险监督管理机构负责人批准；采取第（六）项措施的，应当经国务院保险监督管理机构负责人批准。

保险监督管理机构依法进行监督检查或者调查，其监督检查、调查的人员不得少于二人，并应当出示合法证件和监督检查、调查通知书；监督检查、调查的人员少于二人或未出示合法证件和监督检查、调查通知书的，被检查、调查的单位和个人有权拒绝。

第一百五十五条　保险监督管理机构依法履行职责，被检查、调查的单位和个人应当配合。

第一百五十六条　保险监督管理机构工作人员应当忠于职守，依法办事，公正廉洁，不得利用职务便利牟取不正当利益，不得泄露所知悉的有关单位和个人的商业秘密。

第一百五十七条　国务院保险监督管理机构应当与中国人民银行、国务院其他金融监督管理机构建立监督管理信息共享机制。

保险监督管理机构依法履行职责，进行监督检查、调查时，有关部门应当予以配合。

第七章　法　律　责　任

第一百五十八条　违反本法规定，擅自设立保险公司、保险资产管理公司或者非法经营商业保险业务的，由保险监督管理机构予以取缔，没收违法所得，并处违法所得一倍以上五倍以下的罚款；没有违法所得或者违法所得不足二十万元的，处二十万元以上一百万元以下的罚款。

第一百五十九条　违反本法规定，擅自设立保险专业代理机构、保险经纪人，或者未取得经营保险代理业务许可证、保险经纪业务许可证从事保险代理业务、保险经纪业务的，由保险监督管理机构予以取缔，没收违法所得，并处违法所得一倍以上五倍以下的罚款；没有违法所得或者违法所得不足五万元的，处五万元以上三十万元以下的罚款。

第一百六十条　保险公司违反本法规定，超出批准的业务范围经营的，由保险监督管理机构责令限期改正，没收违法所得，并处违法所得一倍以上五倍以下的罚款；没有违法所得或者违法所得不足十万元的，处十万元以上五十万元以下的罚款。逾期不改正或者造成严重后果的，责令停业整顿或者吊销业务许可证。

第一百六十一条　保险公司有本法第一百一十六条规定行为之一的，由保险监督管理机构责令改正，处五万元以上三十万元以下的罚款；情节严重的，限制其业务范围、责令停止接受新业务或者吊销业务许可证。

第一百六十二条　保险公司违反本法第八十四条规定的，由保险监督管理机构责令改正，处一万元以上十万元以下的罚款。

第一百六十三条　保险公司违反本法规定，有下列行为之一的，由保险监督管理机构责令改正，处五万元以上三十万元以下的罚款：

（一）超额承保，情节严重的；
（二）为无民事行为能力人承保以死亡为给付保险金条件的保险的。

第一百六十四条　违反本法规定,有下列行为之一的,由保险监督管理机构责令改正,处五万元以上三十万元以下的罚款;情节严重的,可以限制其业务范围、责令停止接受新业务或者吊销业务许可证:

（一）未按照规定提存保证金或者违反规定动用保证金的;

（二）未按照规定提取或者结转各项责任准备金的;

（三）未按照规定缴纳保险保障基金或者提取公积金的;

（四）未按照规定办理再保险的;

（五）未按照规定运用保险公司资金的;

（六）未经批准设立分支机构的;

（七）未按照规定申请批准保险条款、保险费率的。

第一百六十五条　保险代理机构、保险经纪人有本法第一百三十一条规定行为之一的,由保险监督管理机构责令改正,处五万元以上三十万元以下的罚款;情节严重的,吊销业务许可证。

第一百六十六条　保险代理机构、保险经纪人违反本法规定,有下列行为之一的,由保险监督管理机构责令改正,处二万元以上十万元以下的罚款;情节严重的,责令停业整顿或者吊销业务许可证:

（一）未按照规定缴存保证金或者投保职业责任保险的;

（二）未按照规定设立专门账簿记载业务收支情况的。

第一百六十七条　违反本法规定,聘任不具有任职资格的人员的,由保险监督管理机构责令改正,处二万元以上十万元以下的罚款。

第一百六十八条　违反本法规定,转让、出租、出借业务许可证的,由保险监督管理机构处一万元以上十万元以下的罚款;情节严重的,责令停业整顿或者吊销业务许可证。

第一百六十九条　违反本法规定,有下列行为之一的,由保险监督管理机构责令限期改正;逾期不改正的,处一万元以上十万元以下的罚款:

（一）未按照规定报送或者保管报告、报表、文件、资料的,或者未按照规定提供有关信息、资料的;

（二）未按照规定报送保险条款、保险费率备案的;

（三）未按照规定披露信息的。

第一百七十条　违反本法规定,有下列行为之一的,由保险监督管理机构责令改正,处十万元以上五十万元以下的罚款;情节严重的,可以限制其业务范围、责令停止接受新业务或者吊销业务许可证:

（一）编制或者提供虚假的报告、报表、文件、资料的;

（二）拒绝或者妨碍依法监督检查的;

（三）未按照规定使用经批准或者备案的保险条款、保险费率的。

第一百七十一条　保险公司、保险资产管理公司、保险专业代理机构、保险经纪人违反本法规定的,保险监督管理机构除分别依照本法第一百六十条至第一百七十条的规定对该单位给予处罚外,对其直接负责的主管人员和其他直接责任人员给予警告,并处一万元以上十万元以下的罚款;情节严重的,撤销任职资格。

第一百七十二条　个人保险代理人违反本法规定的,由保险监督管理机构给予警告,可以并处二万元以下的罚款；情节严重的，处二万元以上十万元以下的罚款。

第一百七十三条　外国保险机构未经国务院保险监督管理机构批准，擅自在中华人民共和国境内设立代表机构的，由国务院保险监督管理机构予以取缔，处五万元以上三十万元以下的罚款。

外国保险机构在中华人民共和国境内设立的代表机构从事保险经营活动的，由保险监督管理机构责令改正，没收违法所得，并处违法所得一倍以上五倍以下的罚款；没有违法所得或者违法所得不足二十万元的，处二十万元以上一百万元以下的罚款；对其首席代表可以责令撤换；情节严重的，撤销其代表机构。

第一百七十四条　投保人、被保险人或者受益人有下列行为之一，进行保险诈骗活动，尚不构成犯罪的，依法给予行政处罚：

（一）投保人故意虚构保险标的，骗取保险金的；

（二）编造未曾发生的保险事故，或者编造虚假的事故原因或者夸大损失程度，骗取保险金的；

（三）故意造成保险事故，骗取保险金的。

保险事故的鉴定人、评估人、证明人故意提供虚假的证明文件，为投保人、被保险人或者受益人进行保险诈骗提供条件的，依照前款规定给予处罚。

第一百七十五条　违反本法规定，给他人造成损害的，依法承担民事责任。

第一百七十六条　拒绝、阻碍保险监督管理机构及其工作人员依法行使监督检查、调查职权，未使用暴力、威胁方法的，依法给予治安管理处罚。

第一百七十七条　违反法律、行政法规的规定，情节严重的，国务院保险监督管理机构可以禁止有关责任人员一定期限直至终身进入保险业。

第一百七十八条　保险监督管理机构从事监督管理工作的人员有下列情形之一的，依法给予处分：

（一）违反规定批准机构的设立的；

（二）违反规定进行保险条款、保险费率审批的；

（三）违反规定进行现场检查的；

（四）违反规定查询账户或者冻结资金的；

（五）泄露其知悉的有关单位和个人的商业秘密的；

（六）违反规定实施行政处罚的；

（七）滥用职权、玩忽职守的其他行为。

第一百七十九条　违反本法规定，构成犯罪的，依法追究刑事责任。

第八章　附　　则

第一百八十条　保险公司应当加入保险行业协会。保险代理人、保险经纪人、保险公估机构可以加入保险行业协会。

保险行业协会是保险业的自律性组织，是社会团体法人。

第一百八十一条　保险公司以外的其他依法设立的保险组织经营的商业保险业务，适用本法。

第一百八十二条　海上保险适用《中华人民共和国海商法》的有关规定；《中华人民共和

国海商法》未规定的,适用本法的有关规定。

第一百八十三条　中外合资保险公司、外资独资保险公司、外国保险公司分公司适用本法规定;法律、行政法规另有规定的,适用其规定。

第一百八十四条　国家支持发展为农业生产服务的保险事业。农业保险由法律、行政法规另行规定。

强制保险,法律、行政法规另有规定的,适用其规定。

第一百八十五条　本法自 2009 年 10 月 1 日起施行。

最高人民法院关于适用《中华人民共和国保险法》若干问题的解释(一)

(法释〔2009〕12号)

为正确审理保险合同纠纷案件,切实维护当事人的合法权益,现就人民法院适用2009年2月28日第十一届全国人大常委会第七次会议修订的《中华人民共和国保险法》(以下简称保险法)的有关问题规定如下:

第一条 保险法施行后成立的保险合同发生的纠纷,适用保险法的规定。保险法施行前成立的保险合同发生的纠纷,除本解释另有规定外,适用当时的法律规定;当时的法律没有规定的,参照适用保险法的有关规定。

认定保险合同是否成立,适用合同订立时的法律。

第二条 对于保险法施行前成立的保险合同,适用当时的法律认定无效而适用保险法认定有效的,适用保险法的规定。

第三条 保险合同成立于保险法施行前而保险标的转让、保险事故、理赔、代位求偿等行为或事件,发生于保险法施行后的,适用保险法的规定。

第四条 保险合同成立于保险法施行前,保险法施行后,保险人以投保人未履行如实告知义务或者申报被保险人年龄不真实为由,主张解除合同的,适用保险法的规定。

第五条 保险法施行前成立的保险合同,下列情形下的期间自2009年10月1日起计算:

(一)保险法施行前,保险人收到赔偿或者给付保险金的请求,保险法施行后,适用保险法第二十三条规定的三十日的;

(二)保险法施行前,保险人知道解除事由,保险法施行后,按照保险法第十六条、第三十二条的规定行使解除权,适用保险法第十六条规定的三十日的;

(三)保险法施行后,保险人按照保险法第十六条第二款的规定请求解除合同,适用保险法第十六条规定的二年的;

(四)保险法施行前,保险人收到保险标的转让通知,保险法施行后,以保险标的转让导致危险程度显著增加为由请求按照合同约定增加保险费或者解除合同,适用保险法第四十九条规定的三十日的。

第六条 保险法施行前已经终审的案件,当事人申请再审或者按照审判监督程序提起再审的案件,不适用保险法的规定。

最高人民法院
关于适用《中华人民共和国保险法》
若干问题的解释(二)

(法释〔2020〕18号)

为正确审理保险合同纠纷案件,切实维护当事人的合法权益,根据《中华人民共和国民法典》《中华人民共和国保险法》《中华人民共和国民事诉讼法》等法律规定,结合审判实践,就保险法中关于保险合同一般规定部分有关法律适用问题解释如下:

第一条 财产保险中,不同投保人就同一保险标的分别投保,保险事故发生后,被保险人在其保险利益范围内依据保险合同主张保险赔偿的,人民法院应予支持。

第二条 人身保险中,因投保人对被保险人不具有保险利益导致保险合同无效,投保人主张保险人退还扣减相应手续费后的保险费的,人民法院应予支持。

第三条 投保人或者投保人的代理人订立保险合同时没有亲自签字或者盖章,而由保险人或者保险人的代理人代为签字或者盖章的,对投保人不生效。但投保人已经交纳保险费的,视为其对代签字或者盖章行为的追认。

保险人或者保险人的代理人代为填写保险单证后经投保人签字或者盖章确认的,代为填写的内容视为投保人的真实意思表示。但有证据证明保险人或者保险人的代理人存在保险法第一百一十六条、第一百三十一条相关规定情形的除外。

第四条 保险人接受了投保人提交的投保单并收取了保险费,尚未作出是否承保的意思表示,发生保险事故,被保险人或者受益人请求保险人按照保险合同承担赔偿或者给付保险金责任,符合承保条件的,人民法院应予支持;不符合承保条件的,保险人不承担保险责任,但应当退还已经收取的保险费。

保险人主张不符合承保条件的,应承担举证责任。

第五条 保险合同订立时,投保人明知的与保险标的或者被保险人有关的情况,属于保险法第十六条第一款规定的投保人"应当如实告知"的内容。

第六条 投保人的告知义务限于保险人询问的范围和内容。当事人对询问范围及内容有争议的,保险人负举证责任。

保险人以投保人违反了对投保单询问表中所列概括性条款的如实告知义务为由请求解除合同的,人民法院不予支持。但该概括性条款有具体内容的除外。

第七条 保险人在保险合同成立后知道或者应当知道投保人未履行如实告知义务,仍然收取保险费,又依照保险法第十六条第二款的规定主张解除合同的,人民法院不予支持。

第八条 保险人未行使合同解除权,直接以存在保险法第十六条第四款、第五款规定的情形为由拒绝赔偿的,人民法院不予支持。但当事人就拒绝赔偿事宜及保险合同存续另行达成一致的情况除外。

第九条　保险人提供的格式合同文本中的责任免除条款、免赔额、免赔率、比例赔付或者给付等免除或者减轻保险人责任的条款,可以认定为保险法第十七条第二款规定的"免除保险人责任的条款"。

保险人因投保人、被保险人违反法定或者约定义务,享有解除合同权利的条款,不属于保险法第十七条第二款规定的"免除保险人责任的条款"。

第十条　保险人将法律、行政法规中的禁止性规定情形作为保险合同免责条款的免责事由,保险人对该条款作出提示后,投保人、被保险人或者受益人以保险人未履行明确说明义务为由主张该条款不成为合同内容的,人民法院不予支持。

第十一条　保险合同订立时,保险人在投保单或者保险单等其他保险凭证上,对保险合同中免除保险人责任的条款,以足以引起投保人注意的文字、字体、符号或者其他明显标志作出提示的,人民法院应当认定其履行了保险法第十七条第二款规定的提示义务。

保险人对保险合同中有关免除保险人责任条款的概念、内容及其法律后果以书面或者口头形式向投保人作出常人能够理解的解释说明的,人民法院应当认定保险人履行了保险法第十七条第二款规定的明确说明义务。

第十二条　通过网络、电话等方式订立的保险合同,保险人以网页、音频、视频等形式对免除保险人责任条款予以提示和明确说明的,人民法院可以认定其履行了提示和明确说明义务。

第十三条　保险人对其履行了明确说明义务负举证责任。

投保人对保险人履行了符合本解释第十一条第二款要求的明确说明义务在相关文书上签字、盖章或者以其他形式予以确认的,应当认定保险人履行了该项义务。但另有证据证明保险人未履行明确说明义务的除外。

第十四条　保险合同中记载的内容不一致的,按照下列规则认定:

(一)投保单与保险单或者其他保险凭证不一致的,以投保单为准。但不一致的情形系经保险人说明并经投保人同意的,以投保人签收的保险单或者其他保险凭证载明的内容为准;

(二)非格式条款与格式条款不一致的,以非格式条款为准;

(三)保险凭证记载的时间不同的,以形成时间在后的为准;

(四)保险凭证存在手写和打印两种方式的,以双方签字、盖章的手写部分的内容为准。

第十五条　保险法第二十三条规定的三十日核定期间,应自保险人初次收到索赔请求及投保人、被保险人或者受益人提供的有关证明和资料之日起算。

保险人主张扣除投保人、被保险人或者受益人补充提供有关证明和资料期间的,人民法院应予支持。扣除期间自保险人根据保险法第二十二条规定作出的通知到达投保人、被保险人或者受益人之日起,至投保人、被保险人或者受益人按照通知要求补充提供的有关证明和资料到达保险人之日止。

第十六条　保险人应以自己的名义行使保险代位求偿权。

根据保险法第六十条第一款的规定,保险人代位求偿权的诉讼时效期间应自其取得代位求偿权之日起算。

第十七条　保险人在其提供的保险合同格式条款中对非保险术语所作的解释符合专业意义,或者虽不符合专业意义,但有利于投保人、被保险人或者受益人的,人民法院应予认可。

第十八条　行政管理部门依据法律规定制作的交通事故认定书、火灾事故认定书等,人民法院应当依法审查并确认其相应的证明力,但有相反证据能够推翻的除外。

第十九条　保险事故发生后,被保险人或者受益人起诉保险人,保险人以被保险人或者受益人未要求第三者承担责任为由抗辩不承担保险责任的,人民法院不予支持。

财产保险事故发生后,被保险人就其所受损失从第三者取得赔偿后的不足部分提起诉讼,请求保险人赔偿的,人民法院应予依法受理。

第二十条　保险公司依法设立并取得营业执照的分支机构属于《中华人民共和国民事诉讼法》第四十八条规定的其他组织,可以作为保险合同纠纷案件的当事人参加诉讼。

第二十一条　本解释施行后尚未终审的保险合同纠纷案件,适用本解释;本解释施行前已经终审,当事人申请再审或者按照审判监督程序决定再审的案件,不适用本解释。

最高人民法院
关于适用《中华人民共和国保险法》
若干问题的解释(三)

(法释〔2020〕18号)

为正确审理保险合同纠纷案件,切实维护当事人的合法权益,根据《中华人民共和国民法典》《中华人民共和国保险法》《中华人民共和国民事诉讼法》等法律规定,结合审判实践,就保险法中关于保险合同章人身保险部分有关法律适用问题解释如下:

第一条 当事人订立以死亡为给付保险金条件的合同,根据保险法第三十四条的规定,"被保险人同意并认可保险金额"可以采取书面形式、口头形式或者其他形式;可以在合同订立时作出,也可以在合同订立后追认。

有下列情形之一的,应认定为被保险人同意投保人为其订立保险合同并认可保险金额:

(一)被保险人明知他人代其签名同意而未表示异议的;

(二)被保险人同意投保人指定的受益人的;

(三)有证据足以认定被保险人同意投保人为其投保的其他情形。

第二条 被保险人以书面形式通知保险人和投保人撤销其依据保险法第三十四条第一款规定所作出的同意意思表示的,可认定为保险合同解除。

第三条 人民法院审理人身保险合同纠纷案件时,应主动审查投保人订立保险合同时是否具有保险利益,以及以死亡为给付保险金条件的合同是否经过被保险人同意并认可保险金额。

第四条 保险合同订立后,因投保人丧失对被保险人的保险利益,当事人主张保险合同无效的,人民法院不予支持。

第五条 保险合同订立时,被保险人根据保险人的要求在指定医疗服务机构进行体检,当事人主张投保人如实告知义务免除的,人民法院不予支持。

保险人知道被保险人的体检结果,仍以投保人未就相关情况履行如实告知义务为由要求解除合同的,人民法院不予支持。

第六条 未成年人父母之外的其他履行监护职责的人为未成年人订立以死亡为给付保险金条件的合同,当事人主张参照保险法第三十三条第二款、第三十四条第三款的规定认定该合同有效的,人民法院不予支持,但经未成年人父母同意的除外。

第七条 当事人以被保险人、受益人或者他人已经代为支付保险费为由,主张投保人对应的交费义务已经履行的,人民法院应予支持。

第八条 保险合同效力依照保险法第三十六条规定中止,投保人提出恢复效力申请并同意补交保险费的,除被保险人的危险程度在中止期间显著增加外,保险人拒绝恢复效力的,人民法院不予支持。

保险人在收到恢复效力申请后,三十日内未明确拒绝的,应认定为同意恢复效力。

保险合同自投保人补交保险费之日恢复效力。保险人要求投保人补交相应利息的,人民法院应予支持。

第九条 投保人指定受益人未经被保险人同意的,人民法院应认定指定行为无效。

当事人对保险合同约定的受益人存在争议,除投保人、被保险人在保险合同之外另有约定外,按以下情形分别处理:

(一)受益人约定为"法定"或者"法定继承人"的,以民法典规定的法定继承人为受益人;

(二)受益人仅约定为身份关系,投保人与被保险人为同一主体的,根据保险事故发生时与被保险人的身份关系确定受益人;投保人与被保险人为不同主体的,根据保险合同成立时与被保险人的身份关系确定受益人;

(三)约定的受益人包括姓名和身份关系,保险事故发生时身份关系发生变化的,认定为未指定受益人。

第十条 投保人或者被保险人变更受益人,当事人主张变更行为自变更意思表示发出时生效的,人民法院应予支持。

投保人或者被保险人变更受益人未通知保险人,保险人主张变更对其不发生效力的,人民法院应予支持。

投保人变更受益人未经被保险人同意,人民法院应认定变更行为无效。

第十一条 投保人或者被保险人在保险事故发生后变更受益人,变更后的受益人请求保险人给付保险金的,人民法院不予支持。

第十二条 投保人或者被保险人指定数人为受益人,部分受益人在保险事故发生前死亡、放弃受益权或者依法丧失受益权的,该受益人应得的受益份额按照保险合同的约定处理;保险合同没有约定或者约定不明的,该受益人应得的受益份额按照以下情形分别处理:

(一)未约定受益顺序及受益份额的,由其他受益人平均享有;

(二)未约定受益顺序但约定受益份额的,由其他受益人按照相应比例享有;

(三)约定受益顺序但未约定受益份额的,由同顺序的其他受益人平均享有;同一顺序没有其他受益人的,由后一顺序的受益人平均享有;

(四)约定受益顺序和受益份额的,由同顺序的其他受益人按照相应比例享有;同一顺序没有其他受益人的,由后一顺序的受益人按照相应比例享有。

第十三条 保险事故发生后,受益人将与本次保险事故相对应的全部或者部分保险金请求权转让给第三人,当事人主张该转让行为有效的,人民法院应予支持,但根据合同性质、当事人约定或者法律规定不得转让的除外。

第十四条 保险金根据保险法第四十二条规定作为被保险人遗产,被保险人的继承人要求保险人给付保险金,保险人以其已向持有保险单的被保险人的其他继承人给付保险金为由抗辩的,人民法院应予支持。

第十五条 受益人与被保险人存在继承关系,在同一事件中死亡且不能确定死亡先后顺序的,人民法院应依据保险法第四十二条第二款的规定推定受益人死亡在先,并按照保险法及本解释的相关规定确定保险金归属。

第十六条 保险合同解除时,投保人与被保险人、受益人为不同主体,被保险人或者受益人要求退还保险单的现金价值的,人民法院不予支持,但保险合同另有约定的除外。

投保人故意造成被保险人死亡、伤残或者疾病,保险人依照保险法第四十三条规定退还保险单的现金价值的,其他权利人按照被保险人、被保险人的继承人的顺序确定。

第十七条　投保人解除保险合同,当事人以其解除合同未经被保险人或者受益人同意为由主张解除行为无效的,人民法院不予支持,但被保险人或者受益人已向投保人支付相当于保险单现金价值的款项并通知保险人的除外。

第十八条　保险人给付费用补偿型的医疗费用保险金时,主张扣减被保险人从公费医疗或者社会医疗保险取得的赔偿金额的,应当证明该保险产品在厘定医疗费用保险费率时已经将公费医疗或者社会医疗保险部分相应扣除,并按照扣减后的标准收取保险费。

第十九条　保险合同约定按照基本医疗保险的标准核定医疗费用,保险人以被保险人的医疗支出超出基本医疗保险范围为由拒绝给付保险金的,人民法院不予支持;保险人有证据证明被保险人支出的费用超过基本医疗保险同类医疗费用标准,要求对超出部分拒绝给付保险金的,人民法院应予支持。

第二十条　保险人以被保险人未在保险合同约定的医疗服务机构接受治疗为由拒绝给付保险金的,人民法院应予支持,但被保险人因情况紧急必须立即就医的除外。

第二十一条　保险人以被保险人自杀为由拒绝给付保险金的,由保险人承担举证责任。

受益人或者被保险人的继承人以被保险人自杀时无民事行为能力为由抗辩的,由其承担举证责任。

第二十二条　保险法第四十五条规定的"被保险人故意犯罪"的认定,应当以刑事侦查机关、检察机关和审判机关的生效法律文书或者其他结论性意见为依据。

第二十三条　保险人主张根据保险法第四十五条的规定不承担给付保险金责任的,应当证明被保险人的死亡、伤残结果与其实施的故意犯罪或者抗拒依法采取的刑事强制措施的行为之间存在因果关系。

被保险人在羁押、服刑期间因意外或者疾病造成伤残或者死亡,保险人主张根据保险法第四十五条的规定不承担给付保险金责任的,人民法院不予支持。

第二十四条　投保人为被保险人订立以死亡为给付保险金条件的保险合同,被保险人被宣告死亡后,当事人要求保险人按照保险合同约定给付保险金的,人民法院应予支持。

被保险人被宣告死亡之日在保险责任期间之外,但有证据证明下落不明之日在保险责任期间之内,当事人要求保险人按照保险合同约定给付保险金的,人民法院应予支持。

第二十五条　被保险人的损失系由承保事故或者非承保事故、免责事由造成难以确定,当事人请求保险人给付保险金的,人民法院可以按照相应比例予以支持。

第二十六条　本解释自 2015 年 12 月 1 日起施行。本解释施行后尚未终审的保险合同纠纷案件,适用本解释;本解释施行前已经终审,当事人申请再审或者按照审判监督程序决定再审的案件,不适用本解释。

最高人民法院
关于适用《中华人民共和国保险法》
若干问题的解释(四)

(法释〔2020〕18号)

为正确审理保险合同纠纷案件,切实维护当事人的合法权益,根据《中华人民共和国民法典》《中华人民共和国保险法》《中华人民共和国民事诉讼法》等法律规定,结合审判实践,就保险法中财产保险合同部分有关法律适用问题解释如下:

第一条 保险标的已交付受让人,但尚未依法办理所有权变更登记,承担保险标的毁损灭失风险的受让人,依照保险法第四十八条、第四十九条的规定主张行使被保险人权利的,人民法院应予支持。

第二条 保险人已向投保人履行了保险法规定的提示和明确说明义务,保险标的受让人以保险标的转让后保险人未向其提示或者明确说明为由,主张免除保险人责任的条款不成为合同内容的,人民法院不予支持。

第三条 被保险人死亡,继承保险标的的当事人主张承继被保险人的权利和义务的,人民法院应予支持。

第四条 人民法院认定保险标的是否构成保险法第四十九条、第五十二条规定的"危险程度显著增加"时,应当综合考虑以下因素:

(一)保险标的的用途的改变;
(二)保险标的的使用范围的改变;
(三)保险标的的所处环境的变化;
(四)保险标的的因改装等原因引起的变化;
(五)保险标的的使用人或者管理人的改变;
(六)危险程度增加持续的时间;
(七)其他可能导致危险程度显著增加的因素。

保险标的的危险程度虽然增加,但增加的危险属于保险合同订立时保险人预见或者应当预见的保险合同承保范围的,不构成危险程度显著增加。

第五条 被保险人、受让人依法及时向保险人发出保险标的的转让通知后,保险人作出答复前,发生保险事故,被保险人或者受让人主张保险人按照保险合同承担赔偿保险金的责任的,人民法院应予支持。

第六条 保险事故发生后,被保险人依照保险法第五十七条的规定,请求保险人承担为防止或者减少保险标的的损失所支付的必要、合理费用,保险人以被保险人采取的措施未产生实际效果为由抗辩的,人民法院不予支持。

第七条 保险人依照保险法第六十条的规定,主张代位行使被保险人因第三者侵权或者违约等享有的请求赔偿的权利的,人民法院应予支持。

第八条　投保人和被保险人为不同主体,因投保人对保险标的的损害而造成保险事故,保险人依法主张代位行使被保险人对投保人请求赔偿的权利的,人民法院应予支持,但法律另有规定或者保险合同另有约定的除外。

第九条　在保险人以第三者为被告提起的代位求偿权之诉中,第三者以被保险人在保险合同订立前已放弃对其请求赔偿的权利为由进行抗辩,人民法院认定上述放弃行为合法有效,保险人就相应部分主张行使代位求偿权的,人民法院不予支持。

保险合同订立时,保险人就是否存在上述放弃情形提出询问,投保人未如实告知,导致保险人不能代位行使请求赔偿的权利,保险人请求返还相应保险金的,人民法院应予支持,但保险人知道或者应当知道上述情形仍同意承保的除外。

第十条　因第三者对保险标的的损害而造成保险事故,保险人获得代位请求赔偿的权利的情况未通知第三者或者通知到达第三者前,第三者在被保险人已经从保险人处获赔的范围内又向被保险人作出赔偿,保险人主张代位行使被保险人对第三者请求赔偿的权利的,人民法院不予支持。保险人就相应保险金主张被保险人返还的,人民法院应予支持。

保险人获得代位请求赔偿的权利的情况已经通知到第三者,第三者又向被保险人作出赔偿,保险人主张代位行使请求赔偿的权利,第三者以其已经向被保险人赔偿为由抗辩的,人民法院不予支持。

第十一条　被保险人因故意或者重大过失未履行保险法第六十三条规定的义务,致使保险人未能行使或者未能全部行使代位请求赔偿的权利,保险人主张在其损失范围内扣减或者返还相应保险金的,人民法院应予支持。

第十二条　保险人以造成保险事故的第三者为被告提起代位求偿权之诉的,以被保险人与第三者之间的法律关系确定管辖法院。

第十三条　保险人提起代位求偿权之诉时,被保险人已经向第三者提起诉讼的,人民法院可以依法合并审理。

保险人行使代位求偿权时,被保险人已经向第三者提起诉讼,保险人向受理该案的人民法院申请变更当事人,代位行使被保险人对第三者请求赔偿的权利,被保险人同意的,人民法院应予准许;被保险人不同意的,保险人可以作为共同原告参加诉讼。

第十四条　具有下列情形之一的,被保险人可以依照保险法第六十五条第二款的规定请求保险人直接向第三者赔偿保险金:

(一)被保险人对第三者所负的赔偿责任经人民法院生效裁判、仲裁裁决确认;

(二)被保险人对第三者所负的赔偿责任经被保险人与第三者协商一致;

(三)被保险人对第三者应负的赔偿责任能够确定的其他情形。

前款规定的情形下,保险人主张按照保险合同确定保险赔偿责任的,人民法院应予支持。

第十五条　被保险人对第三者应负的赔偿责任确定后,被保险人不履行赔偿责任,且第三者以保险人为被告或者以保险人与被保险人为共同被告提起诉讼时,被保险人尚未向保险人提出直接向第三者赔偿保险金的请求的,可以认定为属于保险法第六十五条第二款规定的"被保险人怠于请求"的情形。

第十六条　责任保险的被保险人因共同侵权依法承担连带责任,保险人以该连带责任超出被保险人应承担的责任份额为由,拒绝赔付保险金的,人民法院不予支持。保险人承担保险责任后,主张就超出被保险人责任份额的部分向其他连带责任人追偿的,人民法院应予支持。

第十七条 责任保险的被保险人对第三者所负的赔偿责任已经生效判决确认并已进入执行程序,但未获得清偿或者未获得全部清偿,第三者依法请求保险人赔偿保险金,保险人以前述生效判决已进入执行程序为由抗辩的,人民法院不予支持。

第十八条 商业责任险的被保险人向保险人请求赔偿保险金的诉讼时效期间,自被保险人对第三者应负的赔偿责任确定之日起计算。

第十九条 责任保险的被保险人与第三者就被保险人的赔偿责任达成和解协议且经保险人认可,被保险人主张保险人在保险合同范围内依据和解协议承担保险责任的,人民法院应予支持。

被保险人与第三者就被保险人的赔偿责任达成和解协议,未经保险人认可,保险人主张对保险责任范围以及赔偿数额重新予以核定的,人民法院应予支持。

第二十条 责任保险的保险人在被保险人向第三者赔偿之前向被保险人赔偿保险金,第三者依照保险法第六十五条第二款的规定行使保险金请求权时,保险人以其已向被保险人赔偿为由拒绝赔偿保险金的,人民法院不予支持。保险人向第三者赔偿后,请求被保险人返还相应保险金的,人民法院应予支持。

第二十一条 本解释自2018年9月1日起施行。

本解释施行后人民法院正在审理的一审、二审案件,适用本解释;本解释施行前已经终审,当事人申请再审或者按照审判监督程序决定再审的案件,不适用本解释。

主要参考文献

1. 徐卫东、杨勤活、王剑钊：《保险法》，吉林人民出版社 1996 年版。
2. 徐卫东：《保险法论》，吉林大学出版社 2000 年版。
3. 樊启荣：《保险法论》，中国法制出版社 2001 年版。
4. 樊启荣：《保险法》，北京大学出版社 2011 年版。
5. 樊启荣：《保险法诸问题与新展望》，北京大学出版社 2015 年版。
6. 邹海林：《保险法教程》，首都经济贸易大学出版社 2002 年版。
7. 邹海林：《保险法学的新发展》，中国社会科学出版社 2015 年版。
8. 邹海林：《保险法》，社会科学文献出版社 2017 年版。
9. 江朝国：《保险法基础理论》，中国政法大学出版社 2002 年版。
10. 梁宇贤：《保险法新论（修订新版）》，中国人民大学出版社 2004 年版。
11. 刘宗荣：《新保险法：保险契约法的理论与实务》，中国人民大学出版社 2009 年版。
12. 任自力：《保险法学》，清华大学出版社 2010 年版。
13. 陈欣：《保险法》，北京大学出版社 2010 年版。
14. 韩长印、韩永强：《保险法新论》，中国政法大学出版社 2010 年版。
15. 李玉泉：《保险法学——理论与实务》，高等教育出版社 2010 年版。
16. 李玉泉：《保险法》，法律出版社 2019 年版。
17. 王伟：《保险法》，格致出版社、上海人民出版社 2010 年版。
18. 常敏：《保险法学》，法律出版社 2012 年版。
19. 黎建飞：《保险法新论》，北京大学出版社 2014 年版。
20. 朱铭来：《保险法学》，高等教育出版社 2014 年版。
21. 高宇：《中国保险法》，高等教育出版社 2015 年版。
22. 傅廷中：《保险法学》，清华大学出版社 2015 年版。
23. 温世扬：《保险法》，法律出版社 2016 年版。
24. 范健、王建文、张莉莉：《保险法》，法律出版社 2017 年版。
25. 贾林青：《保险法》，中国人民大学出版社 2020 年版。
26. 最高人民法院民事审判第二庭：《最高人民法院关于保险法司法解释（二）理解与适用》，人民法院出版社 2015 年版。
27. 杜万华、最高人民法院民事审判第二庭：《最高人民法院关于保险法司法解释（三）理解与适用》，人民法院出版社 2015 年版。
28. 最高人民法院民事审判第二庭：《最高人民法院关于保险法司法解释（四）理解与适用》，人民法院出版社 2018 年版。
29. 魏振瀛：《民法》，北京大学出版社 2006 年版。
30. 崔建远：《合同法》，法律出版社 2000 年版。

31. 苏号朋：《合同法教程》，中国人民大学出版社2015年版。
32. 赵家琪：《新编合同法实用教程》，武汉大学出版社2021年版。
33. 张洪涛、郑功成：《保险学》，中国人民大学出版社2008年版。
34. 周道许：《中国保险业和保险监管》，中国金融出版社2010年版。
35. 孙祁祥：《保险学》，北京大学出版社2013年版。
36. 江先学、吴岚等：《保险公司偿付能力监管研究》，上海交通大学出版社2013年版。
37. 孙蓉、王凯：《保险法概论》，西南财经大学出版社2014年版。
38. 魏华林、林宝清：《保险学》，高等教育出版社2017年版。
39. 丁继锋：《保险学》，西南财经大学出版社2019年版。
40. 许飞琼、郑功成：《财产保险》，中国金融出版社2020年版。

图书在版编目(CIP)数据

保险法/郝晶主编. —上海：复旦大学出版社，2021.8
(复旦卓越.保险系列)
ISBN 978-7-309-15757-4

Ⅰ.①保… Ⅱ.①郝… Ⅲ.①保险法-中国-高等学校-教材 Ⅳ.①D922.284

中国版本图书馆 CIP 数据核字(2021)第 114168 号

保险法
BAOXIANFA
郝　晶　主编
责任编辑/李　荃

复旦大学出版社有限公司出版发行
上海市国权路 579 号　邮编：200433
网址：fupnet@fudanpress.com　http://www.fudanpress.com
门市零售：86-21-65102580　　团体订购：86-21-65104505
出版部电话：86-21-65642845
上海华业装潢印刷厂有限公司

开本 787×1092　1/16　印张 18.5　字数 450 千
2021 年 8 月第 1 版第 1 次印刷

ISBN 978-7-309-15757-4/D·1095
定价：58.00 元

如有印装质量问题，请向复旦大学出版社有限公司出版部调换。
版权所有　侵权必究